安徽财经大学著作出版基金资助出版
安徽省哲学社会科学规划项目(AHSKF05—06D38)资助研究
安徽省高校人文社科重点研究基地——安徽财经大学经济发展研究中心

Theory and Policy of Industrial Cluster in Agriculture:
Evidence from Anhui Agricultural Practice

农业产业集群理论与政策
——基于安徽农业实践的考察

◎ 武云亮／著

图书在版编目（CIP）数据

农业产业集群理论与政策：基于安徽农业实践的考察/武云亮著.—北京：经济科学出版社，2013.3
ISBN 978 – 7 – 5141 – 3103 – 1

Ⅰ.①农… Ⅱ.①武… Ⅲ.①农村经济 – 产业经济学 – 研究 – 安徽省 Ⅳ.①F327.54

中国版本图书馆 CIP 数据核字（2013）第 044395 号

责任编辑：凌　敏　李　宝
责任校对：郑淑艳
版式设计：代小卫
责任印制：李　鹏

农业产业集群理论与政策
——基于安徽农业实践的考察
武云亮　著
经济科学出版社出版、发行　新华书店经销
社址：北京市海淀区阜成路甲 28 号　邮编：100142
总编部电话：88191217　发行部电话：88191537
网址：www.esp.com.cn
电子邮件：esp@esp.com.cn
北京九州迅驰传媒文化有限公司印装
710×1000　16 开　19.75 印张　300000 字
2013 年 10 月第 1 版　2013 年 10 月第 1 次印刷
ISBN 978 – 7 – 5141 – 3103 – 1　定价：42.00 元
（图书出现印装问题，本社负责调换。电话：88191502）
（版权所有　翻印必究）

前　言

　　农业产业集群是现代农业发展的必然结果，是农业产业化发展的高级形式，是解决农民就业和增收的有效途径，对社会主义新农村建设具有巨大推动作用。农业产业集群已经成为国内外农业和农村经济发展的重要产业组织形式，如加州葡萄、荷兰花卉、寿光蔬菜、皖西白鹅、砀山水果等；农业产业集群能够促进现代农业发展，有利于提升区域农业竞争能力。安徽是一个农业大省，农业是安徽支柱性和基础性产业，但安徽不是农业强省，农业区域化、专业化及生产效率相对较低，如何有效地提高安徽农业现代化和集约化程度是值得深入研究的课题。安徽省许多地区围绕"一村一品、一镇一业"已经出现一些农业产业集群或其雏形，它们对安徽区域农业发展的贡献很大，也为安徽农业产业集群发展奠定了良好基础，但是安徽农业产业集群发展水平较低，总体上处于集群发展的初期阶段。

　　本书以"产业链"和"大农业"为基本出发点研究农业产业集群，认为农业产业集群是农业产业链在某一地域延伸和拓宽下的大农业空间集聚。通过调查安徽农业产业集聚的历史和现状，梳理了安徽近80个农业产业集群或雏形资料，分析了省内外10个典型农业产业集群案例，探讨了农业产业集群的网络结构、形成条件、演化机理、发展模式、创新机制和政策体系。从理论、实践和政策层面对农业产业集群发展进行了分析，得出了具有一定学术或应用价值的结论，为地方政府把握现代农业和农业产业集群的发展方向，制定和实施农业产集群战略和政策，提供了决策参考的理论依据和实践素材；也为流通加工企业、合作经济组织、农业科技园区、交易市场等农业生产经营主体，参与农业产业化建设和投资农业产业集群等方面提供了决策参考资料。尤其是对于"一村一品、一镇一业"等特色农业产业集群的成长发展具有较大的指导意义。

全书共分九章，第一章为问题提出与文献述评，包括农业发展趋势及其亮点、农业产业集聚或集群现象、农业产业集群战略意义、农业产业集群研究述评、研究思路和主要观点；第二章为基础理论分析，包括理论梳理与分析、农业产业集群内涵与特征、集群效应分析、农业产业集群与"三化"协调发展；第三章主要研究集群结构，包括农业产业集群网络要素、网络结构及其网络链接模式；第四章主要研究集群演化，包括农业产业集群形成条件、演化机理和发展阶段分析；第五章主要研究集群模式，包括农业产业集群模式分类、交易市场主导型集群模式、加工企业主导型集群模式、科技园区主导型集群模式和安徽农业产业集群发展模式分析；第六章主要研究集群技术创新，包括农业产业集群创新体系、技术创新网络、技术创新模式和技术创新机制；第七章主要研究安徽农业产业集群，包括我国农业产业集群现状简要分析、安徽优势农产品区域分布、安徽农业产业集群雏形及其行业分布、安徽农业产业集群存在主要问题；第八章为国内典型农业产业集群介绍，包括山东寿光蔬菜、山东栖霞苹果、安徽砀山水果、安徽和县蔬菜、安徽望江棉花、安徽亳州中药材、安徽茶叶、安徽茧丝绸、宁国山核桃和宿州国家农业科技园区等集群情况及其经验；第九章主要研究集群政策，包括农业产业集群发展战略、政府行为、政策体系、重点政策和安徽农业产业集群发展政策取向。

本书是基于安徽实践对农业产业集群问题进行探索性研究的初步成果，由于著者理论水平和实践调研的限制，有些问题没有得到深入细致的分析和解决。在研究和写作过程中，参考了大量的国内外有关著作和论文,并引用了一些相关材料和案例,在此向其著作者和出版者表示由衷的感谢。对书中可能存在不妥或谬误之处,敬请广大读者和专家学者赐教。

武云亮

2012 年 10 月

目 录

第一章 问题提出与文献评述 ································· 1
 一、农业发展趋势及其亮点 ································· 1
 二、产业集群——区域农业发展的战略选择 ············· 6
 三、农业产业集群研究进展评述 ··························· 14
 四、研究思路、方法与主要观点 ··························· 25

第二章 基础理论与本质特征 ································· 32
 一、农业产业集群基础理论 ································· 32
 二、农业产业集群内涵与特征 ······························ 48
 三、农业产业集群效应分析 ································· 53
 四、农业产业集群与"三化"协调发展 ···················· 57

第三章 网络结构与链接模式 ································· 62
 一、农业产业集群网络要素 ································· 62
 二、农业产业集群网络结构 ································· 66
 三、农业产业集群链接模式 ································· 70
 四、结论及建议 ·· 74

第四章 形成条件与演化机理 ································· 76
 一、农业产业集群形成条件 ································· 76

二、农业产业集群演化机理 ………………………………… 81
三、农业产业集群生命周期的考察 ………………………… 88
四、安徽农业产业集群发展阶段 …………………………… 90

第五章　发展模式与变化趋势 ………………………………… 99

一、农业产业集群发展模式分类 …………………………… 99
二、交易市场主导模式……………………………………… 101
三、加工企业主导模式……………………………………… 104
四、农业科技园区主导模式………………………………… 108
五、安徽农业产业集群发展模式…………………………… 112

第六章　创新体系与创新机制 ………………………………… 124

一、农业产业集群创新体系………………………………… 124
二、农业产业集群技术创新网络…………………………… 129
三、农业产业集群技术创新模式…………………………… 141
四、农业产业集群技术创新机制…………………………… 151
五、促进农业产业集群技术创新的建议…………………… 155

第七章　发展现状与存在问题 ………………………………… 162

一、我国农业产业集群现状分析…………………………… 162
二、安徽农业产业集群发展现状…………………………… 168
三、安徽农业产业集群存在主要问题……………………… 189

第八章　实践案例与经验借鉴 ………………………………… 192

一、山东寿光蔬菜产业集群………………………………… 192
二、山东栖霞苹果产业集群——基于产业链环节的
　　调查分析………………………………………………… 203
三、安徽砀山水果产业集群………………………………… 208
四、安徽和县蔬菜产业集群………………………………… 216

五、安徽望江棉花产业集群……………………………………… 219
　　六、安徽亳州中药材产业集群…………………………………… 222
　　七、安徽茶叶产业集群——基于产业链与合作组织的视角…… 228
　　八、安徽茧丝绸产业集群——基于产业链与合作
　　　　组织的视角…………………………………………………… 243
　　九、安徽宁国山核桃产业集群…………………………………… 261
　　十、宿州国家农业科技示范园区………………………………… 264

第九章　发展战略与政策取向……………………………………… 268
　　一、农业产业集群发展战略……………………………………… 268
　　二、农业产业集群政府行为……………………………………… 272
　　三、农业产业集群政策体系……………………………………… 274
　　四、农业产业集群的重点政策…………………………………… 278
　　五、安徽农业产业集群发展政策取向…………………………… 284

参考文献……………………………………………………………… 289
后　　记……………………………………………………………… 299

第一章

问题提出与文献评述

一、农业发展趋势及其亮点

(一) 世界农业发展趋势

现代农业是世界农业发展基本方向。农业发展过程可以分为原始农业、传统农业和现代农业三个阶段,从传统农业向现代农业发展是世界农业发展的基本方向。发展现代农业就是推进农业现代化,第一层次农业现代化特征是农业机械化、农业电气化、农业化学化、农业水利化;第二层次农业现代化特征是农业标准化、农业市场化、农业信息化、农业组织化、农业生态化、农业规模化、农业设施化、管理现代化。许多发达国家农业现代化已经进入到第二层次。世界农业发展的趋向是由平面式向立体式、由农场式向公园式、由自然式向设施式、由常规型向生态型、由单向型向综合型、由机械化向自动化、由化学化向生物化发展,高技术农业、信息农业、精准农业、生态农业、工厂化农业等新型发展模式陆续出现。

不同国家发展现代农业采取的模式不同。根据自身资源禀赋、农业发展阶段和社会经济条件的不同,不同国家发展现代农业道路不同,如日本农业选择的是一条通过大量增加使用化肥,采用优良品种以及使用精耕细作方法来增加农业产出的生物技术进步路线,重点提高单位面积土地的生产率,被称为"土地节约型"的现代农业;美国是广泛运用农业机械化,实现农业生产的高装备、高效率及土地的规模经营,被称为"劳动节约型"的现代农业;德国现代农业走机械化和高科技的综合发展之路,同时提高劳动生产率和土地生产率,被称为"综合性技术进步型"的现代农业。

专业化、规模化、特色化、产业化、市场化、标准化和社会化等是世界农业发展的趋势。国内外的实践也证实基于专业化和规模化的农业产业区是提升农业综合生产能力和农产品国际竞争力的有效方式。美国农业规模化经营、专业化程度很高，形成了著名的玉米带、小麦带、棉花带等农作物生产带，出现了各种专业化的农场，生产过程中的许多作业实行专业化，由专门的工业公司、商业公司、运输公司来承担。这种分工充分地发挥了区域优势与产业优势，且有利于降低成本，提高生产率。另外，以欣赏农作物布局艺术和自然景色，呼吸新鲜空气，品尝各种农产品等方式形成各具特色休闲观光旅游农业，是极具活力的拓展农业功能和发展农村经济的一种新模式。

生态农业是在农业可持续发展进程中逐步发展形成的新型农业方式。它是运用生态学原理和系统科学方法，把现代科学成果与现代农业技术结合起来，具有生态合理、功能良性循环特征的一种农业发展模式，强调生态系统的物质和能量的循环使用，如生产、生活、生态协调的循环农业、讲究食品质量和抵御自然灾害的安全农业以及与旅游匹配的景观农业等。我国已开发了丰富多彩的生态农业模式，如北方"四位一体"生态模式、南方"猪—沼—果"生态模式、平原农林牧复合生态模式、草地生态恢复与持续利用模式、丘陵山区小流域综合治理利用型生态农业模式、设施生态农业模式、观光生态农业模式等。

大农业是发展现代农业理念的变革。现代农业是"大农业"的理念，突破了传统农业局限在种养殖范围的狭小空间，通过食品加工业、产品运销等向农业产前部门、农业产后部门广阔延伸，从而形成了横跨第一、第二、第三产业的产业组织体系。现代农业是按照现代产业的理念、以产业关联关系为基础、以科技为支撑、以现代产业组织为纽带的可持续发展的包括农业产前、产中和产后环节的有机系统（周应恒、耿献辉，2007）[①]。现代农业区别于传统农业的一个显著特点，就是产业链大大延长，形成了农业产前、产中、产后紧密结合的产业体系，成为一个比较复杂的生态经济系统。农业发展超越了初级生产范围，拓展了纵向、横向与其他经济活动的联系，改变了以往农业产前、产中、产后分割现象，形成了"从田间到餐桌"的完整产业链条。美国80%农

---

① 周应恒，耿献辉. "现代农业"再认识[J]. 农业现代化研究，2007，28（4）：399-403.

产品供给食品业，荷兰、丹麦2/3的农产品深加工和精加工后进入市场。

工厂化农业是一种新型高效率设施农业。工厂化农业是集生物技术、农业工程、农用新材料于一体的现代农业。工厂化农业在可控环境条件下采用工业化生产，实现集约高效可持续发展的现代超前农业生产方式，以及在相对可控环境条件下，设施与露地配套的规模生产方式。从经济学角度看，工厂化农业最本质的特征就是通过资金和技术密集替代土地和劳动力要素，提高土地和劳动力的边际生产效率，并使产品在可控环境下稳定地达到预定标准。工厂化农业是设施农业的高级发展阶段，包括加热、降温、通风、遮阳系统、微灌和中心控制系统，代表着设施农业的发展方向。1994年原国家科委启动了"工厂化高效农业示范工程"项目，选择了北京、上海、沈阳、杭州、广州五个城市作为试点，开始进行工厂化农业的试运行，主要有两种方式：农业科技园区和农业示范区。2010年通过验收的国家级农业科技示范园区共38个。随着各类农业科技园区和农业示范区建立，我国工厂化农业有了较大发展，示范带动作用明显。

高新科学技术对现代农业的支撑和助推作用越来越显著。现代农业生产越来越依靠高科技，发达国家科学技术对农业增长的贡献率高达70%~80%。随着新技术、新材料、新能源在农业领域中的应用，将使现代农业发生深刻变化，农业生产率显著提高。农业生产的高科技化，不仅进一步推动了农业生产率的提高和农业结构的优化，而且改变了农业的传统特性，使农业的内涵和外延都发生了很大变化。特别是生物技术、信息技术等在未来农业发展中更加重要。

针对我国现代农业发展，罗必良（2009）提出我国农业发展规划的战略重点是"农业主体功能布局、农业产业园区与农业产业集群构建"，战略路径是"产业转型、结构转换和模式转轨"。通过转型形成以农产品供应链为纽带的农业产业体系、以生态、观光、休闲为特色的农业生态旅游产业体系和以技术推广、信息服务、教育、培训为一体的农业科技产业体系；结构转换的重点是产品品牌化、结构高级化、布局园区化和功能生态化；模式转轨的重点是生产规模化、园区企业化、管理一体化、经营市场化①。从中可以看出,发展农业产业集群的重要性。实际上,各类农业产业集群不同程度上体现了现代农业的发展趋势,有些农业产业集群甚至是上述农业发展趋势的有机融合和集中表现。

(二) 我国农业发展的新亮点

20世纪90年代以来,我国在农业产业化和现代化发展中出现了许多亮点,如订单农业的农业生产方式、专业合作社的农民组织方式、"公司+基地+农户"的产业组织形式、休闲观光农业、农业示范园区、特色农业产业集群、绿色生态农业等。

订单农业生产方式快速发展。订单农业是农户在农业生产经营过程中,按照与农产品购买者签订的合同(合约)组织安排农业生产的一种产销模式。订单农业对引导农业结构调整、搞好产销衔接、维护市场秩序、保护农民利益起到了积极的作用。在农业产业化过程中得到较快速发展,订单农业规模不断扩大,品种不断增加,形式越来越多样化,对农业发展促进作用更加明显。如订单农业形式有龙头企业、粮棉收购部门、农业科研单位、中介组织、期货专业市场以及政府牵头,与农户签订合同发展订单农业。2006年,仅漯河市就有近5万农户与20多家农业龙头企业签订了农产品收购合同,合同金额突破3亿元②。安徽省工商行政管理局2006年报道,安徽省"订单农业"面积已发展到3000多万亩,占整个种植面积的1/3,年产值达到2400多亿元。

农民专业合作社蓬勃发展。我国农民专业合作社已成为发展现代农业的中坚力量。2010年全国农民专业合作社经验交流会报道,到2010年6月底,在工商部门登记的合作社超过了31万家,比三年前翻了一番;实有入社农户2600万左右,约占全国农户总数的10%。农民专业合作社产业分布广,辐射领域不断拓展,广泛分布在种植、畜牧、农机、渔业、林业、民间传统手工编织等各个产业,其中种植业占40.4%;畜牧业占30.9%;农民专业合作社的业务范围宽,已拓展到农资供应、农技推广、土肥植保、农机作业、产品加工、储藏和销售等

---

① 罗必良. 现代农业发展理论——逻辑线索与创新路径 [M]. 北京:中国农业出版社,2009:52-67.
② 江小红. 河南订单农业的现状、问题及对策 [J]. 安徽农学通报,2008,14 (13):22-23,52.

各个环节，服务能力不断增强，到2009年年末，从事产加销综合服务的占56%，以运销仓储服务为主的占8.6%，以加工服务为主的占5.5%。农民专业合作社推进了农业专业化，标准化生产，实现了规模化、品牌化经营。截止到2009年年末，全国1.3万多家农机合作社全年作业服务总面积约3亿亩，平均每个农机合作社服务的农户数量达到960户，作业服务面积达到2.3万亩；全国有4万多家合作社执行了农产品生产质量安全标准，2.4万多家合作社通过了农产品质量认证；已有2.56万家合作社拥有了注册商标，1.1万多家合作社与超市或流通企业直接建立了产销关系，涉及粮食、油料、蔬菜、水果等数十种农产品。一些合作社还成为北京奥运会、上海世博会和广州亚运会的农产品供应商，有的合作社产品已经走出国门，出口到欧盟、日韩和东南亚国家。安徽省农民专业合作社发展较快，2009年年底全省已建立各类农民专业合作社9317个，涵盖了全省所有农业产业，并不断向农业服务领域拓展，加入合作社成员数和带动农户数占全省总农户数的38%。2011年9月底，安徽省农民专业合作组织已发展到21000多个，其中在工商部门登记的专业合作社达到18500个，合作组织实际成员数达到260万户，合作社成员户与当地同类型非成员户相比，一般增收23%左右。

产业化组织形式多样化。随着农业产业化推进，农业产业化组织形式更加多样化，从农业生产的专业化程度及农户与农业关联企业或合作经济组织的交易方式不同，可以分为：契约型农业产业化组织，如"公司（+基地）+农户"、"专业市场+农户"；合作服务主导型农业产业化组织，如"合作服务组织+农户"、"专业合作社+企业+农户"；垂直一体化的农业产业化组织；复合型农业产业组织等（赵德余、温思美，2005）。农业部对全国农业产业化经营情况调查显示，1996年全国有近1.2万个产业化经营组织，2000年这类组织已达6.6万个，2004年发展到11.4万个，2005年达到135725个。截至2006年年底，全国各类农业产业化经营组织总数达154842个，其中龙头企业71691个，占产业化组织总数的46.3%，联结龙头企业与农户的服务组织70874个，占产业化组织总数的45.8%，专业市场12277个，占产业化组织总数的7.9%，交易额5000万元以上的专业市场达4102个①。据农业部消息，截至"十一五"末，我国各类农业产业化组织总数已达25万个，带动农户1.07亿户，农户参与产业化经营年户均增收2100多元，分别比"十五"末增长84%、23%和59%；其中通过合同、合作、股份合作三种较为紧密的利益联结方式带动农户的产业化组织数占总数的97.8%。

休闲观光农业发展方兴未艾。休闲农业是以促进农民就业增收和新农村建设为主要目标，横跨第一、第二、第三产业，融合生产、生活和生态，把农业、农产品加工业和农村服务业紧密连接的一种新型农业专业形态（张天佐，2010）。它利用农村的田园景观、自然的生态资源、现代高效农业示范园区，结合农业生产经营、农村文化、农村生活习俗，经过科学规划开发，为人们提供休闲、观光、娱乐以及农业科普宣传等农业拓展功能服务。休闲农业模式有农家乐休闲模式、民俗风情休闲模式、村落乡镇旅游模式、休闲度假模式、田园农业休闲模式、科普教育模式、回归自然休闲模式等。我国休闲农业特色农户（农家乐）已发展至150多万家，具有一定规模的休闲农业园区发展至12000多家，直接从业人员近300万人，年接待游客7亿人次，年经营收入达900亿元左右②。据农业部乡镇企业局对全国19个省、区、市的不完全统计，2009年，休闲农业年营业收入超过1175亿元，带动就业近280万人，其中吸纳农民就业达267万人③。

二、产业集群——区域农业发展的战略选择

（一）农业集聚或集群现象

农业产业集群是现代农业发展的一种新趋势，是农业产业化、规模化和现代化发展的一种高级形式，20世纪90年代后期以来，我国农业

---

① 黄连贵，张照新，张涛. 我国农业产业化发展现状、成效及未来发展思路 [J]. 经济研究参考，2008，(31)：23-33.
② 牛沙沙，韩兴勇. 我国休闲农业产业化发展的研究 [J]. 山西农业科学，2010，38 (5)：79-82.
③ 发展休闲农业大有可为——访农业部乡镇企业局局长张天佐 [J]. 农业工程技术（农产品加工业），2010，(7)：6-9.

产业集群发展迅速，出现了山东蔬菜、云南花卉、新疆棉花、内蒙古乳业等一批在国内外有影响的农业产业集群，同时围绕"一村一品，一镇一业"形成了许多农业产业集群或雏形，尤其是特色农业产业集群表现突出，如安徽和县蔬菜、皖西白鹅、安徽宁国山核桃、安徽砀山果品（酥梨）、河南中牟大蒜、河北安国中药材、江苏宝应荷藕、江苏江都花木等。广东农业专业镇已有50多个，占广东专业镇的1/3（余国扬，2007），这些农业专业镇本质就是农业产业集群或农业产业集群雏形。

自然资源背景下的优势农业产业区。自然资源禀赋是农业产业集群形成的基础条件，在自然资源背景下形成农业产业区是发展农业产业集群的优良场所，国内外许多著名的农业产业区或农业产业带实际上就是大范围的农业产业集群区，如美国玉米产业带、加州葡萄酒产业区、我国新疆棉花产业区、广西甘蔗产业区等。事实上，我国依托自然资源禀赋条件已经形成一批优势农业产业区（见第七章第一部分），并且在优势产业区中形成不同类型的特色农业产业集群，如山东胶东的寿光蔬菜、金乡大蒜、栖霞苹果等农业产业集群。

县域农业的"一村一品、一镇一业"。我国"一村一品"发展态势良好，特色越来越明显，优势更加突出，质量稳步提高，名优产品增多，组织化程度不断增强。2007年，"一村一品"专业村达到4.3万个，占全国行政村总数的6.8%；专业村农户数为1900多万户，占到全国农户总数的7.8%；专业村农民人均纯收入是全国的1.2倍。2008年，全国专业村达到45650个，占全国行政村总数的7.1%。专业村（乡镇）数量居前三位的是山东、河北、四川；蔬菜专业村、专业乡镇分别占全国总数的26.3%和22%，水果专业村、专业乡镇分别占全国总数的17.03%和17.06%，牛猪专业村、专业乡镇分别占全国总数的5.2%和3.4%。2010年，为充分发挥"一村一品"在培育主导产业、促进农民就业增收、建设社会主义新农村等方面的重要作用，农业部发布了《关于推进"一村一品"强村富民工程的意见》，提出了以专业村镇为基础，整合各类资源要素，整村整乡推行农业规模化、标准化、集约化生产，打造特色优势品牌。在政策支持下，"一村一品、一镇一业、一品一社"将会更快更好地发展。

农业产业链拓展下的大农业空间集聚。由于农业生产的特殊性，大大限制了农业生产的垂直分离，农业产业集群从单独的农业生产过程中演化出来是不可能的,相应的农业产业集群的概念不能在农业生产领域加以定义。农业产业集群只能从产业链的角度出发,充分考虑关联性产业和支撑服务机构的因素(也就是说,借助波特的集群概念对农业产业集群给予定义更切实际),他们共同的有机组合是科学合理地界定农业产业集群所必需的,这些关联性产业和支撑服务机构包括农产品加工企业、运输企业、中介服务组织、营销组织以及农业科研服务机构等(洪艳,2009)。我们的研究也一直认为农业产业集群是"农业产业链拓展下的大农业空间集聚",2007年在"中外农业产业集群述评"一文中,笔者从产业链角度给出农业产业集群的定义。实际上,许多农业产业集群形成和发展是产业链上下游的加工企业、交易市场诱导或主导的结果,龙头加工企业和农产品批发交易市场等对农业产业集发展起到非常重要的作用。

(二) 政策助推农业产业集群发展

1. 中央一号文件的相关政策

2004年中央一号文件:在"加强主产区粮食生产能力建设"中,提出"国家将实施优质粮食产业工程,选择一部分有基础、有潜力的粮食大县和国有农场,集中力量建设一批国家优质专用粮食基地";在"支持主产区进行粮食转化和加工"中,提出"按照国家产业政策要求,引导农产品加工业合理布局,扶持主产区发展以粮食为主要原料的农产品加工业,重点是发展精深加工";在"加强农业科研和技术推广"中,提出"积极发挥农业科技示范场、科技园区、龙头企业和农民专业合作组织在农业科技推广中的作用。建立与农业产业带相适应的跨区域、专业性的新型农业科技推广服务组织"。

2005年中央一号文件:在"进一步抓好粮食生产"中,提出"实施优质粮食产业工程,建设商品粮生产基地,推进优质粮食产业带建设";在"大力发展特色农业"中,提出"要发挥区域比较优势,建设农产品产业带,发展特色农业。各地要立足资源优势,选择具有地域特色和市场前景的品种作为开发重点,尽快形成有竞争力的产业体系";在"重点支持粮食主产区发展农产品加工业"中,提出"大力扶持食品加工业特别是粮食主产区以粮食为主要原料的加工业";在"发展农业产业化经营"中,提出"鼓励龙头企业以多种利益联结方式,带动基地和农户发展"。

2006年中央一号文件：在"积极推进农业结构调整"中，提出"加快建设优势农产品产业带，积极发展特色农业、绿色食品和生态农业，保护农产品知名品牌，培育壮大主导产业。大力发展畜牧业，扩大畜禽良种补贴规模，推广健康养殖方式，安排专项投入支持标准化畜禽养殖小区建设试点"；在"发展农业产业化经营"中，提出"要着力培育一批竞争力、带动力强的龙头企业和企业集群示范基地，推广龙头企业、合作组织与农户有机结合的组织形式，让农民从产业化经营中得到更多的实惠"；在"加快乡村基础设施建设"，提出"要积极推进农业信息化建设，充分利用和整合涉农信息资源，强化面向农村的广播电视电信等信息服务，重点抓好金农工程和农业综合信息服务平台建设工程"。

2007年中央一号文件：在"农业和农村工作的总体要求"中，提出"统筹城乡经济社会发展，实行工业反哺农业、城市支持农村和多予少取放活的方针，巩固、完善、加强支农惠农政策，切实加大农业投入，积极推进现代农业建设，强化农村公共服务"；在"大力发展特色农业"中，提出"要立足当地自然和人文优势，培育主导产品，优化区域布局。适应人们日益多样化的物质文化需求，因地制宜地发展特而专、新而奇、精而美的各种物质、非物质产品和产业，特别要重视发展园艺业、特种养殖业和乡村旅游业。通过规划引导、政策支持、示范带动等办法，支持'一村一品'发展。加快培育一批特色明显、类型多样、竞争力强的专业村、专业乡镇"；在"建设农产品流通设施和发展新型流通业态"中，提出"要合理布局，加快建设一批设施先进、功能完善、交易规范的鲜活农产品批发市场。大力发展农村连锁经营、电子商务等现代流通方式。加快建设'万村千乡市场'、'双百市场'、'新农村现代流通网络'和'农村商务信息服务'等工程"；在"积极发展多元化市场流通主体"中，提出"加快培育农村经纪人、农产品运销专业户和农村各类流通中介组织。采取财税、金融等措施，鼓励各类工商企业通过收购、兼并、参股和特许经营等方式，参与农村市场建设和农产品、农资经营，培育一批大型涉农商贸企业集团"；在"培育现代农业经营主体"中，提出"积极发展种养专业大户、农民专业合作组织、龙头企业和集体经济组织等各类适应现代农业发展要求的经营主体。采取各类支持政策，鼓励外出务工农民带技术、带资金回乡创业，成为建设现代农业的带头人"；在"大力发展农民专业合作组织"

中，提出"认真贯彻农民专业合作社法，支持农民专业合作组织加快发展"。

2008年中央一号文件：在"高度重视发展粮食生产"中，提出"实施粮食战略工程，集中力量建设一批基础条件好、生产水平高和调出量大的粮食核心产区；在保护生态前提下，着手开发一批资源有优势、增产有潜力的粮食后备产区。……支持农垦企业建设大型粮食和农产品生产基地，充分发挥其在现代农业建设中的示范带动作用"在"支持农业产业化发展"中；提出"继续实施农业产业化提升行动，培育壮大一批成长性好、带动力强的龙头企业，支持龙头企业跨区域经营，促进优势产业集群发展。……引导各类市场主体参与农业产业化经营。鼓励农民专业合作社兴办农产品加工企业或参股龙头企业。支持发展'一村一品'"；在"加快推进农业科技研发和推广应用"中，提出"推动现代农业产业技术体系建设，提升农业区域创新能力"。

2009年中央一号文件：在"支持优势产区集中发展油料等经济作物生产"中，提出"加快实施新一轮优势农产品区域布局规划。落实国家扶持油料生产的各项政策措施，加强东北和内蒙古优质大豆、长江流域'双低'油菜生产基地建设。……稳定发展棉花生产，启动长江流域、黄淮海地区棉花生产基地建设。支持优势产区发展糖料、马铃薯、天然橡胶等作物，积极推进蔬菜、水果、茶叶、花卉等园艺产品设施化生产"；在"严格农产品质量安全全程监控"中，提出"加快农业标准化示范区建设，推动龙头企业、农民专业合作社、专业大户等率先实行标准化生产，支持建设绿色和有机农产品生产基地"；在"加强农产品市场体系建设"中，提出"加大力度支持重点产区和集散地农产品批发市场、集贸市场等流通基础设施建设。推进大型粮食物流节点、农产品冷链系统和生鲜农产品配送中心建设"。

2010年中央一号文件：在"稳定发展粮食等大宗农产品生产"中，提出"加快建立健全粮食主产区利益补偿制度……大力发展油料生产，加快优质油菜、花生生产基地县建设，积极发展油茶、核桃等木本油料。支持优势产区发展棉花、糖料生产"；在"推进菜篮子产品标准化生产"中，提出"实施新一轮菜篮子工程建设，加快园艺作物生产设施化、畜禽水产养殖规模化。支持建设生猪、奶牛规模养殖场（小区）……推进畜禽养殖加工一体化"；在"提高农业科技创新和推广能力"中，提出"创建国家现代农业示范区"；在"健全农产品市场体系"中，提出"统筹制定全国农产品批发市场布局规划，支持重点农产品批发市场建设和升级改造，落实农产品批发市场用地等扶持政策，发展农产品大市场大流通"；在"稳定和完善农村基本经营制度"中，提出"加强土地承包经营权流转管理和服务，健全流转市场，在依法自愿有偿流转的基础上发展多种形式的适度规模经营"；在"着力提高农业生产经营组织化程度"中，提出"支持龙头企业提高辐射带动能力，增加农业产业化专项资金，扶持建设标准化生产基地，建立农业产业化示范区"。

2. 国家优势农产品区域发展规划

2003年农业部颁布实施《优势农产品区域布局规划（2003~2007年）》，对调整我国农业产业结构，发挥比较优势，实现大宗农产品区域布局的优化发挥了重要作用。2006年又进一步选择地域性强、品质优和市场前景好的特色农产品，制定和实施了《特色农产品区域布局规划（2006~2015年）》。各省市也出台相应的规划，如安徽省制定了《安徽省优势农产品区域布局规划（2003~2007年）》、《安徽省优势农产品区域布局规划（2008~2015年）》。国家和省市农产品区域布局规划，有利于引导特色农产品进一步向优势区集聚，吸引加工企业进入特色农产品产业化经营，有利于加快培育区域特色产业，尤其在推进"一村一品"建设，培育特色明显、类型多样、竞争力强的专业村、专业乡镇等方面具有明显效果，对农业生产规模化、标准化、产业化等发展具有巨大推动作用，为农业产业集群发展奠定了基础。

为了推进农业产业集群发展，农业部2005年还专门举办全国地市级农业领导干部"农业产业集群战略与国际竞争力专题研究班"。2009年，为推动建立农业产业化示范区，农业部办公厅专门成立了"现代农业示范区建设管理办公室"，2010年9月农业部在安徽合肥召开农业产业化示范区建设座谈会，陈晓华副部长指出，要引导龙头企业向优势产业区集聚，大力发展农产品精深加工，培育壮大主导产业，强化上游产业链建设，发展规模化标准化集约化原材料生产基地，推进高标准生产基地建设。

（三）农业产业集群化解"三农"问题，促进现代农业发展

农业产业集群是现代农业发展的必然结果。罗必良（2009）从"农民收入—农业效率—分工约束—产业深化"的逻辑分析，提出解决

"三农"问题的关键在于：一是农业剩余劳动力的转移；二是农民的就业能力与就业空间的拓展；三是农业分工的深化与农业效率的改善。其中农业分工深化与效率改善就是发展现代农业，而现代农业发展就在于农业的专业化、多样化、迂回化以及组织化发展①。因此，现代农业要求转变传统农业发展方式，以要素投入集约化、运行机制市场化、生产手段科技化和经营形式产业化为主要特征，实现农业专业化、规模化、迂回化和产业化发展，从根本上解决农业粗放、非集约化问题。

现代农业是以现代科学技术、现代工业装备、现代管理手段、现代经营理念为支撑，由现代知识型农民和现代企业家共同经营，具有较强市场竞争力的一体化、多功能的农业产业体系。现代农业拓展了农业的发展空间和产业链条，成为从产前、产中、产后密切关联的、从田间到餐桌的一体化产业；是以分散的农户经济与社会化服务组织、先进的工业化组织为重点，以合作制为基础的高度组织化产业；是以生产、生态、生息为目标，多功能的可持续产业；是以现代科技为支撑的技术和资本密集型产业；是以高素质的农民和企业家为经营主体，资源和要素集约型产业。2007年中央一号文件全面阐述了"发展现代农业"的含义，提出发展现代农业，要用现代物质条件装备农业，用现代科学技术改造农业，用现代产业体系提升农业，用现代经营形式推进农业，用现代发展理念引领农业，用培养新型农民发展农业，提高农业水利化、机械化和信息化水平，提高土地产出率、资源利用率和农业劳动生产率，提高农业素质、效益和竞争力。农业产业集群是一种新型农业产业组织形式，具有空间集聚、规模化生产、专业化分工、产业链配套、创新氛围良好、产业联系密切、增加农业迂回、促进要素投入集约等特点，有利于发挥区域优势，建立现代农业产业体系，提升农业产业竞争力，是现代农业发展的必然选择。

农业产业集群是农业产业化发展的高级形式。李春海等（2011）认为农业产业集群是解决分工好处分享和交易费用增加的"两难冲突"的一种高效生产组织形式。作为区域分工和产业分工的有机结合，农业产业集群涉及对传统农业发展模式的反思和对生产流程的重塑，从而成为推动区域农业一体化的重要机制。郑风田、程郁（2005）认为农业

---

① 罗必良. 现代农业发展理论——逻辑线索与创新路径 [M]. 北京：中国农业出版社，2009：1-15.

产业区是提高农业产业化竞争力的一种高级形式,它的本质是以具有资源优势的特定农产品为核心的农业产业集群。他们对农业产业化反思中提到:"很多学者也认识到产业化政策的局限性,不断扩充产业化的内涵,扩展产业化的组织形式,但只是在单一链条上修补和延伸,仍是一种单维、线性的连接和组织模式,缺乏整体统筹和协调的考虑",认为农业产业区有利于解决农业产业化的单维、线性、分散、一体化等方面的不足,在我国具有现实必要性。农业产业集群强调地理空间的相对接近,要求有足够数量的关联企业的参与,是我国农业发展中比农业产业化更高层次的农业产业组织形式和农业产业发展阶段(洪艳,2009),是农业产业化发展的高级形式。

农业产业集群是解决农民就业和增收的有效途径。有效就业是增加农民收入的基本前提。当前我国农民收入的主要渠道有两个:一是外出打工,变成城市产业工人,其中一部分农民实际上已经转变成"城镇居民";二是就地从事农业或涉农产业活动。事实上,这也决定了农村劳动力转移与就业空间拓展的两个基本方向:一是减少户籍等体制约束对劳动力转移的影响,促进农村劳动力向城市转移从事非农产业。农村劳动力向城市转移,为城市产业提供了低成本劳动力,缓解了农村劳动力隐性失业,也是农业大国实现工业化必不可少的要件;但是仅靠外出务工和政府补贴,不可能形成农民增收的长效机制,农村青壮年劳动力转移也带来"空巢老人、留守儿童"、农村高素质和有效劳动力不足等问题,对农业产业结构升级和从根本上解决"三农"问题的负面影响不容忽视。二是就地解决农村劳动力的转移和就业问题,这就要求加速农村工业化和城镇化发展,尤其是围绕"大农业"发展专业化和规模化农业,围绕农业产业链发展本地农业关联产业,而这正是农业产业集群的本质所在和发展方向。农业产业集群能够推进农村工业化和城镇化的进程,通过集群化发展,农业生产形成规模以后,产业链上的前后环节都会自发地聚集在农业产业集群周围,从而促进了城镇的发展。而城镇化水平的提高又会反过来促使更多的农村人口转移到当地农业产业集群内企业就业,为农业产业集群的发展创造更为有利的条件,使农业产业集群与农村工业化、城镇化发展形成有效互动。农业专业化规模化经营、农产品加工附加值的提升和区域农业品牌效应,可以带来巨大农业经济效益,为农村脱贫致富开辟新途径。可见农业产业集群为解决农民增收和就业提供了一条较有效的途径。

农业产业集群对社会主义新农村建设具有巨大推进作用。建设社会主义新农村是我国现代化进程中的重大历史任务，建设社会主义新农村的提出标志着我国解决"三农"问题的政策转型。固然，以工促农、以城带乡，政策倾斜和补贴等对社会主义新农村建设具有巨大推动作用；但是内因才是变化的根本，归根到底，新农村建设要有产业支撑，缺乏产业支撑的新农村建设将是无本之木、无源之水，新农村建设要大力发展农村生产，要以发展农业产业为基点，要以发展现代农业为目标，夯实产业基础。以集群方式发展农业是现代农业发展的一个重要方向，通过农业产业集群可以更有效地组织培训新型农民，提高农民作为市场主体的组织程度；可以利用集群专业化、规模化、创新氛围和产业配套的优势，提高农业综合生产能力和国际竞争能力。农业产业集群是发展县域经济的组织基础，对社会主义新农村建设具有巨大推进作用。

农业产业集群已经成为国内外农业和农村经济发展的重要产业组织形式，如加州葡萄、荷兰花卉、寿光蔬菜、皖西白鹅等。安徽是一个农业大省，农业是安徽支柱性和基础性产业，但安徽不是农业强省，农业区域化、专业化及生产效率相对较低。安徽省一些地区围绕"一村一品、一镇一业"已经出现一些农业产业集群或其雏形，但是专门研究安徽农业产业集群文献较少。通过深入调查安徽农业集聚的历史和现状，探讨集群的形成条件、网络结构、演化机理、发展模式、创新机制和政策体系，为政府培育农业产业集群以及制定农业发展政策提供参考，有利于促进安徽农业现代化和集约化发展以及新农村建设。

三、农业产业集群研究进展评述

农业产业集群是农业农村经济发展的重要产业组织形式，已成为国内外学术界关注的热点问题。通过对国内外相关文献的梳理[①]，发现相关研究涉及的领域主要体现在农业产业集群的内涵、特征、形成机理、发展模式及相关政策等诸多方面，而实证分析以区域或个案分析为主。比较而言，国内有关农业产业集群的研究相对滞后，尚处于起步阶段。

---

① 国外农业产业集群文献，重点检索了 "Food Processing Industry Cluster, Agro - Enterprise Cluster, Agro - based Enterprises, Agriculture and Food Cluster, Region Industry Cluster, Agri - Food Cluster, Agriculture Cluster, Meat Processing Cluster, Agricultural and Food Industry Clusters, Agro - Industry Sector and Agro - Enterprise Cluster" 等关键词。

（一）农业产业集群的内涵与特征

按照 OECD 对产业集群的层次划分，农业产业集群属于"部门或产业层次"的范畴，因此研究农业产业集群，必然涉及农业产业和其他相关产业间生产链的联系。国外有关农业产业集群研究通常是与食品加工业集群（Food Processing Industry Cluster）、农业企业集群（Agro-Enterprise Cluster）结合在一起的。

国外对农业产业集群的定义可分为两种观点，一种是从集群活动的角度，如 WCM Consulting Inc. 曾在 2002 年研究多伦多食品产业集群得出，食品集群的核心活动包括制造（食品加工）、贮存、配送、零售和售后服务。WIA（2003）认为农业和食品生产集群开始于农作物，包括谷类、家畜等的成长，结束于农产品的批发零售和配送。集群还包括一些支撑产业，如冷冻仓库贮存、肥料制造、公共机构等。美国俄克拉荷马州（2005）则把农业产业集群活动概括为三种：农业生产、农业支持、增值加工。另一种观点是从集群的组成角度，Empire State Development（2004）认为食品加工业集群包括以下三个子集群：种植业生产和乳品业耕作、食品制造、饮料制造。Economics Center, College of Business, University of Cincinnati；Center for Business & Economic Research University of Kentucky（2004）分析得出美国的生物工艺集群是相互关联的生物工艺的企业和机构的集合，其构成有：一是 8 个核心产业，包括 3 个研究产业和 5 个生物医学制造产业，其中 R&D 和医药品公司占 70%；二是 24 个附加产业，包括 4 个购买生物医学制造产品的产业、9 个为核心产业提供制造工具的产业、11 个提供服务或核心产业的附属产业。增值的猪肉生产、加工和研究集群是由在增值的食品农业中的企业、生产商和机构组成，与生命科学、生物医学研究领域相联系（Southern Minnesota Initiative Foundation, 2004）。Development Research Partners, Inc.（2005）研究了美国尼亚加拉河流域的布法罗城市的食品加工业集群，得出集群只包括生产企业和加工企业。Korea Rural Economic Institute（2005）认为集群包括一系列相关联的产业和其他对竞争很重要的实体（为农业生产提供服务的供应商和提供专门组织的厂商），还包括政府及其他支撑体系，如大学、中介机构、智囊团、职业培训供应者、教育、信息、研究和技术支持。食品加工业集群由一系列价值链组成：原材料、R&D、加工、包装、运输和储存、销售。Suren

Kulshreshtha、Wayne Thompson（2005）认为集群由三个子集群组成：农业生产子集群、食品加工子集群、农场投入制造子集群。Paola Bertolini、Enrico Giovannetti（2003）重点研究了肉类（猪肉）加工业集群，侧重集群的网络特性。还有的学者以波特的集群定义为基础，认为农业产业集群就是由一批企业、大学和其他领域的机构，如汽车生产、食品加工或旅游业等在地理上集中的现象。相关支撑产业包括：大学、产业和公共组织、国家机关、基础设施等。

国内学者大多基于迈克尔·波特的产业集群概念来界定农业产业集群的内涵，尽管关于农业产业集群的定义较多（见表1-1），但大体上可以分为两类：一是侧重分工和竞争优势，如郑风田（2005）认为农业产业集群就是农业产业区，农业产业区是在农业区域分工的基础上，在一定区域内围绕该地区具有资源优势的农产品，形成专业化、规模化、特色化的农产品生产、加工、销售一体化的综合产业区；尹成杰（2006）把农业产业集群看成是相互独立又相互联系的农户、农业流通企业、农业加工企业等龙头企业，按照区域化布局、产业化经营、专业化生产的要求，发挥农业生产比较优势，在地域和空间上形成的高度集聚的集合；闫春等（2007）认为农业产业集群不等同于单纯的农业现代化，农业产业集群离不开规模化经营和更多的资本投入，农业产业集群强调产业分工和优势互补。二是侧重网络体系及其合作，如向会娟等（2005）认为农业产业集群以传统农业为中心，有大量专业化的企业及相关支撑机构，由其共性和互补性在农村（或城镇）范围内柔性集聚，结成密集的合作网络，共同推动农村经济的发展；宋玉兰等（2005）认为农业产业集群是在接近农产品生产基地的一定区域范围内，同处或相关于某一特定农业产业领域的大量企业和关联支撑机构，由于具有共性或互补性而与农产品生产基地相对集中在一起，从而形成的一个有机群体；洪艳（2009）认为农业产业集群是以农业为主导产业，围绕特定农产品，大量产业联系紧密的专业化产业企业以及相关支撑服务机构和组织在地理空间上集中的网络组织结构；原国霞（2010）认为农业产业集群是以农户家庭经营为基础，为农户生产经营提供产前、产中、产后服务的企业和关联、支撑机构，由于共性或互补性而在农业生产基地周围形成的一个有机整体。赵霞（2011）认为农业产业集群是以某种农产品供应链为纽带，大量产业联系紧密的专业化生产企业以及相关支撑服务机构和组织，在一个或多个地理空间集中或者接近形成的综合体。

表1-1 国内农业产业集群概念

姓 名	农业产业集群的定义
杨丽、王鹏生（2005）	认为农业产业集聚是产业集聚这个总的概念在农业领域的体现，是指在农业领域内，以某一特定区域为基本依托单位，以乡村社会网络和农户为基础的，在地理位置上相对集中的农户、公司和机构的有机集合
宋玉兰、陈彤（2005）	在接近农产品生产基地的一定区域范围内，同处或相关于某一特定农业产业领域的大量企业和关联支撑机构，由于具有共性或互补性而与农产品生产基地相对集中在一起，从而形成的一个有机群体。简单地讲，农业产业集群就是农业生产基地和农业关联产业在一定区域范围内的集群现象
王建国（2005）	农业产业集群是指主要由农业龙头企业和乡镇企业所构成的，聚集在农村城镇或周边地区的企业群体以及相关的组织和机构
王龙锋、张良成、张瑞卿（2005）	以江西为例，认为"特色农业产业集群是指在特色农业领域中，众多与特色农业联系密切的生产者、企业以及相关支撑机构在空间上的集聚"
张明沛（2005）	优势农业产业集群，包括农户、生产基地、龙头企业、流通市场、技术推广、安全检测、信息服务等相关支持体系，通过产业链在一定区域内的大量集聚发展，形成产业间的关联和协作效应，成为具有较强市场竞争力的农业产业群落
向会娟、曹明宏、潘泽江（2005）	以传统农业为中心，有大量专业化的企业及相关支撑机构，由其共性和互补性在农村（或城镇）范围内柔性集聚，结成密集的合作网络，共同推动农村经济的发展
郑风田（2005）	认为农业产业集群就是农业产业区，农业产业区是在农业区域分工的基础上，在一定区域内围绕该地区具有资源优势的农产品，形成专业化、规模化、特色化的农产品生产、加工、销售一体化的综合产业区
尹成杰（2006）	所谓农业产业集群，通常指的是相互独立又相互联系的农户、农业流通企业、农业加工企业等龙头企业，按照区域化布局、产业化经营、专业化生产的要求，发挥农业生产比较优势，在地域和空间上形成的高度集聚的集合
韦光、左停（2006）	农业产业集群是指：在特定区域内，基于当地独特优越的自然条件和特色人文环境，围绕某一主导产业的种植、养殖等大农业生产活动为基础，大量产业联系密切的企业、组织、协会、科研院所等相关支撑机构在空间上高度集中，并形成产业持续强势竞争力的现象

续表

姓名	农业产业集群的定义
臧良运（2006）	绿色农业产业集群是指以生产绿色农产品的企业为主导，通过与客户（农产品加工企业）、供应商、服务商和专门机构的有机联系，在寻求协同发展、整合与共享技术、技能、信息、投入和客户的基础上，将具有相同、不同和互补性质的、与绿色农业产业紧密相关的企业融合为一个统一的生产经营网络系统
武云亮、董秦（2007）	农业产业集群是以农产品生产基地为龙头，以上下游具有共性和互补性的农业企业为龙身，辅之各类支撑服务体系，围绕着特定的农业产业链，在一定地理空间形成规模化的优势农产品产业集聚区
闫春、黄燕玲、罗盛锋（2007）	农业产业集群是在一定区域内，通过农业的规模化经营和农业资本深化所形成的农业产业分工和优势互补
张洪吉、王锦旺（2008）	农业产业集群是指在接近农产品生产基地的一定区域范围内，同处或相关于某一特定农业产业领域的大量企业和关联支撑机构，由于具有共性或互补性而与农产品生产基地相对集中在一起形成的一个有机群体。简单地讲，农业产业集群就是农业生产基地和农业关联产业在一定区域范围内的集群现象
洪艳（2009）	农业产业集群是以农业为主导产业，围绕特定农产品，大量产业联系紧密的专业化产业企业以及相关支撑服务机构和组织在地理空间上集中的网络组织结构
王栋（2009）	在一个主要生产优质专用农产品，且自然资源优越、生产规模较大、产业基础较好、空间上相对集中连片的区域内，有计划地通过市场机制，引导一批相互独立又相互联系的农户、农业流通企业、农业中介组织、农业加工企业以及提供配套产品和服务的企业，按照区域化布局、产业化经营、专业化生产要求，发挥农业比较优势，在地域和空间上形成高度集聚，发展成具有持续竞争优势的农业经济群落
原国霞（2010）	农业产业集群是以农户家庭经营为基础，为农户生产经营提供产前、产中、产后服务的企业和关联、支撑机构，由于共性或互补性而在农业生产基地周围形成的一个有机整体
张晗、吕杰、景再方（2011）	农业产业集群是在农业产业范围内，地理上相对集中的农户、企业、政府、资源设施、组织机构、市场需求等要素通过互替或互补等方式协同发展，产生节约交易费用、外部经济、规模经济、高度竞争优势等集聚效应，形成相互联系的有机群落

农业产业集群既有产业集群的一般特征,又具有其自身的特点。Kelsey Short(2004)认为农业、林产或食物集群(AFF)的普遍特征是其所有子集群均具有增值经济活动,这些增值经济活动应用于未加工的农业天然资源,会给路易斯安那州带来良好的收益。宋玉兰和陈彤(2005)认为农业产业集群具有网状产业链结构、内生的灵活专业化、农户是基础主体、农业合作体系发达、基础设施现代化、创新能力良好和地方文化根植性强等基本特征。兰肇华(2006)认为除了农户基本主体和地域性特征外,农业产业集群还具有较强的可持续发展能力和自然风险特征强等方面的特点。尹成杰(2006)详细分析了农业产业集群的特点,认为农业产业集群具有农产品生产、专业化分工与协作程度相对较高,农户间、企业间协作配套较强,生产加工销售一体化程度高,农业科技推广应用快,核心力量和依托是龙头企业,有良好的政策环境,具有勇于创新、创业的领导机构和产业基地基础设施建设现代化程度较高等特征。吴碧波等(2008)认为农业产业集群的基本特征有:以农业为核心,以农户为基本主体,有较强的地域根植性,市场依存度大,是一个生产网络创新能力体系。

(二)农业产业集群的网络结构

产业集群是一种网络系统,具有典型的网络形态特征,在不同程度上表现出关系集聚的小世界特征、连接分布的无标度特征和集群网络的群落特征(蔡宁,2006)。企业之间的网络联系是产业集群的本质特征(李二玲,2007),强调产业集群的"组织接近"、"组织关联"比单纯强调产业集群的空间接近或专业化分工更为重要(Romano,2000),企业间的相互关联协作是形成产业集群的重要因素(曹丽莉,2008)。波特(1990)的"钻石模型"和克鲁格曼(1999)的空间集聚原理均强调本地供应链和支撑性企业网络对产业集聚的重要作用。集群网络结构反映了集群网络结点的链接方式,决定各组织部分的相互位置和相互关系,决定着集群资源的分布状况和整合深度,规定集群中各主体的行为方式,进而影响集群整体的行为取向(刘汴生,2007)。可见,集群网络结构影响产业集群的行为和能力,集群网络结构的演进与优化是产业集群成长和升级的重要保证。

农业产业区是提高农业产业化竞争力的高级形式,而农业产业区的本质就是以具有资源优势的特定农产品为核心的农业产业集群(郑风田，2005）。以专业化、规模化和特色化形成的农业产业集群，改变了传统农业产业的单维、线性的连接和组织模式，实现了农业产业链的纵横向连接、整合和空间集聚，已经成为世界农业发展的一种新趋势和新模式。但是，对农业产业集群网络结构缺乏系统研究，仅散见于少量文献之中。宋一淼（2005）从涉及主体角度简单描述了广西蔗糖产业集群的结构；高峰等（2008）在研究农业产业集群垂直供应链中龙头企业和下游企业竞争与合作的博弈关系时，提出了一种基于供应链的农业产业集群结构模型；李文秀（2005）从集群网络关系治理角度简要分析了我国农业产业集群的升级策略；杨敬华、蒋和平（2005）认为农业科技园区的集群创新呈现链式发展状态，实质是一个地理位置集中的生产网络、知识网络和社会网络的融合；郑军（2008）从集群建设参与者的角度出发，给出了生态农业产业集群的基本架构；吴碧波、何初阳（2009）从循环经济视角，研究了农业产业集群组织结构的分类与演化；李萍等（2009）分析了陈村花卉产业集群结构；张廷海、武云亮（2009）以"农户—企业"形成的产业链为主体，构建了农业产业集群的核心网络、辅助网络和外围网络系统。另外，在运用波特的钻石模型研究农业产业集群相关文献中，也涉及农业产业集群主体结构方面的内容（包建华，2006；刘俊浩，2008；刘中会，2008；盛国勇，2009）。

（三）农业产业集群的形成机理与发展模式

农业产业集群的形成是由内、外部因素共同作用的结果，其形成的诱因源于农业资源禀赋的差异、内在机制来自于合作需求、市场决定力量是规模经济，而路径依赖是其主要的制度因素（宋玉兰、陈彤，2005）。郑风田、程郁（2006）以云南斗南花卉，阐述了创业家在我国农村产业集群的形成和演进过程中发挥的作用。樊新生、覃成林（2005）分析了河南农村地域企业集群形成和演化过程。孙倩（2006）分析了江苏丰县果蔬产业集群形成与发展的动因。李渝萍（2007）认为农业产业集群具有旺盛的自我繁衍、自我生长的内源生命力，其自生成演化的内在机理与奥秘，与先天禀赋、产业"根植性"和"衍生性"、外部市场条件等因素存在显著相关性。王锦旺等（2008）认为关键组织或个人的市场观念、创新素养、资源意识、组织和运作内外部资源的能力、市场行为等方面决定的基本营销素养是农业产业集群自构形成必不可少的因素；农业产业集群的发展依赖于创业群落、企业簇群的形成和发展，同时也受地理环境、文化环境、市场需求和市场竞争等因素的影响。周新德（2008）对发达国家农业产业集群产生和发展经验进行比较研究，认为资源禀赋是农业产业集群生存和发展的物质基础；"根植性"、规模经济、外部经济和学习效应是农业产业集群发展的内在动力；政府行为和外部竞争环境衍生出来的外源动力机制是农业产业集群发展的外在推力。农村能人效应是农业产业集群形成的一个重要因素（施雪梅，2008），农村勇于创新的能人对农业产业集群发展具有重要作用（杨丽，2009）。

由于主体要素、集群结构和发展环境的差异，农业产业集群存在着不同的发展模式。有学者按照农业产业集群发展阶段和专业化程度，把其划分为"公司+农户"型、龙头互补带动型、市场中心型、纵向一体化型和同心多元化型几种模式（王建国，2005），也有学者提出农业高科技园模式、中心企业型模式和市场型模式（向会娟等，2005），还有学者按不同的生产流通过程把其归为种植业、养殖业、农产品加工业、农产品流通业和农业科技产业集群等几种发展模式（尹成杰，2006）。叶依广、纪漫云（2006）以江苏省为个案，认为农业产业集群的成长主要包括以下三种路径：市场创造模式、地理品牌驱动模式、先导企业带动模式。刘春玲（2005）和宋一淼（2005）则按照农业产业集群形成的诱因把它归纳为依据优势建立在农村或乡镇工业基础上形成专业化小城镇的农业产业集群、依靠科技与专业优势建立的高科技农业产业集群、依托市场条件建立的农业产业集群、依靠外来资金带来多个配套企业的农业产业集群和改革公有制企业后衍生与集聚形成的农业产业集群等多种发展模式。王艳荣（2009）认为农业产业集群主要有龙头企业带动型、农民合作组织协调型、市场依托型、科技支撑型等发展模式。

（四）农业产业集群的实证或案例分析

有关农业产业集群的实证分析主要是基于区域农业生产群落展开的，如美国明尼苏达州的食品加工业集群（Munnich, et. al., 1996）、加利福尼亚州的葡萄业集群（Porter, 1998）、加拿大多伦多州的食品与面包集群（Wolfson, 2005）、荷兰的花卉产业集群、比利时的养鸡与产蛋产业集群、丹麦的养猪产业集群以及山东寿光的蔬菜产业集群

(高峰等，2007；刘俊浩等，2008）。在研究方法上，Goetz 等（2004）采用了地方就业分析、区域配额、变化共享分析、bubble 图、位置关联和投入产出分析等多种分析方法对美国东北部农业和食品产业集群进行经验研究。研究表明，经济转型期农业产业集群的发展可以促进农村居民收入增加，减少农村贫困人口，增加妇女就业机会，提高国内对国际农业生产需求的供给，进而改进贸易平衡（KREI，Korea Rural Economic Institute，2005）；同时，还可以实现集约化经营，实现小农经济与规模经济的结合，从而提高农业的整体规模效益（杨丽等，2005）和农村的城镇化、工业化及产业化水平（孙中叶，2005）。

（五）农业产业集群与农村经济发展的关系

农业产业的集群化发展是提高区域竞争力的有效手段，对地区经济增长具有重要的促进作用（David Zepponi，2003；Peter Zashev & Peeter Vahtra，2006）；农业产业集群能转移农村剩余劳动力，提高就业率，集群内的大部分工作需要同样的技术，尤其包括手工劳动或者机器操作，有些工作则是要求苛刻的（South Dakota Department of Labor，2002）；农业产业集群（CAB）还可提高企业和产业的竞争力，增加个体农业企业的收益，加强和促进经济多元化（M. Jodi Rell，2002）。Suren Kulshreshtha、Wayne Thompson（2005）通过建立农业和食品投入产出和劳动力就业模型，分析集群对经济的直接、间接、诱致影响。Esther Russel（2005）分析了阿尔巴尼亚肉食品加工集群的作用：增加生产能力、推动创新、促进商品化、促使政策变化。农业产业集群发展预期的可能的结果（在经济转换期）：（1）贫困减少：农村居民收入会随着农业产业集群的形成和发展而增加；(2) 妇女的就业机会增加；(3) 改进贸易平衡（贸易的替代效应）：农业产业集群可以增加国内国际农业生产需求的供给（Korea Rural Economic Institute，2005）。

对于我国而言，农业产业集群对农村经济的促进作用主要表现在：

第一，农业产业集群可以转移和吸纳农村剩余劳动力，产业链各环节的聚集可创造大量的就业机会（朱永华、付慧娥，2005），为解决农民就业、增加农民收入及农村城市化进程做出了巨大的贡献（樊天霞，2004）。同时，农村劳动力的跨区域流动也会加速先前具有优势的地区产业集聚（范剑勇、王立军、沈林洁，2004），得出农业产业集群发展是全面建设小康社会的必由之路（王建国、刘丽秋，2004）。徐维祥、唐根年（2004）实证考察了浙江省农村劳动力转移的情况，提出了基于产业集群成长的浙江省农村劳动力转移的动力机制。季丹虎（2006）选择产业呈集群成长态势的江苏省为研究对象，得出产业集群对更广泛地吸纳农村劳动力和促进农村城镇化会产生积极的影响。

第二，农业产业集群可以实现集约化经营，实现小农经济与规模经济的结合，提高农业整体规模效益（杨丽、王鹏生，2005；肖超苏、易炼红，2005）。

第三，农业产业集群能提高农村的城镇化、工业化、产业化水平。一方面，产业集群为小城镇的建设提供了大量资金，城镇硬件水平提高；另一方面，城镇硬件水平的提高和产业集群提供的大量就业机会，将吸引大量的农村人口和乡镇企业向小城镇集聚，城镇规模的扩大又将带动当地第二产业的发展，促使产业结构升级，从而在整体上提高城镇化水平（向会娟、曹明宏、潘泽江，2005）。农业产业集群是西部地区农村城镇化的直接导因和动力，是这些地方农村社会经济结构向更高层转化、农村人口向第二、第三产业聚集的过程，也就是城镇化的过程（莫少颖，2006）。农业产业集群形成的农村工业化的实现需要非农产业的增加，产业集群做到了这一点（王瑞林，2005）。优势的聚集是农业产业化地域模式形成的基础（毛爱华、董静、陆庆红、魏兴华，2003），农业产业集群是农业产业化发展从起步阶段进入新成长阶段中出现的具有方向性、规律性的现象（宋玉兰，2005），是农业产业化发展的重要路径选择，通过发展农产品深加工的产业集群，通过以"加工基地或市场带农户"的形式，能够快速提高产业的整体竞争力，以集群吸引企业、企业壮大集群，带动农业产业化的形成（孙中叶，2005；刘奇中、王勇，2005）。

（六）农业产业集群的政府定位及其政策

农业产业集群的发展离不开政府制定的农业发展战略与政策。Joong-Wan Cho（2004）探讨了包括农业企业集群（Agro-based Enterprises）在内的 SME 集群的竞争优势，并提出针对发展中国家的农业产业集群政策含义。KREI（2005）提出了一系列农业产业集群政策，诸如建立法律法规框架；发展私营部门；集群参与者之间创立亲密关系；生产、加工、贮藏、销售等每一价值链的科技创新；建立银行系统为关联产业提供广泛的金融支持和投资促进；构建必要的基层结构。国内学者也根据不同研究对象和具体农业产业集群区域的特点，提出地方政府应加强农业产业集群规划，加大（准）公共物品投入，从而为农业产业集群发展创造良好的环境（尹成杰，2006；兰肇华，2006）。王慧娟（2007）从理论上定位政府在集群中扮演的角色及其职能活动，从宏观层面对规范政府行为提出可行性建议。兰肇华（2006）基于农业产业集群的特征，指出政府可通过培育创新体系来指导农业产业集群的形成和发展。张丽等（2005）通过对平谷区大桃产业集群的案例分析，探讨了地方政府在种植业的发展、品牌建设、科技创新等领域所起的作用。姚阳等（2007）就我国农业产业集群存在的公共产品供给不足、融资困难、市场竞争、政府干预等问题进行了整体分析。从整体论的角度来看，农业的集群化发展是提高农业区域竞争力的有效手段，对地区经济增长具有重要的促进作用（Zashev & Vahtra，2006；Zepponi & Fisch，2007）。黄山松、黄平芳（2007）认为，与工业集群相比，特色农业产业集群在形成条件、路径、模式等方面存在较大差异，同时资本、区位、制度等因素又制约着它们的成长，从而决定了政府对特色农业产业集群成长支持的责任。而政府的支持应主要体现在产业规划、财政、金融政策、龙头企业、信息服务等方面上。辛岭（2009）认为地方政府在农业产业集群规划、基础设施建设、市场开拓、科技推广服务体系建设、农业信息化建设以及金融支持等方面发挥了不可替代的作用。

（七）安徽农业产业集群研究

但是，关于安徽农业产业集群的专门研究很少，并且主要以现状或案例分析为主。叶方同（2003）研究亳州中药材集群竞争优势。曾凡银（2007）在对安徽县域产业集群研究中，分析了相关特色农业产业集群。包建华、方世建（2006）运用波特钻石理论对安徽茶叶产业竞争力的四个要素进行了分析，提出茶叶产业集群式发展的思路及相关措施。郝世绵（2006）研究了亳州中药材企业集群的发展阶段及治理。袁平红等（2009）以砀山水果产业为例，研究农业产业集群发展中的地方政府行为。陈书梅（2008）研究了砀山县砀山酥梨块状经济发展的经验。王艳荣（2009）认为亳州中药材产业集群是市场依托型发展模式，而砀山水果产业集群属于农民合作组织协调型发展模式。扶桑（2009）分析了阜南黄岗镇柳编产业集群的中小型企业共生模式。李艳芬等（2008）运用SCP研究淮北市葡萄产业集群的结构、行为和绩效。

上述文献看出，国内有关农业产业集群研究和讨论已相当广泛。我国农业目前正处于由传统农业向现代农业转型时期，农业产业集群发展已开始成为学术界、产业界和政府关注的问题，并已经成为部分地区解决"三农"问题的有效途径。如农业部2005年专门举办了全国地市级农业干部参加的"农业产业集群战略与国际竞争力专题研究班"，对我国现有农业产业集群发展的现状、存在的问题及其国际竞争力的提升进行专门研究。农业生产经营方式在很大程度上取决于农业区域资源禀赋状况，农业比其他产业更具有地域依赖性，特别是特色农业具有地理集中和形成产业集群的优势，当然农业的"弱质性"也决定了地方政府在农业产业集群发展中发挥着不可替代的重要作用。世界各地成功实践表明，因地制宜的农业产业集群具有强大的生命力和巨大的发展潜力。

四、研究思路、方法与主要观点

1. 研究思路

首先，在文献研究和相关基础理论梳理的基础上，选择新产业区、农业产业化、供应链等理论对农业产业集群进行分析，为深入认识和研究农业产业集群奠定基础。其次，重点研究农业产业集群的网络结构、演化机理、发展模式和创新机制等四个方面的问题，并结合实地调研和典型案例分析，从产业链、合作组织、龙头企业、交易市场和农业科技园区等不同视角揭示农业产业集群的形成和发展规律。最后，结合我国和安徽农业产业集群的发展现状，提出农业产业集群的发展战略和政策建议。研究思路框架见图1-1。

2. 研究方法

鉴于安徽农业产业集群系列数据的难得性，本书主要以描述性研究为主，一是借助相关经济理论和模型进行规范性的逻辑推理分析，二是通过实地调研和案例进行比较或归纳总结性分析。

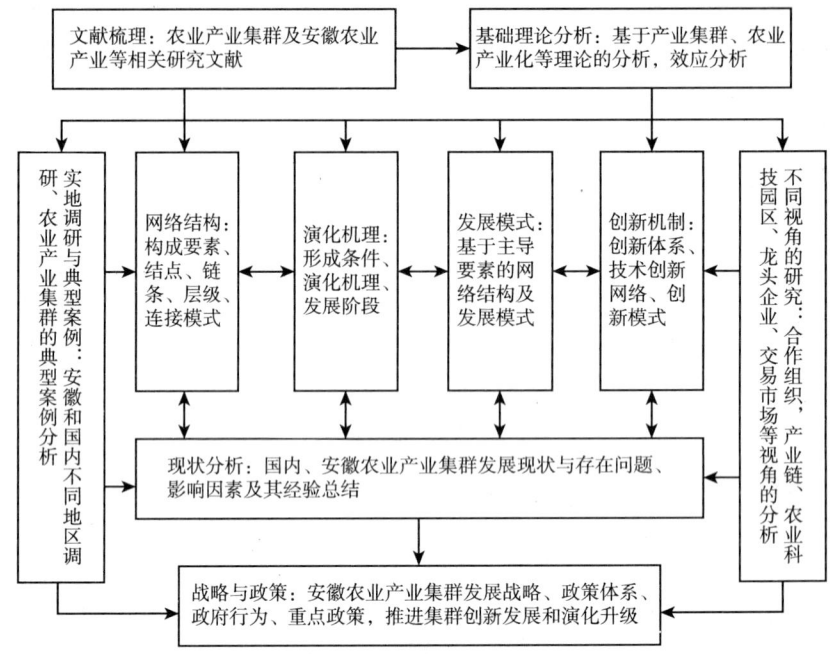

图 1-1 研究思路框架

(1) 实地调研法。以访谈为主,问卷调查为辅,先后对省内外十几个地市的农业产业集群进行了实地调研,调查对象涉及了政府部门、涉农企业、农户和合作社、交易市场等,收集了大量的第一手资料,深入了解安徽特色农业和部分农业产业集群的发展历史、现状及其存在问题,为成果的应用性和针对性打下了基础。

(2) 理论分析法。综合运用经济学、管理学、社会学、地理学、统计学等相关学科知识,重点从产业经济学、区域经济学、农业经济学和管理学的相关理论出发分析农业产业集群形成、发展和创新的现实问题。如从 Hakansson 和 Snehota 影响网络组织结构三要素出发研究农业产业集群的结构;利用生命周期理论、生态学研究农业产业集群演化;结合波特的钻石模型理论研究农业产业集群主体要素和发展模式;利用产业链和供应链理论研究农业产业集群网络的链条体系、主体之间的关系。

(3) 博弈和模型方法。通过博弈论方法分析产学研合作互动型农业产业集群技术创新模式选择;利用斯塔克尔伯格(Stackelberg)、古诺模型(Cournot)研究龙头企业主导型农业产业集群技术创新模式;

利用 GEM 模型研究安徽农业产业集群的发展阶段。

（4）案例分析法。除在观点论证过程中引用较多案例外，又精选寿光蔬菜、砀山水果、亳州中药材、宿州国家农业科技园区等不同类型的 10 个典型案例，从政府行为、产业链、合作组织等角度对其发展进行分析和总结。

3. 主要观点

（1）认为农业产业集群是"大农业"和"产业链"基础上的集群，是农业产业链拓展下的大农业空间集聚。农业产业集群不是单纯的规模化种养殖业，是种养、加工、流通和相关服务业的空间集聚，是农业产业链在某一地域的延伸和拓宽。从大农业的概念出发，跳出农业看农业，围绕农业产业链的建立和完善，把农业产业集群与农业产业化、农村城镇化、涉农产业发展等结合起来，实现农业与关联产业互动发展，是农业产业集群发展的根本之路，也是促进传统农业向现代农业转化的有效途径。农业产业集群与"三化"（工业化、城镇化和农业现代化）协调发展有着密切关系，农业产业集群是我国"三化"协调发展的重要载体，是"三化"协调发展的助推器。

（2）认为农业产业集群是一种新型农业产业组织形式，具有空间集聚、规模化生产、专业化分工、产业链配套、创新氛围良好、产业联系密切、增加农业迂回、促进要素投入集约等特点，有利于发挥区域优势，建立现代农业产业体系，提升区域农业产业竞争力，是现代农业发展的重要模式。安徽以皖南山区、皖西大别山区、沿江流域、沿淮流域、江淮丘陵、皖北平原等不同地理区位和资源优势为基础，已经形成了不同类别的特色优势农产品产业区，"一村一品、一镇一业"发展较好，具有发展农业产业集群的良好基础。认为农业产业集群是促进安徽农业发展，提升安徽农业竞争力的重要战略选择。

（3）认为农业产业集群表现出较明显的"结点—集散点—网络"或"核心—链条—网络"的特征，其网络结构发展演化遵循一定的规律。网络联系是产业集群的本质，农业产业集群存在着不同的网络链接模式，这些链接模式对农业产业集群网络关系有很大影响。应按照优先连接机制，以县城或中心镇为基地，以交易市场、龙头企业、农业园区、农村能人大户、合作组织等为主体，重点培育网络的核心或一级集散结点，加快建立以核心组织为主导的网络链条，努力促进集群生产经营网络、辅助服务网络和社会网络的有机融合。

（4）农业产业集群对自然资源禀赋有较强的依赖性，集群演化以自然演化机制为主，即通过"自下而上"机制形成，所以一般只能依托区位农业优势培育集群，不可能脱离当地资源禀赋条件人为"制造"出新的农业产业集群。这并不是说，不能通过"自上而下"机制，实际上，产业集群的发展是可以引导和调控的，政府在农业产业集群（相比工业集群）作用更加突出，通过科学规划可以促进产业集群形成和发展，但规划不能脱离当地自然资源禀赋条件。认为农业产业集群形成机制可以概括为四大类：自发形成机制、政府主导机制、产业互动主导机制和农业龙头企业带动机制。

（5）农业产业集群各行为主体通过关键要素间的相互作用，共同催生了农业产业集群的演化进程。基于安徽的调查分析，发现农业资源禀赋差异的要素诱因、规模经济与协同竞争的市场驱动、关联产业与相关机构的集聚的产业引力、农业生产根植性与政府政策投入的制度导向等四个方面对农业产业集群的形成和发展十分重要。事实上，仅仅具有自然禀赋优势区域并不一定能够形成农业产业集群，当种养殖规模不能够有效扩大，不能把农业发展自然和区位优势转变成竞争优势，则难以形成农业产业集群，而这其中重要原因之一是"市场资源、智能服务资源"等相对匮乏。研究认为建立农业产业集群市场渠道体系、培育区域农业品牌、加强农业技术创新和扩散，对于农业产业集群的成长和持续发展非常重要。

（6）认为农业产业集群发展演变过程可以用生命周期理论进行研究，农业产业集群发展阶段可以通过：种养规模、基地和标准化、基础设施和服务配套、企业数量（尤其是龙头企业）、本地加工度和系列化产品、技术创新与扩散、产业链联系和纵横合作、交易市场或商品流通渠道、区位品牌效应等进行评判。认为安徽省大多数农业产业集群尚处于萌芽期或从萌芽期向成长期过渡阶段，也有部分农业产业集群进入到成长初期或中期阶段。

（7）尽管农业产业集群形成和发展是多种因素综合影响的结果，但是往往存在一些主导要素，从主导要素角度研究农业产业集群具有非常重要意义。认为农业产业集群主导要素主要有：农业龙头企业、合作经济组织、农业科技园区和交易市场等，许多农业产业集群发展表现出明显的主导要素特征，形成了基于不同主导要素的发展模式，如交易市场主导型、加工企业主导型、科技园区主导型、合作经济组织主导型和特色农业服务主导型。在农业产业集群形成初期，单一主导要素可能发挥较大作用，但随着集群发展，"多要素耦合"将更加重要。对安徽农业产业集群研究发现，以龙头企业、交易市场、合作经济组织等二元或三元主导要素耦合的集群发展模式正在成为发展的新趋势，如茶叶产业集群的"龙头企业（或交易市场）+农民专业合作社"发展模式、桑蚕丝绸产业集群"龙头企业+农民专业合作社（或协会）"发展模式、蔬菜和水果产业集群的"交易市场+龙头企业"发展模式等。

（8）创新是农业产业集群结构优化升级的重要途径，是农业产业集群持续发展的动力。农业产业集群创新包括农业产业集群技术创新、生产模式和组织模式创新、市场与流通创新、制度创新等，集群不同发展阶段创新的重点不同，发展初期可能生产方式和组织模式重要，而持续成长则市场流通和技术创新更加重要。农业产业集群具有较好创新氛围（相对非集群而言），以集群为依托培育农业技术创新主体，以合作创新为主导构建区域农业技术创新网络，是解决我国农业产业集群技术创新不足和提升农业产业集群竞争力的有效途径。认为农业产业集群技术创新有地方政府推动型、产学研合作互动型、企业主导型等多种模式。认为技术创新需要推动力，其动力机制可以用"轮式模式"进行描述，即由"市场需求的拉力、政府激励的拉力、市场竞争的推力、创新文化的影响力和企业间交互联系的作用力"驱动农业产业集群创新之轮。同时，要使农业产业集群技术创新模式保持良好的运行状态，不仅要根据集群自身特点选择与之相符的创新模式类型，而且要建立一套包括信任机制、动力机制、组织机制、利益机制、协调机制、快速反应机制、信息流动与组织学习机制等在内的运行机制。

（9）认为农业产业集群是发展现代农业的重要模式，应该把农业产业集群上升到提高区域竞争力的高度，上升到解决我国"三农"问题的高度，上升到加快我国小城镇建设和社会主义新农村建设的高度，把农业产业集群列入国家和地方政府产业或产业集群发展规划，制定不同层次的农业产业集群发展战略和相应政策。基于大农业的概念和对我国农业现实的思考，提出发展农业产业集群的八大具体实施战略，即农业产业集群区域规划战略、农业产业集群关联产业互动战略、农业产业集群区位品牌发展战略、特色农业产业集群发展战略、农业产业集群产业配套战略、农业产业集群人力资源开发战略、农业园区或示范区发展战略。

（10）认为地方政府对农业产业集群（尤其是欠发达地区）发展具有较大的推动作用，政府可以通过制定和完善集群政策，减少集群的外部不经济，促进农业和农业产业集群发展。农业产业集群政策包括集群规划布局、集群硬软件环境、创新扶持和服务支撑等政策。地方政府通过集群规划、政策引导和公共投入，为农业产业集群主体提供了交流学习和资源共享的平台，为集群主体加强联系、建立链接和改善网络关系提供了方便，对农业产业集群网络结构优化具有一定催化作用。在农业产业集群区域品牌建设与维护、基础设施和公共服务平台建设、集群共性技术的研发和扩散、农业标准和质量监督体系建设等领域，地方政府应发挥主导性作用。

（11）安徽省农业资源相对丰富，具有一定区域优势的农产品类别和品种众多。2009年省级"一村一品"专业示范村（乡镇）达到3025个；2010年省级农业科技示范园区达75个；肥东新区食品工业园、淮北凤凰山食品工业园、亳州市谯城区中药产业园、长丰县双凤食品工业园、怀远城西粮食及农副产品加工区、宁国市南山食品产业园、砀山县砀城水果加工园区、广德县城北禽类加工园区等8家被确定为首批安徽省农业产业化示范区。调查发现，安徽省围绕优质和特色农业产品已经形成近百个农业产业集群或雏形，主要分布蔬菜、中药材、棉纺、编织、水果、水产养殖、茶叶、桑蚕丝绸、林产加工（含苗木花卉）、粮油加工、家禽养殖、畜产养殖加工等产业之中，但多数处于发展萌芽和低级阶段。安徽农业产业集群发展中，明显存在地方政府认识不足，缺乏规划，发展具有一定盲目性，公共物品供给不足，发展要素相对稀缺，市场体系不完善，区域品牌效应不明显，集群主体之间相互联系较弱等方面的问题。

（12）从政策视角，我国农业产业集群发展要重点加强农业产业集群的统筹规划，注重农业产业集群的环境建设，培育农业产业集群的创新系统，完善农业产业集群的服务体系。针对安徽农业产业集群发展，提出以下政策建议：提高认识，把农业产业集群上升到安徽经济发展的战略高度；做好规划，创造农业产业集群发展的良好环境；建立多元化投入机制，引导农业投资向农业产业集群倾斜；加强农业区位品牌建设，重点选择培育一批优势农业产业集群；加大科技投入，注重园区建设，建立农业产业的创业企业孵育体系；重视加工增值，开拓国际市场，培育农产品出口产品基地和深加工产业集群；加快培育主导企业，创新生产经营方式，强化农业产业集群的网络联系；加强人才队伍建设，建立多层级培训体系，实施农业人力资源开发战略。

第二章

基础理论与本质特征

产业集群研究可以追溯到马歇尔的外部经济（Marshall，1890，1920），韦伯（Weber，1909）和胡佛（Hoover，1948）的聚集经济理论。克鲁格曼（Krugman，1991，1997）和波特（Poter，1998）等把产业集群理论研究推进到一个新的阶段。

一、农业产业集群基础理论

（一）农业产业集群理论分析框架

产业集群理论是在区域经济学和产业经济学基础上形成的，它已经形成了一个理论体系，从其形成和发展来看，主要包括古典及新古典经济学的企业集群理论、古典及现代空间经济地理学的产业集聚理论、产业综合体理论、新产业区理论、竞争战略中的集群理论等。

从区域经济、产业经济、农业经济和管理科学等理论出发，通过对这四个领域理论的简单梳理（见表2-1），建立了农业产业集群的理论分析框架（见图2-1），认为区位理论、新产业区理论、增长极理论、集聚经济理论、中心地理论、农业产业化理论、产业链理论、供应链理论对研究农业产业集群发展具有较大的指导作用。以下仅从新产业区理论、农业产业化理论、农业产业链理论、供应链理论四个方面进行简要的理论分析。

表 2-1　　　　　　　　产业集群相关基础理论梳理简表

理论领域	分支	具体理论	对农业产业集群分析的重要性
区域经济理论	区域产业布局	区位理论：农业区位、工业区位、运输区位、市场区位、区位经济学、社会学派、行为学派、计量学派等	很重要，重在分析区位条件，涉及优势农产品区域布局
		新产业区理论：柔性专业化学派和区域创新环境学派	很重要，除了强调一般聚集意义外，特别强调专业化、创新环境和小企业集群
	区域经济增长	均衡增长理论：纳尔森的低水平陷阱论、罗森斯坦—罗丹的大推进理论和纳克斯的平衡发展理论等	重要性较小，重在分析国家或区域间的平衡发展，与农业关系不大
		非均衡增长理论：增长极、梯度转移、点轴开发、网络开发、城市圈理论、集聚经济理论等	很重要，其中增长极、点轴开发和集聚经济等理论直接与农业产业集群相关联
		新增长理论：外部性与经济增长、收益递增与经济增长、创新与经济增长	重要性较小，主要是宏观层面分析，研究经济增长的影响因素
	区域空间结构	中心地理论，中心—外围理论	很重要，为城市外围和小城镇农业产业集群发展提供了理论依据
产业经济理论		产业组织、产业结构、产业关联、产业布局、产业发展理论、产业政策	重要，农业产业和产业集群研究的理论基础
农业经济理论	农业发展理论模型	资源开发模型、肥力保持模型、区位模型、扩散模型、高收益投入模型、诱导技术变迁模型等	重要，与农业发展密切相关，为农业产业集群研究提供参考
	农业产业化理论	产业化经营模式、运行机制、服务体系、政府行为和中介组织	很重要，农业产业集群形成和发展的理论基础
	农业产业链理论	农业产业链组织形式、产业链结构、形成演化、运行机制、整合与优化、风险等	很重要，对分析集群网络结构和网络关系很重要，是农业产业集群发展和优化升级的重要理论基础

续表

理论领域	分支	具体理论	对农业产业集群分析的重要性
管理科学理论		科学管理理论、行为科学学派和管理过程学派、社会系统学派等现代管理理论、知识管理、企业文化、企业流程再造、虚拟企业等	重要性较小，属于管理领域
	供应链理论		很重要，对产业集群网络关系分析较为重要

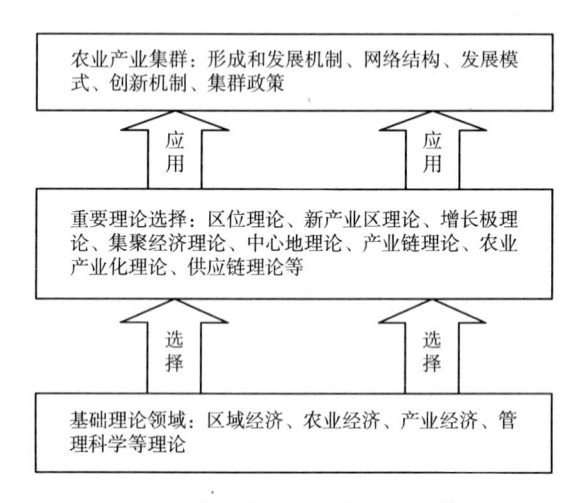

图 2-1 农业产业集群的理论分析框架

（二）基于新产业区理论的分析

1. 新产业区理论

英国经济学家马歇尔（1890）是最早关注工业集聚现象的经济学家，他把工业集聚的特定地区称为"产业区"，而"新产业区"这个概念也是源于马歇尔关于产业区的提法。国外新产业区研究最早起源于20世纪70年代末，意大利社会学家 Bagnasco（1977）对"第三意大利"现象的研究。

美国学者 Piore 和 Sabel（1984）认为第三意大利和德国南部地区依赖大量的中小企业在柔性专业化基础上集聚形成新产业区，Scott（1988）、Scott 和 Storper（1992）认为新产业区是大量专业化中小企业在集聚过程中生成的"柔性生产综合体"①，是后福特制时代的产物，由此形成了新产业区理论的柔性专业化学派。而 1985 年欧洲创新小组（GREMI）通过对欧洲 15 个区域和美国硅谷研究，认为区域发展更多地依赖区域创新环境的改善，GREMI 成员 Remigio（1997）认为区域创新网络和创新环境具有互动关系，由此形成新产业区理论的区域创新环境学派。上述两个学派都存在明显不足，比如韩国经济地理学家朴杉沃（Park S. O，1994）②认为新产业区内的柔性生产系统和大宗生产系统并存，地方网络与全球网络同时存在，并提出"将产业区概念一般化的观点"。

国内学者李小建（1997）对新产业区与经济活动全球化研究进行评述③；王缉慈（1998）认为新产业区理论的核心内容是本地化网络联系和经济活动的社会根植性，认为我国一些高新技术开发区、乡镇企业集聚区和外向加工区正在形成新产业区④；周维颖（2004）从弹性专业化、创新型企业网络和聚集经济空间三个方面构建了"新产业区演进"的经济分析框架，并探讨了相关的政策含义⑤；向清华等（2010）应用新产业区理论研究小商品市场空间集聚特性⑥，这是该理论应用于传统服务业集群研究的少量文献之一。

国内外新产业区研究文献表明，柔性专业化学派和创新网络环境学派有融合趋势，不同类型新产业区在柔性专业化和创新网络上表现出一定差异，一般而言，新产业区都要求具有专业化分工和合作、本地化网络、机构稠密、根植性、创新系统等特征。国外大致将新产业区分为四类：第一类是由低内源力、低竞争力企业组成的无政府干预的地方生产系统；第二类是由低内源力、低竞争力企业组成的、存在相当政府干预的、具有一定创新能量的地方生产系统；第三类是由高内源力、高竞争力企业组成的、中小企业密切合作的、无政府干预的、创新力较强的地

---

① Scott A. J., Storper M. Industrialization and Regional Development. In: M. Storper and A. Scott (ed.). Pathways to Industrialization and Regional Development. London Routledge, 1992.
② Park S. O., Markusen J. K. Generalizing New Industrial Districts: A Theoretical Agenda and An Application From a Non Westrn Economy. Environment and Planning A. 1994, 27: 84 – 104.
③ 李小建. 新产业区经济活动全球化的地理研究 [J]. 地理科学进展, 1997, 16 (3)
④ 王缉慈. 简评关于新产业区的国际学术讨论 [J]. 地理科学进展, 1998, 17 (3)
⑤ 周维颖. 新产业区演进的经济分析 [M]. 上海: 复旦大学出版社, 2004.
⑥ 向清华, 倪外. 基于新产业区理论的小商品市场空间集聚特性研究 [J]. 商业研究, 2010, (4)

方生产系统；第四类是由高内源力、高竞争力企业组成的、有政府干预的高水平创新能量的地方生产系统。除少数高科技园区外，我国的新产业区大多属于上述第二种类型。

2. 传统农业生产区和现代农业产业区

从理论上，农业产业区研究可以追溯到冯·杜能（Von Thunen）的农业区位论。杜能的农业圈层布局论表明，农业土地利用类型和农业土地经营集约化程度，不仅取决于土地的天然特性，而且更重要的是依赖经济状况；农业经营方式并不是集约化程度越高越好，离中心城市越近，集约化程度越高，离中心城市越远，经营越粗放；农业布局上并不是适合种什么就种什么，与距离相关的地租、运费是非常重要的因素。笔者认为，杜能的农业区位论对当今研究农业产业区的形成和发展仍然具有重要意义，如在城市郊区及工矿区周围，往往形成以生产蔬菜、肉、乳、禽、蛋为重点的农业生产基地或农业产业集群。尽管自然环境等因素是农业发展的基础条件，但是现代农业产业区的形成和发展是地理区位、市场、技术、关联配套产业等多重因素影响的结果，其中技术与市场正向促进作用越来越明显。

传统农业生产区主要是依托自然资源与环境，采取传统农业生产方式，重点强调农业的产中环节，缺乏农业生产服务业或农业生产配套，产前、产中和产后联系较弱，生产规模化、集约化程度低，在农业生产力水平低的地区，如我国中西部地区，传统农业生产区大量存在。而现代农业产业区在强调专业化和规模化的同时，注重产业链上下游联系，强调基于技术、产品、信息和服务形成本地网络。郑风田和程郁（2005）认为农业产业区是提高农业产业化竞争力的一种高级形式，是竞争型的农业产业化。它的本质是以具有资源优势的特定农产品为核心的农业产业集群，它与其他产业区一样具有专业化、规模化的特点，能够发挥集聚经济效应，对提升当地农业产业的整体竞争力有明显的优势作用。与农业产业化单维线性、强调产供销一体化式经营不同，农业产业区是多维的、网络型的和立体的，强调各环节的专业化分工与合作。可以看出，郑风田等描述的农业产业区，实际上就是以农业为主导的现代农业产业区，与制造业类新产业区比较，现代农业产业区兼具一定柔性专业化学派和创新网络环境学派的特点，其网络联系较强，地理特征更明显，根植性更强。

目前为止，国内外关于新产业区研究主要是针对制造业和一些知识密集型服务业领域，但是罕见新产业区理论在农业领域研究，主要是因为农业生产特别是产中环节对土地、气候等自然资源依赖性强，生产周期长，不具有柔性生产的特点。现代农业产业区或农业产业集群是建立在大农业概念基础上，是农业产业链延伸和拓展，并在本地集聚的结果，这样在产业区内部存在着"农业生产资料生产和供应、农产品加工和市场销售"等具有柔性环节，同时现代农业技术应用和生产组织方式变化，某些特色农产品的生产环节的柔性也在增大。因此，可以应用新产业区理论研究现代农业产业区或农业产业集群，用新产业区理论指导"传统农业产业区向现代农业产业区"转变实践活动。事实上，现代农业正呈现出明显的区域化、规模化和专业化发展趋势，国内外已经形成众多的新型农业产业区，如陕西杨凌农业示范区就是我国以农业科技园区为依托形成众多现代农业产业区的典型代表。

3. 新产业区视角的农业产业集群发展

（1）农业产业集群具有新产业区的基本特征，实际上就是一种新产业区，是新产业区在农业领域的具体体现，新产业区理论为农业产业集群发展提供了理论支撑。笔者认为，基于一定空间范围，从本质上说农业产业集群与现代农业产业区是基本相同的概念。

（2）新产业区的核心内容是本地结网，各行为主体通过参加本地的结网形成长期的稳定关系，传统产业区以支配与受支配为主要特征的等级制，被伙伴关系和以合同为基础的网络所取代。农业产业集群由于其网状的产业链结成一个网络体系，集群本身就是一种动态的网络组织，网络的成熟度影响着集群的创新能力和集聚效应的发挥。

（3）新产业区本地化网络的重要特征之一是弹性专精，这取决于专业化分工以及企业间竞争和协作关系。农业产业集群专业化分工柔性主要表现在产前和产后服务环节，而在产中环节具有一定刚性，因此农业产业集群网络体系建设中要处理好市场柔性和生产成本之间的关系。

（4）新产业区本地化网络的另一重要特征是创新网络，这取决于创新主体培育以及创新体系和创新环境建设。农业产业集群持续发展和升级转型都离不开创新系统，发挥农业企业作为创新核心主体作用，鼓励企业在学习和创新方面进行投资，形成多方参与的产学研合作创新，这对新型农业产业区形成和发展十分重要。

（5）我国已经建设了农业科技示范园和生态农业园等许多类型园区，这些园区就是现代农业产业区的核心，其本身也可以看作是一定空间范围内的新产业区。这些园区以农业高新技术和实用投入为核心，采取集约化生产和企业化经营，具有引进、生产、加工、销售、展示、观光旅游休闲为一体的现代农业示范功能，对加快培育区域农业主导产业，形成产业化经营和关联产业的本地结网，促进农业产业集群发展等方面具有明显的推动作用。

（三）基于农业产业化理论的分析

1. 农业产业化理论

农业产业化最早产生于20世纪50年代的美国，哈佛大学John Davis和Roy Goldberg 1957年提出"农业一体化"，并于第二年出版著作"A Concept of Agribusiness"，对农业一体化经营进行论述。农业产业化有许多别称，如农工综合体、贸工农一体化、产供销一条龙，1993年山东省在总结农业和农村发展经验时首先提出农业产业化经营，1995年12月11日《人民日报》发表社论"论农业产业化"，将其定义为"以国内外市场为导向，以提高经济效益为中心，对当地农业的支柱产业和主导产品实行区域化布局、专业化生产、一体化经营、社会化服务、企业化管理，把产供销、贸工农、经科教紧密结合起来，形成一条龙的经营体制"。随后，我国农业产业化实践快速推进，同时围绕农业产业化经营模式、运行机制、服务体系、政府行为、中介组织等领域的理论与实践问题累积了大量研究文献[1][2][3][4]。

国内早期研究重点是农业产业化经营，特别强调市场导向作用和农业纵向一体化经营，20世纪90年代中后期，研究重点主要集中在农业产业化的组织模式、运行机制、政府支持及各种服务体系等方面。学术界对农业产业化本质认识也有差异，林毅夫（1996）提出，农业产业化作为一种在市场经济条件下适应生产力发展需要的崭新生产经营方式和产业组织形式，实质上是生产的专业化；虞锡君（2002）认为农业产业化是提高农户组织化程度的过程，农业产业化经营主体是柔性经营

---

[1] 邓培军. 我国农业产业化研究综述 [J]. 边疆经济与文化, 2009, (2)
[2] 张明林. 农业产业化进程中的产业链成长机制研究 [M]. 北京: 科学出版社, 2010: 10-18.
[3] 郭建宇. 农业产业化研究的国际比较: 一个文献综述 [J]. 生产力研究, 2008, (7)
[4] 牛若峰. 农业产业化经营的组织方式和运行机制 [M]. 北京: 北京大学出版社, 2000.

综合体，农业产业化经营是农业的纵向一体化，农业产业化是农业生产专业化不断发展的过程①；彭炳忠（2003）认为农业产业化的本质在于大力推进农业的工业化。随着农业生产方式的变化，农业与其关联产业之间的经济联系日益密切，实现经济联系的微观和准微观组织形式也发生变化，其研究也更加重视把农业产业化与生产方式、组织形式及关联产业联系在一起，如从产业链、合作组织等视角的研究。围绕农业产业化经营管理的微观领域和基于产业视角的中观领域将是未来研究的重点。

农业产业化是农业生产经营组织形式和制度演变的必然结果，农业产业一体化经营是世界农业发展的大趋势，是现代农业所普遍采用的经营形式，深入推进农业产业化是我国农业发展的必然选择。农业产业化对促进我国农业产业结构调整和优化，提高农民素质，增强农民的市场意识，加快农业现代化、农村工业化和农村城镇化进程等方面具有重要作用，有利于解决我国农业生产规模狭小与提高农业劳动生产率之间的矛盾，解决农业增产与农民不增收之间的矛盾，解决农业产业链中的各经济主体利益不协调之间的矛盾。笔者认为，我国农业产业化发展应以国际和国内市场为导向，以区域农业资源和经济优势为基础，以纵向一体化经营或协作为核心，通过制度、组织和技术创新，提高农业专业化、规模化、组织化和经营管理现代化程度，培育壮大农业企业和农民专业合作社，促进农业和加工、销售等环节顺畅衔接，形成农工商有机协作、风险共担、利益共享的运作机制。

2. 农业产业化与农业产业集群的关系

农业产业化与农业产业集群之间有着密切联系，其共同特征主要表现为：农业布局区域化、生产专业化分工、农业企业参与、产业链前后向联系。不同之处主要表现为：产业集群要求地理空间的临近、企业集聚、本地结网、根植性强，而农业产业化可以是本地或跨地区纵向一体化经营，可能是单链结构，并未形成网络，且本质上并不要求一定本地集聚；农业产业集群要求有众多企业参与，空间规模大，专业化分工更细，产业关联性更强，而农业产业化可能只有一个或少数龙头企业，也没有规模上的必然要求，产业链上下游联系较强，产业链横向及外部联

---

① 虞锡君．农业产业化经营的本质特征和实现形式探讨［J］．中国农村经济，2002，(10)

系较弱。

无论是理论研究和实践发展，农业产业化都早于农业产业集群，可以说农业产业集群是农业产业化发展的一种结果，也是农业产业化发展的另一种高级组织形态①。农业产业集群更加强调企业间关系的系统化，强调通过竞争和合作形成的网络关系；农业产业集群由农业产业化发展而形成，又促进了农业产业化的深入发展，二者存在着非常明显的互动关系。也有研究者认为农业产业集群为农业产业化提供新的发展途径，景云祥（2007）则认为内部化和集群化是农业产业化的两条基本路径，其中龙头企业带动和合作社带动的农业产业化是农业产业化内部化路径的典型形式，农业产业区是集群化路径的典型形式，涉农企业集聚成的特定区域往往发展成为农业产业区②。

3. 农业产业化视角的农业产业集群发展

（1）农业产业化是发展农业产业集群的基础。农业产业化是发展现代农业普遍采用方式，各地区都应大力推进农业产业化发展进程。但是农业产业集群作为一种网络性的高级组织形态，对发展的基础条件要求更高，也并不是每个地区的农业产业都适合采取集群的发展方式。笔者认为，要以农业产业化发展为基础，根据农业资源优势，把农业与前后产业关联起来，从区域经济发展角度统筹规划，有选择性地实施农业产业集群发展战略。

（2）农业产业化具有布局区域化、生产专业化、经营规模化、市场国际化、管理企业化、服务社会化等特征，农业产业化与农业产业集群之间有着密切关系，二者具有实现融合互动发展的理论基础。因此，在区域农业发展上不要把二者人为地孤立起来，甚至仅从农业"产中环节"生产周期长、迂回性少、柔性弱等角度出发否定农业产业集群。与农业产业化相比，农业产业集群更加有利于提升区域农业的整体竞争力。

（3）农业产业化发展初期注重通过以市场为导向的一体化经营解决小农户与大市场之间的矛盾，而现代农业发展面临"专业化生产、技术进步、生产率提升、信息化、加工增值"等更为严峻的问题，客

---

① 刘君. 农业产业化与农业产业集群发展的互动关系研究［J］. 农业经济，2009，（8）
② 景云祥. 农业产业化：内部化与集群化路径的发展条件及相机选择［J］. 兰州学刊，2007，（10）

观要求农业产业化的深入发展,并通过农业产业化推动农业布局的区域化和种植养殖的规模化,培育农业生产基地和农业企业(群),促进农业创新及创新网络体系建设,引导农业专业化分工以及上下游关联产业的涉农企业集聚,从而实现从农业产业化向农业产业集群的转变。

(四) 基于农业产业链理论的分析

1. 农业产业链理论

早在1958年赫希曼的《经济发展战略》中就从产业的前向联系和后向联系的角度论述了产业链的概念[1]。20世纪80年代,威廉姆森(Williamson)从产业组织角度揭示了产业链上各结点厂商通过纵向控制对市场势力进行扩张的策略行为。国外将产业链作为一个独立的经济组织层面进行研究较少,而是将产业链分解到产业和企业两个层面中,侧重从价值链、供应链、产品链以及功能链的角度对产业链进行分析,研究产业链的具体表现形式、产业链整合、价值提升、治理模式等问题。Prahalad 和 Hame (1990), Mahoney 和 Pandian (1992) 认为通过进行产业链整合可以提高企业的核心竞争力,并论证了产业链可以将各组织结合起来创造更高的价值[2][3]。Arndt 和 Kierzkowski (2001) 使用"片段化"来分析生产过程的分工现象,即处于同一条产业链的各个生产环节通过生产网络得到有效组织,使得产品的生产可以在一个企业内完成,也可以由多个企业分工合作而完成,如果产权无法分离,就采用垂直一体化战略,如果产权能够分离,则可以采用外包等委托加工的方式进行生产[4]; Gereffi (2005) 选择了交易复杂性、达成交易的能力和供给的能力三个变量建立模型,解释了全球价值链的管理方式[5]。

国内比较重视产业链整体层面研究,研究文献很多,其中代表有:

---

[1] 王缉慈. 创新的空间——企业集群与区域发展 [M]. 北京:北京大学出版社, 2004: 26-32.

[2] C. K. Prahalad and Gary Hame. The Core Competence of the Corporation [J]. Harvard Business Renew, 1990, (5-6): 79-91.

[3] Mahoney, J. T. and Pandian, J. R.. The Resource-Based View Within the Conversation of Strategic Management [J]. Strategic Management Journal, 1992, 15 (5): 363-380.

[4] Arndt, Sven and Henryk Kierzkowski. Fragmentation: New Production and Trade Patterns in the World Economy [M]. Oxford: Oxford University Press, 2001.

[5] Gary Gereffi and John Humphrey, The Governance of Global Value Chain Review of International Political Economy 12: 1 February 2005: 78-104.

吴金明等（2006）认为产业链是由产业上游到下游的供需链、企业链、价值链以及空间链所构成的，将其描述为四维对接机制、四维调控机制以及四种模式共同起作用的"4+4+4"模型[①]；邵昶等（2007）认为产业链是一种组织，兼具产业和企业的特征，并提出了产业链的"玻尔原子"结构模型[②]；芮明杰、刘明宇（2006）提出了知识整合、产品整合以及价值模块整合的产业链三维整合模式[③]；刘贵富（2006）对产业链内涵、分类、特性、形成机理、功能效应、经济效益、组建提升和运行机制等基本理论进行了系统的研究[④]。产业链理论在宏观经济管理和区域经济发展中发挥着重要作用，对于经济板块联系的加强以及产业复合体的形成有着重要的推进作用。

21世纪以来，国内开始重视农业产业链研究，典型代表有：王凯及其团队对农业产业链的组织形式、产业链整合、物流管理、组织效率以及棉花、蔬菜、猪肉等具体产业链管理进行研究[⑤⑥]；张利庠等认为农业产业链是贯穿供求市场，包括前、中、后期产业部门，即农产品的种植、加工、运输、消费以及相关的农资、科研等部门的网络结构，从农业产业链视角研究了外部冲击对我国农产品价格波动的影响[⑦⑧]。农业产业链是由农业产前、产中、产后为提供不同功能服务的企业或单元组成的，贯通资源市场和需求市场的网络结构（王国才，2003）[⑨]。从本质上看，农业产业链侧重于反映产业之间（上下游产业）的关系，考察其联系效应、相互作用的方式和程度，同时也涵盖产业链价值的形成和增值过程。农业产业链包括农业产业的价值链、信息链、物流链和

---

① 吴金明，邵昶. 产业链形成机制研究——"4+4+4"模型[J]. 中国工业经济，2006，(4)：36-43.

② 邵昶，李健. 产业链"波粒二象性"研究[J]. 中国工业经济，2007，(9)：5-13.

③ 芮明杰，刘明宇，任江波. 论产业链整合[M]. 上海：复旦大学出版社，2006.

④ 刘贵富. 产业链基本理论[M]. 长春：吉林科学技术出版社，2006.

⑤ 王凯等. 中国农业产业链管理的理论与实践研究[M]. 北京：中国农业出版社，2004.

⑥ 谭涛，李国道，王凯. 蔬菜产业链组织效率影响因素研究——以南京市蔬菜行业为例[J]. 科研管理，2007，(3)：63-69.

⑦ 张利庠，张喜才. 我国现代农业产业链整合研究[J]. 教学与研究，2007，(10)：14-19.

⑧ 张利庠，张喜才. 外部冲击对我国农产品价格波动的影响研究——基于农业产业链视角[J]. 管理世界，2011，(1)

⑨ 王国才. 供应链管理与农业产业链关系初探[J]. 科学与科学技术管理，2003，(4)

组织链等，联结农业生产资料供应、农产品生产、加工、储运和销售等环节，是一个有机整体（王凯，2004）。从应用性看，农业产业链理论研究的重要任务是为产业链优化提供支撑，产业链纵向延伸、横向拓展、产业链整合、价值和竞争力提升等是农业产业链优化研究的重要视角，农业产业链的影响因素、纵向协作、组织模式、运行机制、运行绩效、利益分配、产业链构建等是研究的重要内容。笔者认为，尽管从微观角度，产业链可以反映企业更深层的内容，如经营战略、竞争优势等问题，但是产业链的研究重点主要是中观产业、区域和宏观政策层面，同时重视研究产业链的节点和网络方面问题。

2. 农业产业集群与农业产业链的关系

冉庆国（2009）认为产业集群和产业链都具备网络的基本形态，产业链是一种没有地域限制的网络组织，产业集群是有着地域限制的地方根植性的网络组织；而且两者之间存在着耦合关系，即产业链是产业集群中的主导关系，产业集群是产业链空间分布的载体[①]。刘贵富（2010）认为产业链是客观存在的，产业集群内一定含有一条或几条完整的产业链或产业链片段[②]。从本质来看，产业链是以投入产业联系为纽带，其核心是前后向产业联系和上下游企业之间关系；而产业集群则是以本地企业广泛的技术经济联系和一定人文社会网络关系为纽带，其核心是基于竞争与合作形成的纵横向网络关系。

农业产业集群与农业产业链具有一些共同特征：中间性组织、网络结构形态、分工和协作、纵向联系、农业企业参与。二者不同之处主要表现为：

（1）农业产业集群比农业产业链的内涵丰富得多，它不但包括相关产业的价值活动，而且包括促进企业联系的各种支撑服务机构，例如行会、企业协会等中介机构，大学、研究所等教育科研机构，还有银行、海关等各种公共服务部门或机构。

（2）农业产业集群要求具有地理接近性，产业集群＝产业链的本地部分＋相关机构和活动。产业链各环节的活动是否地理靠近，要根据产业的特性和产业链主体市场选择而定。农业产业链没有地理集中必然

---

① 冉庆国. 产业集群与产业链的关系研究 [J]. 学习与探索，2009，(3)：160－162.
② 刘贵富. 产业链与供应链、产业集群的区别与联系 [J]. 学术交流，2010，(12)：78－80.

要求，农业产业链可以是地方（本地）的，也可以是跨区域、跨国的；可以是近距离的，也可以是远距离的。实际上，并不是所有产业都需要在本地建构完整的产业链。

（3）农业产业集群强调一定地域空间聚集形成的网络关系，包含同类企业横向集聚，也包括基于产业链（或片段）的纵向集聚；而农业产业链强调产业之间的投入产出等技术经济特性，主要是关联农产品企业之间的纵向协作或一体化。农业产业集群可以在空间上为农业产业链提供低成本的延伸，而农业产业链的延伸可以更好地促进农业及其相关企业的空间聚集。

3. 产业链视角的农业产业集群发展

（1）农业产业集群是农业产业链拓展下的大农业空间集聚。由于单纯的农业生产过程具有连续性而难以形成中间产品，基于分工的迂回生产经济不明显，同时农业生产周期长，缺乏柔性，因此仅仅限定农业"产中环节"是无法形成产业集群的。笔者认为农业产业集群不是单纯的规模化种养殖业，是种养、加工、流通和相关服务业的空间集聚，是农业产业链上下游环节在某一地域的延伸和拓宽，农业产业集群必然含有一条或多条完整的产业链或产业链片段。

（2）农业产业链的壮大和地理上的集中促进农业产业集群形成。农业产业集群出现以前，农业产业链呈分散的网状结构，农业产业集群出现以后，集群所在地域内的产业链就呈一种集中的、密集型的网状结构。地理上的集中，有利于农业企业之间更快地获取信息，进行技术交流与生产合作。因此农业产业集群是农业产业链发展的高级形式，也是农业和社会生产力发达的标志。

（3）农业产业集群的发展方向是产业链纵向与横向的拓展。集群发展初期，参与合作的企业较少，集群规模不大，产业链也较短，随着集群的成长，企业会进行有效的分工，集群对分工更细、专业化更强的产品和服务的潜在需求也相应增加，产业链也随之扩张。另外，随着集群竞争力的提高，集群内最终产品不断通过技术创新向高端发展，新的产业脱颖而出。由此，集群产业不断向两头双向延伸，逐步形成一条更长的产业链条，既是垂直一体化的生产过程，同时又通过水平联系的合作与竞争，提高整体效率和竞争力。

（4）农业企业（尤其是农业龙头企业）是农业产业集群发展重要力量。无论是集群还是产业链的形成都是市场竞争和市场主体理性选择的结果,每个农业企业都不是随意寻找和任意确定交易伙伴,各类参与主体之间是竞争与合作的关系。农业产业链具有不同于工业产业链、服务业产业链的特点,农业产业链在组织形式、要素投入、运营主体等方面变得更为复杂,特别是企业与农户之间的较为复杂的分工协作关系。因此,以农业企业尤其是龙头企业为主导形成产业链在农业产业集群发展中具有重要作用,能够促进农业产业链和农业产业集群的耦合和互动发展。

(五) 基于供应链理论的分析

1. 供应链理论

供应链是围绕核心企业,通过控制信息流、物流、资金流,从原材料开始,制成中间产品以及最终产品,最后由销售网络把产品送到消费者手中,将供应商、制造商、分销商、零售商、直到最终用户连成一个整体的功能网链结构模式[①]。它是一条连接供应商到用户的物资链、信息链、价值链和技术链,具有复杂性、动态性、交叉性、面向用户要求等特点。

供应链理论基本思想是强调一种集成化管理的方法,通过对生产经营过程的物料流、管理过程的信息流和决策过程的决策流进行有效的控制和协调,将企业内部的供应链与企业外部的供应链有机地集成起来进行管理,达到全局动态的最优目标,以适应在新的竞争环境下市场对生产和管理过程提出的高质量、高柔性和低成本的要求,实现供应链整体效率最高。供应链优化目标主要是:一是提高供应链的运行效率;二是降低供应链的成本;三是满足客户的需求。

国内外关于供应链研究的文献非常丰富,主要集中在以下几个方面:一是供应链的内涵、类型和特征;二是供应链管理的内涵、内容和方法;三是供应链物流管理,特别是供应链库存管理、成本管理;四是供应链信息共享;五是供应链契约和合作关系 (Lambert Douglas M., et al., 2004)[②];六是供应链风险 (周艳菊等, 2006)[③];七是供应链绩效

---

① 马士华. 供应链管理 [M]. 北京:机械工业出版社, 2000:41.
② Lambert Douglas M., Knemeyer A. Michael, Gardner John T.. Supply Chain Partnerships: Model Validation and Implementation [J]. Journal of Business Logistics, 2004, 25 (2):21-42.
③ 周艳菊,邱莞华,王宗润. 供应链风险管理研究进展的综述与分析 [J]. 系统工程, 2006, (3)

及其评估（夏文汇等，2011）；八是供应链整合与优化（朱毅华，2004）[1]。从行业或产品角度，供应链研究主要集中在三个领域：一是制造业，特别复杂产品制造业（杨瑾，2011）[2]；二是农业或农产品供应链，特别是鲜活农产品供应链（杨为民等，2007）[3]；三是零售业，特别是大型零售商主导供应链纵向关系（石奇等，2008；闫星宇，2011）[4][5]。

供应链属于管理学范畴，供应链研究的核心是以合作为主导的上下游企业关系，供应链所反映重点是操作层的具体业务运作，如物流、库存、信息流等，因此供应链管理也更应注重微观操作、运行管理、定量等方面的研究和应用。目前，在供应链研究领域有把供应链的内涵与外延过分扩大化的趋势。

2. 供应链与产业集群的关系

周旻、邓飞其（2009）认为供应链与产业集群具有互补性，表现为横向和纵向特征的互补、生产灵活性与反应灵活性的互补、竞争与合作的互补，因此实施供应链管理对产业集群有很好的促进作用[6]。盛世豪等（2010）对产业集群与供应链存在相互嵌入、相互制约、相互促进的耦合关系等方面研究进行评述[7]。黎继子等（2004，2006，2008）从产业集群与供应链耦合角度，提出"集群式供应链"，并对集群供应链的表征和功能效应、体系结构与路径变迁、整合构建、运作管理等理论与实务方面进行了较系统的研究[8]，霍佳震等（2007）研究了集群供应链网络的结构、类型、联结模式与共治框架[9]。

现有研究已经表明，产业集群和供应链管理作为区域经济发展载体

---

① 朱毅华. 农产品供应链物流整合实证研究 [D]. 南京农业大学博士论文，2004.
② 杨瑾. 复杂产品制造业集群供应链系统组织模式研究 [J]. 科研管理，2011，(1)
③ 杨为民，蒲应燊，吴春霞. 中国蔬菜供应链优化研究 [M]. 北京：中国农业出版社，2007.
④ 石奇，岳中刚. 零售商对制造商实施纵向约束的机制和绩效评价 [J]. 中国工业经济，2008，(5)
⑤ 闫星宇. 零售制造商的模块化供应链网络 [J]. 中国工业经济，2011，(11)
⑥ 周旻，邓飞其. 产业集群研究的新视角——供应链管理 [J]. 商业研究，2009，(2)
⑦ 盛世豪，包浩斌，郑剑锋. 产业集群与供应链耦合理论研究述评 [J]. 西部论坛，2010，(6)
⑧ 黎继子. 集群式供应链管理 [M]. 北京：中国经济出版社，2006：32-40.
⑨ 霍佳震，吴群，谌飞龙. 集群供应链网络的联结模式与共治框架 [J]. 中国工业经济，2007，(10)

和组织管理范式，二者之间表现出明显互补以及共生耦合关系，所谓集群式供应链或供应链式集群都是二者耦合的结果。一般而言，产业集群中都存在一个或多个供应链（或供应链片段），集群内部竞争与合作也主要表现为供应链间的竞争和供应链内部的合作。但是也有一些产业集群内没有清晰的企业间供应链联系，关键原因是集群内没有实力较强的供应链核心企业，如产业横向某环节形成的中小企业集群。

农业产业集群与供应链之间也同样存在耦合作用。杨芳（2011）等对农业产业集群、农产品供应链和农业产业集群式供应链的特点进行了比较分析，并构建了由核心网络和支撑网络所组成的农业产业集群式供应链[①]。易正兰（2009）提出两种本地化集群式农产品供应链组织构建模式，即农产品加工园区模式和农产品物流园区或物流中心模式[②]。朱景丽（2009）从供应链视角研究农业产业集群，认为农业供应链集群是在接近农产品生产基地的某一区域内存在着基于农业或相关联产业的众多经济主体，这些经济主体间构成一个纵横交错的供应链网络，并以此供应链网络为核心，大量辅助企业和附属企业为支撑形成一个企业聚集体，这些企业间存在着以价值链为基础的上下游企业及水平企业之间的分工协作[③]。

3. 供应链视角的农业产业集群发展

（1）产业集群是农业发展的一种战略选择，不仅能够促进知识转移和信息互动的效率，也为农业企业成功实施供应链管理准备了必要的基础。供应链与产业集群具有互补性，供应链视角下产业集群的内在本质就是供应链集聚，产业集群与供应链耦合是提升集群竞争力的重要方式。只要集群内企业或企业群体控制了供应链的过程，拥有供应链中最有价值的部分，那么这个集群就具有非常强的竞争力。同时，农业产业集群通过集聚效应提升了农业中小企业在供应链中的地位。

（2）农业产业集群是一个复合型产业体系，不是单单几个具有"供应商—客户"关系的农业企业或农户形成的简单链式结构，实际上集群内生产资料供应商、生产或加工企业、农户、销售和物流企业以及其他服务供应企业等结成了水平和垂直的网络链条，这些链条相互作用

---

① 易正兰.农业产业集群供应链组织构建模式［J］.安徽农业科学，2009，37（29）
② 朱景丽.农业供应链集群研究［D］.山东理工大学硕士论文，2009：10 - 11.
③ 杨芳.农业产业集群式供应链运作模式构建及其竞争力研究［J］.安徽农业科学，2011，39（26）

形成有机网络结构体系,企业在集群区域内形成共生关系。因此,通过供应链模式可以优化集群内网络结构,充分发挥核心企业作用,通过战略合作形成不同单链式供应链,促进集群内单个企业间竞争转化为供应链之间的竞争。

(3) 农业产业集群内企业往往处于同一类型或具有较大相似性的供应链上,集群内的企业主要是不同供应链上的同类企业,或者是同一供应链上前后向联系密切相关的企业,企业竞争与合作并存,而供应链管理有利于强化合作,通过以合作为主导的供应链形成的网络体系能够降低农业产业集群的生产成本和交易成本。产业集群是一个开放系统,供应链强调企业之间的协作关系,因此农业或涉农企业不但要加强与群内企业的合作,同时要与集群外的上下游企业形成良好协作关系,以提高企业的自身竞争力和集群的整体竞争能力。

二、农业产业集群内涵与特征

产业集群起始研究都是以工业化为时代背景,"当一种工业已经这样选择了自己的地方时,它是会长久设在那里的,因此,从事需要同样技能的行业的人,互相从邻近的地方所得到的利益是很大的。行业的秘密不再成为秘密,而似乎是公开的了。……优良的工作受到正确的赏识,机械上以及制造方法和企业的一般组织上的发明和改良之成绩,得到迅速的研究。……不久,辅助的行业就在附近的地方产生了,供给上述工业以及工具和原料,为它组织运输,而在许多方面有助于它的原料的经济"[①]。所以,最初意义上的产业集群就是指工业产业集群,它可以分为两种:一种是同类企业的群集;另一种是具有前后向联系的企业群集。随着产业集群的发展和研究的不断深入,人们开始把研究的领域转向服务业、农业等不同的产业领域,如商业集群(武云亮,2003;赵萍,2007;彭继增,2008)、旅游业集群(聂献忠,2005;相振迎,2007)、生产者服务业集群(D. Keeble,2001;Naresh & Gary,2003;唐珏岚,2004;张凤杰,2008;郭岚,2010;郑吉昌,2010)等。

---

① [英] 马歇尔著(1890),朱志泰译. 经济学原理(上卷)[M]. 北京:商务印书馆,1964:284。

(一) 农业产业集群的内涵

国内外许多研究者对农业产业集群概念进行了界定（见第一章第三部分）。笔者曾从产业链的角度，认为农业产业集群是以农产品生产基地为龙头，以上下游具有共性和互补性的农业企业为龙身，辅之各类支撑服务体系，围绕种植业和养殖业形成规模化优势农产品区域布局，并在地理上或特定空间集聚的现象（武云亮、董秦，2007）。

深入认识农业产业集群的内涵，笔者认为要注重以下几个方面：

（1）农业产业集群中的农业是"大农业"的概念①，农业产业集群并不是简单的规模种养殖，也不是简单农业品流通或加工企业的地理扎堆。农业产业集群是农业生产经营要素的空间集聚和配套，是农业产业链上的不同环节或不同片段的本地集聚，是基于农业产业链横向拓展和纵向延伸形成的空间集聚，农业产业链的相对完整性是农业产业集群发展程度的一个十分重要标志。

（2）尽管不能把农业产业集群局限在传统和狭义的农业，但是农业生产中间环节是必不可少的，是农业产业集群构成的基础要件，并且有一定"量或规模"的要求，即要求以某一类农业或农产品生产为主导形成具有一定规模的农业生产基地。从本质上，农业产业集群必须有一定优势的农业资源基础，那种以外来加工为主的农产品加工产业集聚，只能算是工业集群，不是真正意义上的农业产业集群。目前，存在把农村产业集群、农村工业集群、乡镇企业集群与农业产业集群相混淆的看法，实际上很多以乡镇企业为主导，分布在县域或小城镇的纺织、服装、鞋业、玩具、皮革等集群都是工业集群，甚至与当地农业生产经营活动没有直接联系。

（3）农业产业集群最基本的表现是农业或农业关联企业在一定地理上的空间扎堆或集聚，但本质是农业产业集群内主体之间的网络联

---

① 这里"大农业"是张培刚教授所倡导的"大农业"概念，不仅包括传统的耕种农业，也包括林、牧、渔、农产品加工等行业，并且应进一步扩展到农业关联产业。美国哈佛大学的 John M. Davis 和 Roy A. Goldberg 于 20 世纪 50 年代初在其著作《A Concept of Agribusiness》中首次提出，农业关联产业（或涉农产业）是指从事农业生产资料的生产与供应、农产品的生产加工和运销以及从事与农业有关的信贷、保险等相关产业，其中依赖农业生产部门供给原料和以农业生产部门为销售对象的产业部门被称为"农业基础产业"；不完全依赖于农业的产业部门被称为"农业相关产业"。

系。从扎堆到本地结网,通过正式和非正式交流,通过资产、契约和信息技术联系纽带,以农业产业链为核心,形成共生和互补、竞争与合作的网络关系,特别是上下游紧密协作,这是农业产业集群成长和发展的本质问题。

因此,笔者认为判断农业产业集群的基本条件:一是以某个或某一类农业生产主导产业形成本地集聚,表现出一定种养殖的区域化和专业化特征;二是规模的规定性,除农业产中环节规模要求外,至少在产业链上下游的一个或两个环节形成一定规模;三是农业或涉农企业,特别是农业产业化龙头企业,主要以本地初级农产品为原料,并且与农户或合作社之间建立密切合作的纵向关系;四是具有一定信息、科技、中介等支撑服务机构。

(二) 农业产业集群的特征

农业生产是动植物的自然再生产和经济再生产相互交织的过程。农产品自身特性决定农业生产和流通的特征,也使农业产业具有一些独有的特点,如农业生产的周期长、季节性强,生产过程连续并且不易形成中间产品;对自然环境与水土资源的依赖性大,具有明显的地域性和生产的不确定性。因此,农业产业集群除了具有产业集群的一般性特征外,如空间集聚、地缘临近、资源共享性、竞争合作性等,还表现出一些自身的明显特征:

1. 农户是集群的基础主体

从构成主体的角度,农户在集群中发挥基础性作用,是农业产业集群的基础主体,这也是农业产业集群与其他产业集群的一个显著区别。农户生产能力的大小、提供产品质量的好坏、经验积累的程度都直接决定着农业龙头企业的经济效益,从而影响着整个农业产业集群的系统发展。20世纪80年代以来,我国农业生产实行以土地"集体所有,分户经营"为核心的家庭联产承包责任制,与欧美的以"农场化"生产经营为主方式不同,农户是农业产业集群的最重要的参与者,是农产品和涉农产业初级原料的提供者,在农业产业集群中的基础主体作用是无法替代、不可低估的。

2. 鲜明的本地根植性

农业产业集群鲜明的根植性主要体现在地理根植性和社会根植性,特别是以"地理标志"为特征的农业产业集群,根植性更强。农业产业集群对自然资源与农业资源依赖性特别强，比一般制造业集群更具有显著的地理根植性，如果自然资源差异性大，很难通过模仿或复制形成同一类型农业产业集群，同时，农业产业集群多数是以内生或内源性集群为主，不会像某些低端制造业集群被"连根拔起"转移到其他地区。另外，农业产业本身具有较明显的历史传承性，不同地区的农业发展都有其独特的历史文化，这种基于本地文化形成的社会网络系统，决定了农业产业集群具有鲜明的本地社会根植性。因此，农业产业集群一般都有较悠久的历史根基，新集群的出现往往需要较长时间的积淀，并表现出一定的累积因果关系。

3. 显著的产业关联性

集群企业之间的网络联系是产业集群的本质，产业关联性是企业选择集聚的基础。农业产业集群是农业生产基地和农业关联产业在一定区域范围内的集群现象。从产业关联范围来看，农业产业集群跨越第一、第二、第三产业，产业关联范围较大；而许多工业集群主要是制造业，特别是以中小企业为主导的马歇尔式产业集群，则主要是制造业内部关联。从产业关联强度来看，农业产业集群纵向关联强度相对较大，不仅是农业生产资料和工业原料的供求关系，而且在商品质量等方面的关联影响很大。

4. 集聚空间区位的选择性

工业集群的空间区位选择较广，不但在中小城市和农村乡镇，而且广泛存在于大城市，尤其是城市各类开发区和工业园区。但是，由于农业产业集群必须以农业资源优势为基础，其空间区位的选择范围相对小一些，重点是小城市、县城和中心乡镇。

5. 柔性专业化的差异性

以工业为对象的产业集群研究曾形成了柔性专业化和创新网络环境等两个典型学派，柔性专业化被看成产业集群的基本特征之一。实际上分工专业化受具体生产、技术和产品市场的影响较大，各类不同类型集群柔性专业化差异还是比较大的，如末端消费品和复杂产品制造业集群的专业化柔性就有较大差别。一般而言，与工业产业集群比较，农业产业集群柔性专业化相对较小，这主要是由于农业生产特别是产中环节对土地、气候等自然资源依赖性强，生产周期长，生产过程连续，迂回性小等特点造成的，所以传统农业谈不上农业产业集群。但是，大农业下的农业产业集群内部也存在着"农业生产资料生产和供应、农产品加工和市场销售"等具有柔性的环节，同时现代农业技术应用和生产组织方式变化，某些特色农产品的生产环节的柔性也在增大。

6. 合作组织的特殊作用

农民和农业生产的组织化程度是影响农业发展的重要因素，农户及其合作经济组织是农业产业集群的基础主体。农村合作经济组织，特别是农民专业合作社在农业发展中起着特殊的作用，主要体现在五方面：提高农业规模效益；推动农业标准化生产；促进农业科技成果的推广和转化；帮助农民开拓国内外市场；规范业户经营行为[①]。农民专业合作社将分散农户组织起来，既增强农户市场竞争谈判能力和抗风险能力，有效保护农户的利益，同时又减少农户的机会主义和盲目竞争行为，有利于打牢农业产业集群发展的源头根基。农民合作组织是农业产业集群各类主体的黏合剂，这种作用是一般工业集群的中介组织难以达到的。农业合作组织的存在及其特殊作用是农业产业集群与一般工业集群的显著差别之一。

7. 农业企业的引领作用

一般而言，产业集群中最重要、最核心的主体是企业。农业产业集群有两类关键主体：一是农民及其合作组织；二是各种农业或涉农企业，其中农业企业特别是农业产业化龙头企业在整个集群体系中具有引领作用。农业产业集群以农业产业化为基础，没有一定的农业产业化发展的基础条件，就不可能形成农业产业集群。农业产业化龙头企业与农民专业合作社、农户之间通过合同契约等联系纽带，引导农业生产向市场化、规模化和专业化发展，通过技术引进、技术创新和扩散等方式，引导传统农业向现代农业发展。各类农业产业化经营组织，特别是农业产业化龙头企业在农业产业集群中的地位不容忽视。

8. 农业基础设施的支撑作用

除对自然和农业资源依赖性较大以外，农业产业集群形成和发展需要强有力的农业基础设施支撑，对农业基础设施的现代化程度要求较高。农业产业集群发展快的地方，一般都拥有现代化的基础设施，特别是交通、通讯和农田水利基础设施。这些基础设施是农业产业集群发展必不可少的外部条件，是广大农户和中小企业生产经营活动的基本条件，具有鲜明的公共物品性质，加上农业产业集群对农业生态环境等方

---

① 刘中会. 农村经济协会在农村经济发展中的作用 [J]. 中国果菜，2004，(1): 5-6.

面要求较高。所以，与一般工业集群相比，农业产业集群对农业基础设施的支撑作用要求更为强烈，政府在农业基础设施建设方面应给予更多关注和支持。

三、农业产业集群效应分析

农业产业集群具有产业集群的一般性集群效应，如分工与协作、规模与范围经济效应；也存在基于农业产业特点的一些特殊效应，如小城镇效应、农业区域品牌效应；同时也可能产生一定的负面作用。

（一）创新和扩散效应

经济的全球化、知识化构成了区域发展全新的背景，竞争已由基于资源禀赋的比较优势向基于区域创新能力的竞争优势发展，为更有效地利用投入要素，需要持续地创新（Porter，1998）。农业产业集群创新和扩散效应主要来源于集群所带来的知识溢出效应、自我加强的放大效应等。

1. 知识溢出效应

知识溢出是产业集群发展的重要因素，是推动产业集群创新的动力。知识溢出是从知识源向集群内领先企业传输，然后通过交流在集群内企业进行扩散的动态过程，也是集群积累知识和消化知识，进行创新产生竞争优势的过程。农业产业集群中农户、农业生产供应企业、农产品加工销售企业以及相关产业交织在一起，由于地理位置的接近，人们接触和交流的频率较高，专业化知识（包括隐含知识）传播和溢出速度快，这种特定区域不断累积的知识溢出，使学习更容易，营造一个很好的创新氛围。同时，农业产业集群具有鲜明的本地根植性，集群内形成共同遵守的行业规范，人们相互信任和交流，从而加快了新思想、新观念、信息和创新的扩散速度。因此，处于农业产业集群中的农业企业容易获得研究开发、人力资源、信息等方面的外溢效应。当然，由于我国农业产业集群内部知识源相对缺乏，加大从外部引进知识源和农业R&D投入，对强化和扩大农业产业集群知识溢出效应十分重要。

2. 自我加强的放大效应

由于农业具有生物特性，再加上自然、历史、区位等因素的影响，使得农业产业集群最初形成一定的比较优势。在路径依赖的正向作用下，通过集群自我加强的放大效应，企业之间的相互影响加强，后进企业更容易模仿先进企业，竞争会越来越激烈。先进企业为了保持竞争优势会更努力创新，通过持续不断创新获得竞争优势是集群内部一种绝对性压力，这样在外部规模经济的作用下，各种要素会进一步向农业产业集群集中，从而使集群优势进一步强化。如云南呈贡花卉产业集群的形成与发展中就存在明显自我加强的放大效应。

（二）成本优势效应

1. 生产成本优势

农业产业集群生产成本优势主要表现为：一是来源分工深化的规模经济和生产效率提升，农业产业集群内生产、加工及其流通形成了明显的专业分工，同时形成"一村一业"，"一村一专"区域分工，这种专业和区域分工有利于提高规模经济和生产效率，有利于降低集群产业链成本和企业生产成本；二是来源有效配置资源的生产成本降低，农业产业集群形成了农业资源和投入要素积聚，集群内企业和农户可以获得配套的产品和服务，特别是以较低价格获得公共物品和服务，同时集群企业和农户可以共享设备、人才和资金等资源，从而提高通用和某些专门设备等物质资源的利用效率，以及资金周转率和劳动力的使用效率，从而降低生产成本；三是来源技术进步的劳动生产率提高，产业集群有利于形成创新氛围，技术创新与扩散将直接降低生产成本，对于农业产业集群也是如此，并且我国以农业科技园区为主导的某些农业产业集群已经明显表现出生产成本降低效应。

2. 交易成本优势

交易成本也称交易费用，是指寻找交易对象、签约交易合同、监督、执行和履行合同、建立保障合同履行的机构（机制）等，能使交易顺利进行所需要的费用或付出的代价。由于地理的临近，农业产业集群内企业之间、企业与农户之间的交易更加具有效率，成本优势明显，主要表现为：一是降低物流特别是运输成本，农业企业特别是农产品加工企业临近农业生产基地，大大减少了鲜活农产品的运输、保鲜和库存成本；二是降低了搜寻交易等信息成本，农业产业集群存在大量企业及中介组织，汇集大量的要素市场和产品市场等相关信息，许多农业产业集群形成了专业化交易市场（甚至是某类农产品区域或全国价格形成的中心），信息在集群网络中的共享和传播，有效节约各类主体信息搜寻时间和成本；三是减少交易中的机会主义行为，农业产业集群社会网络根植性强，长期反复交易建立的密切合作关系，特别是纵向合作关系，能够减少企业和农户的机会主义行为发生，降低了集群内部交易履约成本，从而降低交易成本。

(三) 空间区位效应

1. 小城镇效应

产业集群是小城镇兴起和发展的最基本动力，大量企业的集中，其背后形成了一个巨大的市场，使各种各样的专业化公司、供应商得以生存，形成密集的专业化物质设备供应网络体系。由于产业的建立，物质设备供应形成网络体系，市场交易越来越集中，为市场交易服务的人流、物流与信息流服务体系相应形成，最终有助于小城镇的形成。

从空间区位上看，小城镇是农业产业集群的重要场所，农业产业集群表现出明显的小城镇效应。农业产业集群主要是通过两个方面来提高城镇化水平[1]：一方面，产业集群为小城镇的建设提供了大量资金，提高了小城镇硬件建设水平；另一方面，城镇硬件水平的提高和产业集群提供的大量就业机会，将吸引大量的农村人口和乡镇企业向小城镇集聚，既促进农村劳动力的本地转移，同时也避免劳动力外地转移带来留守儿童等一系列问题。同时，城镇规模的扩大也将带动小城镇第三产业的发展，促使产业结构升级，从而在整体上提高城镇化水平。山东寿光等地实践已经表明，农业产业集群与小城镇互动发展的效应明显。

2. 农业区域品牌效应

同类农产品的差异性特征往往并不显著，给农产品市场识别和市场细分带来了困难。农业产业集群内大量的农业协会、经纪人组织等中介组织，强化了企业与外部环境尤其是市场的联系，有效地提升了企业的市场地位，促进产品品牌和企业品牌向区域品牌转化。区域品牌是产业集聚带来的共同特征，农业区域品牌的形成，其背后的支撑体系往往就是农业产业集群，如比利时鸡蛋（比利时养鸡和产蛋产业集群）、山东大枣（山东沾化县的冬枣产业集群）、安徽亳州中药材、新疆棉花等。基于农业产业集群形成农业区位品牌，是农业产业集群整体形象和特征

---

[1] 向会娟，曹明宏，潘泽江. 农业产业集群：农村经济发展的新途径 [J]. 农村经济，2005，(3)：47-49.

的浓缩和提炼，有利于市场识别和市场选择，具有广泛的、持续的品牌效应，它是一种珍贵的无形资产。特别是某些以"地理标志"产品形成的农业产业集群，难以模仿和替代，其区域品牌优势更为显著。

（四）农业产业集群可能产生的负面效应

1. 万能效应

产业集群理论成为区域经济发展研究中最为流行的理论，其经济优势已经在经验上得到广泛证明。产业集群仿佛成了医治百病的万能药，但发展集群并不是有百利而无一害的，集群可能存在这样那样的问题，集群的万能效应是不成立的（陈雪梅，2006）。农业产业集群是现代农业发展的重要模式，但不是唯一模式，也不是普遍适用的有效模式，不要一哄而起，而是要因地制宜，尤其要考虑地区资源禀赋条件，避免人为地去"造一个农业产业集群"，也不是具有集聚现象或集群雏形的都一定能成长为农业产业集群。

2. 柠檬市场效应

柠檬市场是信息经济学中的著名概念，主要用来描述当产品的卖方对产品质量比买方有更多的信息时，低质量产品将会驱逐高质量商品，从而使市场上的产品质量持续下降的情形。而这种现象在企业集群中十分容易出现，是企业集群发展初级阶段的普遍现象。仇保兴认为发展小企业集群要避免过度竞争所致的"柠檬市场"陷阱[1]，而这种现象在以个体农户、个体商人和中小加工企业为主的农业产业集群中更为突出。我国许多农业产业集群存在企业规模较小、产品同质化、搭便车、低水平重复和过度竞争现象，很容易导致柠檬市场效应。为有效避免这种柠檬市场效应，政府和龙头企业应该发挥更大的作用。

3. 锁定效应

产业集群发展具有路径依赖性，这种路径依赖既有正面影响，如自我加强的放大效应；也可能产生负面效应，阻碍技术和制度创新进程，使发展陷入锁定（lock-in）状态。在负强化的作用下集群被锁定在无效率的状态，出现行政区划的锁定、社会资本的锁定和价值链的低端锁定

---

[1] 仇保兴. 发展小企业集群要避免的陷阱——过度竞争所致的"柠檬市场"[J]. 北京大学学报（哲学社会科学版），1999，36（1）：25-29.

(陈佳贵、王钦，2005)①，从而可能导致集群衰退。与工业集群相比，农业产业集群各行为主体联系相对较弱，企业集聚多是基于成本较低的生产要素的动机，缺少有效的创新主体，企业不愿放弃与现存技术连为一体的聚集效益，集群整体对农业产业升级有较大的"惰性"，可能导致农业产业集群发展的僵化，不利于农业产业的换代升级。

四、农业产业集群与"三化"协调发展

1. "三化"协调的本质及其意义

这里"三化"是指工业化、城镇化和农业现代化。协调发展是指系统或系统内要素之间在和谐一致、配合得当、良性循环的基础上由低级到高级，由简单到复杂，由无序到有序的总体演化过程。协调发展不是单个系统或要素的"增长"，而是多系统或要素在"协调"的约束和规定下的综合的、全面的发展，不能以牺牲某种要素为代价换取其他方面的发展。

从本质上而言，"三化"协调发展就是工业化、城镇化和农业现代化三者之间发展水平相适应、发展速度相匹配和发展政策相配套，是相互促进、融合互动、共同发展的动态变化过程。夏春萍（2010）认为工业化、城镇化与农业现代化发展是协调统一的关系②，钱津（2010）从农业现代化对工业化、城镇化发展的促进作用出发，提出了实现工业化需以农业现代化为基础，实现城镇化需以农业现代化为前提③。笔者认为，从经济发展的角度，"三化"协调就是三者之间形成动态均衡，但是"三化"系统本身也具有层次性，在一定时间阶段和空间区域，三者的地位并不是等同的，一般来说工业化初中期阶段，强调工业化核心地位和主导作用，没有工业化，城镇化就缺少产业支撑，没有工业化发展就没有农业现代化，只有用工业化发展成果改造传统农业，实现农业生产过程升级，才能向农业现代化发展。当工业化和城镇化发展到一定水平，推进具有基础支撑的农业现代化发展就十分重要，同时相应采取

---

① 陈佳贵，王钦. 中国产业集群可持续发展与公共政策选择 [J]. 中国工业经济，2005，(9)

② 夏春萍. 工业化、城镇化与农业现代化的互动关系研究 [J]. 经济纵横，2010，(10)：125 - 127.

③ 钱津. 农业现代化是工业化城镇化的必要条件 [J]. 前线，2010，(12)：37 - 38.

工业反哺农业、城市拉动农村的发展政策。

从中国改革开放以来的现实来看，中国工业化和城镇化发展较快，而农业现代化发展则相对缓慢，并且表现出农业用地非农化、农业产业非农化等明显倾向，"三化"之间表现出明显的不协调性。我国国民经济和社会发展第十二个五年规划纲要，把"同步推进工业化、城镇化和农业现代化"作为十个重大政策导向之一，表明"三化"协调发展已经上升到国家战略层面，"在工业化、城镇化深入发展中同步推进农业现代化"是我国"十二五"时期和以后较长一段时间内的一项重大任务。从本质上讲，"三化同步"就是要解决我国"三化"非协调发展的问题，解决农业现代化发展相对滞后问题，解决"三化"有机融合、互动发展的问题。王先锋、刘谟炎（2011）认为建设"三化同步先行区"有利于解开制约工业化和农业现代化发展的门禁，解决城镇化系列病症，对于进一步解决好农民进城、产业聚集、耕地集中等问题具有重要作用①。笔者认为，"三化"协调发展是我国二元经济向一元化过渡和发展的必然要求，是促进我国城乡关系、工农关系和三次产业关系协调的基础，是我国落实科学发展观，统筹城乡发展、区域发展和经济社会发展的关键性内容和重要抓手。

2. 农业产业集群与"三化"协调发展的关系

王建国（2005）认为我国农业产业集群发展与农业产业化、农业工业化及农村城镇化的关系是相互依存、并发同进的，把农业产业集群的发展进程划分为四个阶段，即传统农业阶段、农业产业化初始阶段、农业产业集群发展阶段和农业现代化阶段（见图2-2）②。尽管没有对这种阶段划分进行充分论证，但是关于农业产业集群与农业工业化、农业产业化以及农村城镇化的融合发展（阶段Ⅲ），对研究农业产业集群和"三化"协调发展具有一定的启示作用。官锡强（2007）提出了农业产业集群是西部地区农村城镇化的直接导因和动力，以工业化带动农村城镇化是东部地区的城镇化道路，而西部地区要加速城镇化进程，要以农业产业集群为依托的观点③。事实上，农业产业集群在山东、河

---

① 王先锋，刘谟炎. 中国建立"三化同步先行区"的学理因应及其政策取向［J］. 改革，2011，（10）

② 王建国. 我国农业产业集群发展模式研究［D］. 山东大学（硕士论文），2005：41-42.

③ 官锡强. 产业集群与西部农村城镇化［M］. 成都：电子科技大学出版社，2007.

南、河北、安徽等中东部地区的农业大省城镇化发展中同样起到非常重要的作用。

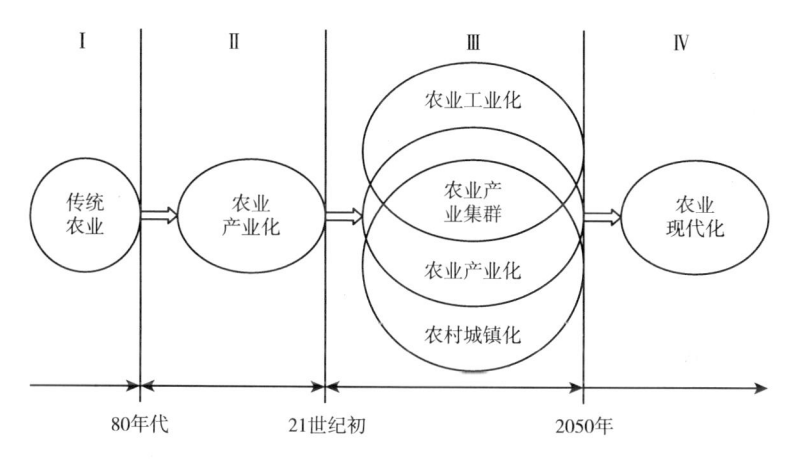

图 2-2　我国农业产业集群发展里程示意

农业产业集群与"三化"协调发展有着密切关系。工业化、农业现代化属于产业发展范畴，城镇化属于区域发展范畴，而农业产业集群属于产业与区域经济发展融合的范畴，产业集群概念本身就把"三化"协调的"产业和区域"两大系统有机地结合起来。

从产业链视角，农业产业集群涉及产业链上下游的农业、工业和服务业等三大产业，其本身发展就是二次产业在一定空间区域协调发展的产物，是工业化发展到一定程度后，三次产业融合发展的结果。农业产业集群加快了农村工业化和农业的工业化进程，尤其对产业链下游的食品加工业、农副产品加工业等工业化发展具有明显促进作用。

从空间角度，大中城市郊区、小城市和小城镇是农业产业集群的空间集聚重点，是农业产业集群与城镇化耦合的空间节点，也是城镇化推进的重点区域。产业发展是"三化"协调发展的基点，没有产业支撑的快速城镇化过程，可能导致一系列"城市病"，严重制约城镇化的发展，农业产业集群为城镇化发展提供有力的产业支撑，同时也有利于区域城市群的结构优化。

从农业发展视角，农业产业集群是农业产业化的高级形式，是现代农业发展的必然结果，有利于化解"三农"问题，对促进农民增收、解决农民就业和推进新农村建设等方面具有巨大推动作用（第一章第二部分）。农业现代化的规模化、专业化、市场化和标准化等特征，也是农业产业集群发展的要求,并且农业产业集群的网络服务体系为农业现代化发展提供了的基础保障和支撑。

从劳动力转移视角,工业化发展需要大量劳动力,城镇化发展吸引劳动力集聚,而农业现代化提高了农业劳动生产率,从而导致技术和资本对劳动力替代,客观要求解决劳动力转移问题,可见"三化"在促进农村劳动力转移方面呈现内在的一致性。农业产业集群延伸了农业产业链,有利于劳动力向农业产前和产后的转移,促进劳动力在中小城市和小城镇的本地化集聚,从而缓解农村劳动力大量涌向大城市带来的弊端。

3. "三化"协调视角的农业产业集群发展

(1) 农业产业集群是"三化"协调发展的重要载体。"三化"协调是统筹城乡发展和解决"三农"问题的重要战略。如何推进"三化"协调,发展农业产业集群是一条有效途径。"三化"协调发展以产业发展为基点,农业产业集群是涵盖第一、第二、第三产业的集合体,同时一般依附于城镇,具有成为融合城市和产业结合点的优势,可以说农业产业集群是"三化"协调发展的重要载体。因此,从"三化"协调角度,要通过政策加快农业产业集群发展,促进资本、技术、农业人力资本和创新等要素向农业产业集群倾斜,把农业产业集群作为工业反哺农业、城市带动农村的重要落脚点。

(2) 农业产业集群是"三化"协调发展的助推器。"三化"协调本质上要求综合、全面发展,不能以牺牲某一方面为代价换取其他方面的发展,特别是不能以牺牲农业为代价发展工业化和城镇化,不能因为工业化发展而造成污染,破坏农业发展和居民生活的生态环境。与工业化和城镇化相比,我国农业现代化发展相对缓慢,是"三化"协调发展的瓶颈因素,加快农业现代化进程是"三化"协调发展的重要着力点。在招商引资推进区域经济发展过程中,一些地区没有重视与本地资源以及关联产业的联系,总想无中生有地造出一个集群,往往发展并不理想。笔者认为,依托农业资源优势,延伸和拓展产业链发展农业产业集群,能够有效促进农村工业化、农业现代化和"三化"协调发展进程,可以说农业产业集群是"三化"协调发展的助推器。

(3) 以县城和中心城镇为中心,推进农业产业集群发展。在"三化"协调发展中,应注重构建两大体系:一是构建现代城镇体系,形成大中小配套协调的城市群体系结构,就目前我国现状而言,加快小城市、县城和小城镇建设是关键。加强统筹规划，以县城和中心城镇为中心，在合适的空间结点上规划农业产业集群，把农业产业集群与县域经济发展和小城镇建设有机结合起来。二是构建现代产业体系，尤其是现代农业产业体系。按照规模化生产、区域化布局、产业化经营的方向，走农业产业集群发展道路，通过土地流转适度提高经营规模，通过"一村一品，一镇一业"培育区域主导产品，通过"农科教、产学研"相结合建立农业科技服务体系，以农业产业集群为依托建设多功能的现代农业产业体系。

第三章

网络结构与链接模式

农业产业集群是农村经济发展的重要产业组织形式，是由主体和资源要素相互作用形成的跨产业链的复杂网络系统，表现出明显的多层级性、耦合性、供应链集聚、分布的无标度和群落性等结构特征。在文献资料研究以及对安徽、河南、山东等地部分农业产业集群实地调研的基础上，本章就农业产业集群网络的构成要素、网络结点、网络链条、网络层级、链接模式及其网络关系等方面进行初步探讨，从网络结构视角为进一步研究农业产业集群演化、集群竞争行为及绩效、农业产业链整合及农业产业集群政策等问题提供参考素材。

一、农业产业集群网络要素

网络是各种行为主体之间在使用资源、交换资源、传递资源活动发生联系时而建立的各种关系的总和，是由具有行为能力的结点链接而成的组织体系。在此，笔者把农业产业集群的网络构成要素分为主体要素和资源要素两类。

（一）主体要素

农业产业集群是农业生产基地和农业关联产业在一定区域范围内的集聚，业务上涉及农业的产前、产中和产后的生产资料供给、种养生产、农副产品加工、农副产品流通，以及农业科技研发、信息咨询和金融支持等服务。可见，农业产业集群是由人力资源、人力资本以及不同类别主体组织构成的复杂网络体系，主要有农户、合作组织、农业生产经营企业、中介组织、政府机构等。

农户及合作组织是农业产业集群的基础主体。没有一定的规模化种养殖，就没有所谓的区域农业产业集群。我国农业是以小农生产为主要方式，规模化的农产品生产基地（包括一些农场在内）绝大多数都是采取分散化的农户生产。农户作为基本生产单位，其生产能力的大小、提供产品质量的好坏、经验积累的程度都直接影响农业产业集群的形成和发展。特别是一些农村技术能人、营销能人和创业能人，在"一村一品"与"一镇一业"的农业产业集群发展中发挥着重要作用（施雪梅，2008）。合作组织已经成为农村经济发展最重要的组织，多数农业产业集群都存在一定数量的农村合作组织，特别是地域性和时效强、产销矛盾突出的农产品，如茶叶、蚕茧、蔬菜、水果、水产品等，合作组织的作用更加突出（武云亮，2009），合作组织能够有效地协调农户、企业、政府等组织之间的关系，具有较强的"黏合"作用，是农业产业集群网络的"黏合剂"和网络联系的重要集散结点。2009 年年底，全国依法登记的农民专业合作社 20 万个，成员约 1974 万，正在成为引领农民进入国内外市场的现代农业经营组织。

农业龙头企业是农业产业集群的核心主体。单纯的规模化种养不是农业产业集群，也不可能长期生存和扩展，只有当农业规模生产与农产品加工、流通形成良性互动，大量农业关联产业在该地域上集聚时，才真正成就了农业产业集群。从产业链角度，农业产业集群就是农业产业链的纵向延伸和横向拓宽，是产业链规模的壮大和地理上的高度集中的结果，龙头企业及为其提供产品或服务的相关企业是集群内部重要的主体要素。农业龙头企业具有较大生产经营规模和辐射带动能力，通过合同契约、订单农业等方式，与农户和农民合作社建立长期合作的购销或服务关系，同时，农业龙头企业较强的技术创新、市场开拓能力为农产品的品质改进提升和规模化种养殖业奠定了基础。农业龙头企业是集群网络中具有行为能力的重要集散结点，是集群的产业链条中具有纵向整合和横向协调作用的核心企业，是农业产业集群竞争优势的主要创造层。截至 2009 年年底，全国农业产业化龙头企业达到 8.2 万个，其中国家级龙头企业 800 多家，带动农户超过 1 亿户，已成为提高农业组织化程度的主导力量，许多农业龙头企业已经成为农业产业集群网络的中坚力量。

政府、中介组织、金融机构、科研机构等是农业产业集群的服务支撑主体。地方政府以政策支持、基础设施配套和环境氛围创建等方式参与到集群网络中，起着引导培育和催化剂的作用，与制造业集群相比，农业产业集群尤其是欠发达地区农业产业集群的发展更需要政府的参与和扶持（袁平红、武云亮，2009），但政府的作用主要体现在对环境的供给方面，如产业集群规划、公共产品有效供给、集群创新网络等。中介组织、金融机构、科研机构等服务组织，一方面协调规范农户和企业的市场行为，另一方面以信息咨询、金融服务、技术支持等方式为农业产业集群的发展提供支撑服务。

（二）资源要素

网络关系是集群网络结构的内在本质，是集群行为主体之间在使用资源和交换资源的活动中形成的。集群内的物质、资本、市场、信息、知识、技术、社会、文化等资源在参与者的共享、使用和交换下，构成了产业集群的地方化生产系统，集群内资源要素之间也形成了网络状态。在农业产业集群中，弱小的农户是基础主体，生产具有明显的地域性、季节性和时效性，产业价值链波动性大，受资源条件的约束比制造业集群更为显著。

集群内各类资源要素并不是孤立的，他们之间相互作用、相互影响，嵌入或渗透在参与者及其行为活动中，通过资源整合表现出资源配置的成本和速度优势，并与主体一起形成了复杂的经济和社会关系网络。从集群要素功能的角度，笔者把构成农业产业集群的资源要素划分成五类：

一是以自然资源、区位条件、生产资料等为主的物质资源要素，是农业产业集群从事生产经营活动最基本的物质基础。农业产业集群对地域、气候、土壤、水源等自然资源禀赋条件具有较强的依赖性，在一定技术和生产力水平下，自然资源禀赋是农业产业集群形成和发展的基础前提，农业产业集群网络的结点和群落特征，也与自然资源的丰度和分布有着密切关系。地理位置、交通等区位条件对农业产业集群与外部市场连接有着重要影响，同时影响农业产业集群本身的发展方式，如都市郊区的旅游观光（体验）农业产业集群。由农业生产设施、加工流通设备等生产资料流动构成的物资链是农业产业集群的最基本链条，对集群产品质量、附加值高低和生产经营效率有较大影响，与制造业集群相比，生产经营设施设备的落后和投入不足现象在农业产业集群中较为明显。

二是以信贷和投资等为主的金融资本要素，是农业产业集群的最基本的生产要素。农户、个体商户、合作组织和中小企业是农业产业集群的主体,资金短缺、外源融资困难、内源融资不规范、缺乏政策支持等是普遍存在的问题。缺少充足的资本,农业产业集群的发展步履艰难,资本要素限制是众多农业产业集群发展的一个主要障碍。对农业产业集群实施倾斜支持,加大信贷和风险投资,建立信用担保体系和风险投资机制,保证资本来源和资金链的通畅,才能保障农业产业集群网络产业供需、开发创新等链条的有效运行。

三是以交易、渠道、品牌、客户群等为主的市场资源要素,是农业产业集群内外部资源交换的基础,也是农业产业集群融入区域或全球价值链的基础。以市场资源要素形成的市场链条是农业产业集群网络的重要链条,农业产前的生产资料供应、产后的农产品销售等上下游环节对农业产业链的影响越来越大,有形和无形的交易市场、集群共享的区域品牌、地理标志的农产品品牌、短而宽的营销渠道网络、长期合作的企业客户群、高偏好性的消费客户群等市场资源,对农业产业集群发展的作用越来越突出。

四是以信息、知识、技术等为主的智能服务资源要素,是农业产业集群创新和持续发展的动力源泉。信息、知识和技术是农业产业集群的高级生产服务要素,信息链、知识链、技术链是集群网络结构的重要链条,与农业产业集群网络融为一体。建立农业产业集群信息、知识和技术共享服务平台,优化智能服务资源链条,对解决农业产业集群的信息不对称和信息孤岛、生产经营技术落后、缺乏创新氛围、知识技术传播和扩散困难等问题具有推动作用。

五是以血缘、亲缘、地缘、情感、传统、隐性知识、历史文化等为主的社会资本资源要素,是农业产业集群发展的重要内推力,也是农业产业集群鲜明根植性的具体反映。在农业产业集群中,亲情和乡情等情感元素更为丰富,长期积累和形成的历史传统、地方精神、乡土民俗等是宝贵的精神财富。成员间的信任、共同遵守的规范、以农村能人和乡镇企业家人际网络为基础的社会资本,对农业产业集群网络的构建、企业家精神和行为、集群成员之间合作和创新扩散等方面具有较大的影响。

二、农业产业集群网络结构

(一) 网络结构内涵

产业集群网络是生产分工网络、社会关系网络和知识信息网络等耦合形成的复杂网络,表观上看网络结构由结点和链条排列组合而成,而本质上反映了集群网络各节点之间的链接方式和相互关系。集群网络结构决定着集群资源的分布状况和整合深度,规定集群中各主体的行为方式,进而影响着集群整体的行为取向(刘汴生、王凯,2007)[①]。可以说,集群网络结构直接影响集群的协调、创新和适应能力,直接影响集群的竞争优势。

Hakansson 和 Snehota (1989) 认为影响网络组织结构的是活动、行为主体、资源三个基本变量以及所构成的网络关系[②]。认识产业集群的网络结构,应注重以下三个方面:一是集群网络构成要素,它是集群网络结构的基础元素,包括参与主体要素和相关资源要素;二是集群网络关系,它是集群结构的内在本质,包括经济和社会网络关系;三是集群结点排列,它是集群结构的表现形式,如马歇尔型、卫星平台型、轮轴型等产业集群。

基于上述观点,笔者认为,农业产业集群的网络结构是以农业产业集群主体和资源要素为基础,以农业生产经营者的网络关系为主导,集群要素之间相互影响、相互作用,按照一定的组织模式和链接方式,形成相对固定和比较稳定的有机联系,产生具有地域性的集群网络核心或集散结点以及物质供需、信息传递和技术服务等链条,并由结点和链条在时空上进行排列组合而形成农业产业集群网络体系的具体形式。由于主体和资源要素的差异、形成演化方式的不同,产生了不同网络结构类型的农业产业集群,有龙头企业主导的中卫型农业产业集群,如某些地区的粮油、棉花、乳业、肉类等农副产品加工业集群;而更多的是以交易市场为依托的市场型农业产业集群,如分布广泛的蔬菜、花卉和水果

[①] 刘汴生,王凯. 企业集群网络结构及其绩效研究综述 [J]. 工业技术经济, 2007, (9): 125 - 128.

[②] Hakansson, H. & Snehota. No Business is in an Island· the Network Concept of Business Strategy [J]. Scandinavian Journal of Management, 1989.

类农业产业集群。

(二) 网络结点体系

依据空间布局和联系密度,笔者把农业产业集群网络结点体系划分为:一级结点,由交易市场、龙头企业或农业园区等构成,是集群网络的核心集散点,主要分布于市郊、县城、中心镇或农垦场;二级结点,由能人大户、合作组织和中小企业等构成,是集群网络的重要结点,主要分布于乡镇或县城;三级结点,由农户、个体商户和部分服务中介组织等构成,是集群网络的末端结点,在集群中分散化分布。农业产业集群网络结点分布十分复杂,不同类型农业产业集群分布也存在较大差异,但总体上仍然呈现出一定规律性。从结点联系密度和强度来看,一级和二级结点之间较大,二级结点之间次之,其他结点之间较低;结点分布表现明显的无标度特征,同时围绕一级结点呈现一定群落特征(见图3-1)。2009年年底,全国"一村一品"专业村4万多个,专业乡镇3000多个,已成为培育农村主导产业、促进农民增收和开发农业多种功能的重要措施。我国围绕"一村一品,一镇一业"形成了许多农业产业集群或雏形,广东农业产业集群镇已达50多个①,山东蔬菜产业集群、云南花卉产业集群等都表现出明显群落特征。

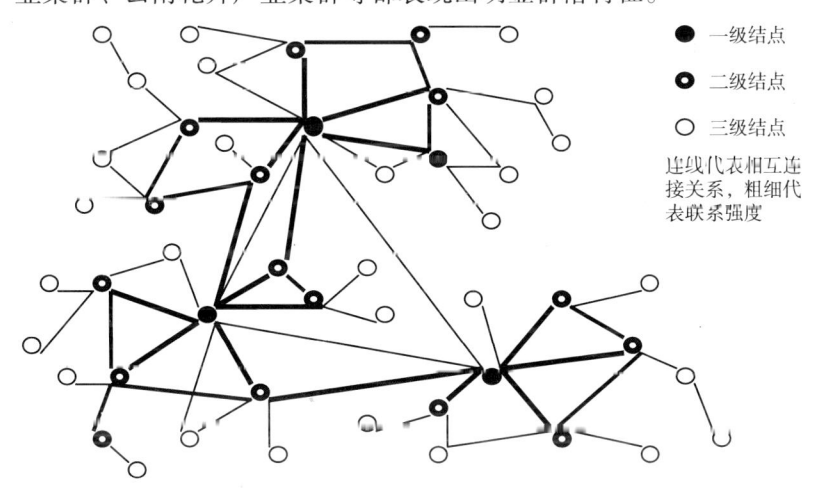

图3-1 具有群落特征的农业产业集群网络结点分布示意

---

① 余国扬. 专业镇发展导论 [M]. 北京:中国经济出版社,2007:267-271.

(三) 网络链条体系

产业集群内主体之间不是杂乱无章的集聚，而是以产业链关系作为主导关系（冉庆国，2008）。把复杂的集群网络系统分解成不同的链条，有利于认识产业集群的网络结构和内外部联系。农业产业集群是由农业产业链的拓宽和延伸而形成的地域性跨产业网络系统，本地区产业链相对完整，包含农资供应链、农业生产链、农产品加工链、农产品流通链、中介服务链等；各类产业链之间的关联性较强，纵向之间具有明显的"投入—产出"关系，横向之间具有较强的"互补—合作"关系。在农业产业集群中，以农业龙头企业、合作组织、交易市场、科技园区等为核心，通过竞争和合作形成具有各种功能的单链（见图3-2）。由于地域临近和产业联系，农业产业集群各种关系链并不是孤立发生作用，而是相互交叉，彼此联系，单链之间关联互动，纵横交错链接，从而形成集群网络。可见，以核心组织形成的单链是农业产业集群网络结构的基础。对安徽农业产业集群实地调查发现，皖南和皖西茶叶产业集群中，以龙头企业和合作组织主导的Ⅰ、Ⅱ型垂直型链条的作用越来越突出；安徽和县蔬菜产业集群、亳州中药材产业集群中，以交易市场主导的Ⅲ型垂直链条是集群网络结构核心链条。

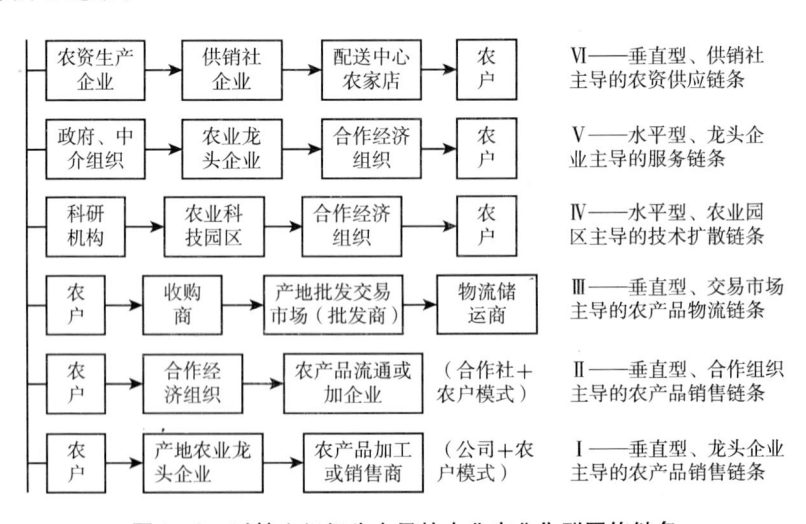

农资生产企业 → 供销社企业 → 配送中心农家店 → 农户	Ⅵ——垂直型、供销社主导的农资供应链条
政府、中介组织 → 农业龙头企业 → 合作经济组织 → 农户	Ⅴ——水平型、龙头企业主导的服务链条
科研机构 → 农业科技园区 → 合作经济组织 → 农户	Ⅳ——水平型、农业园区主导的技术扩散链条
农户 → 收购商 → 产地批发交易市场（批发商）→ 物流储运商	Ⅲ——垂直型、交易市场主导的农产品物流链条
农户 → 合作经济组织 → 农产品流通或加企业 →（合作社+农户模式）	Ⅱ——垂直型、合作组织主导的农产品销售链条
农户 → 产地农业龙头企业 → 农产品加工或销售商 →（公司+农户模式）	Ⅰ——垂直型、龙头企业主导的农产品销售链条

图3-2 以核心组织为主导的农业产业集群网络链条

(四) 网络层级体系

农业产业集群网络具有层级性，笔者将其分为 4 个层级：基础网络层、核心网络层、辅助网络层和外围网络层（见图 3-3）。基础网络层由农户、合作组织为主导的农业生产模块构成，农民的素质和组织化程度对该网络层提供初级农产品的质量和效率影响较大，客观要求合作经济组织发挥更大的作用。核心网络层是农业产业集群竞争优势的主要缔造者，由以企业为主导的农资供应、农产品加工和农产品流通三大模块构成，与基础网络层一起构成生产经营网络层，包含产业链中"供应商—需求商"的垂直网络和农业相关企业"合作—竞争"的水平网络。辅助网络层由政府、科研、金融和中介服务组织构成，主要为农业生产经营网络层提供硬件基础设施、金融保险服务以及信息技术等服务。外围网络层既包括基于地方性历史传统和人文环境的社会网络关系，也包括集群发展的外部市场、宏观经济政策等环境要素，它们嵌入于生产、经营、服务网络之中，对农业产业集群的根植性、开放性等有着重要影响。网络层之间通过正式的或非正式的制度安排交换资源，形成双向或多向反馈系统。

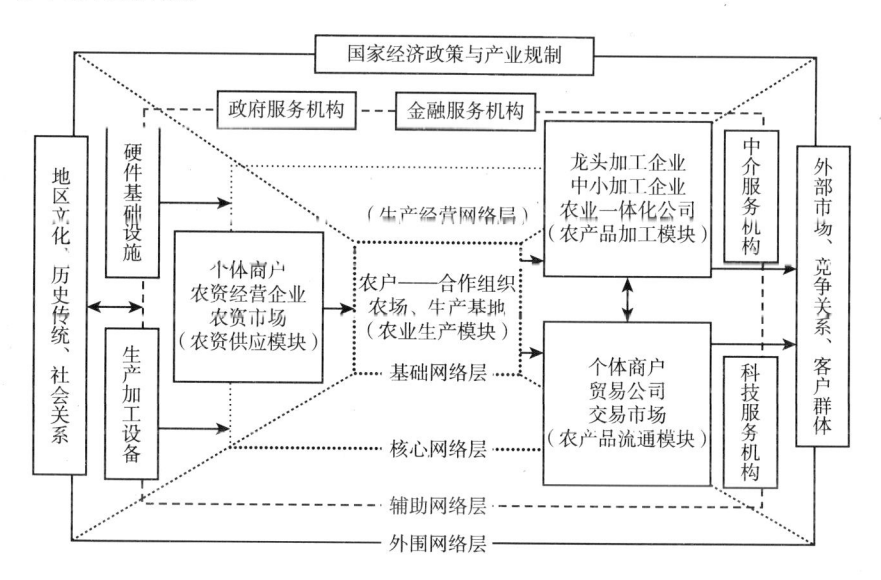

图 3-3 多层级农业产业集群网络结构示意

上述分析表明，农业产业集群是一种跨产业链的复杂网络系统，具有多行业性、多层级性、供应链集聚、分布的无标度、群落性等特征，并且随农业产业集群的演化发展，"结点—集散点—网络"或"核心—链条—网络"的结构特征表现更为明显。同时，在农业产业集群网络中，基于分工协作的物质供应链条、基于知识、技术和信息的服务链条、基于社会资本的主体关系链条，以及由此而形成的核心生产经营网络、辅助服务网络和外围社会网络，它们之间相互作用、相互耦合，表现出明显的多维性、耦合性和复杂的网络关系。

三、农业产业集群链接模式

网络关系、组织接近或组织关联是产业集群的本质特征，集群要素特别是主体要素之间的链接方式是决定产业集群网络关系的基础。从农业产业集群实践出发，通过综合考察不同农业产业集群的形成与演化、主导要素及其作用、联系纽带及联系强弱等因素，笔者发现，尽管农业产业集群的网络联系比较复杂，但存在着以"农业龙头企业、批发交易市场、农业科技园区"等为主导形成的典型网络链接模式。

（一）农业龙头企业主导的链接模式

农业龙头企业是实施农业产业化的核心力量，"公司+农户"、"公司+合作组织+农户"是最重要的农业产业化组织形式。按照产业化经营发展思想，以农业龙头企业为核心，围绕某一地理位置实现农业产业链的纵向延伸和横向拓宽，这是农业产业集群（特别是农产品加工主导型和出口导向型集群）形成和发展的一种重要模式，如河南郑州和漯河的肉类产业集群、内蒙古乳业产业集群、广西甘蔗产业集群、张家港粮油产业集群等。

龙头企业作为农业产业集群的核心企业和重要结点，通过"种苗提供、技术支撑、信息服务、产品回购、合作开发"等方式，围绕产销链、价值链和服务链形成了密切的上下游链条关系和协作配套的水平链接关系（见图3-2链条Ⅰ和Ⅴ）。特别是建立与基地、农户的利益连接机制，把基地和农户作为龙头企业的"第一生产车间"，通过"企业+农户、契约+服务、科农工贸一体化"等经营模式，不仅把分散经营农户与大市场衔接起来，而且改变集群网络的纯市场的弱链接关系，实现关联方式向战略联盟、供应链协作、纵向一体化等转变，形成了长期稳定的网络关系，形成了龙头企业主导的中卫型"单核式供应链"或"多核式供应链"的集群网络结构。从各地实践来看，农业龙头企业多数是当地农业产业集群的一级集散结点，与农户、农民专业合作社、中小流通加工企业等集群主体建立了密切的合作关系。

（二）批发交易市场主导的链接模式

交易市场是农村商品交换和对外联系的重要平台，许多地区的种养殖业之所以能够实现规模化生产，都是与交易市场互动发展的结果。农村批发市场及其大量流通中间商的存在是农业产业集群生存和发展的重要条件，一批经纪人、中介组织、运销大户等以交易市场为依托，在特色农业产业集群成长中发挥了重要作用，交易市场与农业产业集群形成了内在的共生关系。截至 2010 年，全国亿元以上农产品综合市场 691 个、农产品专业市场 981 个、农业生产资料市场 51 个[①]，其中许多产地批发市场已经成为时效性较强的鲜活农产品产业集群中最重要的核心组织（见图 3-2 链条Ⅲ），如山东栖霞苹果电子交易市场、栖霞蛇窝泊果品批发市场、陕西（白水）苹果交易市场、安徽砀山李庄皖北水果批发市场等。

农村批发市场作为农业产业集群的重要网络结点，对周边地区具有较强的辐射性，与上下游其他流通结点相连接，构成了农业产业集群的主要市场渠道体系，产销联系、契约关系和市场信息成为批发市场与集群内外部网络联系的主要纽带。批发交易市场以个体商人、私营和中小商业企业为主，主要采取"手对手"的现货交易方式，以纯粹市场买卖关系为主，与集群内外部链接比较松散，具有市场型集群网络结构的特征。但是，部分批发交易市场也出现了代理、配送、订单、电子、展贸结合等新型交易方式，开始与基地、农户、龙头企业、零售终端等进行合作，通过采取订单农业的"交易市场（批发商）+基地+农户"形式、农产品配送销售的"交易市场（批发商）+配送中心+超市"形式、农资加盟连锁运作的"农资市场+农家店"形式，建立了长期稳定的交易合作关系，从而使链接变得紧密而稳定。

---

① 数据来源于《中国商品交易市场年鉴 2011》。

(三) 农业科技园区主导的链接模式

农业科技园区是依托当地的优势资源和区位条件，以技术密集为主要特征，以科技开发、示范、辐射和推广为主要内容，由企业运作、政府指导、中介和农民参与形成专业或综合园区。农业科技园区是农业产业集群技术引进、试验、创新和扩散的基地，是农业科技型企业的孵化器，是农业产业集群网络的重要结点。一些大型农业科技园区集农业生产、农产品加工、科技研发服务、农业观光旅游等为一体，本身就是农业产业集群的典型代表，如陕西杨凌农业高新技术产业示范区、北京昌平国家农业科技园区、大连金州国家农业科技园区、浙江嘉兴国家农业科技园区[1]。

农业科技园区是农业产业集群技术服务的核心组织（见图3-2链条Ⅳ），以技术服务链条为主导与集群其他主体组织对接，是农业产业集群网络的一级集散结点。农业园区通过信息平台、专家队伍、龙头企业、中介组织等，以资产、信息、技术等为联系纽带，与集群内的农户、合作社、中小企业形成有效对接。随着农业园区发展，网络联系日益密切，逐渐由纯粹市场交易型科技服务（如宣传、推广）为主，向长期合作契约型、参股投资型、官产学研合作型等多元化联系方式转变。山东寿光农业科技园区，采用"公司+基地+农户"产业化运作机制，在蔬菜良种引进、培育和供应、标准化生产、保鲜加工和技术培训、会展观光等方面，已经成为寿光蔬菜产业集群中的农户、农民合作社以及流通加工企业联系、交流、合作最为频繁的组织单位和场所。通过"寿光国际蔬菜科技博览会"会展平台，2001~2007年园区累计吸引社会各界农民群众400多万人次，共展出各类菜果、花卉等2500多个品种，新技术、新成果300多项，其中具有较大推广价值的达到了70%以上，极大地推动了蔬菜产业集群的信息和技术的传播[2]。

(四) 竞争合作主导的链接模式

在农业产业集群中，主体数量最多的是农户和中小企业，他们主要

---

[1] 经国家科技部批准，2010年通过验收的国家级农业科技示范园区共38个；各省市也建立了一批省市级农业科技园区，2010年安徽授予省级农业科技示范园区75个，江苏省两次批准省级农业科技园区34个。

[2] 见《2007年国家农业科技园区年度报告》。

集中在产业链的种养殖和流通加工阶段，相互之间表现出明显的竞争合作关系。特别是缺乏核心大企业的市场型农业产业集群或处于形成初期的农业产业集群，这种水平竞争合作对集群成长具有重要作用。一方面，由于面临同一竞争市场，产品具有较大同质性，相互熟悉生产技术、生产成本和市场渠道，所以竞争十分激烈，这样既能够促进创新，也容易产生负面的柠檬市场效应，许多依托当地资源、以中小企业为主的农产品加工产业集群都存在类似现象。另一方面，共同的农村地域文化、价值观念和社会资本网络，频繁的非正式交流和学习，使之易于相互信任和合作，加之不同地区农业产业集群之间的激烈竞争，又促进了集群内部成员的合作。在农业产业集群中，农民生产合作社、流通合作社、土地合作社、消费合作社等，不仅提高了农民组织化程度以及与产业链上下游企业的谈判能力，而且有利于改变单个农户参与市场竞争的模式，实现农业生产经营的规模化、标准化和品牌化。同时，合作组织通过发挥网络"黏合剂"的作用，成为农业产业集群网络联系的重要集散结点和核心组织（见图3-2链条Ⅱ和Ⅳ），在产销衔接、技术服务和信息交流等方面，与集群其他主体建立更密切、更稳定、更长远的网络联系。如湖北咸安苎麻产业集群，形成了分工协调的竞争合作体系，其中苎麻生产合作组织10余个，几乎所有苎麻生产户均加入合作组织，除了统一购买生产资料和组织销售苎麻外，还组织技术培训、提供市场信息，成为农户与企业产销联系、政府有效沟通的主要渠道[1]。

（五）公共投入和资源共享主导的链接模式

政府投资向集群区域倾斜，提供具有外部性的公共物品，满足集群的共性需求，以政府公共投入引导多元化投资，这是政府促进农业产业集群发展的有效措施。地方政府对农业产业集群公共投入，主要集中于基础设施和公共服务平台建设等方面。在以公共投入和资源共享主导的链接模式中，农业产业集群成员之间联系较弱，网络关系比较松散，没有显著的纵向"供应商—用户"关系或者水平"竞争合作"关系，主要通过共享公共投入资源获得竞争优势，如特殊农业优惠政策、地理标志品牌、公共信息服务、廉价劳动力资源等。一般而言，这种主要依靠

---

[1] 吴晓斌. 农业产业集群机理研究——以湖北咸安苎麻产业集群为例 [D]. 华中农业大学，2007.

政府公共投入的链接模式，不应成为产业集群主要的链接模式。但是，这种链接模式对以中小企业为主导的农业产业集群和欠发达地区农业产业集群的作用，远远超过在"一般制造业集群"和"中卫型产业集群"中的作用。

上述仅是基于主体和单一主导要素的几种典型链接模式。实际上，一个农业产业集群可能存在不同的链接模式，各种链接模式也不是孤立的，他们可能相互融合，形成多要素主导、多核心共存、交叉或混合的链接模式，如"龙头企业＋农民合作社"的双要素主导链接模式，"交易市场＋农业园区"的双核心链接模式。

四、结论及建议

1. 农业产业集群不是单纯的规模化种养殖业，是种养、加工、流通和相关服务业的空间集聚，是农业产业链在某一地域的延伸和拓宽。从大农业的概念出发，跳出农业看农业，围绕农业产业链的建立和完善，把农业产业集群与农业产业化、农村城镇化、涉农产业发展等结合起来，实现农业与关联产业互动发展，是农业产业集群发展的根本之路，也是促进传统农业向现代农业转化的有效途径。

2. 农业产业集群对自然资源禀赋条件有较强的依赖性，集群演化主要以自然演化机制为主，一般只能依托区位农业优势培育集群，不可能人为造出新的农业产业集群。在农业产业集群中，往往市场资源、智能服务资源等相对匮乏，因此，建立农业产业集群市场渠道体系、培育区域农业品牌、加强农业技术创新和扩散，对于农业产业集群的成长和持续发展非常重要。以客户需求为导向，以市场资源为基础，构建高效敏捷的农业产业链是农业产业集群网络结构优化的重点。

3. 尽管农业产业集群有市场型、中卫型、混合型等多种不同类型的网络结构形式，但都表现出较明显的"结点—集散点—网络"或"核心—链条—网络"的特征。农业产业集群发展要遵循网络结构演化的规律，按照优先连接机制，以县城或中心镇为基地，以交易市场、龙头企业、农业园区、农村能人大户、合作组织等为主体，重点培育网络的核心或一级集散结点，加快建立以核心组织为主导的网络链条，努力促进集群生产经营网络、辅助服务网络和社会网络的有机融合，强化网络主体的联系与合作，是促进农业产业集群网络结构优化的重要途径。

4. 农业产业集群存在着不同的网络链接模式，这些链接模式对农业产业集群网络关系有很大影响。针对处于发展初期，随机市场联系主导、横向联系较少、网络关系脆弱的我国农业产业集群，需要以集群式供应链竞争思想为指导，发挥不同链接模式核心主体的主导作用，促进网络主体从单纯的购销联系，向以契约、产权、技术、信息和服务等为纽带的多方位联系转变，强调通过订单农业、参股投资、战略联盟等多种方式，协调集群网络主体之间的利益和风险，增加网络主体之间的联系强度，建立相对稳定的集群网络关系。以"农业龙头企业、批发交易市场、农业科技园区"等为主导形成的网络链接模式是决定农业产业集群网络关系的基础。

5. 地方政府对农业产业集群发展具有较大的推动作用。地方政府通过集群规划、政策引导和公共投入，为农业产业集群主体提供了交流学习和资源共享的平台，为集群主体加强联系、建立链接和改善网络关系提供了方便，对农业产业集群网络结构优化具有一定催化作用。在农业产业集群区域品牌建设与维护、基础设施和公共服务平台建设、集群共性技术的研发和扩散、农业标准和质量监督体系建设等领域，地方政府应发挥主导性作用。

第四章

形成条件与演化机理

产业集群是如何形成和演化的，国内外研究文献很多。梁琦（2004）通过理论与实践研究得出：一个特定的产业集中在一个特定的区域，是历史和偶然事件的影响、累积循环的自我实现机制或预期的作用[1]。何雄浪、李国平（2009）认为产业集群形成是区域效应和集聚效应联合作用的结果，同时受到空间成本的限制[2]。产业集群形成和演化的影响因素较多，如历史因素、社会文化、产品市场需求、要素市场供给、制度诱导、地理区位、创新驱动等，影响因素之间相互作用机理比较复杂，从而导致不同类型和不同环境下产业集群形成和演化有一定甚至较大差异。

一、农业产业集群形成条件

集群在产生过程中，都可能有一些偶然的机遇因素与历史积累形成的关键因素，这些关键初始条件提供了集群萌芽的土壤，符正平等（2004）总结了我国珠三角地区20多个集群产生的关键初始条件[3]。由于农业生产和农产品自身的特殊性，从而决定农业产业集群与工业产业集群的形成具有一定差异性，如自然和农业资源禀赋条件对集群形成有较大影响（见第一章文献综述）。通过考察国内外部分农业产业集群形成的一些重要初始条件（见表4-1），发现"历史条件、自然资源、市

---

[1] 梁琦. 产业集聚论 [M]. 北京：商务印书馆，2004：46-64.
[2] 何雄浪，李国平. 产业集群演进机理与区域发展研究 [M]. 北京：中国经济出版社，2009：211.
[3] 符正平等. 中小企业集群生成机制研究 [M]. 广州：中山大学出版社，2004：36-40.

场需求、政府扶持"等起着非常重要的作用。

表 4-1　　　　国内外农业产业集群产生的重要初始条件

集群名称	主要产品	起始初期	重要初始条件
美国加州葡萄酒产业集群	葡萄酒	20世纪90年代	良好的自然环境和悠久的葡萄种植历史；1998年提出加州产业集群发展指导意见
法国葡萄酒产业集群	葡萄酒	18世纪末	法国大革命后，葡萄种植不再受到限制；优良自然环境；数百年葡萄酒酿造历史；品牌效应
美国玉米（带）产业集群	玉米	19世纪末	19世纪美国开始广泛使用农业机械和化肥；优良自然环境；长期持续推进的农业区域分工
荷兰花卉产业集群	花卉	17世纪	传统上对花卉喜爱所产生的巨大需求；政府大力支持
法国面包产业集群	面包	17世纪	法国人对面包的偏爱；传统技艺
山东寿光蔬菜产业集群	蔬菜	20世纪90年代初	适宜蔬菜生长的地理环境和人文环境；蔬菜大棚技术；农产品批发市场；政府的引导
山东金乡大蒜产业集群	大蒜	20世纪80年代末	"中国大蒜之乡"，有2000多年的种植大蒜的历史；政府的大力支持
陕西杨凌农业高新技术产业集群	农产品、绿色食品	20世纪90年代	当地农林院所科技研发与扩散；特色资源；特殊体制；政府设计加以推动
昆明呈贡花卉产业集群	花卉	20世纪80年代	历史性集群，自然条件好；创业家带动作用；政府引导扶持
新疆棉花产业集群	棉花	20世纪80年代	自然资源优势，浓厚的棉花情结，强大的市场需求；政府后备支持力
广西蔗糖产业集群	蔗糖	20世纪90年代	自然优势和种植传统；在改制后的公有企业（广西贵县糖厂）基础上经过企业繁衍和集聚而形成
广西桂林恭城柑橘产业集群	柑橘	20世纪90年代	为满足江源集团橙类水果的加工需求；本地优势结合外资投入发展农产品加工
江汉平原的洪湖、监利、仙桃等地的黄鳝养殖业集群	黄鳝	20世纪90年代	丰富的水产资源，鱼米之乡；区位优势；政府扶持

续表

集群名称	主要产品	起始初期	重要初始条件
河北省清河羊绒加工产业集群	羊绒	20世纪90年代	本地"零资源"下的当地企业家精神带动,把握市场机遇创业
广东竹器编织产业集群	竹器编织	20世纪90年代	信宜市万事实业有限公司和信昌林产工贸公司龙头企业带动
河南省漯河市肉类产业集群	肉食品	20世纪90年代	龙头企业双汇集团带动和磁力作用
安徽宁国山核桃产业集群	山核桃	20世纪90年代初	独特的资源、区位和生态优势;市场需求

(一) 区位条件

区位是指某种事物占据的场所或空间。产业集群的经济活动离不开它赖以生存和发展的地理空间,农业产业集群对地理区位条件具有更强的依赖性,区位因素在农业产业集群的发展演进过程中扮演着非常重要的角色,它不仅起着一般"空间载体"的作用,而且也是农业产业集群较强地理选择性和较大根植性的重要影响因素。

1. 自然资源条件

农业自然条件和资源因素是农业产业集群形成的必要条件和物质基础,也是其可持续发展的基础性支撑。因为农业产业集群生产、加工的主要对象是农业生物体,它们的生长发育、产量和品质受其生存环境的影响(即自然条件),特别是气候、光照、雨水、湿度、土壤、养分、生物特性等,尤其是农业经济作物,对自然条件要求更为严格。然而,自然资源条件在空间上一般都具有较大的不可移动性,从而使区域资源禀赋在质和量上都相差很大,进而形成区域经济活动差异。农作物所具有的这种区域差异性决定了农业产业集群的产业性质、品质及其进一步发展的潜力。法国香槟省的葡萄酒产业集群、美国的玉米带产业集群都是在阳光、雨水充足和气候宜人的地区形成的,我国云南省花卉产业集群的形成也主要得益于该区域得天独厚的先天条件。我国新疆棉花产业集群也是因为得天独厚的自然资源,以及棉花品种上具有国际竞争的潜力而形成和发展起来的。

2. 交通等基础设施条件

道路交通、通讯、水电、市场流通、技术信息等基础设施条件对农业产业集群生产经营活动和内外部联系具有很大影响。农产品主要靠公路和铁路运输销往全国各地市场，靠近交通干线有利于对农业产业集群发展，集聚区内交通条件改善，可以扩大农产品加工企业原料来源半径，带动更大区域和更多农户从事相关农产品生产，对农业产业集群发展具有实质性意义。便捷、完备的基础设施将为农业产业集群提供充足适宜的载体和良好的环境，有利于促进集群资源要素的流动，有效节约集群内外部交易费用。

（二）市场需求条件

没有持续的市场需求，任何产业集群都难以长期发展。只有市场能够充分接纳农业产业集群生产的大量农产品及其相关服务，农业产业集群才能生存和发展。从农业产业自身特点出发，了解涉农市场各种变化，发现市场需要，培育适应市场需求的产品和服务，不断扩大和创造市场需求，防止因规模扩大而产生"谷贱伤农"现象，这是发展农业产业集群发展中必须高度注意的问题。

一般而言，国内和本地市场对于企业察觉、理解和反映国家购买者的需求十分重要。波特认为本地需求环境是集群形成的重要条件，内需市场更重要的意义在于它是产业发展的动力，能够先于国际市场被企业识别。例如，荷兰花卉集群的形成，就得益于该国传统上对花卉的喜爱所产生的巨大需求。同时，波特还认为挑剔顾客的大量存在也是集群形成的重要条件，意大利和法国酒业集群的出现就因为两国都具有挑剔的饮酒民族。许庆瑞、毛凯军（2003）认为产品或服务有全球化的市场，才有足够广阔的发展空间和基于全球价值链协作的可能性。总之，需求有数量上的需求，也有质量上的需求。数量上的需求固然能够使产业迅速集结成群，发展壮大；但质量方面的挑剔能够保证该地市场领先全球，反映市场需求的发展趋势，因而能够保证集群的竞争优势与持续发展。质量上的高要求能够创造市场上更大规模的需求，当一地市场领先于世界潮流时，那么该地产品能够出口到世界各地，而非当地市场。

随着社会发展，市场需求是在不断发生变化的。在某一时期，新的、扩大的市场需求可能成为一个重要的触发因素，刺激农业产业集群在一个特定地域上产生。如果再加上其他适宜的条件，如政策、人才等条件，农业产业集群就更容易发展起来。

（三）生产要素条件

以波特的观点来看，要素包括自然资源、人力资源、基础设施、资本资源和知识资源，这些资源可以进一步分为低等要素、高等要素和特定要素。低等要素包括简单劳动力、资本、标准化技术与一般生产设备；高等要素包括本地企业家资源和特殊技能的熟练工人（包括技术工程师等）或专家顾问；特定要素指本地的制度环境、产业文化、企业家精神和社会关系网络等。

早期的农业产业集聚得益于各地在低等要素方面存在的差异，像在光照充足、雨水充沛、气候宜人的地区发展起来的农业产业集聚，如美国的玉米带、法国的香槟省等。这主要是由于农业经济时代交通运输及其他相关交易成本的存在，企业在选址上首先考虑的就是资源的供应是否便利。

随着信息技术的开发和应用，以人力资本、高科技等为代表的知识资源，亦即高等要素成为经济发展的核心。此时作为知识和技术的重要载体和创新主体的当地农业企业家以及从事知识研究和创新的学校及科研机构成为农村经济发展中重要的知识资产。可以说，传统生产要素的某个方面纯资源优势促成的产业集群，只是获得了一定的静态比较优势，而以高等要素为主形成现代农业产业集群则建立了具有生命的动态竞争优势。

区域各类生产要素起不同的作用，特定要素是本地所特有，并培育和吸引高等要素，两者形成本地所具有的核心能力，这种能力是其他区域难以模仿的。在经济全球化的背景下，低等级要素的流动性加强，高等级要素通过吸引低等级要素来区域集聚，对当地农业产业集群的形成、发展和根植性有较大影响。

（四）社会文化和历史传统条件

以信任为核心内容的社会文化能够加强涉农企业之间的交流与合作，使企业之间建立起紧密的合作关系。这种紧密联系可以使企业易于获取所需要的各种资源支持，提高企业的生存与发展能力，进而促进农业产业集群的形成。另外，拥有共同历史传统的农户、各类中小涉农企业易于通过专业化分工与协作形成农业产业集群。如美国加州葡萄酒产业集群依靠传统技艺,自发形成,其中拿帕(Napa)葡萄酒闻名世界。广东顺德陈村镇的花卉产业集群,则具有上千年的种花和卖花历史。

(五) 政府政策因素

农业产业集群形成可以是自下而上的,也可以是自上而下的,但是不论是哪种方式政府的作用都不可忽视。农业作为我国国民经济的基础产业和相对薄弱产业,农民作为相对弱势群体,这些都决定了与发展工业集群相比,农业产业集群发展更需要政府扶持和倾斜政策。在农业科技示范园区集群等自上而下的农业产业集群的形成过程中,政府通过规划、投资和引导等发挥着主导作用,政府集群政策是非常关键的因素。

二、农业产业集群演化机理

(一) 演化机理的重点要素分析——以安徽为例

农业产业集群各行为主体通过关键要素间的相互作用,共同催生了农业产业集群的演化进程。通过对安徽农业产业集群的调查分析,发现以下四个方面是影响农业产业集群的形成和发展的重要因素:

1. 要素诱因:农业资源禀赋差异

农业是一种对自然资源依赖性很强的产业。农业产业集群是特定的地域、气候、土壤、水源等农业先天禀赋同农业"根植性"、外部市场条件等因素有机结合、衍生演化的结果。农业产业集群不同于其他产业集群,自然资源作为关键要素主导农业产业集群更为重要,自然资源优势是产生流入效应,推动农业产业集群产生和形成的主要因素。安徽省农业产业集群的形成,首先与其自然资源特征有着密切的关系。正是由于自然资源禀赋的差异,导致相关优势农业资源向比较优势区域集聚。以亳州中草药集群为例,亳州特定的气候、土壤和"老子"文化基础,使中草药生产成为具有一定规模的全国著名中草药集散地。全市中药材种植总面积达65万亩,占全国的11%,中药材种植专业村800多个,大型中药材规模种植基地8个,区域化种植面积40多万亩,规范化种植面积近3万亩。

地理标志产品是基于优越自然资源,由企业、协会或研究机构开发监管保护的优秀区域品牌。农业产业集群是农业区域品牌的重要载体,区域品牌是产业集群发展的一种结果,也是产业集群发展的高级形态(朱玉林、康文星,2006)。应该利用集群的优势以品牌共享和品牌联营的战略模式来推动集群和品牌相互促进的发展(韦光、左停,2006)。地理标志作为一种区域品牌在促进农业产业化过程中,能够有力推动地方特色产业集群发展,这已被国内农业产业集群发展所证明,如以安溪"乌龙茶"和"铁观音"为品牌的福建安溪茶叶产业集群、以北京"平谷桃"为地理标志的北京平谷大桃产业集群。围绕地理标志产品,利用地理标志产品优势,可以促进农业产业集群形成和发展。安徽地理标志产品及相应集群情况见表4-2。

表4-2　　　　　　　安徽地理标志产品及集群情况

序号	地理标志产品	类别	种类	批准时间	备注
1	宣纸	工艺品	纸	2002-08-06	集群成长初期
2	滁菊	中药材	菊	2002-11-08	未形成集群
3	口子窖酒	酒类	白酒	2002-11-08	集群萌芽期
4	黄山毛峰茶	茶类	绿茶	2002-11-08	成长中期皖南茶叶集群的主力品牌
5	砀山酥梨	果品	梨	2003-04-11	集群成长中期
6	古井贡酒	酒类	白酒	2003-04-29	集群成长初期
7	太平猴魁茶	茶类	绿茶	2003-05-19	成长中期皖南茶叶集群的知名品牌
8	黄山贡菊	中药材	菊	2004-08-09	未形成集群
9	宁国山核桃	果品	核桃	2005-02-04	集群成长中期
10	皖西白鹅	家禽	白鹅	2005-8	集群成长中期
11	符离集烧鸡	家禽	鸡	2005-08-25	未形成集群
12	霍山黄芽	茶类	黄茶	2006-04-16	成长中期皖西茶叶集群的主力品牌
13	凤丹	中药材	牡丹皮	2006-04-16	未形成集群
14	涡阳苔干	蔬菜	莴苣	2006-09-30	集群成长初期
15	霍山石斛	中药材	石斛	2007-09-03	未形成集群
16	迎驾贡酒	酒类	白酒	2007-09-03	食品酿造集群萌芽期
17	六安瓜片	茶类	绿茶	2007-12-28	成长中期皖西茶叶集群的主力品牌
18	长丰草莓	蔬菜	草莓	2007-12-28	集群成长初期

续表

序号	地理标志产品	类别	种类	批准时间	备注
19	舒城小兰花	茶类	绿茶	2008-4-20	成长中期皖西茶叶集群的主力品牌
20	岳西翠兰	茶类	绿茶	2008-4-21	成长中期皖西茶叶集群的主力品牌
21	八公山豆腐	食品	豆腐	2008-09-12	集群成长初期
22	霍邱柳编	工艺品	柳编	2008-12-31	集群成长中期
23	怀远石榴	果品	石榴	2009-11	集群萌芽期
24	铜陵白姜	蔬菜	姜	2009-11-16	集群萌芽期

2. 市场驱动：规模经济与协同竞争

由于农户信息滞后、技术落后并容易形成"模仿式"耕种与养殖，农户或单个经济个体难以保证农产品研发、培植、生产、运输和营销等各价值链环节的成功运营，这种散户生产、经营造成地区产业结构的雷同和农民之间的恶性竞争，导致同类农产品或养殖业的低收益、浪费严重。他们迫切需要与关联企业、农业研究机构建立联系，利用他们提供的信息、服务、技术等形成规模经营，以减少种植或养殖的盲目性，降低投资和市场交易的成本。而以农产品为加工、销售、运输和研发对象的相关企业或机构也急需与农户建立长期稳定的合作关系，以便及时、有保证地获取市场所需农产品，从而形成协作竞争。于是，通过农户规模化生产和农业企业集聚形成农业产业集群，可以使他们共享地区资源优势，节约运输、信息、谈判、交易和投资成本，降低风险，获取外部专业化服务，实现规模经济效应。譬如，以六安为中心的皖西白鹅业集群，从白鹅孵化、鹅饲料、鹅饮食器具、鹅圈围栏生产，到鹅毛鹅绒加工、羽绒服装制作，再到鹅粪便处理、沼气生产等一系列活动建立了"公司+农户"模式，产业链各环节分工协作，规模生产与运输，提高公司、农户的协同竞争能力。

3. 产业引力：关联产业与相关机构的集聚

农产品易腐败、需求刚性、脆弱性和不易扩散的特点，使不同区域农业具有明显的特色，再加上农产品储运的特殊性，必然要求农业关联产业及其相关机构向特定的农业资源优势区域集聚，从而形成具有地方特色的、紧紧围绕农业产前、产中、产后服务的农业产业集群。一方面，农业所使用的各种生产资料，包括种子、化肥、农药和饲料等，基本上由工业提供或经工业加工；工业、服务业提供的各种产品、技术和劳务也越来越渗透到农业生产的各个环节。另一方面，与农业相关的产业部门对农业的依赖性也大大加强。农业既是这些产业部门的销售市场，又是它们的原料产地和初级产品供应者。根据对马鞍山当涂县桃树产业集群的调查，护河镇桃树连片产业集群开拓桃树信息管理、桃花观赏餐饮、成品桃包装与运输、桃树园艺设计与施工管理等各种项目，形成了兼容第二、第三产业于一体的生态农业、加工农业、观光农业产业链，"一业带动百业"，形成以市场为依托发展的桃子产、加、销和桃花旅游"一条龙"的农业产业集群。

4. 制度导向：农业生产根植性与政府政策投入

安徽省农村信息相对封闭，但血缘、地缘、人缘关系较为明显，这种关系在经济交往中有很好的信任度和接受度，使"经济行为深深嵌入于社会关系之中"，表现为很强的"根植性"。农户之间通过几乎零距离的接触交流，一方面可以促进新的栽培、管理技术向外扩散，另一方面也易于导致农业生产、经营的"模仿"，形成恶性竞争。因此，这种先天的农业文化制度基础需要政府政策的引导，从而降低农户生产的盲目性、跟随性，减少区域资源浪费，促进农民增收。

（二）基于主导要素的四种演化机制

关于我国产业集群形成和发展的机制，在《中国民营经济发展前沿问题研究（2003~2004）》中，张后义等认为我国产业集群的内在演化机制主要有"资源创新性整合机制、产业集群与专业市场互动机制、产权选择机制、中小企业主体机制、集群溢出机制、集群竞合机制、集群产业链延伸机制、政府支持机制"。[①] 符正平（2002）则认为网络的外部化起了关键作用。刘世锦（2003）认为，市场与产业的互动促成了浙江产业集群的形成，而在珠江三角洲则存在多种形成机制，如加工贸易带动型、内源性品牌企业带动型、OEM和ODC产品带动型等。上述研究主要是针对我国工业产业集群形成机制的总结与提炼。农业产业集群形成和演化的影响因素已有一些研究（见第一章文献综述），但是关于演化机理和机制的研究相对较少，陶怀颖（2010）按照驱动力的

---

① 加快民营经济健康发展研究课题组. 中国民营经济发展前沿问题研究（2003~2004）[M]. 北京：机械工业出版社，2003：98-104.

主导因子把农业产业区域集群发展划分为四个阶段：一是形成期，主要靠资源优势推动；二是扩张期，主要靠产业规模化推动；三是整合期，主要靠产业链条延伸和产业集聚推动；四是提升期，主要靠技术创新推动[①]。

我国绝大多数农业产业集群是在市场经济的大潮中自发形成的，市场经济越发达，市场机制越健全的地方，农业产业集群就越容易形成。事实上，农业产业集群的诱导因素是很多的，有时候可能因偶然的机遇而产生萌芽，有时候可能是多种因素综合的结果，但其形成和发展的轨迹还是有一定规律可循的。根据我国各地农业产业集群发展现实，可以将形成机制概括为四大类：自发形成机制、政府主导机制、产业互动主导机制、农业龙头企业带动机制。

1. 自发形成的演化机制（自下而上机制）

农业产业集群具有旺盛的自我繁衍、自我生长的内源生命力，其自发生成演化的内在机理与奥秘，与先天禀赋、产业"根植性"和"衍生性"、外部市场条件等因素存在显著相关性（李渝萍，2007）。

自发形成机制的农业产业集群，一般是沿着"自然或历史的自发集聚—政府规范引导—集群化发展"的轨迹，它是"由下而上"的民间自发性农业产业集群，多数是以农业自然优势为基础，由市场力量驱动，先出现某类农产品生产经营活动的自发聚集，在形成雏形或者进入到一定发展阶段时，政府才开始介入，进行规范引导，并主动提供公共服务和政策支持，从而使聚集的规模、效益和外部经济性等明显增加，形成真正意义上的集群。

由于历史文化和区位优势的原因，某些地区自古以来已经形成农业种植和养殖的传统与文化，自发地形成以某类农产品为主导或某种经营形式为基础的农产品集散地。经过不断发展演化集聚一定规模，引起了政府的重视，通过吸引投资建"场"，实行归行纳市，促进传统落后的地摊交易向集中化、规范化的农产品批发市场发展，形成产地市场带动种养殖规模的不断扩大，进入了集群化发展的轨道，如安徽亳州中药材产业集群演化很大程度得益于自发形成的批发市场向现代中药材批发市场的发展。许多以蔬菜、水果、水产等鲜活农产品为对象，以产地农

---

① 陶怀颖. 我国农业产业区域集群形成机制与发展战略研究 [M]. 北京：中国经济出版社，2010：103-108.

品批发市场为主导的集群选择的就是自发形成的演化机制。

另外,一些以中小企业为主导的农产品加工业集群,多数是采取自发形成的演化机制。在优势农产品集中种养殖区域,首先是一些先觉农户或个体工商户开展初级加工,他们尝到了加工增值效果甜头,这种效应迅速扩散,周围人们开始模仿,逐渐形成了加工群体,然后政府加以引导和扶持,促进加工企业数量和加工规模的扩大,以及加工技术进步和规范化发展,从而形成了农产品加工业集群。也可能当地具有历史加工制作的传统,由于改革开放政策释放的活力,个体加工从业者在政府引导下不断扩大,形成了以农产品加工为主导的农业产业集群。

2. 政府主导的演化机制

以政府为主导的农业产业集群,实际上就是以强制性方式建立和培育的集群,它是"由上而下"的人为性产业集群,即政府通过明确的规划,采取多元化、甚至政府投资等方式进行基础设施的建设,再以一定的优惠政策吸引农业中小企业进场从事经营活动,继而形成集群,如各地以政府为主导建立的农业示范园区。陕西杨凌农业高新技术产业示范区是在国家18个共建部委的大力支持和省级有关部门积极配合下建成的,形成了独特的省部、省内共建体制,并初步完善了服务型政府的运行机制,形成了生物工程、环保农资、绿色食(药)品三大特色产业。杨凌已成为陕西省经济发展最具潜力的增长点之一。在政府主导型农业产业集群的建立和发展过程中,政府政策是最主要的影响因素。政府的支持和推动实际上构成了农业产业集群发展的政府环境,即有利的制度和政策供给环境。可以说,在许多欠发达地区,"政府环境"是农业产业集群发展的最好资源。

3. 产业互动主导的演化机制

产业集群有一个共同的基础——产业的关联性,没有产业关联也就无所谓集群的形成和发展。由于产业关联的存在,各种相关产业或支持性产业交错在一起,产业间就会产生前向效应、回顾效应和旁侧效应,这些关联经济效应是集群的内生性增强机制的源泉。

产业互动主导的演化机制一般是沿着"自发集聚—产业互动—政府引导—集群化发展"的轨迹。首先是某地农业种养殖达到一定规模后,为提高产业附加值或市场流通效果,相应产生了与之配套的关联产业,这些关联产业可能是加工性质的第二产业,也可能是流通性质的第三产业,如农业种养殖业与农业生产资料(包括种子、化肥、农药和饲料等）生产供应产业、农产品初级和深加工产业、农产品流通和物流服务产业、农业旅游（如农家乐、农业观光）产业等互动发展，他们相互带动，相互促进，通过交替式、同步式或者是螺旋式向上发展方式，形成了共生耦合的关系和互动发展的良好格局，有效地扩大了集聚规模，促进了"大农业"产业集群形成和发展。

4. 农业龙头企业主导的演化机制

在以家庭联产承包责任制为主导的我国分散化农业生产方式中，农户是农业生产的关键主体，也是农业产业集群的基础主体。但是，由于农户组织化程度低，抵御和把握市场能力较弱，因此，农业龙头企业通过"公司+农户"或"公司+合作社+农户"等方式带动农业发展，在推进农业规模化、产业化和集群化的发展过程中起到极其重要的作用。事实上，一些农业产业集群，正是基于龙头企业主导而形成和进一步演化发展的。农业龙头企业有些是基于农业技术进步而由政府孵化的科技型公司，有些是大型工业或商贸流通企业参与农业产业化经营而建立的公司，也有些是地方政府选择培育中小企业成长壮大的企业，还有是外商投资农业领域建立的企业。一旦农业龙头企业形成，就要围绕农业龙头企业经营业务形成产业链配套，在龙头企业带动下，为龙头企业提供原料供给的农业生产规模将迅速扩大，同时可能带动商品交易中介组织、信息与技术服务组织、配套关联中小企业等产生，从而推动农业产业集群形成和发展。例如于1956年建成投产广西贵县糖厂，1994年完成股份制改造，组建成广西贵糖（集团）股份有限公司，建造日榨万吨的制糖厂、大型造纸厂和酒精厂、轻质碳酸钙厂，在其周围还有一批与之配套服务的运输、仓储等企业，从而有力地带动了广西甘蔗加工产业集群的发展，形成依托农业产业区优势、以贵糖集团为主导的农业产业集群。

农业产业集群的形成是一个渐近的历史过程，是多种因素相互作用的结果。农业产业集群一旦形成，就具有一种相对稳定性，而且外部其他区域很难在短期内克隆类似的集群，从而使集群内部农户和企业比集群外部具有更大的竞争优势。所以农业产业集群就像一个保护伞，为集群内的企业提供了一个良好的生存环境。当然，农业产业集群有形成和发展，也会有衰退和死亡，农业产业集群如何实现稳定发展和螺旋式进阶，从低级向高级发展，需要从产业集群生命周期角度进一步加以研究。

三、农业产业集群生命周期的考察

关于集群生命周期研究，主要是针对制造业，重点集中于集群的阶段划分及其特征。G. Tichy（1998）将集群生命周期分为诞生、成长、成熟和衰退等阶段，Ahokangas等（1999）提出一个集群成长的三阶段演化模型，秦夏明等（2004）根据复杂系统演化的思路，提出集群演化的四个阶段，即基本要素集聚、价值链集聚、社会网络集聚和创新系统集聚，曾路（2006）分析了民营企业集群生命周期的不同阶段特征，并提出各阶段的战略核心。

农业产业集群同样存在着从形成到衰亡的发展演变过程，即生命周期。农业产业集群生命周期是以集群内企业的数量和质量或整体竞争力为标志，与农业企业比较，其生命周期更长，演变过程更为复杂。笔者把农业产业集群的生命周期分为四个阶段：萌芽阶段（雏形期）、成长阶段、成熟阶段和衰退阶段，见图4-1曲线Ⅰ。但也可能出现曲线Ⅱ、曲线Ⅲ、甚至曲线Ⅳ的演变过程（图中X表示集群规模或集群竞争力，T表示时间）。

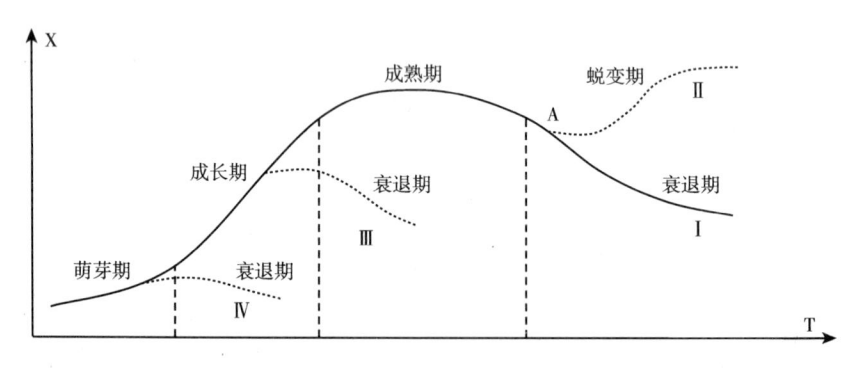

图4-1 农业产业集群的生命周期

1. 萌芽阶段（雏形阶段）

萌芽阶段是农业生产经营基本要素初步集聚的过程，自然资源禀赋条件是萌芽阶段的基础，农产品市场、龙头加工企业等是重要诱导条件。该阶段已经形成一定种养殖规模，出现为农业生产服务的产业链上下企业参与，但是农业或涉农企业数量少，产业设施和经营条件差，专业化分工和农业产业化水平较低，受环境影响较大，缺乏稳定性。从萌芽到成长期可能经历了一个相对漫长的过程，甚至长期不能形成农业产业集群；但也可能由于某种诱发因素较快进入成长期，如在政府的招商引资战略下吸引农业龙头企业、建设农业科技园区，以及农业新技术应用、农业关联产业发展、新的市场需求变化等。不能仅有偶然诱发因素，还需要长期积累并不断加强的农业技术、服务、资本、文化、社会网络、制度供给等方面的支撑，才能保证其农业产业集群的持续发展。因此，地方政府应全面考察不同的具有一定规模的农业集聚或扎堆，选择具有较强内生力量和发展前景者，通过提出针对性的集群发展规划加以引导和培育。

2. 成长阶段

成长阶段是农业生产经营及支撑要素快速聚集的过程，农业或涉农企业涌入，集群规模不断扩大，外部经济效应凸显，集群区位品牌开始形成，具备了一定的"累积因果"的自我加强能力。由专业化分工所带来的外部规模经济和范围经济是成长阶段流入效应产生的源泉和基础（周新德，2009）。成长阶段的前期，因集聚产生的低成本优势是集群发展的主要动力，而后期创新开始成为推动集群发展的重要动力。成长期是农业产业集群发展最为关键的阶段，要特别重视协调性，实现集群"扩张速度"与"配套服务"的协调发展，注重农业产业链各环节的有机衔接，并加强合作与创新，否则可能导致集群提前进入衰退期（曲线Ⅲ）。地方政府应重点加强农业基础设施建设，提供农业信息、资金和商业人才等方面的公共服务，尽快建立农业产业集群发展的配套服务体系。

3. 成熟阶段

成熟阶段集群内相关企业为数众多，已形成分工更加明确、联系更加密切、产业配套相对完整的产业体系，构成了较坚实、稳定、联系密切的本地关系网络。这个阶段可以看作是农业产业集群进入到发展的稳定期，市场结构趋于合理，企业数目增长率开始放缓并逐步下降，发展速度趋缓，规模相对稳定，表现出明显的地域根植性和区位品牌效应。

4. 衰退或蜕变阶段

当农业产业集群内的创新活动减少，搭便车、过度模仿、简单价格竞争、利润下滑等现象严重时，集群进入衰退阶段，部分农业企业开始退出、转移、破产或转型，集群的规模或经营能力下降，辐射范围减小，整体竞争力减弱。衰退阶段一般是在成熟期持续发展一段时间以后，且是一个相对缓慢的过程，但也可能出现在成长期，甚至萌芽期

(如曲线Ⅳ、Ⅲ、Ⅰ)。在成熟期(或衰退期)曲线的拐点(图4-1A点),集群曲线转变成Ⅱ向上弯曲发展,集群开始进入蜕变阶段。向蜕变阶段转变的主要途径是产业创新或产业转型,如传统农业向现代农业转变,或通过农业生产流通技术、生产经营模式变革等方面创新,使农业产业集群创新获得竞争优势,进入到新一轮的发展周期。

四、安徽农业产业集群发展阶段

国外一些知名农业产业集群,有些已经进入成熟期阶段,如荷兰花卉产业集群、美国加州葡萄酒产业集群、法国葡萄酒产业集群。我国农业产业集群发展水平较低,多数处于萌芽期和成长初期阶段,少数农业产业集群进入到成长发展中期阶段或后期阶段,如寿光蔬菜产业集群、云南花卉产业集群、新疆棉花产业集群、漯河肉食品产业集群等。

产业集群成长的模型主要有:弹性专业化模型、联合效率模型、钻石模型、GEM模型等,张宏升认为GEM更适合于研究我国农业集聚问题[①]。GEM模型提出了影响产业集群的6大因素:"资源"、"设施"、"供应商与相关辅助产业"、"企业结构、战略和竞争"、"本地市场、外部市场",分为基础、市场、企业三对,并用一个蛛网图表示(见图4-2)。

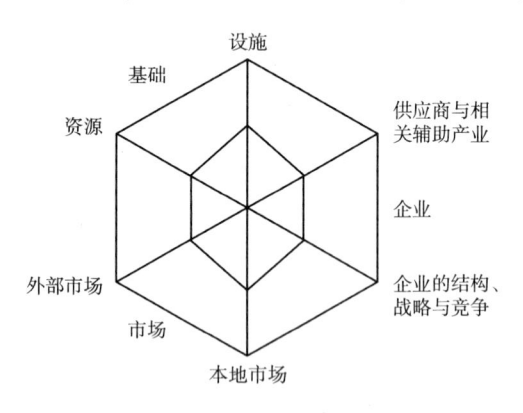

图4-2 GEM模型蛛网图

倪鹏飞(2005)根据"显示指标"(企业数、人员数、产值或销售收入的区位熵大于1以及效率、利益、速度等指标)和"解释指标"

---

① 张宏升. 中国农业产业集聚 [M]. 北京:中国农业出版社,2007:62-70.

（空间接近、服务支持、技术创新、资源要素、外部气候、文化等"六大系统要素"）对产业集群进行判断，并说明"如果某产业的企业数量集中密度和增长速度明显高于周围地区，其他指标相对周围地区水平高、增长快、企业产业链空间接近、企业生产联系明显、六大系统因素大部分条件具备，其中个别条件表现较好的话，就可判断该区域某产业集群大致形成[①]"。

参考 GEM 模型和倪鹏飞（2005）构建的指标，根据农业产业集群特征，结合前述农业产业集群形成条件和集群生命周期的分析，以下提出判断农业产业集群发展阶段9个条件：（1）种养规模；（2）基地和标准化；（3）基础设施和服务配套；（4）企业数量（尤其是龙头企业）；（5）本地加工度和系列化产品；（6）技术创新与扩散；（7）产业链联系和纵横合作；（8）交易市场或商品流通渠道；（9）区位品牌效应。也可以分为三类，其中（1）~（3）为集群产业基础；（4）~（7）为集群企业和相互关联；（8）~（9）为集群市场及外部联系（见表4-3）。

表4-3　　　　农业产业集群发展阶段及其判断条件

集群阶段 判断条件	萌芽期或雏形期	成长期	成熟期	衰退期	备注
种养规模	一定初始规模	规模不断扩大	规模相对稳定	规模减小	初始条件、基础条件
基地和标准化	无	基地增多，标准化不断增强	标准化、系列产品、绿色产品	基地转产	成长条件
企业数量	以农户为主，开始出现少数企业	数量增多，龙头企业作用增大	企业数量稳定，市场结构合理	数量减少	基础条件、关键条件
本地加工度和系列化产品	无加工或初级加工、产品单一	精深加工增加，产品系列化加大	本地高加工度、系列化产品	加工萎缩或转型	成长发展条件之一

---

① 倪鹏飞.2005年城市竞争力蓝皮书：中国城市竞争力报告No.3 集群：中国经济的龙脉 [M].北京：社会科学文献出版社，2005：113-123.

续表

集群阶段 判断条件	萌芽期或 雏形期	成长期	成熟期	衰退期	备注
交易市场或 商品流通渠道	无交易市场或 初级产地市场、渠道单一	交易方式和中介组织增多，渠道多元化	市场交易发达、中介组织多、渠道畅通	中介减少、渠道宽度降低	基础条件、成长重要条件
技术创新 与扩散	无技术创新、乡土技术	创新、扩散不断增加	形成创新扩散网络体系	创新不足或转型	成长和持续发展条件
品牌效应	无	初现、增强	明显	降低	成长发展条件
产业链联系 和纵横合作	很少	联系、合作不断增强	联系广泛、深入	减少	集群本质条件、成长发展条件
基础设施和 服务配套	水平较低	基础投入不断加大、服务配套提升	投入稳定，配套完备	基础投入减少、服务水平降低	成长发展条件

注：由于目前尚没有产业集群的识别和统计标准，对是不是产业集群或处于产业集群发展的何种阶段也只能以定性分析为主，这也是产业集群研究多以案例解释说明的主要原因之一。

通过调研总结，发现亳州中药材产业集群已经进入成长中期阶段，亳州中药材产业集群发展阶段判断条件见表4-4。

表4-4 亳州中药材产业集群发展阶段判断条件

序号	指标所处阶段	发展情况
1	种植规模 （接近成熟期）	2007~2010年药材种植面积分别为29158、288667、29690和36648公顷。药材种植专业村800多个，本地产药材260多种；2005~2009年种植规模基本稳定，近两年随加工企业发展和市场开拓，带动药材种植面积明显增加，种植技术有待提升，组织化程度有待进一步提高
2	基地和标准化 （成长期）	以谯城区为中心，以涡河两岸适宜中药材种植的区域为基础，已形成专业化中药材种植基地8个，其中谯城区有十八里镇、十九里镇、谯东镇、五马镇、华佗镇5个规范化中药材种植基地；以中药材加工为主导的亳州工业园区建设加快，58家加工企业通过GMP认证

续表

序号	指标所处阶段	发展情况
3	企业数量 （成长期）	农业产业化龙头企业35家，其中国家级2家，省级16家，有医药制造企业71家，在建医药制造以及涉药企业50多家，中药材产业的从业人员100多万人；企业数量处于扩张期
4	本地加工度和系列化产品 （成长期）	以中药饮片为主，产品涉及中成药、制剂和保健品等，初步形成系列化产品，中药饮片占全国产量的1/4；2008~2010年药业总产值分别为35.54亿、50.50亿和74.69亿元；饮片加工较先进，产品深度开发相对滞后
5	交易市场或商品流通渠道 （接近成熟期）	中国（亳州）中药材交易中心客商云集，聚集了全国专业的中药材经营专业公司200多家，日上市品种2600多个，年交易额早已突破200亿元大关，是国内四大中药材集散地和价格形成中心之一；2007~2010年中药材出口分别为4672万、6100万和8673万美元，2010年超500万美元进出口企业6家，中药饮片出口占全国的1/3；国内市场发展相对成熟，国际市场有待进一步拓展
6	技术创新与扩散 （萌芽期）	中药材类高新技术企业16家，承担国家和省级中药行业的各类项目和课题100多项，其中包括国家科技部"九五"、"十五"中药现代化开发项目、"十一五"科技支撑项目、国家发改委高技术产业示范工程、国家现代中药专项等。与几十所高校科研单位形成了产学研合作。处于技术创新的初期
7	品牌效应 （接近成熟期）	连续举办26届全国（亳州）中药材交易会（1986~2010年）和7届国际（亳州）中医药博览会（2004~2010年）；基于市场交易中心的品牌效应明显
8	产业链联系和纵横合作 （萌芽期）	形成了集种植、加工、流通、科研和教育为一体的比较完整的现代中药产业体系。集群网络联系仍比较弱，但是基于合作社和龙头企业的产业链纵向联系不断加强，基于交易市场和信息平台的横向联系不断拓宽
9	基础设施和服务配套（成长期）	建有中药材加工为主导的亳州工业园区，现代化的中国亳州中药材交易中心成为商务部重点支持中药材交易平台，制定了并实施千亿元《安徽省（亳州）现代中药产业发展规划》和《中华药都·养生亳州行动计划》，现代中药被列入国家火炬计划，中药现代化安徽基地在亳州挂牌

注：表中数据资料根据2011年亳州实际调研和亳州市政府网站资料总结。

总体上来看,安徽省大多数农业产业集群尚处于萌芽期或从萌芽期向成长期过渡阶段,也有部分农业产业集群进入成长初期或中期阶段,见表4-5。

表4-5　　　　　　　　安徽农业产业集群发展阶段

行业	农业产业集群	发展阶段及特征
蔬菜（含瓜类）产业集群	和县蔬菜产业集群	成长中期阶段:规模化种植、产品初步系列化、品牌效应明显、初步形成产前、产中、产后的产业链,具有一定创新能力
	临泉县脱水蔬菜产业集群	成长初期阶段:规模化种植、加工企业空间集聚、产品初步系列化、初现品牌效应
	涡阳苔干产业集群	成长初期阶段:规模化种植、地理标志保护、初现品牌效应、龙头企业
	铜陵生姜产业集群	萌芽期:规模化种植、历史传统
	岳西茭白产业集群	萌芽期:引入品种、规模化种植、良好市场渠道、合作组织发达
	蚌埠淮上区无公害蔬菜产业集群	萌芽期:规模化种植、良好市场渠道
	长丰草莓产业集群	成长初期阶段:规模化生产、一定标准化、流通渠道多元化、加工和创新不足
	皖北西瓜产业集群（濉溪县铁佛镇、宿州褚兰和解集、固镇石湖、临泉县范兴集乡半截楼村、颍上县十八里铺）	萌芽期:规模化、分散集聚、一定品牌效应
粮油食品产业集群	亳州面粉加工产业集群	萌芽期:加工业空间集聚,主要为初级加工
	亳州白酒产业集群	成长初期阶段:龙头企业、品牌效应
	怀远粮食加工产业集群	萌芽期:初级加工,开始兴建园区
	颍上县三粉产业集群（三十铺）	成长初期阶段:规模种植,产品初步系列化、一定品牌效应
	霍山县食品酿造产业集群	萌芽期:龙头企业主导、系列产品
	霍邱大米产业集群	萌芽期:加工业空间集聚,主要为初级加工
	芜湖大米产业集群	萌芽期:交易市场主导、历史传统优势

续表

行业	农业产业集群	发展阶段及特征
粮油食品产业集群	宿州埇桥区面粉加工业集群	萌芽期：加工业空间集聚，主要为初级加工
	肥东县食品产业集群	成长初期阶段：兴建食品工业园区，形成一批龙头企业
	固镇县王庄花生产业集群（王庄花生市场）	萌芽期：规模种植、交易市场主导，简单初级加工
中药材产业集群	亳州市现代中药产业集群	成长中期阶段：规模化种植、标准化加工、产品系列化、流通渠道多元化、开拓国外市场、交易市场发达、形成一定创新网络、较完整的产业链
	太和（李兴）中药材加工产业集群	成长初期阶段：一村一品、规模化种植、初级加工、协会作用较大
竹木加工产业集群	怀宁县马庙板材加工产业集群	成长初期：中小企业集聚、产业配套、品种初步系列化
	叶集木竹产业集群	成长初期阶段：规模化种植、建有生产基地、工业园区、专业市场、产品系列化
	霍山县竹加工产业集群	成长初期阶段：规模化种植、加工企业主导、初级加工、产品系列化
	宣城竹业产业集群（宁国元竹、广德）	成长中期阶段：规模化种植、加工企业集聚、龙头企业带动、产品系列化、品牌效应明显、产业配套较好
	滁州木材加工业集群	萌芽期：规模化种植、加工企业初步集聚
	泾县竹木加工制品产业集群	萌芽期：当地竹木优势、加工企业初步集聚
	宿州板材加工业集群（砀山、萧县，埇桥）	成长初期阶段：规模化种植、加工企业集聚、龙头企业作用明显、产品多元化
棉麻纺织产业集群	望江县棉花纺织产业集群	成长中期阶段：规模化种植、龙头企业带动、加工企业集聚、产品系列化、初级及延伸加工、产业链完整、建有工业园区、品牌效应明显
	无为县棉纺产业集群	萌芽期：规模化种植、一定的初级加工和延伸加工、产业链配套较弱
	含山县运漕镇棉纺产业集群	萌芽期：规模化种植、初级加工和延伸加工、建有产业园
	六安市大麻纺织产业集群	萌芽期：规模化种植、一定的初级加工和延伸加工
	淮北市杜集区棉纺产业集群	萌芽期：依托产棉区，建有产业园区，加工初步集聚

续表

行业	农业产业集群	发展阶段及特征
编织产业集群	阜南县柳编产业集群	成长中期阶段：规模化种植、初级加工集聚、产品系列化、流通和中介发达、品牌效应较大
	霍邱县柳编产业集群	成长中期阶段：规模化种植、初级加工集聚、产品系列化、流通渠道畅通、地理标志、品牌效应较大
	寿县席草编织产业集群	成长初期阶段：规模化种植、初级加工集聚、产品系列化、流通市场发育良好
桑蚕茧丝绸产业	六安桑蚕丝绸产业集群（裕安区、金寨县、霍山）	成长初期阶段：规模化、标准化、加工龙头企业带动、一定品牌效应、合作组织发展加快
	安庆桑蚕丝绸产业集群（岳西、潜山、太湖）	萌芽期：规模化、标准化、初级加工初步集聚
	阜阳蚕桑丝绸产业集群	萌芽期：规模化、加工龙头企业带动、产业互动较弱
	肥西县蚕桑产业集群（铭传乡）	萌芽期：种植规模化、缺少加工等产业链环节
	广德四合乡丝绸产业集群	成长初期阶段：加工企业集聚、龙头企业作用明显、一定品牌效应、产业上下游联系和配套较弱
	泾县桑蚕丝绸产业集群	萌芽期：种植规模化、缺少加工等产业链配套
	绩溪桑蚕丝绸产业集群	萌芽期：种植规模化、缺少加工等产业链配套
茶叶产业集群	皖西茶叶产业集群（六安的霍山、舒城、金寨、裕安，安庆的岳西、潜山、太湖）	成长中期阶段：规模化和标准化种植、合作组织发展较快、市场渠道多元化、龙头企业带动明显、初级和精深加工共存、产品系列化、品牌效应突出、形成一定产业链配套，但创新不足
	皖南茶叶产业集群（黄山、宣城、池州）	成长中期阶段：规模化和标准化种植、合作组织发展较快、市场渠道多元化、龙头企业带动明显、初级和精深加工共存、产品系列化、品牌效应突出、形成一定产业链配套，但创新不足
水果产业集群	砀山水果产业集群（酥梨、苹果、黄桃）	成长中期阶段：规模化和标准化种植、协会等中介组织和交易市场发达、产品系列化、初级和深加工共存、产业配套较好
	萧县水果产业集群（葡萄、黄桃）	成长初期阶段：规模化和标准化种植、龙头企业带动、流通渠道多元化、产品初步系列化、加工和产业配套较弱

续表

行业	农业产业集群	发展阶段及特征
水果产业集群	宁国山核桃产业集群（皖南的宁国、绩溪、歙县，大别山区的金寨、霍山）	成长中期阶段：自然资源优势、规模化种植、龙头企业带动、产品系列化、品牌效应明显
	怀远石榴产业集群	萌芽期：规模化种植、加工龙头企业带动、一定地区品牌效应
	淮北段园镇葡萄产业集群	萌芽期：规模化种植、中介组织作用明显
	埇桥区水果产业集群	萌芽期：规模化种植、中介流通较好
家禽产业集群（含羽绒产业）	宣城家禽产业集群（广德）	成长中期阶段：规模化养殖、龙头企业带动、产业链配套
	六安市（裕安区）固镇羽绒羽毛产业集群	成长中期阶段：依托养殖业、加工企业集聚、产品系列化、品牌效应明显
	舒城县干汊河镇羽毛产业集群	成长中期阶段：依托养殖业、加工企业集聚、产品系列化、市场流通发达、品牌效应明显
	舒城县城关镇七星羽绒产业集群	成长初期阶段：依托养殖业、加工企业集聚、产品初步系列化、市场流通发达
牲畜产业集群	蒙城县畜牧产业集群（淮北黄牛产业带，其牛肉产量已占全省的80%）	成长初期阶段：规模化和标准化养殖、龙头企业带动作用明显、初现地区品牌效应
	临泉县山羊产业集群（瓦店镇）	萌芽期：规模化和标准化养殖、龙头企业带动作用明显
	合肥畜牧业产业集群（合肥、淮南、淮北和马鞍山市郊县区奶牛养殖基地的奶牛饲养量占全省的70%以上）	萌芽期：规模化和标准化养殖、加工龙头企业带动作用明显
水产养殖业集群	巢湖水产养殖产业集群	成长初期阶段：规模化和标准化养殖、产品系列化、龙头企业带动作用明显、市场渠道多元化
	五河水产养殖业集群	萌芽期：规模化和标准化养殖、产品初步系列化
	合肥龙虾养殖产业集群	成长初期阶段：规模化和标准化养殖、龙头企业带动、餐饮配套、品牌效应明显
	芜湖县水产养殖产业集群	成长初期阶段：规模化养殖、产品多样化、流通渠道多元化、一定地区品牌效应
	枞阳县水产养殖业集群	萌芽期：生态型规模化养殖
	巢湖市槐林镇渔网产业集群	成长初期阶段：中小企业集聚、产品系列化、流通市场发达、品牌效应明显

续表

行业	农业产业集群	发展阶段及特征
其他农业产业集群	界首市马铃薯产业集群	萌芽期：规模化种植、标准化认证、流通渠道多元化、加工不足
	合肥肥西苗木花卉产业集群	成长初期阶段：规模化种植、产品多样化、中介和市场流通发达
	芜湖苗木花卉产业集群	成长初期阶段：规模化种植、产品多样化、中介和市场流通发达
	淮南八公山豆制品产业集群	成长初期阶段：依托区域种植优势，加工主导，产品系列化、品牌效应明显
	当涂县农业旅游产业集群（护河镇桃树连片生产基地）	萌芽期：乡村旅游初现集聚效应
	肥西县农家乐旅游产业集群（乡村旅游集群）	成长初期阶段：体验农味、休闲观光、餐饮娱乐等农家乐产业初现集聚效应、产业链配套发展良好

注：基于调研和相关政府网站资料等的初步判断，有关农业产业集群更多信息见第七章表7-5。

综上所述，农业产业集群形成是自然、区位、需求、供给、历史文化、政策等多种因素综合影响的结果，但是初始关键条件是重要诱发因素。对安徽农业产业集群分析表明，农业产业集群对自然资源依赖程度高，地域根植性强，农业资源禀赋诱导力大，市场驱动来源于集群规模经济与协同竞争，产业引力来源于关联产业与相关机构的集聚，而政府导向政策对农业产业集群演化具有重要作用。农业产业集群同样存在着从形成到衰亡的发展演变过程，即生命周期，不同生命周期阶段表现出不同的特征，需要采取不同集群发展对策。尽管农业产业集群的诱导因素很多，是多种因素综合的结果，但其形成和发展的轨迹还是有一定规律可循的，其形成机制可以概括为四大类：自发形成机制、政府主导机制、产业互动主导机制、农业龙头企业带动机制。农业产业集群发展阶段可以通过：种养规模、基地和标准化、基础设施和服务配套、企业数量（尤其是龙头企业）、本地加工度和系列化产品、技术创新与扩散、产业链联系和纵横合作、交易市场或商品流通渠道、区位品牌效应等进行评判。安徽省大多数农业产业集群尚处于萌芽期或从萌芽期向成长期过渡阶段，也有部分农业产业集群进入到成长初期或中期阶段。

第五章

发展模式与变化趋势

农业产业集群发展模式是指集群内相互关联的农业企业和支撑辅助机构，基于形成方式、发展主导因素、集群的结构或链接关系等，在农业产业集群成长演进的过程中反映出来的，具有特定本质内涵的，能够在一定程度上固化推广的集群资源配置利用的方式或集群发展的路径。

实际上，通常我们所说的产业集群发展模式，要么是通过对产业集群发展的历史和现实总结而得出的；要么是从农业产业集群本身所具有的规律性出发，通过理论分析后提升的结果；也可能是在理论和现实启发下，提出有待实践的新模式。首先，作为集群发展模式要具有可行性，只有符合农村区域经济发展规律，能够在一定条件下固化推广，才具有现实意义。其次，不存在所谓的最优集群发展模式，因为模式的存在是基于一定环境条件和机制，模式本身没有好坏差别，关键看是否适应当地农村和农业经济发展环境，只有能够充分发挥当地农业资源优势的集群模式才是好的模式。最后，模式本身也是发展变化的，是一个动态变化的过程，随外部约束条件及内部结构因素的变化，可能使其外延扩大，甚至内涵的延伸或赋予其新的内涵，同时也会不断产生新型发展模式。

一、农业产业集群发展模式分类

从集群的形成和发展方式看，农业产业集群主要有自发形成、政府主导、产业互动主导、农业龙头企业带动等模式。从集群形成和发展过程中的主导因素来看，农业产业集群主要有交易市场、加工企业、农业科技园区等主导模式。从集群的基本结构来看，农业产业集群主要有市场型、中卫型、网络型等模式。从集群内部企业关系来看，农业产业集群主要有意大利式、卫星式、轮轴式等集群模式。农业产业集群发展模式分类见表 5-1。

表 5-1　　　　　　　　农业产业集群发展模式分类

分类依据	主要模式	特　点
形成和发展方式	自发内源型模式	自下而上民间自发形成，依据历史文化、区位优势、自然环境、企业家精神等
	政府主导模式	政府强制性建立和培育
	产业互动主导模式	农业和相关产业或支持性产业相互带动，相互促进
	农业龙头企业带动模式	农业龙头企业带动，实现农业规模化种植、农产品交易市场、相关服务业集聚、农产品加工业集聚
	外资嵌入模式	外商投资建立农业项目，带动农业关联产业发展，形成农产业上中下游一体化的农业产业集群，如福州、漳州台商投资的两岸农业合作实验区
形成和发展主导因素	交易市场主导模式	农产品批发市场处于农业产业集群的中心位置上，企业依赖批发市场生存和发展；集群自下而上产生；市场机制十分完善
	加工企业主导模式	以一家或几家大型农业加工企业为核心，或众多中小型农产品加工企业集聚，带动农业规模化生产
	农业科技园区主导模式	以政府为主导，具有强制和诱导型制度变迁的双层特点；集群创新性较强
集群的结构	市场型模式	群内企业之间的关系以平等市场交易为主，各生产厂商以水平联系来完成产品生产，在这种集群结构中包括众多的农业大、小企业和公共及准公共机构
	中卫型模式	以农业大企业为中心、众多中小企业为外围，企业间关系主要是在产业链上的分工协作，依此组成多层次的外包和再外包网络
	网络型模式	以信息联系为主，而不是以物质联系为主。以共享平台为基础网络联系十分重要
集群企业关系	意大利式集群模式（小城镇产业集群）	众多同类产业和相关产业的农业中小企业集聚在一个城镇，产业特色突出，企业布局集中，以中小农业企业居多
	卫星式集群模式	外来资金带来多个配套企业发展起来的农业产业集群，以中小农业企业居多，依赖外部企业，基于低廉的劳动成本
	轮轴式集群模式	公有企业改制基础上经过繁衍和集聚形成农业产业集群，以大规模的地方农业企业和中小企业为主体

二、交易市场主导模式

(一) 交易市场主导集群的结构与特点

由于农产品本身以及生产和消费方式的特点，决定了农产品，特别是鲜活农产品比较适合于通过批发市场进行交易。我国农产品批发市场自20世纪80年代初出现后，经过自发发展，政府"菜篮子工程"推动下的数量快速扩张，以及90年代中后期注重数量和质量的规范化发展，农产品交易市场体系已经较为完善，全国约有各类农产品交易市场5000家，遍布全国大中小城市、县城和农产品集中产区，构成了连接产地与销区、沟通东中西部，并与国际市场联系不断增强的营销网络，成为我国农产品全国大流通的主渠道。2010年年末，全国亿元以上的农产品综合市场691个，其中以零售为主506个，年交易额16032883万元，以批发为主185个，年交易额38744816万元；全国亿元以上的农产品专业市场981个，其中以零售为主187个，年交易额6023746万元，以批发为主794个，年交易额99908556万元。亿元以上粮油市场109个，年交易额14677318万元；肉禽蛋市场124个，年交易额8135490万元；蔬菜市场295个，年交易额30627041万元；水产品市场150个，年交易额20966288亿元；干鲜果品市场147个，年交易额16821904；棉麻土畜、烟叶市场23个，年交易额4502493万元。2010年全国以批发为主的亿元以上农产品批发市场情况见表5-2。

表5-2 2010年全国以批发为主的亿元以上农产品批发市场情况

子市场类别	市场数量（个）	总摊位数（个）	年末出租摊位数（个）	营业面积（平方米）	成交额（万元）
农产品综合市场	185	188698	165390	11519765	38744816
农产品专业市场	794	508629	456446	38504205	99908556
其中：粮油市场	100	27464	24088	4406148	14176994
肉禽蛋市场	79	22817	20735	2678417	6828091
水产品市场	121	85139	75435	3490514	19581424
蔬菜市场	272	236793	211100	15588411	30101103

续表

子市场类别	市场数量（个）	总摊位数（个）	年末出租摊位数（个）	营业面积（平方米）	成交额（万元）
干鲜果品市场	143	84903	76282	5770448	16627096
棉麻土畜、烟叶市场	22	11865	11576	3348426	4490553
其他农产品市场	55	39648	37230	3221841	8103295

资料来源：2011年《中国商品交易市场年鉴》。

一般而言，当某地区如果出现一定的农村种养殖的集中化或规模化现象之后，为了给这些农产品寻找市场销售出路，一般会出现配套的市场中介服务组织或交易市场，其中形成农产品批发交易市场是一种常见的形式，尤其是以地方特色经济产业为基础的产地型批发市场显示出其强大的生命力与发展潜力。产地农产品批发市场是集农产品商流、物流和信息流的市场平台，农户及其相关企业依靠流通中间商和市场交易平台获取各类农业相关信息，能够更有效开展生产，不断扩大种养殖业规模，从而形成以交易市场为主导的农业产业集群。以交易市场为主导的农业产业集群结构见图5-1，由于集聚地理的约束，实际上图中的上下游组织仅有部分在集群的边界内。

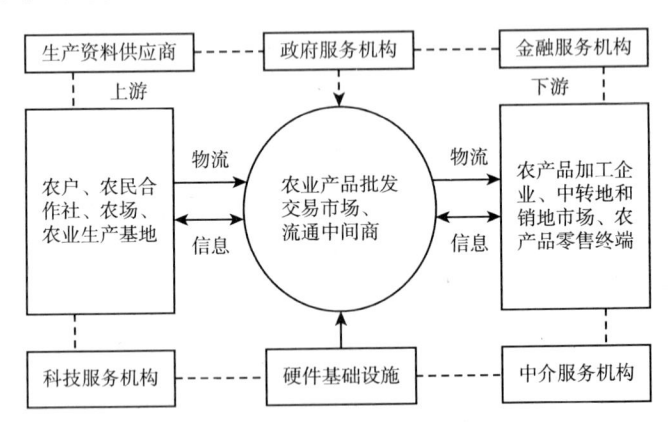

图5-1 以交易市场为主导的农业产业集群结构

以交易市场主导的农业产业集群多数以农产品批发市场作为集群的核心结点，通过批发交易市场的大量流通中间商，把单个农户生产与外部市场连接起来，交易市场是农业产业集群对外物质交换的主要场所和渠道载体。这类集群主要以初级产品为流通对象，在蔬菜、水产、水果、茶叶、中药材等鲜活农产品中较为普遍，如山东金乡大蒜产业集群、安徽砀山梨产业集群、亳州中药材产业集群等都具有明显的交易市场主导特征。这类集群的形成一般是采取自下而上的方式，农产品批发市场为集群生产要素流动、资源优化配置提供了有效平台，集群发展演化的主要动力源于市场自发力量。

（二）交易市场主导集群的优劣势

优势主要表现在：一是批发市场具有强大市场功能，形成的价格和供求关系，使集群内农户和企业可以迅速获得行业发展动态，及时调整生产，不断改进技术和创新产品。二是批发市场强大辐射网络有利于推动农业产业集群规模扩大和外部经济效益，促进农产品商品基地形成和发展，促进"农业区域品牌"的形成，为农户和企业提供共享式的销售网络，专业化和多元化经营产生了明显的范围经济与规模经济。三是农产品批发市场与相关产业形成互动，带动交通运输、通讯、旅游、商业服务和加工业的发展，在80~90年代农产品批发市场曾起到"建一个市场，带动一片产业，搞活一方经济，富裕一方人民"的作用，是农业产业集聚的先行力量。

劣势表现为：一是集群内往往缺乏具有很强的开拓市场、组织生产、综合服务的大型农业龙头企业，农产品加工，特别精深加工相对薄弱。二是批发市场主体多是农户、个体供应商和中小型农业企业，组织化程度较低，主要采取"手对手"交易，相互之间竞争比较激烈，容易形成"柠檬市场"效应，没有创新的良好氛围，集群的创新能力较弱。三是产销联系、契约关系和市场信息成为批发市场与集群内外部网络联系的主要纽带，集群产业链联系相对较弱，甚至导致批发市场成为上下游链条的断裂点。

（三）交易市场主导集群的发展趋势

以交易市场为主导是农业产业集群最基本的一种模式，农产品批发交易市场的发展状况与趋势影响和决定集群发展的方向。我国农产品批发交易市场呈现出以下发展趋势：大中小市场共存，大型化趋势明显；向标准化和绿色化发展；交易方式呈现多元化和现代化；市场多功能化和产业互动化趋势明显；也出现部分市场主导供应链、外向化和市场组团化发展趋势。

1. 集群规模扩大化发展趋势

随着农产品批发交易市场规模扩大和辐射带动能力的增强，集群规模也将呈现扩大发展趋势。通过竞争和整合，一些农产品批发交易市场逐渐发展壮大，成为农业产业集群的主导力量，带动种植和养殖业向更大的规模化发展。如寿光蔬菜批发市场带动当地种植业特别是蔬菜产业快速发展，1993 年寿光蔬菜产值为 124403 万元，2005 年达到 316444 万元，2010 年达到 631518 万元。

2. 集群内外部组织联系不断加强

随着农产品批发市场的功能扩展和不断完善，交易方式开始向多元化发展，在传统"手对手"交易基础上，批发交易市场出现了代理、配送、订单、电子、展贸结合等新型交易方式；通过市场内部竞争整合，出现了更多有实力的中坚批发商，市场集中度提高，市场结构不断优化；通过实行市场准入制度，建立了农产品可追溯体系；通过与基地、农户、龙头企业、零售终端等进行合作，形成与产业链上下游企业间的有效对接，采取订单农业、"批发市场+农产品加工企业"、"批发市场+超市"、"批发市场+配送中心"、"批发市场+基地+合作经济组织"等方式，建立长期稳定的交易合作关系，使集群内外部组织联系不断加强，集群链接变得相对紧密而稳定。

3. 集群向多要素主导方向发展

在农业产业集群发展初期，交易市场主导是鲜活农产品产业集群的主要形式。随着农业产业集群功能延伸和拓展，对鲜活农产品价值的深度加工、开发和利用，出现了龙头加工企业、体验型农家乐旅游等新型主导企业，促进集群从交易市场主导向多要素主导方向发展。

三、加工企业主导模式

（一）加工企业主导集群的结构与特点

经济活动的集聚性表现为规模经济和集群经济，它是由经济本身的趋利性和节约性而导致的。在经济规律的作用下，要素的流向总是趋向于使其增值或提高效率的方向。农产品加工能够较大幅度增加初级农产品的附加值，有效解决农产品的季节性产销矛盾、鲜活农产品时效性和空间物流问题，促进种养殖业生产规模扩大和农村劳动力就地转移。农产品加工产业集群形成机制取决于区域间的差异性和生产要素流动所导致的经济空间集聚①。依托农产品优势产业区，开展农产品加工，延伸农业产业链，是推进农业产业化的重要途径，也是发展农业产业集群的一种主要模式。以加工企业为主导的农业产业集群结构（见图5-2），由于集聚地理的约束，实际上图中供应链上下游组织仅有部分在集群的边界内。

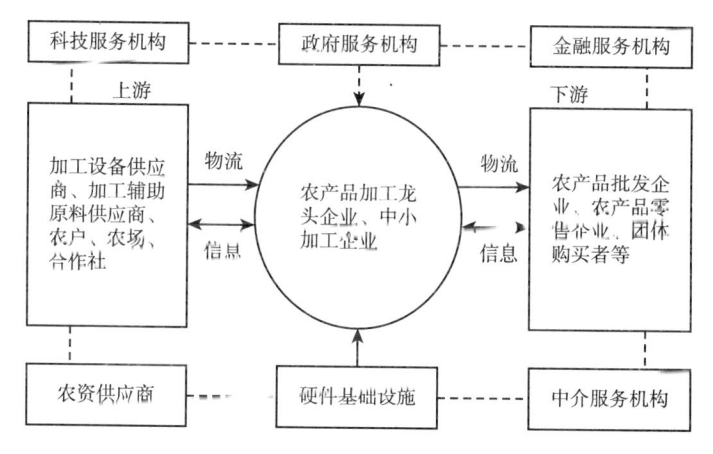

图5-2 以加工企业为主导的农业产业集群结构

以农产品加工企业为主导的农业产业集群，是指以某地区规模化的种植养殖业为基础，以农产品加工企业为核心，发挥农产品加工企业对上下游产业带动作用，实现地区农业产业链的纵向延伸和横向拓宽。这类集群有两种类型：一是以大型农业产业化龙头企业为主导，通过"公司+农户"、"公司+合作组织+农户"等组织形式，建立和完善了企业与基地、农户的利益连接机制，把基地和农户作为"第一生产车间"，与农户结成利益共同体，围绕龙头企业的供应和服务配套，形成了中卫型集群结构，如河南郑州和漯河的肉类产业集群、内蒙古乳业产业集群、广西甘蔗产业集群群等；二是大量中小型农产品加工企业自发形成集聚，没有明显的大型企业主导，农产品加工、生产和流通产业链之间主要通过市场规制方式，属于意大利式市场型集群结构模式，是分布较广和较为常见的农业产业集群形成，如安徽颍上县三十铺三粉产业集群、皖北地区粮食加工产业集群。

---

① 陈会英. 中国农产品加工产业组织理论与策研究 [D]. 山东农业大学博士论文, 2004.

(二) 加工企业主导集群的优劣势

优势主要表现在：一是有利于乡镇企业实现"二次创业"和产业优势整合[1]，打破区域封闭、产业重复、自由无序竞争的状态，充分发挥产业基础优势，充分利用加工优势，发挥集聚效应，促进农产品加工业和农业产业集群区位品牌的形成，对振兴县域或乡镇经济具有较大促进作用。二是有利于延伸农业产业链[2]，能够有效促进农业产业化经营，引导农产品生产集中区配套发展农产品加工、储藏、保鲜、运输和销售业，强化产业的优势互补和配套衔接，引导农民按照加工业要求安排农业生产，实现在生产、流通、加工等各环节的增值，促进农产品区域优化布局和优势农产品生产基地建设。三是有利于增加农民收入，农产品加工增值效果显著，在有效的利益分配机制下，能够提高农民收入，提升农民参与农业产业化经营的积极性，稳固农业产业集群的基础。四是有利于我国农业的国际化经营，形成优势农产品加工出口基地。

劣势主要表现为：一是现阶段我国农产品加工主导集群多以低成本为基础，创新能力弱。特别是农产品中小加工企业主导集群，有许多是厂房简陋、设备陈旧、技术落后的小作坊式企业，规模小、缺乏组织和协调能力，导致集群的无序竞争，影响了集聚经济效应的有效发挥。一些集群企业采取低价竞销、仿冒、偷工减料、降低质量标准等做法，不仅损害了本企业的形象，而且造成了整个集群和区域形象不佳，甚至成为假冒伪劣的代名词。二是处于区域垄断地位的某些大型加工企业，只注重近期效益和自身经济利益，忽视原料基地的重要性，常常向农户和一些小企业转嫁农业风险，尤其是当市场波动较大情况下，少数龙头加工企业经常出现违约或变相违约现象，对农产品压级压价，严重损害了农民的利益，导致集群产业基础不稳。同时，集群农户物欲化倾向和机会主义行为也十分强烈，在农产品畅销或生产顺利时试图摆脱龙头加工企业，从而使集群关系表现出非常大的脆弱性。三是集群中多数中小型农产品加工企业，采取"资源—产品—废弃物"的线性数量型增长模式，大量产业排泄废弃物造成了严重的环境污染。

---

[1] 卢良恕，孙君茂. 新时期的中国农业与农产品加工业 [J]. 中国农业科技导报，2004，6 (2)：3-7.

[2] 农产品加工是农民增收的关键——访农业部副部长刘坚 [N]. 农民日报，2004-02-20.

（三）加工企业主导集群的发展趋势

以加工企业为主导的农业产业集群，形成以农产品加工企业为龙头，通过市场牵龙头，龙头带基地，基地连农户，形成较完整的农业产业链集聚，是农业产业集群最具潜力的发展方向，未来将呈现加速发展的趋势。

1. 集群产业整合和市场结构优化发展趋势

我国乡镇工业发展中的"村村点火、户户冒烟"现象，在农产品加工领域曾经表现十分突出，但是这种分散布局的非集约型发展已经发生了变化。从空间角度，农产品加工企业正在向优势农产品产业区集聚，建立和培育各类农产品加工园区是未来的发展方向。从市场结构角度，通过竞争优胜劣汰和产业重组，实力强的大中型农产品加工龙头企业将会越来越多，市场集中度将会有较大提高，龙头加工企业主导和引领集群发展的作用更加突出。

2. 集群深加工和外向化发展趋势

发达国家深加工（二次以上加工）农产品占80%，而我国只有20%左右。美国玉米深加工量占玉米总加工量已达15%~20%，可加工出2000多种产品，而我国深加工比例仅有9%，只能加工100多个产品。发达国家加工制造食品占食物消费总量的比重大约为80%，而我国不到30%[①]。因此，重视农产品加工增值，实现从简单初级加工向高深精加工转变，由单一产品向系列产品转变，这是加工企业主导型农业产业集群的重要发展方向。另一方面，加工企业主导型农业产业集群具有一定的外向化发展优势，以龙头加工企业为主，加快农业融入全球价值链步伐，培育有国际竞争力的农产品品牌，扩大农产品出口，形成以农业产业集群为依托的农产品加工出口基地。

3. 集群产业联系不断加强趋势

人类社会已经进入到合作竞争的时代，产业集群地理临近和本质特征为集群主体合作创造了更加有利的条件，促进集群产业联系不断强化。集群内各类主体，特别是大量中小加工企业和农户，可以借助集群公共网络平台，共享资源、技术、信息和相关服务，开展研发、生产、渠道等多方面的合作；而龙头加工企业可以利用自身优势，通过创新产业组

---

① 黄飞，熊志东．促进农产品加工产业集群化与城镇化协同发展的政策研究［J］．湖北农村金融研究，2007，(6)：31-35．

织，建立以自己为核心的集群式供应链网络，与集群内外部主体形成全方位、多层次的联系，特别是与农户结为较为稳定的合作共赢关系。

四、农业科技园区主导模式

(一) 农业科技园区主导集群的结构与特点

农业科技园区是我国农业现代化建设中涌现出的一种新型农业发展模式。农业科技园区是依托当地的优势资源和区位条件，以技术密集为主要特征，以科技开发、示范、辐射和推广为主要内容，由企业运作、政府指导、中介和农民参与形成的专业或综合园区。

农业科技园区的建立是以优势农产品产业区或产业带为依托，而这也是农业产业集群发展的基础条件，二者之间存在着相互促进、互动发展的关系。实际上，许多规模较大的农业科技园区本身就是农业产业集群，也是当地农业产业发展的重要增长极。同时，农业科技示范园区，通过科技开发、示范推广等方式，孵化和培育相关农业企业，引领、带动和服务周边地区农业及相关产业发展，促进当地农业的专业化和规模化发展，吸引农产品加工企业、各类相关服务机构等围绕园区空间集聚，从而形成了以农业科技园区为主导的农业产业集群，其结构见图 5-3。

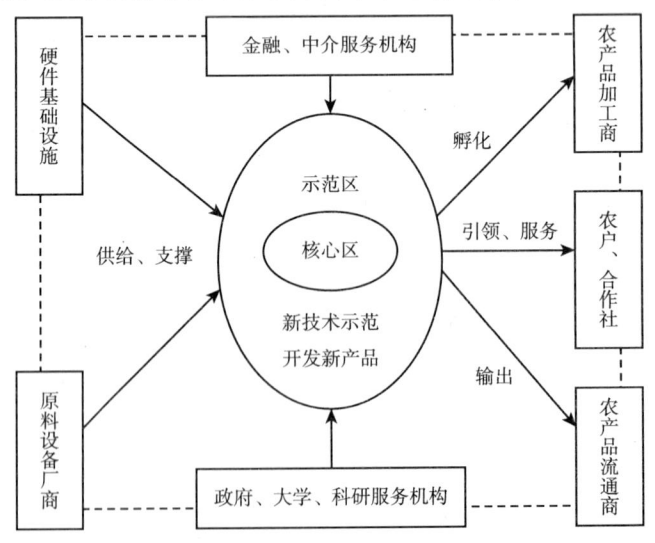

图 5-3 以农业科技园区为主导的农业产业集群结构

我国农业科技园区起始于20世纪80年代，在90年代以后得到了快速发展，目前我国有5000个左右具有一定规模的农业示范园区，2010年已经通过验收的国家级农业科技示范园区38个，如陕西杨凌、山东寿光、河南许昌、湖南望城、广东广州、辽宁阜新等国家农业科技园区。农业科技园区已成为科技成果转化、企业孵化、产业催化、现代农业示范和培训的重要基地，已成为地方政府发展现代农业和新农村建设的重要抓手。

以农业科技园区为主导的农业产业集群具有明显的产业链纵向联系特征。在这类农业产业集群内，根据农业科技园区类型和规模大小，以专业园区或综合园区为核心形成一条或多条产业链，如大连金州国家农业科技园区，园区本身就存在蔬菜产业链、水果产业链、花卉产业链和水产产业链等，并且这些产业链已经进入其辐射的农业产业区域。

以农业科技园区为主导的农业产业集群具有较强的创新性。农业科技园区实质上是一个以现代科技为依托的区域性农业技术引进和创新示范基地，对孵化和培育农业科技企业，培养农业科技人才和提高农业科技素质，用现代农业科技改造传统农业产业，加快农业科技成果的转化，促进科技创新有着十分重要的带动和示范作用。园区的企业集群通过产业链式集群优势进行技术创新，集群创新呈现链式发展的状态①。

以农业科技园区为主导的农业产业集群多数是自上而下形成的，政府在其中发挥着主导性作用，集群演化发展具有强制性和诱导性制度变迁的双层特点。

（二）农业科技园区主导集群的优劣势

优势主要表现：一是有利于农业科技成果的转化与推广应用，通过农业高新技术与常规技术、传统技术相结合，能够促进农业产业集群提高整体科技水平，能够有效调整农产品结构和提高农业综合开发的经济效益。二是这类集群具有强大的孵化器作用，能够孵育出最具市场活力的农业科技型企业，为农业产业集群创新和持续发展提供保障。三是对农业科技与市场信息获得早、反应快，有利于提高农业产业化经营水平。园区可以利用其在"产前"、"产后"方面的独特作用和对市场的

---

① 杨敬华，蒋和平. 农业科技园区集群创新的链式发展模式研究 [J]. 科学管理研究，2005，23 (3)：83-86.

把握，通过一批对地方经济具有明显带动的产业龙头，以经济为纽带组织周边农民参与种植业和养殖业"产中"的生产①，从而有效促进农业产业化发展。

劣势主要表现：一是农业科技园区主导集群往往都是由政府借助外力自上而下推动的，所以群内企业非集群化倾向突出，即企业聚集呈现出脆弱性②，并且容易导致结构趋同，没有特色。二是大学或科研机构是农业科技园区创新的重要外溢来源和科技创新始发性资源的重要供应源，但是他们多数不在农业产业集群的地域范围之中，与城市工业或高科技园区比较，容易导致缺乏有效的"产学研"合作机制，导致创新氛围不够浓厚，创新成本相应较高。三是许多农业科技园区缺乏有效的风险投资机制，没有风险投资机构进入，难以扶持缺乏资金的优秀项目和创业者，从而严重制约了农业领域高技术创新及其成果在农业产业集群中的转化应用。

（三）农业科技园区主导集群的发展趋势

1. 农业科技园区与农业产业集群的互动发展趋势

农业科技园区与农业产业集群具有共同的生存土壤，都是以当地的优势资源和区位条件为基础，以优势农产品区或产业带为依托而形成的。从我国农业科技园区发展实践来看，农业科技园区数量在不断增加，功能在不断拓展，在农业产业化和农业产业集群化发展中的作用在不断增强，有些已经成为农业产业集群的重要组成部分和发展的主导力量。有些农业产业集群在形成初期并没有农业科技园区，但是随着农业产业集群成长，集群发展对农业科技的需求催生了农业科技园区。当然，目前有许多农业产业集群并没有建立农业科技园区，也有许多农业科技园区并不是依托农业产业集群或位于农业产业集群区地理区域内。但是，总体上看，农业科技园区正在从"园区自我循环"向紧密结合当地农业生产实际需要和市场要求的区域农业经济龙头转变，农业科技园区和农业产业集群互动发展趋势明显，农业科技园区主导的农业产业集群是一种新型的具有巨大发展潜力的集群模式。

---

① 蒋和平等．农业科技园的建设理论与模式探索 [M]．北京：气象出版社，2002，(8)：5-8．
② 匡致远．论高新技术产业开发区的产业聚群导向发展 [J]．学术研究，2000，(10)：40-43．

2. 以农业科技园区为核心结点的集群网络联系日益加强

随着农业科技园区和农业产业化、集群化的互动发展，表现出明显的从单一技术服务向多元化服务转变的发展趋势，服务领域涉及农业科技展示、农业科技成果交易、信息咨询服务、人才技术培训、农产品流通和农产品加工等，如有些农业科技园区与现代旅游业相结合，以观光休闲功能为主，形成以生产、生活、生态并重，集采摘、娱乐、饮食、住宿等多种服务为一体的新型产业。同时，也表现出从技术创新向经营创新延伸的发展趋势，其创新领域涉及生产组织创新、服务方式创新、流通市场创新等方面。农业科技园区功能不断拓展，辐射面越来越广，带动的农户数越来越多，科技园区与辐射区域的集群主体之间联系的内容更加丰富，联系的方式更加多样化，联系的密度更加频繁或常态化和制度化，即以农业科技园区为核心结点的集群网络联系日益加强。

3. 农业科技园区示范带动集群发展模式呈现多元化发展趋势

农业科技示范园区带动示范模式主要有：龙头企业带动型的示范模式、"设施农业+企业化运作"型的示范模式、"农业技术推广创新"型的示范模式、"特色农业+龙头企业+专业协会+农户"型的示范模式等[1]。从发展趋势来看，未来在区域农业集成创新示范、区域优势产业示范、以农村科技示范户为代表的农民创业示范、以农产品生产基地为载体的农业标准化生产技术示范等方面，农业科技园区将发挥更大的作用。

4. 农业科技园区的建设和创新主体发生明显变化

在我国农业科技园区主导集群发展的初级阶段，政府积极介入并大力支持是十分必要和重要的；但从长远看，政府逐步从中退出，让民营经济组织在该领域发展壮大，即民营化是未来发展的重要趋势之一。农业科技园区在开始阶段，创新主体主要是高校和科研机构；但是，随着农业科技园区的深入发展，企业日益成为创新主体，大量农业龙头企业同时担当起"孵化器"，形成农业科技示范推广和技术集成的载体[2]。

---

[1] 蒋和平，崔凯．农业科技园区：成效、模式与示范重点 [J]．农业经济问题，2009，(1)：9-14.

[2] 尤飞，蒋和平．农业科技园区推动新农村建设的理论与趋势 [J]．中国农业资源与区划，2009，30（2）：54-58.

五、安徽农业产业集群发展模式

区域农业资源禀赋差异、集群产品类别和生产经营方式等是不同地区选择农业产业集群模式的重要依据。根据主导因素的不同，结合安徽省农业产业集群发展实践，以下主要探讨以交易市场、加工企业、农业科技园区、农业特色服务业、合作经济组织等为主导的五种农业产业集群发展模式。

（一）以交易市场为主导的模式

这种模式中农产品交易市场，特别是产地批发市场处于农业产业集群的中心位置，流通和中介组织比较发达，交易市场成为农户和中小企业从事产品交换以及对外联系的重要渠道。以交易市场为主导集群多数自下而上形成，市场机制相对比较完善。实践表明，通过大型商品交易市场和地方产业集群的紧密联系，实现产业和市场形成的良性互动，是地方经济增长和产业升级的一种有效途径，在特色农产品、鲜活农产品等农业产业集群形成和发展中，交易市场发挥重要作用。

2010年年末，安徽省亿元商品交易市场135个，年末摊位数85502个，总成交额17373192万元。其中，综合性市场42个，成交额6451415万元；专业性市场93个，成交额10921777万元。以批发为主市场88个，成交额15378690万元；以零售为主47个，成交额1994502万元。农产品综合市场24个，年末摊位数15877个，总成交额2332891万元；农产品专业市场31个，年末摊位数10678个，总成交额1665349万元（见表5-3）。这些亿元以上交易市场多数都处于城市或县城，属于中转地或消费地市场，安徽亿元以上产地农产品市场较少，典型代表有：和县皖江蔬菜批发大市场、砀山李庄水果批发市场、霍山茶叶市场、亳州中药材批发市场、固镇县王庄花生市场等，安徽部分农业产业集群产地批发市场（见表5-4）。

表5-3　　2010年年末安徽亿元以上农产品批发交易市场情况

市场类别	市场数量（个）	总摊位数（个）	年末出租摊位数（个）	营业面积（平方米）	成交额（万元）
农产品综合市场	24	16532	15877	478292	2332891
农用生产资料市场	2	172	172	10340	20000
农业生产用具市场	1	811	353	37163	12938
农产品市场	31	12800	10678	1048246	1665349
粮油市场	4	2696	1686	363600	308405
肉禽蛋市场	8	2395	1917	129849	433984
水产品市场	1	260	241	36000	54100
蔬菜市场	9	4103	4039	316200	362424
干鲜果品市场	3	267	267	61247	74032
棉麻土畜、烟叶市场	1	315	315	16850	20618
其他农产品市场	5	2764	2213	124500	392786

资料来源：《中国商品交易市场统计年鉴》，2011年。

表5-4　　安徽部分农业产业集群的产地批发市场

序号	农业产业集群	批发交易市场情况
1	和县蔬菜产业集群	以皖江蔬菜批发市场为龙头，以乌江边贸市场、濮集瓜果市场、沈巷边贸市场等为骨干，与依公路沿线建立的24家产地蔬菜市场，构成了县、乡、村三级市场网络，形成了"大生产、大市场、大流通"的格局
2	蚌埠淮上区无公害蔬菜产业集群	吴小街农产品批发市场、奇湾蔬菜批发市场
3	长丰草莓产业集群	水湖镇、左店乡草莓专业市场
4	固镇西瓜产业集群	石湖西瓜市场、蚌埠蔬菜批发市场
5	芜湖县水产养殖业集群	六郎镇水产品交易中心、陶辛水产品交易市场
6	固镇县花生产业集群	1992年王庄镇建成皖北地区最大的花生交易市场——王庄花生市场
7	亳州市中药材产业集群	中国（亳州）中药材交易中心

续表

序号	农业产业集群	批发交易市场情况
8	叶集木竹产业集群	叶集木材网、大别山木材市场
9	皖南、皖西茶叶产业集群	安徽茶叶交易市场700多个，如皖南的繁昌县峨桥茶叶市场、皖西的霍山县大别山绿色商城
10	砀山水果产业集群（酥梨、苹果、黄桃）	李庄镇皖北水果批发市场、城南北海果业批发市场、惠丰综合批发市场

（二）以加工企业为主导的模式

这类模式有两种类型：一是以一家或几家龙头加工企业为主导，以"公司+基地+农户"、"公司+协会+农户"或"订单农业"等方式形成产、加、销一条龙的农业产业集群。如亳州酿酒产业集群，以古井集团为龙头，带动周边地区发展白酒酿造原料农产品的生产与加工；以詹氏食品有限公司、山里仁公司、林佳公司等32家加工企业为主导的宁国山核桃产业集群；以迎驾集团为龙头的霍山酿造食品产业集群。另一类是依托区域农业优势产品，大量中小型加工企业形成空间集聚，如临泉县脱水蔬菜产业集群、颍上县三十铺三粉产业集群、怀宁县马庙板材加工产业集群。安徽部分农业产业集群的农业产业化龙头企业见表5-5。

表5-5　安徽部分农业产业集群的农业产业化龙头企业

序号	农业产业集群	农业产业化龙头企业
1	涡阳苔干产业集群	义门苔干公司、中原皖港贡菜股份有限责任公司
2	亳州白酒产业集群	以古井集团为龙头的古井镇白酒产业集群，拥有80余家白酒生产企业；以双轮集团为龙头的高炉白酒产业集群，拥有40余家白酒生产企业
3	临泉县瓦店镇山羊产业集群	中国安徽山羊集团是集山羊养殖、交易、吊宰、加工、冷藏、销售、运输为一体的农业产业化国家重点龙头企业
4	肥东县食品产业集群	有国家农业产业化重点龙头企业6家、省农业产业化龙头企业7家、市农业产业化龙头企业18家
5	亳州市现代中药产业集群	安徽井泉企业集团有限公司、井泉集团安徽济人药业有限责任公司、安徽华佗国药股份有限公司、亳州千草药业饮片厂、北京同仁堂（亳州）饮片有限公司

续表

序号	农业产业集群	农业产业化龙头企业
6	宣城竹业产业集群（宁国、广德）	以亚普、搏亚、键宁、宏宇、宏泰、晨辉、龙达、青峰、中集等公司为骨干形成了竹板材加工产业集群，以高峰、顺达、永国、晨阳、明德、长顺、三元竹雕等公司为骨干形成了竹家具、竹工艺品加工产业集群；宁国恒达、广德盛达活性炭等公司骨干形成了以竹化工产业集群；以山里仁、詹氏、千秋、仙霞、志云、山里佬、皖灵工贸等公司为骨干形成了竹产品加工产业集群
7	望江县棉花纺织产业集群	白云棉业、中棉种业、京华纺织、亮亮纺织、望宇纺织、江通纺织
8	六安桑蚕丝绸产业集群	安徽源牌实业（集团）有限责任公司、安徽龙华集团、宏宇集团（金寨）丝绸有限公司、安徽金寨金燕桑茧丝绸有限公司、安徽三利丝绸集团有限责任公司、六安市太平丝棉有限公司
9	阜阳蚕桑丝绸产业集群	阜阳京九丝绸集团为综合性省级龙头茧丝绸企业
10	安徽茶叶产业集群	安徽天方茶业集团、安徽六安瓜片茶业股份有限公司、黄山谢裕大茶叶股份有限公司、安徽一笑堂茶叶有限公司、安徽正韵庄茶业有限公司、黄山市猴坑茶业有限公司、安徽大业茗丰茶叶有限公司、安徽国润茶业有限公司、金寨名优茶开发有限责任公司、安徽省霍山县圣茗茶叶有限公司、安徽舒绿茶业有限公司、安徽省六安市大山茶厂、金寨县齐山六安瓜片有限公司、歙县江满田茶业有限公司、黄山茶业有限公司、薇薇茶业有限公司、翰林茶业公司、安徽兰香茶业公司、泾县涌溪火青茶叶公司
11	砀山水果产业集群	安徽丰原梨业砀山有限公司、熙可食品（安徽）有限公司、安徽砀山海升果业有限责任公司、北京汇源集团、宿州科技食品有限公司、砀山欣诚食品有限公司、砀山倍佳福食品有限公司、砀山隆泰果业有限公司、安徽省砀山兴达罐业食品有限公司
12	宁国山核桃产业集群	宁国市詹氏天然食品有限公司、宁国山里仁食品有限责任公司
13	怀远石榴产业集群	成果石榴酒酿造有限公司、乳泉石榴酒有限公司
14	宣城家禽产业集群	和威集团、太阳禽业集团、安徽华卫集团、立大禽业和荣达禽业
15	蒙城县畜牧产业集群	京徽蒙农业科技发展有限公司、南京雨润集团公司、蒙城县东升食品有限公司、九州食品有限公司

（三）以农业科技园区为主导的模式

这种模式以地方政府为主导，具有强制性和诱致性制度变迁的双重特点，创新性较强。如合肥现代农业科技示范园、池州青阳县蚕桑基地示范园和宿州市农业科技园区等。

1. 安徽农业科技园区发展迅速，但辐射带动效应较弱

安徽省农业科技园区发展起始于 90 年代后期，2002 年批准桐城农业科技示范园区等 23 个园区为省级农业科技园区，2008 年安徽省农委制定并印发了《安徽省现代农业科技示范园区管理办法》，授予铜陵市新桥高科技农业示范园等 29 个园区为省级现代农业科技示范园区，2010 年省级农业科技示范园区扩大 75 个，分五大类：大宗农作物类 9 个，生态观光类 5 个，特色经济类 31 个，畜禽养殖类 16 个，渔业类 14 个（见表 5－6）。同时，一些市县也建立农业科技示范园区，如合肥市 2007 年有农业科技园区 21 个，2010 年合肥市农委、合肥市科技局授予合肥振东农业科技示范园等 29 个园区为市级农业科技示范园。尽管近年来安徽农业科技园区发展迅速，但是除少数农业科技园区以外，多数功能相对单一，辐射区域小，示范带动作用弱。

表 5－6　　　　　　2010 年安徽省级农业科技示范园区

一、大宗作物类（9 个）	安徽省绩溪五蜂园农业科技示范园
宿州市农业科技示范园	繁昌县冷水湖生态科技园有限责任公司
广德县现代农业科技示范园	三、特色经济类（31 个）
庐江农业科技示范园发展有限公司	和县蔬菜科技示范园
桐城农业科技示范园	淮北市相山区寇湾农业科技示范园
枞阳县新少圩农业科技示范园	长丰县农业技术推广中心草莓科技示范园
安徽恒进农业发展有限公司	舒城县舒丰现代农业科技示范园
寿县迎河镇现代农业示范园	怀宁县平安生态农业开发有限公司农业科技示范园
马鞍山神农种业有限责任公司	肥东县丰宝生态农业示范园
安徽省绿雨农业有限责任公司	铜陵白姜科技示范园
二、生态观光类（5 个）	怀宁县天泰农业发展有限公司科技示范园
宁国市恩龙生态农业科技示范园	六安市奥林园艺科技示范园
蚌埠市禾泉绿色农业发展有限责任公司	亳州市中药材高科技示范园
肥东县白马山果园场科技示范园	肥东建华农业合作社水生蔬菜种植基地

续表

青阳县酉华乡蚕业农民专业合作社	淮南市梅玲牧业有限公司
泗县虹乡蔬菜现代农业科技示范园	安徽老山区绿色食品开发有限公司
芜湖欧标农业科技示范园	阜阳市牧旺牧业肉鸡养殖科技示范园
安徽茂生香草有限公司	颍东区绿迪特种动物养殖科技示范园
临泉县早春甜农产品种植专业合作社	霍山县三缘牧业有限公司
安庆市迎江区现代农业示范园	安徽宏祥农业科技开发有限公司
安徽中徽茶业专业合作社	歙县连大生态农业科技有限公司
仙姑山现代农业科技示范园	安徽省安泰种猪育种有限公司良种繁育科技示范园
肥西县高刘镇无公害大蒜生产推广示范园	怀宁县尚寅禽业肉鸡饲养科技示范园
五河县长淮园艺场	繁昌县龙腾生态科技示范园
潜山县彭河幸福茶场塔畈茶叶农业科技示范园	安徽皖南竹乡土特产产销专业合作社
铜陵新桥高科技现代农业示范园	五、渔业类（14个）
凤台县茨淮新河八一林牧场	舒城县万佛湖渔业科技示范园
凤台县小麦原种场现代农业科技示范园	池州市秋浦特种水产开发有限公司
淮南市中润菇业有限公司	淮南市窑河渔业科技示范园
池州市华丽现代农业科技示范园	肥东县长临渔场水产科技示范园
淮南景氏农业科技示范园	无为县小老海长江特种水产有限公司
青阳县绿缘蔬菜科技示范园	池州华威现代农业示范园有限责任公司
东至县江南农业科技有限公司	皖宜季牛水产养殖公司破罡湖渔业科技示范园
池州家家农业科技发展有限公司	青阳县皖江特种养殖有限公司
四、畜禽养殖类（16个）	马鞍山市塘南水产科技示范园
安徽太阳禽业有限公司农业科技园	芜湖有贤生态龟鳖养殖科技示范园
合肥博大牧业科技开发有限责任公司	望江县武昌湖现代渔业科技示范园区
宣城市立大禽业有限公司	宿松县泊湖现代渔业科技示范园
安徽安泰农业开发有限责任公司	淮南市焦岗湖现代农业科技示范园
安徽大别山生态养殖有限责任公司	凤台县鱼苗场现代农业科技示范园

2. 部分农业科技示范园区已经成为农业产业集群发展的主导性组织

农业科技园区对安徽各地农业的产业化、现代化和集群化发展具有重要推动作用,如宿州国家级农业科技示范园有力促进了皖北地区的水果产业集群、蔬菜产业集群、养殖业集群发展。宿州国家级农业科技示范园因地制宜建立起了五个优势产业区：在砀山县建立了优质水果优势产业区；在萧县建立了优质粮食优势产业区；在埇桥区建立了优质瓜菜优势产业区；在灵璧县建立了优质畜禽优势产业区；在泗县建立了脱毒甘薯优势产业区。具有典型代表的安徽部分农业产业集群与其相关的农业科技示范园区见表5-7。

表5-7 安徽部分农业产业集群与其相关的农业科技示范园区

序号	农业产业集群或雏形	科技园区或示范区
1	砀山水果产业集群,埇桥区建优质瓜菜优势产业区,灵璧县优质畜禽优势产业区,泗县脱毒甘薯优势产业区	宿州国家农业科技示范园区
2	铜陵白姜产业集群	铜陵新桥高科技现代农业示范园区、铜陵白姜科技示范园区
3	长丰县草莓产业集群	长丰县农业技术推广中心草莓科技示范园、长丰县向东草莓示范园、长丰县丰扬草莓瓜果示范园、长丰县会明草莓示范园
4	亳州中药材产业集群	亳州市中药材高科技示范园
5	和县蔬菜产业集群	和县蔬菜科技园区
6	宣城家禽产业集群	安徽太阳禽业有限公司农业科技园、宁国市恩龙生态农业科技示范园、宣城市立大禽业有限公司
7	安徽（皖南、皖西）茶叶产业集群	歙县兴农科技园、安徽中徽茶业专业合作社（泾县）、潜山县彭河幸福茶场塔畈茶叶农业科技示范园、池州梅村乡生态茶叶科技示范园、安徽六安金寨县茅坪茶叶高科示范园、池州唐田生态农业科技示范园
8	皖西白鹅产业集群	安徽省皖西白鹅原种场、六安国家级皖西白鹅种草养鹅标准化示范区
9	蚌埠淮上区无公害蔬菜产业集群	安徽绿雨农业有限责任公司
10	淮北市郊蔬菜产业集群	淮北相山区寇湾农业科技园区

(四) 以农业特色服务业为主导的模式

这种模式以区域乡村旅游、农业体验劳动等形式为主要内容，是新兴的农村第三产业，如马鞍山当涂县护河镇桃花旅游基地、蚌埠市怀远县禾泉农庄的石榴采摘体验等都属于这种模式。安徽省农家乐旅游类型多样，有以黄山区芙蓉观光农业开发实验区、休宁县农业高科技示范园、贵池农业科技示范园等为代表的现代农业科技型；以徽州区蜀源生态旅游区、歙县上丰花果山村落生态旅游区、太湖县花亭湖、颍上县八里河等为代表的农村度假型；以合肥大汗农家乐旅游观光园、芜湖老梁山庄、肥西三岗农业旅游等为代表的农家庄园型；以泾县查济古村落为代表的民俗风情型。

到 2007 年，安徽观光农业全省累计创建 43 个国家级观光农业示范点、21 个最佳旅游乡镇、50 个优秀旅游乡镇、53 个旅游乡镇。2009 年底，全省先后授予 35 个县（市、区）为旅游经济强县或旅游经济强县创建工作先进单位称号；命名最佳旅游乡镇 49 家，优秀旅游乡镇 133 家，旅游乡镇 66 家；农家乐示范点 124 家，评选出全省星级农家乐 583 家，其中五星级农家乐 30 家、四星级农家乐 75 家。安徽省部分农业观光（农家乐）旅游见表 5-8。

表 5-8　　　安徽部分农业观光旅游（农家乐）集群

序号	农业产业集群或雏形	农业观光旅游（农家乐）项目
1	当涂县农业旅游产业集群 （护河镇桃树连片生产基地）	马鞍山市经营农家旅游的有 100 多户，大部分集中在当涂县和花山区；已命名的市级农家乐旅游示范区（点、户）23 个，省级农家乐旅游示范点 5 个，国家级农业旅游示范点 1 个；当涂县护河镇园艺村是安徽省最大的桃树连片生产基地
2	肥西县农家乐旅游产业集群（乡村旅游集群）	以紫蓬、三河镇为核心发展回归自然、体验农味、休闲观光、餐饮娱乐的农家乐产业，构建产业集群，该区域已集聚了 46 家省市级旅游农业点，如肥西县紫蓬山庄、肥西县喜洋洋生态农庄、肥西县老母鸡家园、肥西县鱼丰山庄农家乐、肥西县梨园春等安徽省农家乐旅游示范点

续表

序号	农业产业集群或雏形	农业观光旅游（农家乐）项目
3	广德农家乐旅游产业集群	2007年12月，全县发展具有一定规模的"农家乐"景点如木子山庄、建农山庄、四季山庄、竹海人家和笄山竹海等共50余家，其中省级"农家乐"示范点3家；广德县东亭乡明江山庄、广德县卢村乡竹海农庄、广德县建新山庄、广德县杨家冲农家山庄等为安徽省农家乐旅游示范点
4	黄山市农家乐旅游产业集群	徽州区黄山三友农家乐旅游点、屯溪区山岙儿农庄、黄山区龙门乡入翠村叶老根山庄、黄山区焦村镇八妹土菜馆、黄山区甘棠镇庄里村、黄山区谭家桥镇三姐人家、祁门县历口镇湘东村、歙县凤凰湾生态农庄、休宁县海阳镇盐铺村、休宁县商山乡黄村村、黟县碧阳镇深冲村、黟县五里村等为安徽省农家乐旅游示范点
5	六安市农家乐旅游产业集群	金安区毛坦厂镇三潭酒家、裕安区独山镇招客饮农家乐、裕安区青山乡农家大院独一处江源饭店、霍山县堆谷山龙馨农家乐、霍山县堆谷山心愿农家乐、金寨县天堂寨镇南河村农家乐、金寨县燕子河镇树林村农家乐、金寨县梅山镇新河村农家乐等为安徽省农家乐旅游示范点

（五）以合作经济组织（中介服务）为主导的模式

1. 农村合作组织既是农业产业集群的关键主体，也是农业产业集群网络的"黏合剂"

集群内部结构是一种网络形式，而在集群创新网络中发挥"黏合"作用的就是中介组织。波特认为，相对于其他类型的集群，在农业、旅游业、餐饮业等以中小企业为主的产业集群中，中介组织的功能更为重要。张洪吉等（2008）认为农业产业集群的形成过程，即是关键组织或个人在不同环境背景下对各种作用因素的可能反应，衍生新企业或吸引、带动相关企业和机构聚集的过程。但是，关键组织或个人是谁？笔者认为主要就是农民、合作经济组织和农业龙头企业，特别是农村能人和专业大户是许多农业产业集群形成或初期发展的主导力量。农业产业集群的中介组织特别是合作经济组织①，能够有效地沟通农户、企业、政府、研究机构、金融组织之间的关系，对集群网络具有较强的"黏合"作用。

2. 安徽部分农业产业集群合作经济组织情况

安徽省2006年确立了围绕"一村一品"兴办合作经济组织，办好合作经济组织推进"一村一品"的发展战略，建设一批特色示范村（乡），培育一批在国内外有一定竞争力的特色名牌农产品（安徽省"一村一品"专业示范村，见第七章表7-2）。

农业生产组织化问题，表现出很强的地理或区域特征，生产的地理集中能够加速农业生产的组织化，农业生产集中能够进一步加快地理集中。而合作经济组织的地域性很强，能够提高农业生产的组织化程度，促进生产地理集中。对安徽农业产业集群调查发现，以种养殖业为基础的农业产业集群多数都存在一定数量的农村合作经济组织，并且越是发展较好的农业产业集群，农民合作组织数量越多、规范性越好，尤其对时效性较强的农业产业集群表现更为明显，农业产业集群与合作经济组织呈现互动发展的新格局。安徽部分农业产业集群合作经济组织情况见表5-9。

表5-9　　　　安徽部分农业产业集群合作经济组织情况

序号	农业产业集群	合作经济组织情况
1	岳西茭白产业集群	2006年，岳西全县已有各类茭白专业经济组织57个，如岳西县石关乡涓水高山蔬菜合作社、主簿镇兴农有机农业协会、岳西县富源茭白专业合作社
2	蚌埠淮上区无公害蔬菜产业集群	梅桥大青豆农民专业合作社、裔湾生态蔬菜农民合作社、卢小庙蔬菜农民专业合作社
3	长丰草莓产业集群	长丰县丰扬草莓瓜果专业合作社、长丰县兴丰草莓生产专业合作社
4	太和中药材加工产业集群	太和县李兴中药材（桔梗）协会、太和县双庙镇兴达中药材种植专业合作社

---

① 李志刚等（2006）认为农村产业集群中的中介组织超越了农村合作经济组织的范畴，包括政府组织的农业园区、各类事业型公共服务机构、企业性质的商业性服务机构，也包括了协会、学会、民营非企业机构等社团组织。他们对合肥市郊三县中介组织发展状况进行调研，认为中介组织对集群内企业网络的"黏合"作用已经开始显现，在沟通农户、企业、政府、研究机构、金融组织之间的关系时发挥了积极作用。

续表

序号	农业产业集群	合作经济组织情况
5	叶集木竹产业集群	叶集木竹产业协会
6	芜湖县水产养殖业集群	芜湖县水产专业协会达19个,尤其是芜湖县青虾协会、芜湖县中华绒螯蟹产业化养殖协会、方村镇幼蚌繁育协会等具有较强示范带动作用
7	皖西皖南茶叶产业集群	安徽茶叶合作组织200多家,主要有农民自发组织的茶叶专业合作社和由龙头企业主导形成的茶叶专业合作社。霍山县10多个重点产茶乡镇组建茶农协会、茶叶合作社20个,其中霍山县三河茶叶合作社被授予"省级示范合作社"。岳西县有茶叶协会179个,茶叶专业合作社10家。绩溪县有茶叶专业合作社（包括茶叶机械合作社）总计10家,泾县有专业合作社13家 泾县百户坑野生茶叶专业合作社、泾县椰桥涌溪火青茶叶专业合作社、金寨齐山有机茶专业合作社、旌德县俞村乡雾岭香芽茶叶专业合作社、郎溪县凤凰山茶叶专业合作社、泾县绿源有机茶专业合作社、黄山市汪满田茶叶专业合作社、歙县云谷茶叶专业合作社、黄山区三合村猴魁茶专业合作社、金寨县叶里青茶叶专业合作社、休宁县荣山茶叶合作社、祁门迎客松红茶专业合作社、休宁县新安源茶叶农民合作社、安徽中徽茶业专业合作社、桐城市杨头有机茶专业合作社等为规范化农民专业合作社
8	砀山水果产业集群（酥梨、苹果、黄桃）	2007年,该集群内有8000多名农民经纪人、226个农民合作经济组织、1个县级水果协会、13个乡镇级水果协会、119个村级水果协会；2009年水果专业合作社达433家,其中砀山县唐寨水果专业合作社、砀山县酥源果蔬农民专业合作社等为省级龙头企业,砀山县利华水果专业合作社、砀山县宏远水果专业合作社、砀山县双赢水果专业合作社等为省级先进规范合作社
9	宣城家禽产业集群	宁国市燕山鸭业专业合作社、广德县利农禽业专业合作社、宣城市水东众信养鸡专业合作社、宁国市向东畜禽专业合作社、宁国市港口华喜养鸡专业合作社、泾县明川生态养殖专业合作社、宁国市兴农养禽专业合作社

续表

序号	农业产业集群	合作经济组织情况
10	安徽桑蚕丝绸产业集群	2005年前安徽全省有各类桑蚕合作组织16个，2005年达24个，2006年增加到45个，2007年7月达51个；2008年，安徽省有蚕桑专业合作经济组织91个，其中协会35个，专业合作社47个（含不规范的在内），其他提供技术、信息等服务的联合组织9个，参加农户约31万户；潜山县槎水蚕桑专业合作社、黟县碧东漳溪蚕桑专业合作社、泾县桃花潭新川蚕业合作社、青阳县庙前星星蚕业合作社、太湖县蚕业合作社等规范化程度高，发展良好

上述只是基于单一主导要素的几种典型发展模式。实际上，农业产业集群发展是多要素相互影响、相互作用的结果。在农业产业集群发展的不同时期，可能主导要素不同，比如一些集群开始是由农产品批发市场主导，而后来龙头加工企业成为更重要的主导要素；也可能从单一主导要素变为多要素主导，形成多主导要素耦合集群模式，如"龙头企业＋农民合作社"、"交易市场＋龙头企业"的双要素主导模式。对安徽农业产业集群实例研究发现，以龙头企业、交易市场、合作经济组织等形成的二元或三元主导要素耦合集群发展模式正在成为发展的新趋势，如茶叶产业集群的"龙头企业（或交易市场）＋农民专业合作社"发展模式、桑蚕丝绸产业集群"龙头企业＋农民专业合作社（或协会）"发展模式、蔬菜和水果产业集群的"交易市场＋龙头企业"发展模式等。

第六章

创新体系与创新机制

　　创新是产业集群持续发展的动力源泉，是防范产业集群"柠檬市场"效应、促进产业集群升级的重要途径。熊彼特曾提请人们注意创新具有在时空成簇发生、趋于集群的特征。欧洲区域创新环境研究小组把产业的空间集聚现象同创新活动联系到一起，强调域内创新主体的集体效率和创新行为的协同作用，认为集群区内存在良好的创新环境特质。波特认为企业群落能够提高群落内企业的持续创新能力，并日益成为创新的中心（Porter，1998）。产业集群有利于加强知识的积累和学习，加快知识和技术的扩散，降低创新的风险，塑造了一种创新的环境。与群外单个企业创新不同，中小企业集群通过创新文化、集群竞争效应、创新收益、市场需求和创新积累等对创新产生了强大的推动力①。把产业集群创新理论应用到农业产业集群，可以得到两个基本观点：一是与非集群区域相比，农业产业集群创新资源的空间接近和有机联系有利于形成良好的农业创新氛围；二是许多农业产业集群形成和发展是农业创新影响的结果，创新是农业产业集群结构优化升级的重要途径，是农业产业集群持续发展的动力。

一、农业产业集群创新体系

1. 农业产业集群创新的内涵

　　刘友金（2002）认为中小企业集群式创新是指以专业化分工和协作为基础的同一产业或相关产业的中小企业，通过地理位置上的集中或

---

① 鲁若愚，徐强．中小企业集群创新动因研究 [J]．科技管理研究，2003，(3)

靠近，产生创新聚集效应，从而获得创新优势的一种创新组织形式[1][2]，但是刘友金的集群式创新主要是指技术创新，其研究也主要是针对工业和高科技产业集群。笔者曾对商业中小企业创新进行研究，认为商业中小企业集群创新是商业中小企业通过集群优势进行的商业创新，是商业中小企业和商业产业的一种创新组织形式。它具有以下含义：

（1）商业中小企业集群创新是商业中小企业创新的一种群体行为，它强调集群中商业企业之间互动以及在商业创新上的分工与合作。

（2）商业中小企业集群创新并不仅仅是商业技术创新，它与工业和高科技产业集群创新的重点不同，更加强调借助集群优势开展商业理念创新、商业制度创新、商业组织创新、商业管理创新、商业经营方式创新等。

（3）商业中小企业集群创新，强调与相关产业的关联企业或团体组织之间的协作，以及供应链上下游企业之间的合作，重在建立以商业集群为基地，以商业中小企业为创新主体，以相关的商业科研为依托的区域商业集群创新网络体系[3]。

农业产业集群创新是以农户和农业合作经济组织为基础，以农业企业为主导，以科研院校为后盾，通过农业产业集群优势进行农业创新，是具有地方网络特征的一种新型农业创新组织形式。从本质上看，农业产业集群创新属于集群式创新，强调创新的群体行为，强调创新资源的共享，强调基于集群网络关系、集群网络平台基础上的创新分工与合作。

2. 农业产业集群创新的主体及网络体系

从创新主体的角度，农业产业集群创新体系主要涉及五大创新行为主体：

（1）农户、合作组织和农业企业是集群创新的核心主体，它们在购销渠道、客户资源、价格和服务质量等方面竞争激烈，因此具有创新的动力；同时，单个创新主体往往只具有较少的或某一方面的创新优势，需要进行相互合作，形成创新互动机制，实现合作创新多赢。

---

[1] 刘友金. 集群式创新与外规模经济 [J]. 求索, 2002, (6): 29.
[2] 刘友金. 论集群式创新的组织模式 [J]. 中国软科学, 2002, (2): 74.
[3] 武云亮, 唐敏. 我国中小商业企业集群创新研究 [J]. 经济管理, 2007, (20)

（2）政府及有关管理部门，它们能够创造促进集群创新的制度和政策环境，是推动农业产业集群创新的重要力量，如制定促进利用信息技术和现代实用技术改造传统农业的政策，提供农业基础设施等公共资源，支持农业领域的教育培训与科研开发，支持对农业公共技术的研究等。

（3）学校与科研机构，它们是农业产业集群创新网络中知识和技术的源头。

（4）金融支持机构，能够在农业创新，特别是风险创新等方面提供的金融支持，特别是农户、合作组织和中小农业企业常常受到资金的限制，需要金融支持才能实现企业创新思想。

（5）农业咨询中介机构，包括各类信息咨询服务公司、行业协会等，它们在加速集群内部各种信息的传递，沟通和协调企业之间、企业与政府之间的关系，在建立集群创新必需的信用机制等方面发挥着重要作用。由于上述各类主体通过竞争与协作，在创新活动中形成相互联系、相互作用的有机整体，构成了农业产业集群的创新网络体系（见图6-1）。

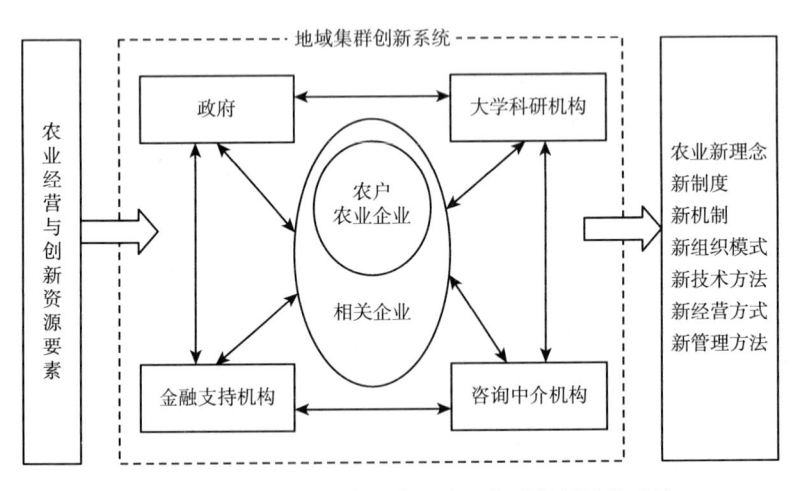

图6-1 基于主体要素的农业产业集群创新网络系统

3. 农业产业集群创新的层级体系

从集群组织和创新合作的角度，笔者把农业产业集群创新分为三个层级（见图6-2）。

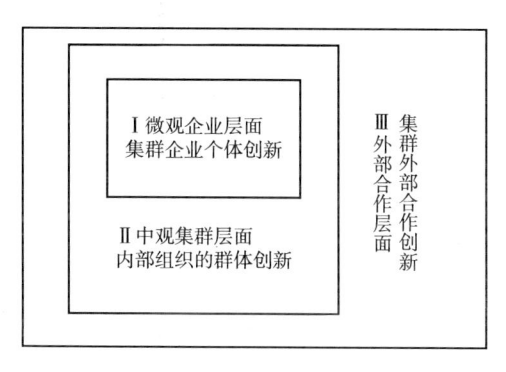

图 6-2 农业产业集群创新的层级体系

（1）以农户和农业企业个体创新为特征的创新，可以看作是微观层面、企业层次创新，它是农业产业集群创新的微观基础。其中作为创新主体之一的农村能人大户和农村乡土技术创新，对处于发展初期的我国农业产业集群创新具有不可忽视的作用；而龙头企业技术和组织模式创新对我国农业产业集群发展更为重要。

（2）以集群内部各类组织创新合作为特征的群体创新，可以看作是产业层面、中观层次创新，它是农业产业集群创新的本质和精髓。主要是集群内各类行为主体，围绕农业生产经营活动，各自利用自身的优势，在其俱乐部式文化、信任机制和行业协会等作用下，形成群体合作式创新的氛围，特别是以互补性为主的合作创新。其中，以政府为主导建立公共的技术信息服务平台是促进合作创新的重要途径。

（3）以集群内领先中小企业、集群投资主体或管理组织与外部客户或科研单位合作为特征的创新，它是从更大范围来考察的创新，甚至超出了地域集群创新系统，但是这种外部合作创新是提升农业产业集群创新能力的重要形式。加强与外部创新知识源头的科研院所合作，把农业产业集群变为大学、科研单位教学、科研和创新的实验基地，实现双向互动，将有助于农业产业集群的持续创新，其中，以农业基地为依托的产学研互动创新是农业产业集群发展值得大力推进的创新模式。

4. 农业产业集群创新的主要内容

从创新客体的角度，农业产业集群创新的内容非常广泛，主要包括以下五个方面：

（1）农业产业集群技术创新，包括生产加工流通技术、技术传播服务体系等方面创新和技术扩散。以企业为主导的农业技术创新主体相对匮乏，是制约现代农业发展的重要因素。以集群为依托，建立农业区域技术创新网络，培育多元化技术创新主体，鼓励通过合作提升技术创新效率，有利于促进农业产业集群发展和地方农业产业升级。

（2）农业产业集群流通创新，如交易方式、物流模式等方面的创新。流通创新是最能激发农业市场活力的一种创新，通过采取现代交易方式和物流模式，借助集群市场平台，不但可以节约交易成本和物流费用，而且可以拓展市场功能，促进形成新的市场渠道，扩大农业产业集群的市场规模，加快农业产业集群成长。

（3）农业产业集群生产方式创新，包括采取订单生产、标准化生产、工厂化生产、生态旅游观光等新型生产方式。由于农业产业集群生产规模大，生产要素相对集中，有利于农业生产模式创新。应依托农业产业集群，改变传统农业生产理念，以市场为导向进行生产，如采取订单生产方式；把工业生产的理念引入到农业领域，推进农业标准化生产，发展设施农业或工厂化农业；以大农业理念为指导，把农业生产与产前、产后结合起来，与关联产业结合起来，注重扩展农业服务功能，如发展农业休闲观光旅游等。

（4）农业产业集群组织模式创新，包括采取合作经济组织、"公司＋农户"、"公司＋合作组织＋农户"、"超市＋基地＋农户"、"农业科技园区＋基地＋农户"等新型组织模式。农村家庭联产承包责任制的"一家一户"组织模式，是改革开放后我国农业发展的一次巨大变革，带动了农业和农村经济蓬勃发展。但是，随着农业发展和农业产业化进程的推进，农业产业组织模式也在不断变化，出现了"公司＋农户"、"公司＋基地＋农户"等新型组织形式，特别是近年来农民专业合作经济组织发展可能带来我国农业领域中的第二次组织革命。农业产业集群本身就是一种新型产业空间组织模式，以农业产业集群为依托，以农业产业链纵横向联系为基础，创新农业产业组织模式对提高农业产业集群运行效率、提高农民收益等方面有较大的作用。

（5）农业产业集群制度创新，包括投入机制、扶持政策、分配机制、土地流转方式等制度创新。制度创新是农业产业集群发展的重要保障，通过制度创新，如对农业产业区或集群倾斜投入、加快农村土地流转、农村人力资源开发与扶持等制度，有利于形成农业产业集群发展的良好环境。

坚持不断开展农业生产经营模式、组织、技术、制度等方面创新及有效融合，建立协同创新的复合创新系统，对加速农业产业集群成长和升级具有极其重要的作用。农业产业集群发展不同阶段创新重点不同，如发展初期集群生产方式和组织模式创新相对重要，但持续成长期的市场和技术创新则更加重要。由于农业产业集群创新内容较多，限于篇幅和精力，以下重点分析农业产业集群技术创新的网络、模式和机制。

二、农业产业集群技术创新网络

自20世纪80年代以来，技术创新过程中涉及的企业之间以及个人之间的联系形成的网络（Network）受到高度重视。经济学、社会学、产业组织学等学科从不同角度对技术创新网络进行了许多理论和实证研究。研究认为，随着技术进步速度的加快以及竞争加剧等外部环境的推动，外部的联系对企业的技术创新越来越重要，这些联系形成企业的技术创新网络。

按照Olaf Arndt和Rolf Sternberg（2000）的定义，技术创新网络被看作不同的创新参与者（企业、机构和创新导向服务供应者）的协同群体①。他们共同参加新产品的形成、开发、生产和销售过程，共同参与创新的开发与扩散，通过交互作用建立科学、技术、市场之间的直接和间接、互惠和灵活的关系，参与者之间的这种联系可以通过正式合约或非正式安排形成，而且网络形成的整体创新能力大于个体创新能力之和，即网络具有协同特征。

技术创新的研究表明，技术创新的过程中受许多因素的影响，由于这种复杂性，企业不可能完全孤立地进行创新。为了追求创新，他们不得不与其他组织产生联系，来获得发展以及交换各种知识、信息和其他资源，这些组织可能是其他企业（如供应商、客户、竞争者），但也可能是大学、研究机构、金融机构、政府部门，等等。通过企业的创新活动，企业与这些形形色色的组织之间建立了各种联系。这种形形色色的联系组成一个个网络，影响着技术创新。在这里，我们把农业产业集群技术创新网络体系定义为农业产业集群内各行为主体（农业企业、大学、科研院所、地方政府等组织及其个人）在利用各种基础设施和外

---

① 程铭，李纪珍. 创新网络在技术创新中的作用[J]. 科学学与科学技术管理，2001，(8)：52-54.

部资源的基础上通过长期正式或非正式的合作与交流所形成的相对稳定的网络系统。

(一) 构成要素

综合前人的研究成果，认为农业产业集群技术创新系统的构成要素中最关键的要素是产业集群中的相关企业集合，并称之为产业集群技术创新系统的微观层次要素。这些企业之间主要通过相关的信息流和内部联结模式进行互动；其次是为农业产业集群技术创新提供服务、信息等的公共服务机构和集群代理机构等中观层次要素；最后是农业产业集群环境因素，这主要包括政府、文化环境和外部市场因素。政府主要为农业产业集群的技术创新提供公共基础设施、优惠政策、法律法规等，而文化环境包括区域文化环境和社会文化环境。这些因素是集群自身不可控的，属于农业产业集群技术创新系统的宏观层次要素。

由此得出，农业产业集群技术创新系统的三个层次要素：微观层次要素、中观层次要素和宏观层次要素。

1. 微观层次要素

包括供应企业、需求企业、相关企业和互补企业四个因素，并由这四个因素构成了农业产业集群及其创新系统的核心主体，它们之间通过产业价值链、竞争合作或其他内部联结模式实现互动。微观层次要素是农业产业集群技术创新系统中最重要的经济单元，也是参与技术创新实现创新增值的最直接行为主体。

2. 中观层次要素

包括农业产业集群代理机构和公共服务机构。农业产业集群代理机构是政府和集群的代理人，承担集群内部制度设计和行为规范，包括各种农业协会、商会以及律师事务所、会计师事务所等在内的各种形式的中介组织。作为市场的中介，这些组织部门兼具市场的灵活性与公共服务性等两方面的特点，不仅可以有效地协调与规范企业的市场行为，促进资源的合理配置，而且能帮助政府部门和市场激活资源，进而增强系统的创新活力。公共服务机构包括作为知识生产和提供者的研究开发机构、实验室和大学，人力资源与培训机构，及其他如金融机构、技术服务机构等各种服务机构，作为技术、知识的支撑机构，它们不仅可以创造新思想、新知识、新技术等，还可以通过教育、培训等方式，有效地促进知识、信息、技术等的扩散或市场价值的实现。

3. 宏观层次要素

这些要素由集群所处的环境因素构成，它们同样作用于农业产业集群的创新活动之中，但没有集群这些要素同样存在，因此，这些要素为集群不可控要素。其中，"政府"主要指地方政府，在国外的研究中，政府往往作为因素下面的一个变量考虑，而这里作为一个单独因素，因为地方政府在我国产业集群发展过程中起着特别重要的作用，在积极营造创新环境、促进创新网络的形成与发展、有效地规范地方市场行为以及挖掘潜在创新资源等方面，发挥着不可替代的作用。所以在我国集群发展的过程中，地方政府应该积极参与营造创新环境，使知识、信息的传递与扩散更加准确和有效。

（二）网络体系结构

农业产业集群为技术创新网络的缔结提供了平台，根据不同层次要素的联结，我们将之分为核心网络、辅助网络和外围支撑网络，它们之间通过正式交流与非正式交流连接起来。网络的目的是形成一种合作的能力，以解决技术创新的问题。通过这种网络系统的构筑，区域内企业获得重要的协同作用和技术产品的交叉繁殖，从而增强创新竞争力，推动农业产业集群的发展。

1. 核心网络体系

企业作为技术创新的主体，毫无疑问它在整个技术创新系统中应居于核心地位。在技术创新过程中，单个企业不能支配其全过程，它必须向上游和下游组织开放。在农业产业集群技术创新网络中，核心网络由农户、主导农业企业、相关产业企业和客户组成（见图6-3）。

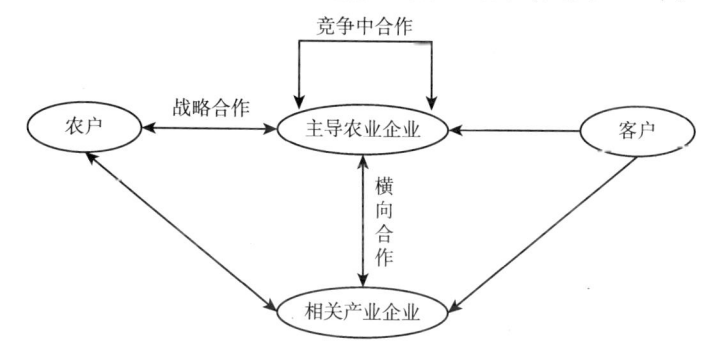

图6-3 核心网络体系

(1) 农户。在农业产业集群区域内，农户是农业产业集群的最基本的组成单位。技术创新动力主要来于市场需要，对于从事农业生产的农户来说，他们产品的市场主要就是集群中的主导农业企业。一旦主导企业对产品的原料供应品种或质量提出了新的要求，就促使了农户进行相应的调整和改革。相反，当农户自身进行的技术创新使得提供给主导农业企业的产品有所改变，而这种改变又是一种有益的改变时，也就促使主导农业企业对自己的产品进行相应的技术创新。所以在农业产业集群中农户同主导农业企业通常通过战略合作的形式结合起来。现实中，农村能人大户和乡土技术创新对农业产业集群创新具有重要作用[1]。

(2) 主导农业企业。主导农业企业在集群中起着支柱性作用。当然，在一个农业产业集群当中，不可能只存在一个主导农业企业，而是存在着大量主导农业企业。它们之间的关系不是一种完全竞争的关系，而是一种在竞争中合作的关系。主导农业企业在生产中发挥横向的支撑作用，在营销中以品牌效应发挥纵向的纽带作用，在核心技术的研制和使用中发挥创新和导向作用。可以说，主导农业企业是技术创新核心网络中的核心，它的创新直接对集群内的各创新行为主体产生巨大的影响。

(3) 相关产业企业。集群中一种产业获得竞争优势，一部分原因也是由于具有竞争力的相关产业的存在。一旦产业集群形成后，一个产业内部的竞争会蔓延到另一个产业的内部；一个产业在研究开发、引进新技术和采取新战略等方面的努力都会促进另一个产业的创新与升级。产业间的相互联系往往是不可预料的，但它有助于企业感知竞争的新方法和新机会，保持产业的先知性，克服惰性。所以相关产业企业与主导产业企业之间通常经过横向技术合作来提高各自的技术创新效果。农业产业集群的发展离不开一些相关产业企业的支持，与主导农业企业联系密切的相关产业企业的技术创新也通过不同的途径促使主导农业企业的创新。

(4) 客户。一定意义上讲，客户就是市场的代名词，市场需求就是客户需求，从市场的角度出发也就是从客户的需要出发。而技术创新实质为技术与市场的结合。因此，根据不同类型客户的不同需求来

---

[1] 杨丽. 乡土技术创新的理论与实践研究 [M]. 北京：中国经济出版社，2009

进行技术创新,以满足各种客户的实际需要,是所有企业在进行技术创新时应该充分考虑的一个基本原则。傅家骥就曾提出过"顾客创新域"的概念①,认为顾客是企业的服务对象,选择适当的服务对象是企业市场创新成功与失败的一个关键因素。任何企业都不可能满足所有顾客的全部需要,都必须根据自己的实际情况来进行市场细分和市场定位,以确定适当的顾客创新域,选择有利的市场创新点。反过来,客户为了满足自己的需求也会对企业提出要求,我们主要是研究客户对农业产业集群中企业技术创新的作用。在创新领域里,客户代表新思想的重要来源,各种农业企业在集群区域内寻找客户的过程中,供需双方的互动加速了创新,有利于更多的创作思路与设计理念的出现。这里的客户是广义上的客户,包括各种农产品的销售商、批发商以及最终顾客。

2. 辅助网络体系

(1) 集群技术创新基础设施。集群技术创新基础设施,顾名思义是指为集群内技术创新行为主体服务的公用设施,是建设农业产业集群技术创新网络的重要条件。如同城市有形的基础设施一样,农业产业集群区域内的基础设施也大多由政府提供,包括交通运输、邮电通信、能源供给等公共基础设施和研究开发机构、实验室、大学、人力资源与培训机构、技术服务机构等技术基础设施。

辅助网络中的农业产业集群技术创新公共基础设施主要包括交通运输、邮电通信、能源供给等经济性的基础设施,集群区域内的这些公共基础设施建设影响创新资源的流动。创新资源集聚的地区往往是交通便利、通信设备先进、公共服务完备的地区。在此基础上,交通通讯信息网络必然成为经济发展的最重要也是最基本的凭借手段,必然成为现代社会最具有代表性的生产力。农业产业集群技术创新基础设施也包括集群区域内所设立的一些公共图书馆、公共实验室、公共信息服务机构等技术基础设施。这些基础设施把集群内的科学工作者、技术人才和公众联系在一起,让各方面的人都能有机会接触到新知识、新思想,并参与到技术创新的过程,以及对技术创新成果的评判、筛选和改进工作中去。

(2) 大学、实验室等研究机构。大学、实验室等研究机构是技

---

① 傅家骥. 技术创新学 [M]. 北京:清华大学出版社,1998.

创新的源头。无论从国外还是国内看，许多科研成果，特别是带动国民经济发展的重大突破，都是依靠大学、实验室等研究机构完成的。事实证明，科研机构是科研成果的供给方。但是，大学、实验室等研究机构不是物质产品的直接生产者，其研究成果只有通过企业才能转化为生产力。因此，它只能是科研成果的需求方——企业的技术源头，它的一切研究活动必须以企业的需求为依据，以能否转化为现实生产力为衡量标准。这就要求大学和科研机构必须防止和克服为课题而课题、为研究而研究的倾向。一方面，各类农业科技计划项目要由面向大学、实验室等研究机构征集改变为面向农业企业征集，坚持以农业企业为核心制订年度计划，实施技术创新项目；另一方面，大学、实验室等研究机构必须眼睛向外，面向农业企业，围绕企业需求选题、搞科研，做到企业需求什么就研究什么，把创新的出发点和落脚点都放在农业企业，使70%以上的科研经费来自企业和产业化，用能否产业化来衡量科研成果的好坏，通过产学研结合，既能满足企业对科研成果的需求，又可满足自身发展的需求。所以这就要求大学、实验室等研究机构必须同农业企业能够紧密结合，加强相互间的信息沟通。在农业产业集群内，由于其地理的邻近性、文化的根植性使得各研究机构与农业企业之间能够充分实现双向沟通，各获所需。

（3）金融机构。技术创新是一项高风险的活动，投资多、风险大，农业技术创新更是如此，因此企业融资就成为技术创新成功与否的关键。目前农业产业集群融资体系仍以银行为主体，区域技术创新的金融主体仍是各种形式的银行和金融机构。由于农业企业数量多，规模小，单个企业对资金的需求量不大，无论是银行还是直接的资本市场都不愿为单个资金需求量太少的农业企业融资。对农业企业来说，资金问题更是技术创新过程中普遍存在的问题。但在农业产业集群这种特殊的组织形式中的农业企业的技术创新融资要比单个游离中农业企业具有优势。由于农业产业集群中金融机构与企业的地理邻近性和产业熟悉性，双方的信息基本是对称的，这样就减少了技术创新融资前的逆向选择并有助于克服事后的道德风险。银行通过对同一行业的许多企业贷款，可以从规模经济中受益，这样通过经济外部性和规模经济，降低了银行从事信贷业务的交易成本，同时也降低了信贷风险。银行通过对同一集群的众多农业企业贷款获得规模经济使得银行的收益加大。

(4)中介服务机构。农业产业集群区域内的技术创新中介服务机构一般包括半官方性质的企业联盟、农业协会、农业技术中心、各种服务中心、律师事务所等。中介机构是促进企业间网络联系、产学研结合的纽带,尤其在扶植中小企业发展方面发挥着重要的作用。

在农业产业集群众多的专业化企业中,中介服务机构尤为重要,它发挥着一种"黏合剂"的作用。集群中的技术创新中介服务机构的主要任务是为技术创新的顺利实现提供信息、技术、人才等要素支持并能够将这些要素加以整合。主要是针对农业产业集群中的企业,尤其是中小企业独立创新能力相对较弱、缺乏发展后劲,而大量的科研机构又独立于企业之外、科技成果产业化机制不健全、成果转化率不高的状况。农业产业集群技术创新中介服务机构的建设主要应抓好技术市场、技术中心、生产力促进中心等的建设。此外,还应积极鼓励和支持各种相关服务和媒介机构的建立和进入,加快有形和无形的人才、资本、信息市场建设,形成以农业产业集群为核心的各级各类中介机构分工明确又紧密结合的技术创新中介服务网络。

(5)政府机构。从根本上说,政府影响技术创新活动的主要机制,是通过它影响技术创新资源的配置来改变技术创新的速度、方向和规模的。但是,政府却增加了技术创新的不确定性。按照埃兹科维茨(Etikowitz)和雷德斯多夫(Leydesdorff)提出的大学(或研究机构)、企业、政府"三位一体"有效系统整合后的三重螺旋模式,政府的职能是发挥技术创新主体的自主性,促进区域内大学与产业的联系。如果是严密的等级管制,则限制了活跃的技术创新活动[①]。所以,政府干预技术创新的有效性体现在两方面,即技术创新障碍排除的有效性和资源分配的有效性。换句话说,政府只能间接地参与技术创新活动。它一方面通过改善交通、通讯等基础设施来辅助技术创新。另一方面,在实施政策、计划、规划、法规等宏观措施的过程中,政府由直接的干预者转变为良好的市场环境、政策环境、信息环境等技术创新环境的建设者,进而影响或引导技术创新的直接参与者(企业、大学、研究机构等)进行创新活动。譬如,可以拨款给大学和实验室,支持基础研究和发明创造,为科技和经济的发展提供源源

[①] [美]亨利·埃兹科维茨,[荷]劳伊特·雷德斯多夫. 大学与全球知识经济[M]. 南昌:江西教育出版社,1999.

不断的新思路、新成果，也可以为新技术中小企业提供担保，使企业获得贷款，进行技术创新。

地方政府在农业产业集群形成和发展，以及通过产业集群推动区域技术创新系统建设方面，都可以发挥市场无法完成的重要作用。集群的形成和发展主要是由市场力量推动的，地方政府不应在其中充当领头或主管角色，而主要应该作为促进者和中间者，把相关参与者聚集起来，提供支撑性基础设施，使集群的形成和创新过程更加快捷。同时制定以集群为基础的政策措施，确保生产网络中技术创新活动的参与者之间互动所获得的协同作用，保证市场的平稳运行，增加公共研究开发投资的回报率。为了推动农业产业集群的形成和发展，地方政府需要通过政策、项目、财税等手段，加强企业与企业之间的联系，加强企业与教育研发机构之间的联系，加强技术创新中介机构建设等，这些也同时推动了技术创新系统建设。

3. 外围支撑网络体系

农业产业集群的发展不能是完全封闭的，适当地获取外部资源是集群以及集群内企业保持其竞争力的有力手段之一。在各种外部资源当中创新资源是技术创新活动的基础和保证，主要包括技术资源、人才资源和资金资源，等等。这些外部资源作为集群内部资源的有效补充有力地推动了集群内技术创新的发展，它对整个集群区域技术创新系统起到一个外围支撑的作用。

(1) 外部技术资源。一般情况下，集群内企业与集群外的相关企业关系呈松散状态，远不如和集群内相关企业关系来得紧密。这在一定条件下降低了自身技术进步和组织变化的积极性，农业产业集群的持续发展既需要自身技术资源的支持，还需要与集群外部交流获取更多技术资源，从而加快自身技术创新的速度。

(2) 外部人才资源。人才是科技进步和社会发展最主要的资源，一支高素质的人才队伍是技术创新最主要的保障。对于农业产业集群来说，人才仅仅在集群内部流动对技术创新是不利的。集群内的培训机构、人才市场都是面向本区域的，对人才的引进有一定的限制。因此，农业产业集群内企业还应该通过各种途径引进外部人才，将有利于推动技术创新的发展。

(3) 外部资金资源。有足够的资金是企业进行技术创新的基础条件之一。通常农业产业集群内的金融机构并不能满足集群内所有企业的资金需求，这时候企业必须转向集群外能够提供资金支持的机构以求得所需资金。以国家、集体、外资、社会（个人）等为资金来源的多层次、多渠道的投融资机制将会成为未来农业产业集群技术创新资金来源的方向。

(4) 外部信息资源。信息是构成自然界和人类活动以及正在到来的信息化社会最基本的元素。科学技术在 18~19 世纪所取得的空前进步，使人们终于认识到：信息是与物质和能量可以相提并论的，是用于维系人类社会存在的三大因素之一。由于我们所面临的环境具有不确定性，而任何理性的决策都必须依赖于信息，获得信息能减少不确定性。因此，信息量越大，不确定性就越小，有利于优化决策，获得更大的效益。这种效益不只是经济效益，而且可能是多方面的效益。

（三）连接与交流方式

1. 内部各要素间的联结方式

农业产业集群技术创新系统内各要素间的联结方式，既是信息、知识传递的关键渠道（通道），又是知识、信息、技术等在扩散过程中创造价值或知识增值的"链条"。因此，产业集群技术创新系统中的要素间的联结方式也比较复杂，因为系统中的每一个要素都有可能与系统中的其他要素，直接地或间接地进行连接与合作，发生联系。

2. 农业产业集群微观创新网络中企业间的联结

农业企业在集群技术创新系统中的联结方式包括垂直网络关系（如农户——主导农业企业关系）和水平网络关系（如竞争合作互动）。其中，在垂直网络关系中包括的供需关系如原材料和能源的供需关系、机器设备及相应服务的供需关系，以人员流动为基础的人力资源供需关系，中间产品（零配件、加工后物资、辅料、子系统等）的供需关系，以技术溢出为基础的技术供需关系，市场服务供需关系（如销售公司、网站、广告公司等）。这些供需关系中，有的以契约的方式实现，有的以要素自然流动的方式实现。在水平网络关系中，包括相互之间的非交易关系，如产出上的互补关系或竞争关系，市场开发上的互动关系，在要素投入上的资源和基础设施共享关系等。

3. 中观创新网络与微观创新网络的互动

中观创新网络与微观创新网络互动，为微观创新网络的创新提供知识流、技术流、人力资源流、信息流等生产要素的支持，这种互动方式主要包括：农业企业与大学、研究机构等公共服务机构间的合作关系、农业企业与集群代理机构的合作关系，如共同开发新产品、新技术；劳动力等人力资源的合作培养；等等。随着知识、技术在经济发展过程中的重要性日益突出，大学、研究机构与企业之间建立起来的合作联结方式，越来越显示出其价值。所以，对于农业企业来讲，企业外部所结成的关系网络，可以说是企业内部链条在企业外部的延伸。

4. 作为宏观创新系统要素的政府与其他要素的联结

作为宏观创新系统要素的政府及其公共部门，为促进区域经济发展，营造有利于创新的环境，则在公共基础设施建设、制定政策、法规、制度等方面采取积极的措施，并在此过程中，与区内的农业企业、中介服务机构、大学、研究机构、金融机构等建立直接或间接的联结方式。一般来讲，发达国家的政府部门与其他要素之间的联系以间接为主，而在发展中国家，由于政府部门的管理范围过宽，其社会服务职能相对较弱，政府部门在产业集群技术创新系统中发挥的作用非常强。政府部门与产业集群技术创新系统内其他要素特别是企业的联系密切，有时甚至直接参与各种创新活动。

在整个农业产业集群技术创新系统中，各要素之间形成各联结方式的过程，实际上也是通过各个行为主体之间"集体学习"过程而实现的。正如哈坎森指出的，网络关系的形成是指资源在参与活动的行为主体之间流动过程中建立的联系[1]。同样，农业产业集群技术创新系统中的网络联结方式也是各个组成网络结点的行为主体在参与创新活动中，彼此之间通过产品、服务、资金等物资的交易或交换以及知识、信息等的流动和扩散等建立起来的联系。所有这些联系都可以看作是"集体学习"的过程，因为各行为主体都通过学习从对方身上获得了自身创新与发展所需的互补性资源（知识、信息或服务等），进一步提高自身的创新能力。

5. 正式交流与非正式交流对技术创新的作用

农业产业集群内的正式与非正式交流网络对技术创新的作用有以下

---

[1] Hakansson, H. Industrial Technological Development: A Network Approach. London, 1987.

几点:

一是加快集群内知识的积累。知识积累是创新的重要函数之一,创新能力很大程度上取决于人们过去积累的知识。知识具有典型公共产品所具有的非独占性和非竞争性特征,在集群内前后紧密相连的创新链上,这种属性尤为显著,非正式交流提升了集群内知识的共享水平,人们在不断扩散知识的同时,又能大规模地汲取他人的知识,最终大大增加了集群整体的知识积累水平。

二是促进不同属性知识的流动和转化。集群技术创新活动很大程度上取决于知识的流动性,某些知识,特别是隐性经验知识,由于缺乏足够能力及时间、精力进行符号化工作,具有很强的个人属性,流动性较差,正式交流在传送这类知识上有很大局限性。非正式交流在宽松的氛围中,能够借助语言、情感交流等方式,在共同解决复杂问题、交流经验和体会当中有效传递隐含知识,从而促使隐性知识向清晰的显性知识转化,这个过程实质上是知识的外化过程。同时,非正式交流又能加快显性知识向隐性知识的转化,即知识的内化过程,使显性知识成为人脑中储存的知识,构成人们创新能力的有机部分。知识外化和内化的交互过程,形成知识创新的动态过程,共同推进集群创新活动。

三是强化知识的整合和碰撞效应,激发和聚集集群内部的创新活动。创新的实质是不同知识源的知识在人脑中整合、碰撞的过程。互联网内集聚着密度极高的知识量,具有良好的流动性,但是,离开了人类思维的交互作用,网络本身并不能发生创新活动。非正式交流为集群的交流提供了广阔的选择对象,宽松自由的空气,强大的搜索功能及其频繁的面对面的双向反馈机制,使人们的理性思维更为活跃,感性体验更加敏感和细腻,从而能够有效地引发人们的创造性思维,激发交流者的想象力,在集群有限空间内积聚高密度的创新活动。

所以在农业产业集群中,正式交流与非正式交流是集群中各行为主体相互作用的主要途径,尤其大量且频繁的非正式交流是集群相较其他经济组织发展形式具有更大技术创新优势的原因之一。在基于农业产业集群的技术创新网络中,正式交流与非正式交流起到一种桥梁沟通作用,即在核心网络、辅助网络和外围支撑网络间形成信息通道。这两种交流形式的存在对整个产业集群的技术创新是非常重要的。

（四）结构模型

农业产业集群技术创新网络体系定义为集群内各行为主体（农业企业、大学、科研院所、地方政府等组织及其个人）在利用各种基础设施和外部资源的基础上通过长期正式或非正式的合作与交流所形成的相对稳定的网络系统。农业产业集群技术创新体系主要由核心网络、辅助网络和外围支撑网络三个子网络构成，如图6-4所示。

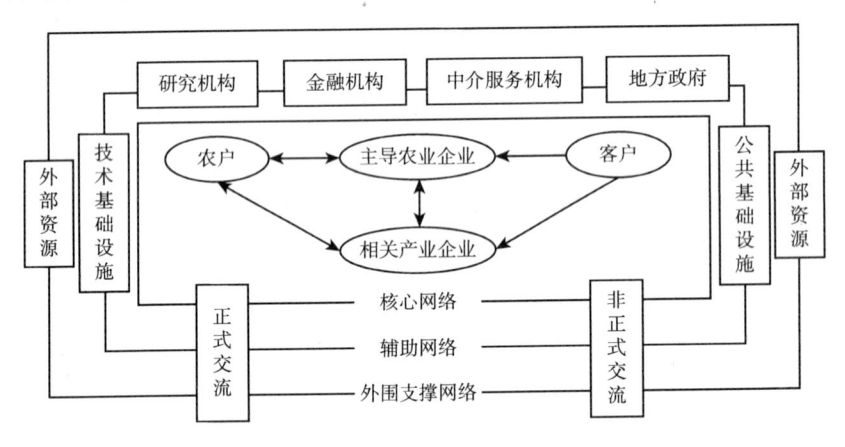

图6-4 农业产业集群技术创新体系网络模型

核心网络主要结点有农业产业集群内农户、主导农业企业、相关产业企业和客户，并由这四个结点构成了农业产业集群中技术创新网络的核心主体，它们之间通过产业价值链、竞争合作或其他内部联结模式实现互动。是整个产业集群内技术创新的主体，每一项技术创新都同它们产生直接的经济效益。

辅助网络主要包括农业产业集群公共和技术基础设施（如道路、港口、通信等）、大学和实验室等研究开发机构、金融机构、各种中介服务机构等。辅助网络主要为核心网络提供资源和基础设施、知识流、技术流、人力资源流、信息流等生产要素支持。

外围支撑网络由农业产业集群区域外资源（技术、资金、人才等）和外部市场构成。这些因素往往是集群自身不可控的，属于集群的外围因素。外围网络主要通过不断完善辅助网络，或通过其他间接的作用方式，影响核心网络的行为和相互联结方式。

网络结点间的联结方式是正式交流与非正式交流。三个不同层次的子网络通过正式交流与非正式交流连接在一起，形成一个整体的网络。模型中任何结点间的连线都代表正式交流与非正式交流。

在此模型中，只选择一些具有代表性的主要创新行为主体和机构作为网络的结点，这并不代表农业产业集群中其他机构对技术创新不起任何作用。农业产业集群技术创新网络的参与者是多元的，在技术创新过程中承担一定的、不尽相同的创新职能，进行一定的与创新有关的活动。当然，并不是在每一项创新中都集中了所有的参与者，某一项具体的创新往往只涉及部分行为主体。

网络中各个结点间的有效互动、相互磨合，促进了各个主体行为向有效协作的方向发展。在这个网络上，信息、技术、人员、资金等资源要素流动频繁；三层网络在相互作用、相互激发中采取了良好组合和运行方式，各尽所能，各得其所，取得了"整体大于局部之和"的效果。当一种新的思想、技术、信息在某一网络结点产生后，就会在网络内部迅速流动开来。这种创新因子沿着网络连线在网络中快速传递、频繁反馈，在反复的碰撞震荡中孕育了一项创新的诞生；同时，与创新有关的各行为主体分别作出相应的创新决策，在这些涉及不同层次方面的创新决策的相互协调中，一项网络创新就诞生了。网络的交流是多层次、多渠道及相对稳定的。在网络的各个单元之间、在各单元内部的各部门之间，以及在单元的内部部门与外部单元之间都存在着交流。这样，网络提供了比等级组织更为广阔的学习界面，使技术创新可以在多个层面、多个环节中发生。

三、农业产业集群技术创新模式

农业产业集群是一种新型的农业发展模式，已经成为国内外众多地区农业发展的重要战略选择。我国农业产业集群发展迅速，除了山东寿光蔬菜、昆明呈贡花卉、新疆棉花等一批影响较大的集群外，围绕"一村一品"、"一镇（乡）一业"，全国各地出现了大量的农业产业集群或其雏形，如广东农业产业集群镇已达 50 多个。对国内部分农业产业集群调查表明：一是龙头企业是农业产业集群形成和发展的关键主体，龙头企业主导型农业产业集群是农业产业集群的重要形式；二是农业技术的落后、缺乏创新主体和有效的创新模式已经成为影响集群成长的重要因素。

(一) 农业产业集群技术创新模式的内涵及类型

农业技术创新主体是指直接参与农业技术创新过程或者为农业技术创新过程提供条件保障与服务从而对农业技术创新过程产生实际影响和做出实际贡献的机构与人员。农业技术创新模式的基本内涵是指促进农业技术创新各个主体的行为和各个环节的活动之间的协调与结合从而实现农业技术创新供给和农业技术创新需求均衡的方式与途径[①]。农业产业集群技术创新模式是指农业产业集群参与主体为完成其特定的创新目标，遵循某种相对稳定的技术创新体系及可操作性的活动规范和运作方式，对集群创新资源配置利用的方式、方法与途径。根据集群参与主体在技术创新中的作用，农业产业集群技术创新有三种典型模式：

一是地方政府推动型，强调地方政府搭建农业技术创新平台，支持集群中共性技术研究，培育农业技术创新网络，引导各类主体参与农业技术创新，并融入集群创新网络之中。当农业产业集群内部组织化程度和成熟度较低、存在大量中小企业而又缺少龙头农业企业，需要地方政府构建公共技术创新平台，引导众多的农业生产大户、专业合作组织和中小型农业企业在农业产业链的各个环节进行技术创新，但这种技术创新多数是模仿性创新。

二是产学研合作互动型，强调大学、科研院所作为知识与技术的源头在农业技术创新和扩散中的重要作用，通过集群内部主体与外部创新源头之间的有机合作，实现产学研三方面的互动发展。这种模式是解决农业产业集群技术创新不足的一条重要途径，有利于农业产业集群中具有一定实力的中小企业通过获取外部技术创新资源而迅速成长，对处于成长期的农业产业集群的技术创新与扩散作用较大。

三是企业主导型，强调企业特别是龙头企业在农业技术创新中的主导作用，龙头企业在研发技术、人员、资金、实验场所等方面更具有优势，可以集中力量进行技术研发，并通过自身或集群网络把研发成果应用到农业生产经营的具体实践中，成果转化快、扩散效应强。农业产业集群中龙头企业可以采取自主或合作的创新模式，其中龙头之间合作创新有利于减少资源浪费，可以更好地发挥集群规模经济优势，对农业产业集群的创新成长和持续发展具有较大的推动作用。

---

① 高启杰. 农业技术创新若干理论问题研究 [J]. 南方经济, 2004, (7)：45-47.

（二）地方政府推动型农业产业集群技术创新模式

针对大多数农业产业集群企业技术创新能力明显不足的现状，利用集群作为一个天然的区域创新系统的优势，地方政府通过搭建产业技术创新平台，形成具有较强创新能力的技术创新网络，促使知识在集群内部更为有效地转移和学习，支持农业产业集群中共性技术难题攻关，形成技术创新与农业产业集群互动发展的有效机制，是提升农业产业集群中企业技术创新能力的一条可行路径。农业产业集群技术创新平台既为众多农业企业解决了技术创新能力不足的问题，也解决了一些集群中的共性技术难题。作为农业产业集群技术创新平台的核心，集群内具有较强创新能力的技术创新中心有着重要的地位，需要重点建设。在技术创新平台建设中需要充分发挥集群在市场和技术信息获取、传递方面的整体优势，及时向各方传递技术和市场信息，加速技术知识和信息的转移与扩散。

农业产业集群技术创新平台为地方政府找到一个推进集群升级和成长的突破口，这种创新模式适用于集群的产业组织化程度和成熟度较低、存在大量中小企业而又缺少龙头农业企业的情形，现阶段我国遍地开花的农业科技园区与较为完善的农业技术推广体系正是地方政府推动型农业产业集群技术创新模式的典范。

1. 农业科技园区

（1）农业科技园区产生原因。现代农业科技发展日新月异，新品种、新技术、农产品加工业的发展使农业效益大幅度提高，尤其是高新技术全面向农业渗透，大幅度提高了农业科技整体水平，实现农业生产力水平质的飞跃。充分利用现代农业技术，实现传统农业向现代农业的跨越，成为我国农业科技发展的核心任务。但产业组织化程度和成熟度较低、存在大量中小企业而又缺少龙头企业的农业产业集群，由于自身特点，各创新主体很难单独完成某项技术自主创新，他们之间的交流和合作创新也很难自发的形成，因此，地方政府建设以现代农业新技术成果开发、引进和转化应用为主体的农业科技园区，成为新阶段这一类型农业产业集群发展的必然选择。

（2）农业科技园区作用。农业科技园区在充分发挥"窗口"展示功能基础上注重农业技术孵化和开发能力建设；通过先进适用技术的引进、组装、集成和成果转化，实现技术创新；通过园区核心区、示范区、辐射区之间技术传播和扩散，增强农业技术推广应用能力；通过不同形式和内容的农业技术培训，提高农民和广大基层农业技术人员科技素质。

农业科技园区从发挥本地区的优势和特色出发，大力发展有区域特色的优质高效的种植业、养殖业和加工业的示范生产基地；通过培育和发展龙头企业，应用"公司+农户"、"龙头企业+基地+农户"等模式，从生产、管理、营销等各个环节上逐步引导农民、农业和农业经济走上现代化和产业化之路，为农业结构调整和提高农产品市场竞争力提供技术示范。充分体现出科技优势和作用，有效地推动了当地农业产业集群结构调整和农民收入增加。

目前，我国云南红河国家农业科技园、河南许昌国际农业科技园、山西榆次农业科技园、山东寿光蔬菜科技示范园、陕西杨凌农业高新技术示范园等农业科技园的建设正是地方政府结合区域特征与实际情况搭建的农业技术创新平台，通过这一平台的建设促进了农业产业集群内的技术创新的发展。

2. 农业技术推广体系

所谓农业技术推广，按照《中华人民共和国农业技术推广法》的规定，是指"通过试验、示范、培训、指导及咨询服务等，把农业技术普及应用于农业生产的产前、产中、产后全过程的活动"。农业技术推广有利于农业科技成果转化和技术扩散，是农业技术创新的重要环节，是农业产业集群技术创新体系的一个重要组成部分。

尽管近年来，农业技术推广出现了主体多元、形式多样化的趋势，但是我国目前的农业技术推广体系仍然主要是以政府为主导的技术推广体制，各地政府在区域农业产业集群技术推广中发挥了重要的作用。现有的农业技术推广体系以隶属于各级政府农业主管部门的农业技术推广站为主体，承担农业新技术、新品种实验、示范、农民技术培训等任务，也承担部分政府行政管理职能。

我国政府主导的农业技术推广机构分设了畜牧兽医站、水产技术推广站、农机化技术推广站、农业经营管理站和限于种植技术的农业技术推广站等五站（见图6-5），而农业技术推广站内部专业设置再次细分。在行政区划上，五类专业站各成一个独立体系。在纵向层次上，形成了国家、省、地、县、乡五个层次，各级推广机构有比较清晰的职能分工，上下级之间的联系具备行政指导和业务指导两条主线在横向职能上，形成了技术推广、植保、种子、土肥等多种功能的管理和推广操作的内部职能分工。这一农业技术推广体系规模相对很大，体系中一些推广机构与同级专业研究院所和农业院校有一定业务联系。

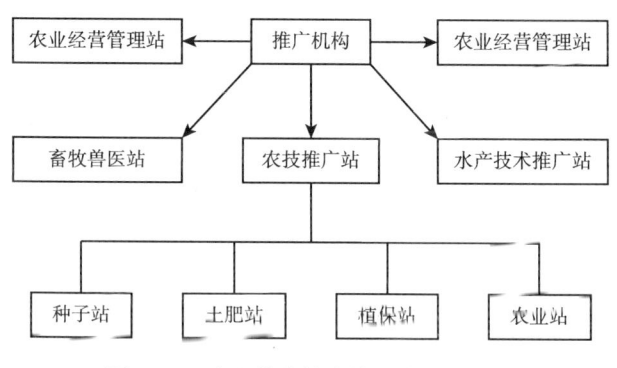

图 6-5　农业技术推广体系的专业机构

（三）产学研合作互动型农业产业集群技术创新模式

在农业产业集群的区域创新网络中，大学与研究机构作为知识与技术的源头，不仅可以创造新知识与新技术，还可以通过教育培训以及成果转化等方式，有效地促进集群中知识和技术的转移与扩散，为集群内部企业实现技术创新提供有力支持。

农业产业集群技术创新过程的参与者较多，如农业科研机构、高等院校、各类农业或涉农企业、农户、农村合作经济组织、政府部门、农业推广及其他中介机构等，其中两类最重要主体：一是作为技术创新源的高校和科研机构；二是直接参与创新并主要承担创新成果转化风险的农业企业。在当前农业企业技术人才缺乏和科研公关技术突破能力较弱情况下，借助产学研合作互动创新平台，将国内外先进的研究机构、人才、技术和专业服务机构等创新要素整合到农业产业集群中，可以有效促进农业产业集群技术创新，能够以较低的成本实现集群技术的跨越式发展，迅速提升集群企业的产品和市场竞争能力。

罗炜（2002）通过一个完全信息的两阶段动态博弈模型，分析了大学和企业合作技术创新过程。在博弈过程中，企业首先行动，博弈的第一阶段企业有三种战略：第一，内部自主研究开发完成创新；第二，通过技术交易从大学获得关键技术，开发出新产品；第三，要求大学参与到开发和商业化过程中,共同完成创新;整个博弈过程如图6-6所示①。

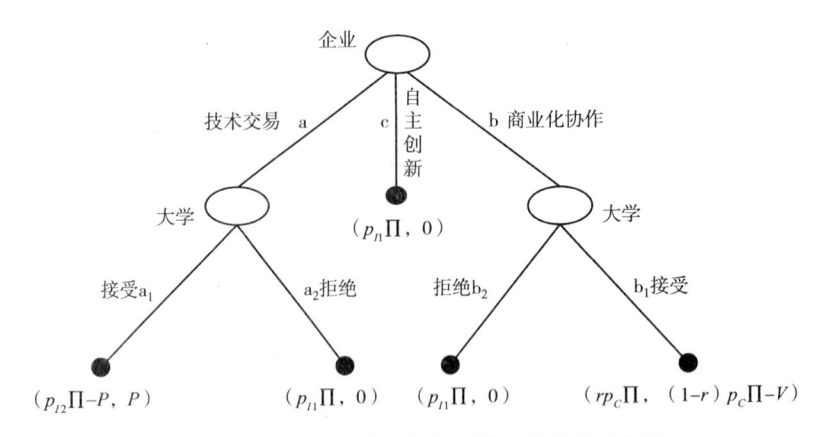

图6-6 企业—大学合作创新博弈的扩展式表述

注:图6-6及下文结论中的 V 和 Π 分别表示技术价值和商业化利润;p_{f1}、p_{f2}、p_U 和 p_C 分别表示企业自主创新成功的概率、企业获得了所需的关键技术后创新成功的概率、大学独立将技术成果商业化成功的概率、双方合作创新成功的概率;P 为大学技术授权转让费用;r 为企业与大学合作成功分享利润比率。

罗炜的研究表明:(1) 当大学和企业的创新能力满足 $p_U(1-p_{f2}) > V/\Pi$ 时,大学和企业将进行商业化协作,反之将进行技术交易。无论创新能力如何,当企业可以从大学得到所需技术时,企业不会进行自主创新。(2) 大学—企业合作创新的方式受技术本身的价值 V、创新的市场价值 Π 和大学、企业创新能力的影响。(3) 在其他变量一定的情况下,技术越先进、越复杂(技术本身的价值 V 越高),企业与大学更可能采取技术交易的合作方式;技术商业化后的市场价值 Π 越高,企业与大学更可能采用商业化协作的合作方式。(4) 在其他变量一定的情况下,大学的创新能力 p_U 越强,企业与大学更可能进行商业化协作;当企业获得技术后的创新能力 p_{f2} 越强,大学和企业更可能进行技术交易。

应用上述研究成果,考查农业产业集群中农业企业与大学或科研机构合作技术创新问题,笔者认为需要注意以下几个方面:(1) 一般农业产业集群主要以传统中小企业为主,大型龙头企业和科技型中小企业

---

① 罗炜. 企业合作创新理论研究 [M]. 上海:复旦大学出版社,2002:175-184.

较少，集群内企业进行独立自主技术创新能力很弱（图6-6中 p_{f1} 较小，c路径可能性减小），这样基于技术交易或商业化协作的技术创新路径（图6-6中a、b）可能性增加。(2) 由于农业技术创新及其成果应用往往涉及农业产业的上游种养殖环节，大学或科研机构要像工业领域那样，直接将农业科研成果商业化的难度增大，因为大学或科研机构要与分散的农户和合作组织建立直接联系，要考虑农业生产的长周期和间断性，这样大学或科研机构拒绝合作（图6-6中 a_2、b_2）可能性减少，而按照图6-6中的 $a-a_1$、$b-b_1$ 路径的合作创新可能性增加。(3) 与外部相比，产业集群内部的技术扩散和技术模仿速度较快，强度较大，这样企业通过"商业化协作"比通过"技术交易"的合作创新，更有利于分散企业因技术模仿和"搭便车"带来的风险；同时与大学或科研机构的商业化协作也有利于合作领域的持续性创新。另外，农业产业集群较密切的上下游产业联系、良好创新氛围和创新网络体系，有利于降低大学或科研机构在技术创新成果上的投入（减少V值），从而有利于商业化协作创新。但是，农业产业集群对技术创新后商业化利润（Π）影响具有不确定性。(4) 如果是以龙头企业主导的农业产业集群，当龙头企业实力和创新能力较强（p_{f1} 和 p_{f2} 都较大），龙头企业采取自主创新（图6-6的c路径）或通过技术交易的合作创新（图6-6的a路径）的可能性增大。

（四）龙头企业主导型农业产业集群技术创新模式

1. 单龙头企业主导型农业产业集群技术创新模式

单龙头企业主导型农业产业集群内部只有一个龙头企业，围绕龙头企业沿产业链集聚了较多的中小型"配套"企业。龙头企业是集群的主导者，对农业产业集群内的农产品种植、加工、销售都有着重要的话语权，其决策严重影响着集群内市场的价格与产量，其他中小型企业只是龙头企业的跟随者。因此，可以运用斯塔克尔伯格（Stackelberg）模型研究单龙头主导农业产业集群的厂商行为。由于是处于同一集聚地的生产近似无差别产品，竞争十分激烈，这样厂商必然有积极性投入资金进行技术创新与开发，以追求降低成本或实现产品的差别化，在竞争中扩大产品销量，争取市场份额。

假设 A 为农业产业集群中的龙头企业，B 为中小企业[①]，其单位生产成本分别为 c_1、c_2，逆需求函数 $p = a - \alpha_1 q_1 - \alpha_2 q_2$，$a$、$\alpha_1$、$\alpha_2$ 为常数。则 A、B 两个企业的利润分别为：

$$\begin{cases} \pi_1 = q_1(a - \alpha_1 q_1 - \alpha_2 q_2) - c_1 q_1 \\ \pi_2 = q_2(a - \alpha_1 q_1 - \alpha_2 q_2) - c_2 q_2 \end{cases}$$

由斯塔克伯格模型，可求得龙头企业 A 和追随企业 B 的最优产量分别为：

$$q_1 = \frac{a + c_2 - 2c_1}{2\alpha_1} ; \quad q_2 = \frac{a - 3c_2 + 2c_1}{4\alpha_2}$$

假设两个企业为了扩大销售，则需降低成本增强企业竞争力，进行新技术的开发。设 β 为 B 企业模仿系数，$0 \leq \beta \leq 1$。即若龙头企业 A 通过技术开发成本可以降低 x，则中小企业 B 通过技术模仿成本可以降低 βx。设开发成本 $y = bx$，b 为常数，即开发费用是单位成本降低幅度的线性函数。则开发成功后龙头企业 A 的单位成本为 $c_1 - x$，中小企业 B 的单位成本为 $c_2 - \beta x$。则两个企业的新的利润为：

$$\begin{cases} \pi_1^t = q_1^t(a - \alpha_1 q_1^t - \alpha_2 q_2^t) - q_1^t(c_1 - x) - bx \\ \pi_2^t = q_2^t(a - \alpha_1 q_1^t - \alpha_2 q_2^t) - q_2^t(c_2 - \beta x) \end{cases}$$

（角标 t 代表只有一个龙头企业自主创新情况）

由斯塔克尔伯格模型，可以求得龙头企业 A 和追随 B 的最优产量分别为：

$$q_1^t = \frac{a + c_2 - 2c_1 + (2 - \beta)x}{2\alpha_1} ; \quad q_2^t = \frac{a - 3c_2 + 2c_1 + (3\beta - 2)x}{4\alpha_2}$$

因为 $2 - \beta \geq 1$，所以龙头企业 A 由于成本降低，产量必然上升。而中小企业 B 的成本虽然也有所下降，但产量的变化却有所不同。因为 $0 \leq \beta \leq 1$，$x > 0$，当 $\beta < 2/3$ 时，$q_2^t < q_2$，B 的产量是下降的。只有当 $\beta \geq 2/3$ 时，其产量才会大于或等于原有的均衡产量。

由上述论证可知，集群内的龙头企业发挥自身的资源优势和科研力量进行自主创新能够扩大其产量（$q_1^t > q_1$），从而获得更多的利润。集

[①] 这里及后面模型中都假定只有两个企业，当推广到多个企业时，其结果是类似的，但数学处理更加繁琐。

群内的其他中小型企业由于不具有自主技术创新的优势,可以借助技术扩散效应进行模仿创新,当技术扩散和中小企业模仿足够强($\beta \geq 0.67$)的情况下,中小企业因模仿创新而增加其产量,获得更多的利润。当$\beta \leq 0.67$时,龙头企业的技术创新难以被中小企业模仿,从而隐含着集群内的中小企业需要采取其他创新方式,比如中小企业自身之间、与龙头企业或外部创新主体等进行合作创新。

2. 多龙头企业主导型农业产业集群技术创新模式

多龙头企业主导型农业产业集群的内部存在两个或多个实力相当的大型龙头企业,他们在技术、设备和管理水平上相差较小,生产成本相近,产品具有较大同质性,每个龙头企业都无法单独影响市场价格,决策都受到其他龙头企业的影响,形成了近似寡头垄断的市场结构。假设A和B两个企业都是集群内龙头企业,逆需求函数$p = a - \alpha_1 q_1 - \alpha_2 q_2$,由于同处于一个集群,使用相似的技术和生产资料,生产近似同质的产品。下面分别对自主—模仿、各自独立、二者合作等三种创新模式进行分析。

(1)龙头企业自主—模仿创新。如果龙头企业A进行自主技术创新,龙头企业B进行模仿创新,实际上B企业就是跟随者,情况类似上述单龙头企业。假定$c_1 = c_2 = c, \alpha_1 = \alpha_2 = \alpha$,由斯塔克尔伯格模型,可求得A和B企业的最优产量分别为:

$$q_1^t = \frac{a - c + (2 - \beta)x}{2\alpha} \qquad q_2^t = \frac{a - c + (3\beta - 2)x}{4\alpha}$$

$$q_1^t - q_2^t = \frac{a - c + (6 - 5\beta)x}{4\alpha} > 0$$

由于$q_1^t > q_2^t$,即自主创新使得龙头企业A的产量要大于模仿创新的龙头企业B,自主创新者获得更多的利润。事实上,即使在集群内部,技术扩散与模仿同样受到很多因素限制,从而增加了模仿创新的成本。上述分析表明,在竞争激烈的集群市场中,有创新实力的龙头企业都具有自主创新的动力。但是他们是各自独立创新,还是合作创新?

(2)龙头企业各自独立创新。如果龙头企业A和B分别进行技术创新,各自投入开发费用bx,设开发成本$y = bx$,b为常数,即开发费用是单位成本降低幅度的线性函数。则开发成功后龙头企业A的单位成本为$c_1 - x$,龙头企业B的单位成本$c_2 - x$。则两个企业的利润函数为:

$$\pi_1^s = q_1^s(a - \alpha_1 q_1^s - \alpha_2 q_2^s) - q_1^s(c_1 - x) - bx$$
$$\pi_2^s = q_2^s(a - \alpha_1 q_1^s - \alpha_2 q_2^s) - q_2^s(c_2 - x) - bx$$

（角标 s 代表龙头企业各自独立创新情况）

假定 $c_1 = c_2 = c$，由古诺模型，可以求出二者的最优产量分别为：

$$q_1^s = \frac{a - c + x}{3\alpha_1} ; \quad q_2^s = \frac{a - c + x}{3\alpha_2}$$

为求解古诺均衡产量时企业 A 和 B 的最优创新资源投入，分别对 A 和 B 的利润函数求导并令其为零：

$$\frac{\partial \pi_1^s}{\partial x} = \frac{\partial \pi_2^s}{\partial x} = \frac{2(a - c + x)}{9\alpha} - b = 0$$

（由于 A、B 是对称的，设 $\alpha_1 = \alpha_2 = \alpha$）

则：
$$x^s = \frac{9\alpha b}{2} + c - a ; \quad q_1^s = q_2^s = \frac{3}{2}b$$

（3）龙头企业合作创新。如果龙头企业 A 和 B 合作技术创新，各自投入费用 bx_1、bx_2，开发费用合计 $b(x_1 + x_2) = bx$，同样认为开发费用是单位成本降低幅度的线性函数，即成本可以降低 $x_1 + x_2 = x$。由于两企业合作开发，所以可以共享成果，每个企业都会获得 $x_1 + x_2$ 的成本降低。另外二者的合作涉及协调交易费用，即二者在交易过程中为达成共同投资开展技术创新而产生的交易费用。设协调交易费用为 $t = ny = nbx$，n 为常数，即协调交易费用是技术创新投入大小的线性函数。则新的利润函数为：

$$\begin{cases} \pi_1^p = q_1^p(a - \alpha_1 q_1^p - \alpha_2 q_2^p) - q_1^p(c_1 - x_1 - x_2) - bx_1 - ny_1 \\ \pi_2^p = q_2^p(a - \alpha_1 q_1^p - \alpha_2 q_2^p) - q_2^p(c_2 - x_1 - x_2) - bx_2 - ny_2 \end{cases}$$

（角标 p 代表龙头企业间合作创新情况）

假定 $c_1 = c_2 = c$，由古诺模型，可以求出二者的最优产量分别为：

$$q_1^p = \frac{a - 2c_1 + c_2 + x_1 + x_2}{3\alpha_1} = \frac{a - c + x_1 + x_2}{3\alpha_1}$$

$$q_2^p = \frac{a + c_1 - 2c_2 + x_1 + x_2}{3\alpha_2} = \frac{a - c + x_1 + x_2}{3\alpha_2}$$

为求解古诺均衡时企业 A 和 B 的最优资源投入，分别对 A 和 B 的利润函数求导并令其为零：

$$\begin{cases} \dfrac{\partial \pi_1^p}{\partial x_1} = \dfrac{2(a-c+x_1+x_2)}{9\alpha_1} - b - nb = 0 \\ \dfrac{\partial \pi_2^p}{\partial x_2} = \dfrac{2(a-c+x_1+x_2)}{9\alpha_2} - b - nb = 0 \end{cases}$$

由于 A、B 是对称的，设 $\alpha_1 = \alpha_2 = \alpha$，则：

$$x_1 = x_2 = \frac{9\alpha(b+nb)}{4} + \frac{c-a}{2} ; \quad q_1^p = q_2^p = \frac{3}{2}(b+nb)$$

将 x_1、x_2 与各自独立开发 $x^s = \dfrac{9\alpha b}{2} + c - a$ 比较，则合作开发的投入费用大大减少；将 q_1^p、q_2^p 与各自独立开发 $q_1^s = q_2^s = \dfrac{3}{2}b$ 比较，则产出增多。这表明龙头企业合作开发无论是对创新投入的节约，还是对均衡产出的增加都是有利的。如果再考虑技术创新本身和"搭便车"的困难性，以及集群地缘、社会网络等关系带来的合作便利性，龙头企业之间经过博弈选择合作创新是相对优越的模式。

四、农业产业集群技术创新机制

在农业产业集群技术创新网络中，各行为主体之间并不存在着实体性组织，而是通过合作的方式来实现整个创新过程，因此各主体之间需要建立一套有效的运行机制来保证合作目标的实现。运行机制是创新网络的调节器，对创新主体的行为起着协调、约束和激励的作用。所以，要使农业产业集群技术创新模式保持良好的运行状态，不仅要根据集群自身特点选择与之相符的创新模式类型（地方政府推动型、产学研合作互动型或龙头企业主导型），还要建立一套包括动力机制、信任机制、利益分配机制、信息传递机制、协调机制、快速反应机制与组织学习机制等在内的运行机制。

（一）动力机制

动力机制是指促进农业产业集群进行技术创新的内在推动力与外部压力之和，是农业产业集群技术创新模式运行的核心机制。农业产业集群根据本身特点选择适合的技术创新模式，并在各种动力机制的作用下推动农业进行技术创新,由传统农业向现代农业过渡,如图 6-7 所示。

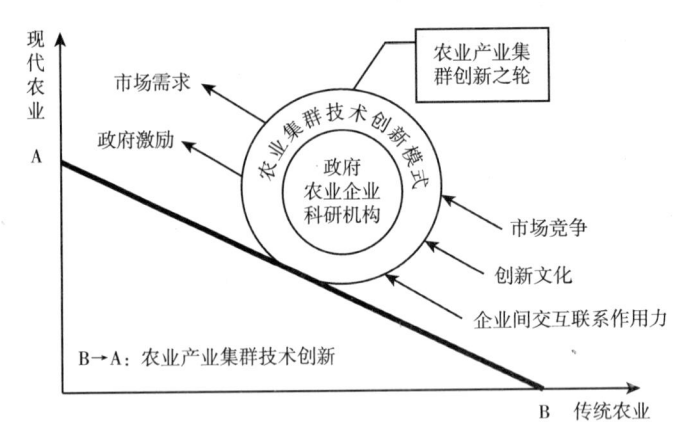

图 6-7　农业产业集群技术创新动力机制的"轮式模型"

1. 市场需求的拉力

施莫克勒(J. Schmookler)在《发明与经济增长》一书中指出,技术创新主要受市场需求的引导,而厄特巴克(Utterback)1974 年的一项研究表明,60%~80%的重要创新是受需求拉动的。无论农业产业集群采取何种形式的技术创新模式,技术创新的目的最终都是为了满足各类主体市场的需求。

2. 政府激励的拉力

农业产业集群中,地方政府在技术创新中扮演了重要角色,这一点在地方政府推动型农业产业集群技术创新模式中更为明显。地方政府通过搭建创新平台,建立集群风险创新基金,实行税收和金融等支持政策,将有力地推动集群内农业技术创新。

3. 市场竞争的推力

市场竞争是农业产业集群创新的一种无形推力,迫使企业产生紧迫感、压力感。把企业的积极性、创造性、牺牲精神和冒险精神呼唤出来,从而激发起企业的生机与活力。企业在竞争激烈的市场环境中生存与发展,不积极进行创新,随时都可能被市场竞争所淘汰。农业产业集群内部农户之间、企业之间产品同质化现象较为普遍,市场竞争压力较大。

4. 创新文化的影响力

企业间的非市场关系,如习俗、文化结构和非编码化的知识被视为极其重要,具有鼓励企业家精神和有利于降低交易成本的作用。农业产业集群较强的"社会—文化区域根植性"有利于技术创新的产生。

5. 企业间交互联系的作用力

企业之间交互联系的作用力是企业之间合作与竞争产生的进化力量，产业集群中，企业之间的交互作用所产生的协同与竞争对产业集群的健康发展作用显著。农业产业集群技术创新任何一种模式的运行都是集群内不同创新主体在长期合作与竞争的交互联系中进行的。

（二）信任机制

农业产业集群技术创新中各行为主体之间的合作不以契约等正式的关系为约束机制，而是建立在信任等基础上，柔性的信任关系可以克服创新过程中的不确定性，是创新网络有效运作的基础，这种信任机制对产学研合作型和多龙头企业合作创新型农业产业集群的重要性尤为明显。

建立信任机制应着重从以下几个方面入手：首先，加强各行为主体之间的联系与交流。信任关系的建立是合作双方在反复交往的基础上，彼此有了相当的了解后才能发展起来，它需要双方的投入和培养。其次，合作双方保持长期稳定的关系。合作双方在进行创新活动的过程中，必然要面临着关系的中断和继续，企业在选择合作伙伴时，如果没有意外，应尽量选择固定的合作伙伴，并且在创新活动之外，合作双方也应互相帮助，以期提高各自的实力，更好地实现集群创新网络的功能。最后，营造良好的社会制度环境。社会制度环境是商业社会道德行为的基础，营造良好的社会制度环境就是创建相互信任的产生机制，而创建相互信任的产生机制的重点就是通过加大欺骗成本，增加合作的获益性来惩治欺骗和违约行为，激励相互信任的合作行为。

（三）分配机制

实施农业产业集群技术创新就是为了实现合作各方利益共享，达到共赢的目的。但在农业产业集群合作中由于多种原因，例如不同的组织文化背景、合作目标差异、各自贡献的资源不等以及合作中存在的损人利己的机会主义倾向等都会影响创新网络的稳定性，而利益分配不均衡，分配机制失调是导致合作失败的最重要的一个因素。所以建立一个公平有效的利益分配机制是保证合作创新顺利实施的前提条件。网络合作方在战略上要着眼于长远的合作与发展，树立共赢的观念，在分配机制设计上，任何一方不能以势压人，要经仔细谈判后签订相关条款，在合约中明确规定各方履行合约的要求和利益分配原则，保证合作者之间的公平、公正、公开，为合作创造一个良好氛围。

（四）信息传递机制

产业集群中企业具有地理临近和共同的文化环境，企业之间通过频繁的正式交易和非正式交流建立关系，相互之间信任增加，促进了信息和知识的交流与互动。产业集群信息共享有利于增强企业的创新能力，提升整个产业集群的创新能力。但是由于农业产业集群本身的特点，使其不像工业产业集群那样信息畅通、交流方便，创新能否产生协同效应，达到预期目标很大程度上还取决于农业产业集群中的信息传递机制。

在农业产业集群中，以农业企业、农户、科研机构、中介组织和政府为代表的创新主体，通过直接或间接的、任务导向性的接触，通过正式和非正式的交流使得信息传递畅通，在充分的沟通后选择适合本集群发展的技术创新模式，并通过发挥集群网络支撑作用有效实现农业产业集群技术创新（见图6-8）。在农业产业集群信息传导中，农业科技推广服务机构、农业科技园区、各类农业专业协会等发挥非常重要作用；同时，农业科技博览会、各类农产品推介会等会展经济，也是农业产业集群信息传递中非常重要的平台。一般而言，农业产业集群信息共享越多，农业产业链中的纵横向合作越多，产业集群的创新环境氛围也越好，越有利于农业产业集群技术创新。反之，具有良好的合作创新环境以及产业链规模较大的农业产业集群，往往存在较多的信息共享，并且具有良好的信息传递机制。

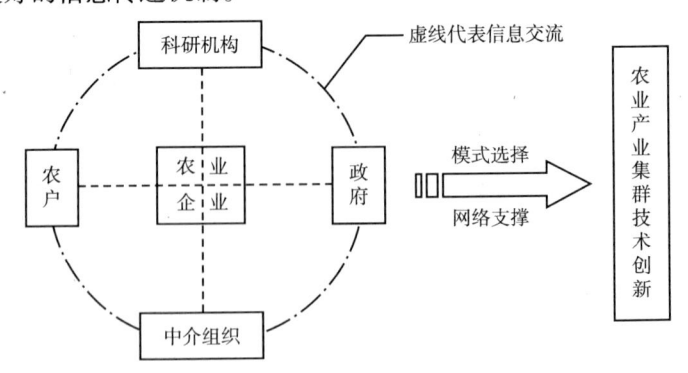

图6-8 农业产业集群技术创新的信息传递机制

五、促进农业产业集群技术创新的建议

(一) 加强农业产业集群技术创新环境建设

1. 软环境建设

(1) 营造适合集群技术创新的地方制度环境。农业产业集群实质上是正式制度和非正式制度因素综合作用的结果，政府作为各种法律制度、产权制度等正式制度的供给者，应不断增强制度供给能力，不断完善符合市场经济发展要求的市场竞争机制、有效率的产权制度、高效的激励制度和组织制度，降低社会各种交易成本，提高整个经济体制的运行效率，为集群内的技术创新主体发展创造一个适宜的制度环境。

(2) 塑造信任、合作的社会文化环境。一是政府应运用舆论的力量，大力宣传、引导集群文化的形成，促成合作机制的形成；二是政府职能部门与社会中介机构联合，对集群内企业进行公正客观的信誉评级，向集群内外公布，对信誉良好的企业大力推介，对信誉差的则给予警示；三是政府在必要时应介入，运用法律、行政手段等对危及集群整体的败德行为加以干预。

2. 硬环境建设

(1) 政府建立农业产业集群技术创新平台。在发展农业产业集群过程中，一定要把园区建设作为集群创新的重要载体，加快示范园区的规划和建设。一方面，要对各地在招商引资过程中形成的各种示范园进行整合，形成企业关联度高的专业产业园区，充分发挥农业产业集群的协同效应，并最大程度地共享基础设施和土地等其他资源。另一方面，要创新园区的运作方式，提高园区建设的集约化程度，尽快形成以园区为载体的农业产业集群。此外，农产品生产基地建设要以市场为导向，基地建设与龙头企业相结合，加强管理，注重产业化开发，提高技术创新能力及其扩散效应，发挥基地的带动作用，获取最大经济效益。

(2) 政府提供农业产业集群发展所必需的公共物品和准公共物品。农业技术的发展与创新必须依靠相应的基础设施及其他辅助设备，长期以来，政府在农业发展的公共物品和准公共物品方面的投入一直不足，这严重制约了我国农业产业集群技术创新的发展。为了促进农业产业集

群技术创新,政府必须加大这一方面的投入,尽可能满足集群创新对公共物品和准公共物品的需求。

(二) 优化农业产业集群技术创新网络

1. 农业产业集群中主导农业企业的培养

主导农业企业主要是农业产业集群中一些农产品加工企业或集农产品生产、加工、销售于一体的企业,这类企业是整个农业产业集群技术创新的最核心部分,承担了主要的农业生产、加工技术创新。首先,主导农业企业技术力量较为雄厚,资金较为充足,有能力承担起技术创新的重担;其次,主导农业企业在所在的集群中具有一定的领导力,可以直接或间接影响创新资源的分配,生产的专业化与相关业务外包也促进集群中其他企业的技术创新与扩散。因此,优化农业产业集群技术创新网络体系首先要从主导农业企业的培养开始。

2. 培育集群内合作竞争意识,推动企业关联与协同创新

产业集群技术创新的一个重要特征是协同竞争性,集群企业所面临的一个重要问题就是如何在竞争与合作之间寻找平衡点。竞争能促使企业提高效率,改进产品质量和创新。但过度竞争又会使企业资源浪费,阻挠学习和创新,所以在集群中加强合作很有必要。农业产业集群中竞争合作不仅存在于平行农业企业之间,也应该体现于上下游企业间的互动上,即无论是横向的还是纵向的企业都需要树立竞争合作意识。从合作的内容上讲,可以是多方面的:一是共担风险开发新技术和新产品;二是资源互补开拓新市场;三是垂直合作完善产业链。应培育成员企业间的合作竞争意识,实现成员企业双赢发展。利用集群企业新型的竞争合作关系,促进集群生产体系的专业化分工和配套协作,加强集群企业的协作关联意识,建立完备的协同创新网络。

3. 增强集群学习能力

集群学习能力是集群持续创新的关键,伦德瓦尔(Lundvall,1992)认为研究创新系统的关键是理解学习,探索其如何在经济体系中展开和完成,并产生经济效益①。农业产业集群技术创新需要核心网络内部各要素之间增强集群学习能力,为共同应对技术创新不确定性的挑战而协

---

① Lundvall, Bengt Ake. National System of Innovation: Towards a Theory of Innovation and Interactive Learning. London: Pinter Publishers, 1992.

调行动。农户或农业生产基地与农产品加工销售企业之间的互相沟通、学习,有助于认识到自身的不足以及存在于彼此间的创新缝隙;他们与农产品批发商、零售商、消费者的交流有助于技术改进,生产更好的产品适应市场需求。农产品生产加工企业之间以及与相关企业间的互动学习,有助于降低创新风险,分享创新成果,提高各自的价值创造能力。同时,核心网络各要素还要向网络外部学习,积极有效地获得外部知识资源,提高自身的知识基础,以增强产品的技术附加值,保持技术的优越性。

4. 发挥中介组织的协调作用

作为市场的中介,这些组织部门兼具市场的灵活性与公共服务性两方面特性,不仅可以有效协调与规范企业的市场行为,促进资源的合理配置,而且不断帮助政府部门和市场激活资源,进而增强集群内的创新能力。同时,中介机构作为集群创新网络的重要结点之一,在集群网络化创新过程中发挥了重要作用。中介机构的不断完善,对集群内企业与供应商、企业与客户、企业与同行企业以及与其他网络结点的联结都会有很好的促进作用,在协调集群创新网络内各个企业的关系上也充当着重要的角色。

各种农业协会作为促进行业发展、规范行业秩序的社会经济组织,不仅是政府与集群内企业连接的桥梁,也是集群内企业统一对外交流与沟通的窗口,还是集群内企业进行内部沟通及信息、技术传递的平台。农业协会除为集群内企业提供各种公共服务如质量检测、信息收集、咨询、指导、技术攻关、劳动力培训等外,还可以帮助集群内企业降低交易成本,整合群体的力量解决整个集群存在的一些实际问题,如贸易壁垒、技术创新等,帮助集群加速实现产业升级,提升农业产业集群竞争力。而且,众多规模较小的农业生产加工企业通过农业协会能连成一个整体,形成产业链条的必要组成部分。随着政府职能转变过程的完成,农业协会逐步成为政府和农业企业的桥梁和纽带。政府可以通过各种农业协会了解企业的情况或间接调控企业,同时,企业要依靠农业协会了解政府的有关政策和指导意见,或向政府反映自己的各种呼声、困难和要求。随着农业产业集群的发展,各种农业协会的作用会越来越大。各种协会不仅可以作为中小企业代表,在促进集群内外和不同行业间进行相互沟通和交流方面起到积极作用,而且也可以在加强集群内企业之间沟通、增进信任和团结、协调企业间矛盾纠纷、促进企业间交往和信息交流等方面，发挥重要作用。因此，农业产业集群技术创新的发展离不开行业协会的协调。

(三) 完善农业产业集群技术创新模式

1. 现有创新模式的完善

前述农业产业集群技术创新的模式主要有三种，即地方政府推动型、产学研合作互动型和龙头企业主导型。完善现有的创新模式就是要根据三种模式本身的特点，采取有效的针对性措施促使其更好地达到技术创新的目的。

(1) 地方政府推动型模式的完善。在农业产业集群中，当主要创新主体如农产品加工企业、农户等实力较弱，产业组织化程度低，导致技术创新能力明显不足，这时候就需要依靠地方政府搭建共同技术创新的平台，就需要选择地方政府推动型技术创新模式。针对这一特征，该类型的农业产业集群技术创新中最主要的是加大地方政府推动力度和宏观调控能力。为了促进当地农业产业集群的发展，地方政府必须树立长远的发展目标，通过各种财政措施、税收优惠等政策以及直接的投资建立一个农业技术创新的平台，将集群内部的各种创新资源和创新主体集中到这一平台上协同合作共同实现技术创新的突破。农业技术创新成果的收益可能要几年甚至几十年才能显现，所以地方政府必须放弃只看一时政绩的短浅眼光，不遗余力地加大对农业产业集群技术创新的投入力度，特别是与当地农业发展密切相关的共性技术研究方面的投入。农业产业相对其他产业更加复杂，农业产业集群中技术创新问题更加难以把握，各种资源的分配与协调以及各种创新主体的任务分担都需要地方政府的统一调度，所以地方政府的宏观调控能力是该类型农业产业集群技术创新成败的关键。

(2) 产学研合作互动型模式的完善。大学或研究机构是农业产业集群进行技术创新的知识与技术源头，离开了大学或研究机构，农业产业集群的技术创新就相当于无源之水、无本之木。由于农业产业集群中农户和农产品加工企业自身进行技术创新的能力不足，所以必须加强和集群中的大学和科研机构的合作，从大学和科研机构那里获取最新的农产品品种、种植、加工技术方面的信息和知识；同时，大学和科研机构也离不开农户和农产品加工企业，大学和科研机构必须从农户和农产品加工企业那获得实际的资料和技术创新中相关问题才能够顺利地进行技术创新。首先，要注重加强与当地的大学和科研机构的合作，建立良好的产学研合作互动机制，把农业生产经营活动及相关技术创新过程中遇到的问题，以研究课题的形式交给大学里的教授与相关科研人员研究。其次，当地农业产业集群中没有大学或科研机构较少的，应该设法与国内外相关大学和科研机构联系，在本地建立相关的科研分支机构，从而为集群技术创新提供地域临近、联系密切的智力资源支撑。

（3）龙头企业主导型模式的完善。龙头企业主导型模式主要适用于农业产业集群的产业组织化和产业成熟度高、存在少数几个龙头企业和大量"卫星"式企业的情形，所以这种类型的农业产业集群在技术创新问题上首先要考虑的是龙头企业的选择与扶植。龙头企业是指那些相对规模较大、产品市场占有率较高、科技公关能力较强的企业，在农业产业集群中主要是一些大型农产品加工企业或集农产品生产与加工于一体的大型企业，这些农业企业一方面在农产品市场上占有相当优势，另一方面在新品种的培育、新加工技术的创新上遥遥领先。龙头企业是这类农业产业集群进行技术创新的主导，地方政府应该采取相应的财政措施、税收优惠扶植集群内龙头企业的成长并鼓励其技术创新。其次要发挥龙头企业的主导作用，使其能够担当起农业产业集群内部技术创新的领导者，把分散的中小农业加工企业以及农户等主体联系起来，使之成为创新的积极参与者，并承担创新过程中的不同任务，从而达到集群合作创新的目的。

2. 新的创新模式的引入

完善农业产业集群技术创新模式并不意味着单纯地完善前述的三种农业产业集群技术创新模式，同时还应该积极探索新的适合地方特色的农业产业集群技术创新模式，新的创新模式的引入就如新鲜血液的注入一般能够促进农业产业集群的蓬勃发展。

随着农业产业集群的发展，可能原有的技术创新模式不再适应该农业产业集群的持续发展，这时候集群内的创新主体就会通过网络体系的重组或创新资源的重新分配，从而产生新的适应集群发展的技术创新模式。山东寿光蔬菜产业集群就是最好的例子。当地蔬菜集群发展初期，由于处于起步阶段的原因只能依靠地方政府创建的合作技术创新平台完成农业技术的创新，但随着蔬菜集群的发展与成熟，一批实力较强、规模较大的蔬菜生产加工企业壮大起来，于是龙头企业主导型的技术创新模式取代了地方政府推动型的技术创新模式。

农业产业集群和其他产业集群一样是一个开放的创新网络，因此技术创新的模式同样可以从农业产业集群外部获得。随着农业产业集群发展到特定的阶段，集群内部的创新主体可以通过正式交流和非正式交流与农业产业集群外部进行信息共享，从集群外部学习和引入新的适合本地区发展的技术创新模式。这种新的创新模式可能是其他农业产业集群验证了的更先进的技术创新模式，也可能是本集群内的创新主体与集群外的高科技企业、研究机构交流过程中共同创造的。

(四) 健全农业产业集群技术创新成果推广体系

我国农业科技成果的转化率较低（30%~40%），严重影响了农业技术创新的积极性和持续性发展，而健全和完善农业技术推广体系是解决这一问题的重要途径。

1. 分离公益性职能与经营性服务，实行分类推广

政府必须对各种农业技术按产品、按技术类型、按"公益性"程度、按其在市场上技术产权可保护程度进行科学、系统的分类。在此基础上确定哪些产品的哪些技术推广工作应当而且也只能由政府的技术推广部门承担，哪些产品的哪些技术推广可以推向市场，由非政府部门的企业、公司和民间组织承担。公益性农技推广职能由政府兴办的农技推广机构承担，由国家财政确保经费供给；经营性服务职能逐步推向市场。

2. 加快多元化农业技术推广体系建设[①]

建设多元化农业技术推广体系，加大推广力度，提高农业科技成果转化率，是发展我国现代农业的必由之路。必须重新整合我国现阶段的农业技术推广资源，在加强现有农业技术推广机构建设的同时，把农业科研、教育单位明确为农业技术推广主体；要坚持涉农企业、农业产业化组织、农村合作经济组织、中介组织等广泛参与的原则；形成具有中国特色的"三元主体、多方参与"的农业技术推广新模式。

3. 建立技术推广的信息"双向传输"机制

新形势下农业技术推广方式的创新要积极引入人性化思维，体现农民至上、充分尊重农民意愿，有利于及时深入细致了解农民的需求。农

---

① 李维生. 我国多元化农业技术推广体系的构建 [J]. 中国科技论坛, 2007, (3): 109-113.

技服务必须由过去的"推广什么农民接受什么"转变为"农民需要什么推广什么",即由过去的"自上而下"的单向行政命令式、说教式传输方式变为双向的技术信息交流式、思想观念沟通式,达到农技人员与农民间双向互动。农业产业集群中技术创新是网络化的合作创新模式,因此其技术推广体系也应该是网络互动型的,而不是线性的。农业技术的推广者和接受者共处于同一农业产业集群内,二者只有相互交流达到信息的"双向传输"才能促使新技术的产生以及农业产业集群的持续发展。

第七章

发展现状与存在问题

一、我国农业产业集群现状分析

农业产业集群是农业产业化发展到一定程度的产物，我国农业产业集群现象的出现至少可以追溯至改革开放之初的农业产业化经营发起阶段。目前我国农业产业集群发展总体上处于起步阶段，与发达国家相比较，还有很大差距。近年来我国农业产业集群发展速度明显加快，对农业发展和农民增收促进作用不断加强，但是按照波特的"钻石模型"理论，总体上仍处在生产要素导向阶段。在东部沿海发达地区，农业产业化起步较早地区如潍坊、烟台等，农业产业集群的发展已经开始进入投资导向阶段，国内已有少数产业集群开始进入创新导向阶段，如山东寿光蔬菜产业集群、昆明斗南花卉产业集群等。

（一）我国优势农产品区域分布

农业产业集群往往以农业产业区为基础，优势农产品区是形成农业产业集群最优越的空间区位场所。陶怀颖（2010）研究表明农产品产业区域有向优势区域集中的发展趋势[1]。我国主要优势农产品分布情况如下：

1. 稻谷产业区

稻谷产业区进一步向长江中下游的湖北、湖南、安徽、江苏、江西以及西南的四川、贵州和东北的黑龙江等地集中。

2. 小麦产业区

主要分布在河北、山东、河南、陕西、山西、江苏、安徽的黄淮海

---

[1] 陶怀颖. 我国农业产业区域集群形成机制与发展战略研究 [M]. 北京：中国经济出版社，2010：86－91.

优质强筋小麦带；主要布局在江苏、安徽、河南、湖北的长江下游优质弱筋小麦带；主要布局在黑龙江、内蒙古的大兴安岭沿麓优质强筋小麦。

3. 玉米产业区

主要分布在黑龙江、内蒙古、吉林、辽宁的东北—内蒙古专用玉米优势区；主要布局在河北、山东、河南的黄淮海专用玉米优势区。

4. 棉花产业区

主要分布在河北、山东、河南、江苏、安徽的黄河流域棉区；主要分布在江汉平原、洞庭湖、鄱阳湖、南襄盆地的长江流域棉区；主要分布在新疆维吾尔自治区和甘肃河西走廊地区的西北内陆棉区。

5. 大豆产业区

主要分布在松嫩平原、三江平原、吉林中部、辽河平原、内蒙古东四盟市的东北高油大豆带。

6. 甘蔗产业区

主要分布在广西、云南、广东的桂中南、滇西南、粤西"双高"甘蔗优势产区。

7. 苹果产业区

主要分布在山东、辽宁、河北的渤海湾苹果优势区；主要分布在陕西、山西、河南、甘肃的西北黄土高原苹果优势区。

8. 柑橘产业区

主要分布在长江上中游、赣南湘南桂北和浙南闽西粤东三大优势产区。

9. 油菜产业区

重点有长江上游区、中游区和下游区3个"双低"油菜优势区。主要分布在四川、贵州、重庆、云南的长江上游优势区；主要分布在湖北、湖南、江西、安徽和河南的长江中游优势区；主要分布在江苏、浙江的长江下游优势区。

10. 蚕茧产业区

主要分布在广西大部、川渝东部和南部、云南、江苏沿海、浙西北、皖西鄂北、江西、粤西粤北、陕甘南部。

11. 葡萄产业区

主要分布在新甘宁区、环渤海湾、黄河故道、汾渭平原、云南高原、吉林。

12. 石榴产业区

主要分布在新疆南疆绿洲、陕西临潼和礼泉、安徽怀远和淮北、川滇高原区、山东枣庄、晋南区。

13. 红绿茶产业区

红茶主要分布在皖南、滇西、粤桂部分县；绿茶主要分布在黄山太湖区、浙闽丘陵区、闽粤丘陵区、大别桐柏区、两湖丘陵区、武陵区、五岭区、粤西桂东区、海南区、秦巴区、川黔区、滇西南区。

14. 花卉产业区

鲜切花主要分布在云南中部、浙江东北部；种球花卉主要分布在福建漳州（水仙）、青海东部（郁金香、百合），滇西北和滇东北、甘肃中部、陕西东部和西部（百合），辽宁凌源（百合、唐菖蒲）；盆栽花卉主要分布在福建沿海、浙江中北部、广东珠江三角洲、安徽南部、江苏中南部。

15. 肉牛羊产业区

主要布局在河南、山东、河北、安徽的中原肉牛优势产区；主要分布在辽宁、吉林、黑龙江、内蒙古的东北肉牛优势产区；主要分布在河南、山东、河北、江苏、安徽的中原肉羊优势区；主要分布在内蒙古和河北的内蒙古中东部及河北北部肉羊优势区；主要分布在宁夏、甘肃、青海、新疆的西北肉羊优势产区；主要分布在四川、重庆、云南、贵州、广西的西南肉羊优势产区。

（二）我国部分省市农业产业集群

以区域优势农产品为依托，我国种植业、畜牧业和林产业等领域的农业产业集群现象非常普遍，见表7-1。

表7-1　　　　部分省市农业产业集群的地区分布情况

省份	主要特色产业及集群所在区域
山东	潍坊市（寿光蔬菜、青州花卉集群）、烟台市（栖霞蛇窝泊苹果、蓬莱市葡萄酒、莱阳市食品加工集群）、威海市（渔业集群）、东营市（河口区冬枣、水产、畜牧、芦苇、棉花等特色主导产业集群）、青岛市（莱西市食品加工业集群）、聊城市（棉花种植及深加工集群、瓜果蔬菜生产和禽畜养殖集群）等
江西	江西樟树中药材产业集群、赣南果业产业集群、环鄱阳湖特色水产产业集群、梅江城郊宁都黄鸡产业集群等
广西	桂林市（荔浦县衣架产业集群、茶城县柑橘产业集群）、贵港市（蔗糖产业集群）、玉林市（博白县竹器编织产业集群）、百色市（现代农业示范区）、河池市（桑蚕、优质粮食、中药材等十大农业新兴优势产业）、南宁地区（崇左县蔗糖、亚热带水果产业集群）、贺州地区（富川县脐橙产业集群）等
安徽	合肥养殖业、亳州中药材、皖南茶叶桑蚕、皖西茶叶桑蚕、砀山萧县水果、巢湖水产、宁国山核桃、霍邱阜南柳编、芜湖花卉、望江棉花、宣城家禽等产业集群

续表

省份	主要特色产业及集群所在区域
河南	郑州食品加工产业集群、漯河肉食品产业集群、河南方便面产业集群（以郑州为中心，北到新乡、南到漯河）、新郑红枣特色产业集群、许昌豆制品产业集群、中牟大蒜产业集群、新野棉纺织集群、鄢陵县花木产业集群、三门峡市果品加工集群、内黄县腐竹加工集群等
河北	清河县羊绒加工产业集群、隆尧县食品加工产业集群（东方食品城）、涿鹿县葡萄杏扁产业集群、卢龙县甘薯产业集群、河北燕山板栗产业集群、河北安国中药产业集群、大名面粉加工集群、赵县淀粉加工集群、高阳纺织品加工集群、蠡县毛纺加工集群、辛集皮革加工集群、廊坊肉类加工集群、沧县小枣产业集群、昌黎县葡萄酒酿造产业集群等
江苏	射阳棉花大米产业集群、江都花木产业集群、洮鬲花木产业集群、西部低山丘陵畜禽产业集群、无锡市（南部丘陵山区高校茶果、锡东澄东经济林木、三沿特种水产、近郊精细蔬菜、环湖优果品等产业集群、环太湖休闲观光产业示范带）、兴化市（农副产品加工产业集群）、江苏宝应荷藕产业集群等
黑龙江	农垦区粮食产业集群、齐齐哈尔市富拉尔基区甜菜农业产业集群、哈尔滨亚麻产业集群、双城市农畜产品加工产业集群等
新疆	南疆、东疆、北疆棉花产业集群、米东农牧产品加工产业集群、伊宁市农副食品加工产业集群、新疆水果（吐鲁番葡萄、库尔勒香梨）产业集群等
内蒙古	畜牧及加工业集群（奶牛及乳业集群、养羊及毛织品产业集群）

资料来源：根据相关省市政府网及农业信息网资料整理。

（三）我国农业产业集群发展状况分析

1. 已经形成众多农业产业集群或雏形，整体处于发展的初级阶段

围绕"一村一品、一镇一业"建设，我国已经形成众多不同类型的农业产业集群或其雏形，并且也出现山东寿光蔬菜产业集群、广西贵港蔗糖产业集群、昆明花卉产业集群、郑州食品工业集群等一些较为成功的集群范例。大部分农业产业集群企业规模小，数量少，产业链不完整，集群周围农业产业基地规模效应较低，农业产业集群模式基本上以传统农业产业化发展模式为主，整体上处于发展初级阶段。各地区农业产业集群形成方式多样，如山东寿光蔬菜产业集群是自发形成，广西贵港蔗糖产业集群是农业龙头企业带动形成，河北清河羊绒加工产业集群是当地企业家精神带动形成等。

2. 农业龙头企业规模扩大，带动能力增强，但科技能力有待进一步提高

2002年年底农业产业化国家级重点龙头企业发展到372家，平均固定资产2.5亿元，平均销售收入7.1亿元。2011年12月新认定农业产业化国家重点龙头企业359家，至此，农业产业化国家重点龙头企业总数已经达到1253家。目前我国以国家级重点龙头企业为核心,省级重点龙头企业为骨干,数万个中介组织、专业市场、小型龙头企业为基础的农业产业化组织群已经基本形成。目前,全国各类农业产业化组织28万多个,直接吸纳农民就业5000多万人,多种形式带动农户约1.1亿户。参与农业产业化经营的农户年户均增收额从2000年的900多元,快速增长到2011年的2400多元。全国各类龙头企业近11万家,年销售收入5.7万亿元,出口创汇额占全国农产品出口额的80%以上;提供的农产品及加工制品占农产品市场供应量的1/3,占主要城市菜篮子产品供给的2/3以上。

2010年年底,全国8000多家省级以上龙头企业从事科技研发和技术推广的农业科技人员38.5万人,占全国科技人才资源总量的36.8%。"十一五"期间,国家重点龙头企业共投入科研经费772亿元,近90%的国家重点龙头企业已建立研发中心,60%以上的国家重点龙头企业获得了省以上科技奖励或认证。但是总体上说,农业产业化龙头企业尤其是省级以下龙头企业尚不具备自己独立的技术研发能力,设备、技术主要靠购买或引进,基本无消化、吸收实力,科技能力有待进一步提高。

3. 初步显现出集群优势,但产业链条短,分工协作机制不完善

在我国沿海经济发达地区,农业产业化推进较快,农业产业集群的发展优势已经显现,并呈现出良好的势头。以广东省茂名市为核心,横跨高州、化州、茂南3市(区)23个镇,形成罗非鱼繁殖、放养、加工、运销出口的金三角罗非鱼产业集群。2003年年底,金三角罗非鱼养殖总面积为13万亩,养殖总产量为13万吨,总产值6亿元以上,渔民年人均收入约2万元。2007年茂名市罗非鱼产量16.8万吨,养殖值10亿元,其产量分别占全省1/3、全国1/6、全球约1/12,成为全国最大的罗非鱼养殖和出口基地。但2007年茂名市养殖水产品总产量71.9万吨,罗非鱼仅占23%,还有很大的增长空间,存在明显的加工度低、产业链短、标准化和产业化不高。我国农业产业集群中没有龙头企业或龙头企业的作用不显著,产业链条短,没有形成完整的专业化分工协作网络,产业主体联系较弱等现象比较严重。

4. 农业产业集群规模较小,但也有部分集群发展速度较快

总体上看,我国农业产业集群多数是在20世纪90年代以后开始形成的,多数是自发形成的,主要以个体和中小农业企业为主,产业规模较小,辐射带动能力较弱。但是,许多集群的产业特色十分鲜明,发展势头强劲,如寿光市蔬菜、呈贡县花卉、中牟大蒜、阜南县柳编等产业集群。1980年,昆明呈贡县斗南村一户农民在自家的菜地里试种了0.3亩花卉,从只有一户花农到有几户花农,从几家专业大户成片种植到全县"总动员",再从窄窄的花卉一条街到占地100亩的交易中心和日拍卖鲜花200万枝的国际花卉拍卖市场,呈贡县已是"中国花卉第一县"。2002年种植面积扩大为2.5万亩,产量12.6亿枝,占云南省的63%,产值1.55亿元。2009年斗南花卉市场,已连续16年保持全国花卉市场交易量第一、交易额第一、人流量第一、现金流第一的指标,已经有来自东南亚、南亚、东亚、西亚、东非及南太平洋等十余个国家的花卉,进入斗南市场交易,花卉成交后流向40多个国家和地区。

5. 以劳动密集型集群为主,高新农业产业集群很少,整体层次较低

尽管我国以农业科技示范园区为主导形成了少数农业技术含量较高的集群,如陕西杨凌农业高科技示范区等,但整体上农业产业集群以传统劳动密集型为主,多数集群是以农副产品的简单生产和加工或者是以传统交易市场为核心构建,以生产要素投入为集群主要增长方式,集群核心竞争力表现出明显的先天不足。集群生产经营主要靠土地、廉价劳动力、农田基本设施以及化肥等农业生产资料投入;集群专业化分工较弱,农产品加工度低,品种少,品质差,主要靠价格参与市场竞争,利润低、风险大,没有形成高效链接的产前、产中和产后的农业链条。

6. 农业产业集群地区发展不平衡

在我国东部沿海及相对发达地区(如山东、广东、江苏、河北等)农业产业集群起步较早、发展速度较快;而中西部及相对落后地区,农业产业集聚效应不明显,农业产业集群发展速度较慢。但是,近年来以特色农业为主导的中西部地区农业产业集群有了较大发展,特别是中部地区河南农业产业集群发展速度很快,全省有农产品产业集群大约60个,其中食品加工产业集群有37个、全国农产品加工业示范基地6个,15个年产值超百亿元的农业产业集群。主要是面粉、速冻食品、畜产品、家禽产品、植物油,各种小食品、饮料、一些乳制品、酒类、烟草、茶叶和蛋类加工等产业集群,2010年一年以面粉加工、速冻食品为主的食品类加工产业集群年产值就达到350亿元[1]。

---

[1] 杨惠. 河南省农业产业集群发展研究 [D]. 郑州大学硕士论文, 2011: 10-14.

二、安徽农业产业集群发展现状

(一) 安徽农业产业集群发展进程与资源特征

改革开放前，安徽农业基本处于落后的传统农业生产阶段，生产活动以零散的农户经营为主，专业化分工程度非常低。改革开放后，以家庭联产承包为基础的农村经济体制改革极大地调动了农民生产的积极性和主动性，安徽农业经济得到迅速发展。尤其是 20 世纪 80 年代初以来，中央肯定了农业产业化经营的发展方向后，安徽许多地方也同时进行了农业产业化生产经营的尝试，农业生产开始形成专业化分工与区域化布局的新局面，农业龙头企业和相关生产要素开始向乡镇集聚。到 21 世纪初，安徽农业在农业工业化、产业化和农村城镇化建设的带动下，逐步形成了一些具有浓郁地方特色的农业产业集群的雏形。

近年来，安徽省"一村一品"专业示范村（乡镇）发展迅速（见表 7-2）。这些示范村（乡镇）为安徽农业产业集群发展奠定了良好的基础，其中有些已经成为安徽当地农业产业集群（雏形）的核心结点。2009 年年底，安徽省专业村（镇、乡）达到 3025 个。其中，专业村达到 2772 个，占全省 2008 年年底行政村总数的 17.4%；专业乡镇 253 个，占全省乡镇总数的 20.3%。全省专业村（镇、乡）中，主导产品通过绿色食品、无公害农产品和有机食品认证的达到 1191 个，占全省专业村（镇、乡）总数的 39.4%。其中，专业村主导产品通过绿色食品、无公害农产品和有机食品认证的达到 965 个，占全省专业村总数的 34.8%；专业镇、乡主导产品通过绿色食品、无公害农产品和有机食品认证的达到 141 个，占全省专业乡镇总数的 55.7%。安徽省的农业产业集群以种植业为主、兼有地方特色的养殖业和园艺业。根据各地的自然资源条件，分别形成了地区各具特色的农业产业集群雏形。安徽省气候条件适宜，适于各种农作物生长，如芜湖的水稻、无为的棉花、淮南的黄心乌菜、来安的西红柿和固镇的花生等。同时，由于地理位置、地势的不同和气候条件的差异，安徽省形成了一些著名的特色果树、茶树种植业集群区域，如砀山的酥梨、宁国的山核桃、萧县的葡萄、怀远的石榴、当涂的桃子、黄山的茶叶等。有些农业产业集群已经成为全国有名的养殖业生产基地，如蒙城的黄牛、阜阳临泉的山羊、皖西的白鹅、巢湖的水产和池州的桑蚕养殖等。总之，安徽省农业资源相对丰富，但是尚未形成明显的集群规模优势，农业产业集群处于生产要素导向的发展初期阶段。

表7-2 安徽省第二批"一村一品"专业示范村（乡镇）

序号	专业村（乡、镇）名称	主导产业或产品名称	序号	专业村（乡、镇）名称	主导产业或产品名称
1	宣州区古泉镇富山村	早熟梨	25	含山县仙踪镇葛集村	肉鸭养殖
2	宣州区溪口镇	食用菌	26	天长市铜城镇龙岗社区	芡实
3	郎溪县南丰镇南山村	特色蔬菜（艾草）	27	明光市官店镇罗岭村	甜叶菊种植
4	广德县东亭乡沙坝村	红薯	28	滁州市施集镇井楠村	茶叶
5	泾县榔桥镇涌溪村	茶叶（涌溪火青）	29	滁州市扬子街道团山村	蔬菜
6	旌德县庙首镇祥云村	茶叶	30	明光市女山湖镇	水产养殖
7	宁国市仙霞镇孔夫村	早竹	31	凤阳县总铺镇黄泥铺社区	葡萄
8	宁国市青龙乡西林村	茶叶（黄花云尖）	32	全椒县二郎口镇曹埠村	龙虾养殖
9	绩溪县长安镇下五都村	长毛兔养殖	33	天长市杨村镇湖边村	水产养殖
10	绩溪县临溪镇孔灵村	蚕桑	34	舒城县干汊河镇西宕村	羽毛加工
11	铜陵市郊区灰河乡东风村	葡萄	35	霍邱县临淮岗乡双门村	杂交稻制种
12	铜陵市西湖镇农林村	苗木花卉	36	六安市椿树镇草庙村	蚕桑
13	铜陵县老洲乡光辉村	蔬菜	37	六安市西河口乡郝集村	六安瓜片
14	凤台县朱马店镇马店村	糯稻生产	38	六安市城北乡王湾村	蔬菜种植
15	潘集区高皇镇张岗村	食用菌	39	寿县涧沟镇黑龙村	青毛豆种植
16	淮南市曹庵镇范圩村	草莓种植	40	叶集区平岗办事处堰湾村	西瓜种植
17	当涂县江心乡尚锦村	蔬菜种植	41	金寨县响齐办事处齐云村	乡村旅游
18	当涂县护河镇园艺村	经果林（鲜桃）	42	黄山市徽州区富溪乡	黄山毛峰
19	居巢区散兵镇项山村	茶叶（巢湖银尖）	43	休宁县海阳镇盐铺村	黄山菊花
20	无为县蜀山镇苏疃村	荸荠种植	44	歙县雄村乡卖花渔村	花卉盆景
21	和县历阳镇黄墩村	蔬菜种植	45	黄山市屯溪区奕棋镇朱村	园艺业
22	无为县泉塘镇中垄村	河蟹养殖	46	黄山区焦村镇贤村村	中药材（灵芝）
23	和县西埠镇鸡笼山村	麻油生产	47	祁门县平里镇贵溪村	祁门红茶
24	庐江县郭河镇元井村	肉鸡养殖	48	黟县美溪乡黄菇村	黄山毛峰

续表

序号	专业村（乡、镇）名称	主导产业或产品名称	序号	专业村（乡、镇）名称	主导产业或产品名称
49	黄山区汤口镇山岔村	乡村旅游业	75	岳西县河图镇南河村	茶叶（岳西翠兰）
50	歙县新溪口乡塔坑村	三口柑橘	76	桐城市龙眠街道凤形村	茶叶（桐城小花）
51	祁门县芦溪乡芦溪村	安茶	77	安庆市长风乡元桥村	蛋鸡养殖
52	繁昌县平铺镇龙岗村	西瓜种植	78	濉溪县百善镇张庄村	双孢菇种植
53	南陵县烟墩镇红旗村	土鸡养殖	79	淮北市殷园镇大庄村	葡萄种植
54	芜湖县花桥镇庙音村	中药材种植	80	贵池区梅村镇杨棚村	茶叶
55	繁昌县峨山镇干果村	竹林鸡养殖	81	东至大渡口新深居委会	水产养殖
56	怀远县马城市镇常王村	生态草鸡养殖	82	青阳县西华乡	蚕桑
57	怀远荆涂风景区涂山村	石榴种植	83	贵池区棠溪镇西山村	西山焦枣
58	五河县沱河乡	螃蟹养殖	84	青阳县新河镇十里岗村	皖南土鸡养殖
59	固镇县王庄镇	花生种植	85	石台县横渡镇河西村	水果
60	固镇县城关镇龙滩村	食用菌	86	石台县仙寓镇珂田村	出口蔬菜
61	五河县城关镇淮五村	辣根种植	87	宿州市西寺坡镇谷家村	蔬菜种植
62	蒙城县小涧镇尖山村	双孢菇种植	88	灵璧县虞姬乡虞姬村	蛋鸡养殖
63	蒙城县马集镇马庙村	马铃薯种植	89	萧县白土镇卢村	白山羊养殖
64	利辛县巩店镇车寨村	生猪养殖	90	砀山县玄庙镇梨花村	日韩梨
65	涡阳县高炉镇陆杨村	皖麦良种繁育	91	临泉范兴集乡半截楼村	西瓜种植
66	桐城市嬉子湖镇蟠龙村	蛋鸭养殖	92	太和县马集乡港集村	毛发产业
67	枞阳县铁铜乡新丰村	特色蔬菜	93	颍上县八里河镇渔民村	水产养殖
68	宿松县北浴乡滑石村	银杏	94	阜阳市颍西街道办事处	蔬菜（青茄）
69	太湖县新仓镇惠民村	生猪养殖	95	阜南县郜台乡刘店村	柳编加工
70	潜山县槎水镇	蚕桑	96	阜阳市正午镇王桥村	三元商品猪养殖
71	望江县赛口镇兴龙村	网箱养鳝	97	颍州区西湖镇汤王村	恋思萝卜
72	望江县雷池乡西联村	土虾子菜种植	98	肥西县柿树岗乡瘠渡村	网箱养鳝
73	安庆市山口乡山口镇村	水产养殖	99	肥东县元疃镇马皇村	食用菌
74	潜山县塔畈乡倪河村	茶叶	100	长丰县水湖镇小岗村	莴笋

根据各地农业文化传统，有些地区还建立了特色农业产业集群发展区域。如亳州中草药产业集群的发展已有相当的规模，成为国内知名的中草药采购集散地；再如以古井集团为龙头企业带动的亳州白酒制造业生产基地的发展，促进了当地农业关联产业、运输业和下游产业链的发展。另外，当涂县护河镇的桃树连片生产基地，已初具产业集群规模，形成了"桃花旅游"的农村经济发展新模式。根据《关于推进农业产业化示范区建设的实施意见》（皖农产〔2010〕4号）精神，安徽省农委组织开展了首批安徽省农业产业化示范区认定工作。认定肥东新区食品工业园、淮北凤凰山食品工业园、亳州市谯城区中药产业园、长丰县双凤食品工业园、怀远城西粮食及农副产品加工区、宁国市南山食品产业园、砀山县砀城水果加工园区、广德县城北禽类加工园区等8家为首批安徽省农业产业化示范区。实际上，这8家农业产业化示范区是典型农业产业集群或农业产业集群的核心区域。

（二）安徽优势农产品区域分布

安徽省跨长江、淮河的中下游，形成了淮北平原、江淮丘陵、皖南和皖西山区四大自然区域，大部分地区属于亚热带湿润地区，淮河以北属于暖温带半湿润地区，水土资源条件良好，动植物资源丰富。2003年实施《安徽省优势农产品区域布局规划（2003~2007年）》，重点推进10种优势农产品和21个优势产业带建设，专用小麦、优质水稻、优质专用棉花、"双低"油菜、花生、茶叶、蔬菜、猪牛羊禽肉、蜂产品、水产品优势农产品区域化布局取得了明显成效。2008年继续实施《安徽省优势农产品区域布局规划（2008~2015年）》，通过保留、调整和新增，重点培育16个优势农产品，建设27个优势农产品产业带，形成一批规模化、标准化、设施化、品牌化的现代农业产业示范区。安徽省区域优势农产品分布见表7-3。

表7-3　　　　　　　　安徽优势农产品区域分布

优势农产品	分布区域	其他
水稻	滁州、六安、蚌埠、淮南、合肥、安庆、巢湖、芜湖、宣城、马鞍山、池州、铜陵、阜阳、黄山14个市的48个重点县	淮河沿岸的单季稻作区、江淮丘陵单季稻作区和沿江双单季稻兼作区
小麦	亳州、阜阳、宿州、淮北、淮南、蚌埠、六安、合肥、滁州9个市35个重点县（市、区）	发展优质专用强筋和弱筋小麦

续表

优势农产品	分布区域	其他
玉米	亳州、阜阳、宿州、淮北、蚌埠、滁州、合肥、六安8市28个重点县（市、区）	以籽粒玉米生产为主，积极发展籽粒与青贮兼用和青贮专用玉米生产，并适度发展鲜食玉米生产
大豆	亳州、阜阳、宿州、淮北、蚌埠5市15个重点县（区）	
棉花	亳州、阜阳、宿州、蚌埠、淮北、安庆、巢湖、宣城、池州、滁州、合肥、铜陵、芜湖13个市28个重点县（市、区）	以安庆、池州、巢湖为主的沿江高档棉区；以宿州、亳州为主的淮北中档棉区
油菜	安庆、巢湖、宣城、池州、合肥、芜湖、六安、马鞍山、铜陵、滁州10个市34个重点县（市、区）	发展"双低"油菜
茶叶	黄山、宣城、池州、六安、安庆5市选择22个重点县（市、区）	发展优质无公害、绿色、有机茶
花生	亳州、宿州、蚌埠、滁州、合肥5个市11个重点县（市、区）	淮北优质高油花生区和江淮丘陵及沿淮低油花生区
蔬菜	亳州、阜阳、宿州、蚌埠、淮北、安庆、巢湖、宣城、合肥、六安、芜湖、滁州、黄山、池州14个市28个重点县（市、区）	发展设施蔬菜，培育出口蔬菜和无公害蔬菜优势区
奶牛	合肥、马鞍山、淮南、滁州、六安、蚌埠、淮北、亳州、芜湖、巢湖10个市20个重点县（区）	
肉牛	亳州、阜阳、宿州、蚌埠、淮北、淮南6个市20个重点县（市、区）	重点建设淮北优势产区
肉羊	亳州、阜阳、宿州、蚌埠、淮北5市20个重点县（市、区）	重点建设淮北优势产区
肉禽	安庆、巢湖、宣城、合肥、六安、滁州、马鞍山等7个市21个重点县（市、区）	江淮和沿江地区生产具有明显的养殖优势，以宣城市为中心的肉禽产业集群基本形成
生猪	亳州、阜阳、宿州、蚌埠、淮北、合肥、六安、滁州8个市23个重点县（市、区）	
蜂产品	黄山、宣城2个市9个重点县（市、区）	发展皖南优势产区
水产品	在沿江和沿淮地区选择安庆、巢湖、芜湖、蚌埠、阜阳、淮南、合肥、六安、宣城、池州、马鞍山、滁州、黄山13个市30个重点县（市、区）	发展河蟹、斑点叉尾鮰、鳜鱼、虾类等水产品
中药材	亳州市、阜阳市、宿州市、六安市、安庆市、黄山市的谯城区、涡阳县、蒙城县、利辛县、太和县、临泉县、界首市、阜南县、埇桥区、霍山县、金寨县、岳西县、歙县等13个县（市、区）	主产区分布在淮北和皖西、皖南山区

资料来源：根据《安徽省优势农产品区域布局规划（2003~2007年）》和《安徽省优势农产品区域布局规划（2008~2015年）》整理。

(三) 安徽各地市优势农产品及特色农业

特色农业是立足于区位优势、资源优势、环境优势和技术优势,根据市场需要和社会需求发展起来的具有一定规模的高效农业(闪辉、樊明怀,2004)①。特色农业一般具有以下基本特征:区域性强,地域性特征比较突出;基于产品特性与品牌效应的独特性,尤其是原产地特性;基于分工和专业化的规模性;高效性。安徽省在粮油、茶叶、果蔬、林特产、中药材、水产、畜禽等方面已经形成一批具有安徽特色的、知名度高的产品品牌和特色产业带或产业区。安徽典型特色农业见表7-4。

表7-4 安徽各地市优势农产品及典型特色农业

地区	优势农产品	特色农业
合肥	龙虾、蔬菜、苗木花卉、草莓	龙虾养殖业、长丰草莓产业、乡村旅游产业、城郊乳业
亳州	中药材、黄牛、白酒	中药材产业、蒙城黄牛产业、亳州酿酒产业、涡阳苔干产业
淮北	葡萄、蔬菜、西瓜	段园镇葡萄生产基地、烈山区洪庄农业科技示范园、濉溪县西瓜产业
宿州	酥梨、葡萄、黄桃、园艺	砀山县水果(梨)产业、萧县水果(葡萄)产业、宿州市农业科技园区
阜阳	山羊、马铃薯	临泉县山羊产业、界首市马铃薯产业、和县中药材产业
蚌埠	花生、石榴、蔬菜、五河螃蟹	固镇花生产业、怀远石榴产业、淮上区无公害蔬菜产业、五河水产养殖业
淮南	黄心乌菜、豆制品	潘集区黄心乌菜产业、淮南豆制品产业
滁州	西红柿、银杏叶产品	平安县西红柿产业、明光银杏产业、板材加工产业、甜叶菊产业
六安	白鹅、羽绒、茶叶	皖西白鹅产业、大别山茶叶产业、竹木加工产业、霍邱柳编产业
巢湖	棉花、水产品、蔬菜	无为棉花产业、巢湖水产养殖业、和县蔬菜产业
芜湖	苗木花卉、大米	芜湖苗木花卉产业、芜湖大米产业、芜湖县水产养殖业
马鞍山	桃子、桃花旅游	当涂县护河镇农业乡村旅游
池州	蚕桑、茶叶	青阳蚕桑产业、茶叶产业
安庆	棉花、茭白	望江建棉花产业、岳西茭白产业、桑蚕产业、岳西金寨茶叶产业

---

① 闪辉,樊明怀. 安徽省特色农业经济发展研究 [J]. 江淮论坛,2004,(4):44-47.

续表

地区	优势农产品	特色农业
铜陵	生姜	铜陵生姜产业
宣城	山核桃、茶叶、元竹、丝绸	宁国山核桃产业、皖南茶叶产业、宁国元竹产业、广德四合丝绸产业、宣城家禽养殖产业
黄山	红茶、绿茶、毛竹、蚕茧	茶叶产业、桑蚕丝绸产业、竹木加工产业

资料来源：根据调研资料和政府网站信息整理。

（四）安徽省农业产业集群（或雏形）行业分布

安徽省围绕优质和特色农业已经形成近百个农业产业集群或雏形，主要分布在蔬菜、粮油食品、中药材、棉纺、编织、水果、茶叶、桑蚕丝绸、林产加工（含苗木花卉）、养殖加工等产业中（见表7-5），其中部分农业产业集群进入到成长初期或中期阶段，但多数处于发展初期和萌芽阶段（见表4-5）。

表7-5　　安徽省农业产业集群（或雏形）行业分布

行业	农业产业集群	基地、龙头企业、合作组织
蔬菜（含瓜类）产业集群	和县蔬菜产业集群	和县蔬菜品种由起初几种发展到九大类、100多个品种，全县栽培面积在万亩以上的蔬菜种类有10个，基本形成"一乡一品、一村一特"的产业格局。2010年，全县瓜菜种植面积达31.6万亩，占全县农作物总播种面积的比重为25%，大棚蔬菜面积12万亩 2006年，全县已有蔬菜龙头企业21家，年实现产值7.22亿元，带动生产基地30多万亩。和县绿源缘食品有限公司、和县嘉谊食品有限公司、皖江营销公司、绿叶公司、金东海酱菜制品加工厂等龙头企业 和县已形成了以皖江蔬菜大市场为龙头，以乌江边贸市场、卜集瓜果市场、沈巷边贸市场等为骨干，与依公路沿线建立的24家产地蔬菜市场，构成了县、乡、村三级市场网络，构筑了"大生产、大市场、大流通"的格局。皖江蔬菜批发市场2007年实现交易额12.5亿元，交易量60万吨 和县蔬菜科技示范园2008年度引进蔬菜新品种25个，110亩核心示范区产值达61万元，示范区1000亩产值626万元，辐射15000亩，产值7950万元 自2004年举办和县首届博览会，到2011年先后举办了五届中国·和县蔬菜博览会

续表

行业	农业产业集群	基地、龙头企业、合作组织
蔬菜（含瓜类）产业集群	临泉县脱水蔬菜产业集群	2008 年临泉全县蔬菜种植面积 13 万亩，产量 24 万吨，产值 4.55 亿元 种植主要品种有：大葱、西红柿、黄瓜、大白菜、萝卜、茄子、辣椒、芹菜、土豆、芥菜、西洋南瓜、豆角等品种 临泉脱水蔬菜生产基地，有脱水蔬菜企业 230 余家，其中规模企业 21 家，主要产品有蒜片、蒜粒、姜片、姜粉等，年产量 6 万～8 万吨，产值达 5 亿元以上；分布在单桥、牛庄、工业园区、高塘、韦寨、邢塘等乡镇
	涡阳苔干产业集群	涡阳是中国苔干之乡，全县发展苔干种植面积 25 万亩，并且集中连片，年总产量达 2 万吨，产值超过 3 亿元。产品出口到日本、韩国、东盟、俄罗斯等国家和地区，苔干已成为涡阳县的支柱产业；2006 年获地理标志保护；义门苔干公司、中原皖港贡菜股份有限责任公司等龙头企业带动 15 万农户从事苔干产业化经营
	铜陵生姜产业集群	白姜年产量近 9000 吨，其中外销约 4000 吨，本地居民自己购买腌制约 4000 吨；全市 14 户白姜加工企业，如和平姜业、桥南生姜制品厂，年加工鲜姜近 1000 吨；天门镇政府建设示范园总占地面积 360 余亩
	岳西茭白产业集群	2007 年全县种植高山蔬菜 7.4 万亩，其中高山茭白 3 万多亩；石关乡和主簿镇是两个主要基地；2006 年，全县已有各类茭白专业经济组织 57 个；岳西县"高山茭白"示范区已被国家标准化管理委员会列入国家级标准化示范区
	蚌埠淮上区无公害蔬菜产业集群	大棚蔬菜种植面积已达 1.2 万亩，已建成裔湾 3 万亩设施蔬菜生产基地、梅桥 5 万亩大青豆基地、北淝河万亩莲藕基地、曹老集万亩无公害蔬菜基地和吴小街食用菌基地；年蔬菜生产面积 11 万亩，总产量 30 万吨，实现总产值 3.2 亿元 有吴小街农产品批发市场、裔湾蔬菜批发市场、润安公司、金旺食品、越洋香料、远通香料等龙头企业；成立了梅桥大青豆农民专业合作社、裔湾生态蔬菜农民专业合作社、卢小庙蔬菜农民专业合作社等 西兰花、香芹、生菜、大青豆等无公害蔬菜远销苏浙沪等地区；形成了"梅桥"、"珠城农佳"、"淮丰"等蔬菜知名品牌
	长丰草莓产业集群	以水湖镇为核心，以罗塘、左店、杜集为重点，辐射全县 15 个乡镇，2008 年全县草莓种植面积达 9.5 万亩；2009 年，全县草莓种植面积达 12 万亩，总产量 20 万吨左右，亩均产值达 1.5 万元，种植户 5 万余户，从业人员近 8 万余人，是全国草莓种植第一大县、国家级草莓标准化生产示范区 拥有义井乡向东村、罗塘乡朱桥村、水湖镇李扬村和位于双墩镇的长丰凤麟农业科技发展有限公司等草莓生产基地，水以及湖镇、左店乡草莓专业市场
	皖北西瓜产业集群（濉溪县铁佛镇、宿州褚兰和解集、固镇石湖、临泉县范兴集乡半截楼村、颍上县十八里铺）	濉溪县铁佛镇种植无籽西瓜面积达 1.5 万亩，形成了无籽西瓜产业基地，并注册了"福蜜"牌铁佛无籽西瓜商标；成立了农业合作社和经纪人队伍，在上海、江苏、浙江、福建、广东等地建立了销售网点，2006 年通过国家绿色食品质量认证，2010 年，"福蜜"牌铁佛无籽西瓜进入上海世博会 宿州褚兰、解集 6 万亩连片的无籽西瓜，西二铺乡沟西村甜瓜

续表

行业	农业产业集群	基地、龙头企业、合作组织
蔬菜（含瓜类）产业集群	皖北西瓜产业集群（濉溪县铁佛镇、宿州褚兰和解集、固镇石湖、临泉县范兴集乡半截楼村、颍上县十八里铺）	临泉县范兴集乡半截楼村西瓜基地，集中连片种植面积达4500多亩，辐射到周边4个乡镇，总种植面积达6500亩，年产量达5万吨左右，是皖西北最大的无公害优质西瓜种植基地；"早春甜"和"半截楼"两个品牌影响力较大 界首市顾集镇大棚西瓜栽培示范基地 颍上县十八里铺镇盛产无籽西瓜，种植面积在10000亩以上 固镇县石湖基地西瓜种植面积10万亩，年产西瓜40万吨，交易量每天可达1000万公斤，石湖西瓜销往江苏、浙江、东北、内蒙古、山西、河北、广东、福建等省市
粮油食品产业集群	亳州面粉加工产业集群	2010年亳州市小麦单产连续五年位居全省第一，全市拥有粮食加工企业171家，其中，国家级农业产业化龙头企业2家，省级25家，年实现产值近百亿元；有规模以上小麦加工企业110多家，年加工小麦能力280多万吨，仅谯城区就聚集了70多家面粉加工企业，年加工能力达150万吨；拥有安徽珠东面粉集团、亳州市大丰面粉有限责任公司、安徽正宇面粉公司、安徽雪源面粉有限公司、安徽瑞福祥食品有限公司、安徽良夫面粉集团等龙头企业
	亳州白酒产业集群	亳州市已形成两大白酒产业聚集区，以古井集团为龙头的古井镇白酒产业集群，拥有80余家白酒生产企业；以双轮集团为龙头的高炉白酒产业集群，拥有40余家白酒生产企业。两个白酒产业集群专业镇白酒产值占全市的95%以上，截至2009年，共有大小白酒企业130余家，年产值40亿元，实现利税8.7亿元，白酒产销量已占到全省的1/4
	怀远粮食加工产业集群	怀远县是全国60万亩绿色食品水稻和小麦生产基地，已形成了以粮食产业加工为主的粮食深加工群，有米、面加工企业400多家，年产米、面500万吨以上；怀远县城西粮食及农副产品加工区，2009年已经有14家农字号加工企业入驻，投产企业9家，其中省级农业产业化龙头企业2家，市级农业产业化龙头企业3家；产品销往全国各地，并成为五粮液、剑南春、三全食品等大型企业的原料供应商，先后被命名为安徽省第二批创业基地、全国农产品加工示范基地、安徽省优质糯米加工示范基地
	颍上县三粉产业集群（三十铺）	颍上全县红芋种植面积30万亩，每季鲜红芋总产量达75万吨左右；红薯"三粉"农产品加工业已成为颍上县三十铺镇的主导产业，三粉产业集群初具雏形，相继涌现了仁和、化桥粉丝加工专业村，邢庄粉皮加工专业村；拥有粉丝加工厂298家，年产粉丝50000多吨，产值达2亿元，获利近3000万元，产品畅销上海、南京、扬州等国内30多个大中城市；有鑫禾源鲜薯精粉厂、新人和、三粉专业合作社等龙头企业，形成了具有全国知名度的"鑫禾源"、"仁和"、"颍仙"等品牌
	霍山县食品酿造产业集群	霍山县已初步形成以安徽迎驾集团为龙头，集食品加工、曲酒生产、饮料生产、印刷包装等食品酿造业集群
	霍邱大米产业集群	2008年霍邱县拥有大米、面粉、油料、饲料加工生产企业130余家，其中日产精米50吨以上的53家；以庆发、乐民、稼禾、新超、龙源、荣芳、佳乐、丰谷、鸿盛、丰华、万年红等一大批上规模企业，占县乡镇工业比重接近25%，产值超5000万元7家，过亿元2家，其中市级以上农业产业化龙头企业5家；正在由加工普通稻米逐步向标准化、规范化的优质营养米加工转变

续表

行业	农业产业集群	基地、龙头企业、合作组织
粮油食品产业集群	芜湖大米产业集群	芜湖米市与长沙、九江、无锡为驰名中外的中国四大米市之一。芜湖长江市场园区的安徽芜湖大米批发市场占地面积200亩，包括现货交易区、会员办公区、竞价交易区和配套服务设施，具备电子商务交易、商贸洽谈、商品展示、仓储配送、技术服务、信息发布等多种功能；芜湖拥有优质米加工企业310多家，已培育了南陵东源集团、芜湖金田集团、南陵兴农优质米有限公司、芜湖双丰粮食有限公司、芜湖春谷粮油有限公司、芜湖雄发米业有限责任公司、芜湖兴隆米业有限公司等一批龙头企业
	宿州埇桥区面粉加工业集群	埇桥区年小麦产量65.7万吨，周边地区小麦产量130万吨以上。埇桥区有面粉加工企业35家，日加工面粉3000吨；安徽润发面业、宿州市七星面粉厂、宿州市新世纪面粉厂等龙头企业具有较大影响力
	肥东县食品产业集群（食品工业园区）	肥东县食品工业园区（龙塘镇）形成了食品、粮油、畜禽、饲料等四大产业加工集群，2009年年底，入园企业达45家，其中投产企业30家，在建15家，有国家农业产业化重点龙头企业6家、省农业产业化龙头企业7家、市农业产业化龙头企业18家；2008年销售收入37.6亿元，利润2.6亿元；建有40万亩生产基地，辐射带动27.8万户农户；2009年肥东县食品工业园农产品加工产值突破50亿元
	固镇县王庄花生产业集群（王庄花生市场）	固镇县花生常年种植面积稳定在45万亩左右，总产量达16万吨，年交易额达6亿~8亿元；1992年在王庄镇建成皖北地区最大的花生交易市场——王庄花生市场；1998年成立了王庄华生集团，是一个集加工生产、批发交易和中介服务为一体的松散企业。2009年年底，从事花生果收购人员约为1500人左右；花生米收购经营户200余户，其中收购量在200吨以上的大户约有100余户；花生交易市场（含各零散点）建设面积约1万平方米，年交易量在5000万公斤左右，交易额约3.5亿元左右。2009年成立固镇县王庄花生专业合作社；通过开展国家油料"321"高产创建活动，建成了万亩花生高产创建示范区；有花生专用脱壳机100多台套，有安徽省顺鑫植物油厂、固镇县国泰花生油脂有限公司、固镇心洁纤维粉厂等龙头企业；"王庄"、"连龙"牌咸酥花生果等产品畅销省内外，花生米出口到东南亚等地
中药材产业集群	安徽中药材基地：以亳州市为中心的皖西北中药材种植基地；以岳西县、潜山县、金寨县、霍山县等地为中心的茯苓基地；以谯城区、涡阳县等地为中心的白芍基地；以铜陵与南陵交界的凤凰山一带铜陵凤丹基地；在歙县、滁州市、亳州市建设菊花基地	
	亳州市现代中药产业集群	亳州市种植加工药材已有1800多年历史，素有"药不到亳州不灵，药不过亳州不全"之誉。亳州市中药材种植已达400多个品种，有药材种植专业村800多个，形成八大药材种植基地。2010年药材种植面积占安徽省57.2%，产量占安徽省44.6%。以谯城区为中心，以涡河两岸适宜中药材种植的区域为基础，已形成专业化中药材种植基地8个，其中谯城区有十八里镇、十九里镇、谯东镇、五马镇、华佗镇5个规范化中药材种植基地

续表

行业	农业产业集群	基地、龙头企业、合作组织
中药材产业集群	亳州市现代中药产业集群	中国（亳州）中药材交易中心，汇聚了全国中药材经营专业公司200余家，中药行、栈、店、铺2000余家，从业药商1.5万人，经营6000多个摊位，日上市品种达2600余种，日客流量达4万~5万人，中药材年交易额200亿元，是国内中药材价格形成中心和四大中药材集散地之一 有中药生产企业63家，其中GMP生产企业58家，中药材种植面积占全国的1/10左右，以中药饮片为主，产品涉及中成药、制剂和保健品等，初步形成系列化产品，年产中药饮片20多万吨，中药饮片产量约占全国的1/4左右，规模以上药业工业总产值30多亿元，亳州市已经形成全国最大的中药饮片产业集群基地
	太和（李兴）中药材加工产业集群	李兴镇走发展"一村一品"特色产业之路，成为全国最大的桔梗生产、加工、出口基地；孔大村通过分拣、归类、刮皮、包装等进行粗加工，由李兴桔梗生产协会，再加工成干桔梗、脱水桔梗、桔梗丝、桔梗片等，产品出口到韩国、日本、东南亚等国家和地区，提高了附加值；2006年全村农业总产值601万元，而桔梗生产产值就达536万元，占89.2%
竹木产业集群		安徽竹原料基地主要分布在广德、宁国、泾县、金寨、裕安、霍山、休宁、黄山、潜山、东至10个竹重点县（市、区）；杨树类木材基地主要分布在阜阳、宿州、淮南、蚌埠、淮北、亳州、定远等。松类木材基地主要分布在皖南和皖西山区。安徽竹木加工方面：沿江、江淮地区重点发展中（高）密度纤维板、刨花板和木浆造纸工业；皖南山区及皖西大别山区重点发展非木质林产品加工以及不同密度纤维板、拼接板和竹类复合板材生产；沿淮及淮北平原区重点发展杨树胶合板、刨花板、密度纤维板和拼接板生产、木浆造纸工业
	怀宁县马庙板材加工产业集群	马庙镇素有"板材之乡"美誉，是安徽省57个产业集群专业镇之一。拥有板材上下游产品配套企业40余家，其中规模工业企业23家。年产各类板材220万立方米，强化复合地板200万平方米，板材品种达30余种。2008年度实现增加值6.67亿元，产品销售收入21.68亿元，从业人员达7000余人；安徽省科林人造板有限公司主要技术经济指标位居全省同行业第3位，年生产高密度纤维板10万立方米，强化复合地板200万平方米，年创产值达1.9亿元
	叶集木竹产业集群	有林木生产加工企业130多家、经营户400多户、从业人员1.8万人，年消耗木材200万立方米，2007年产值约为22亿元。投资500万元以上的木竹经营企业有80多家，全区规模企业中有60%是木竹加工企业；成立了叶集木竹产业协会，建立了叶集木竹网，木竹加工产业已成为叶集主导产业；叶集木竹产业呈集群式发展的态势，大别山木材市场、木质材料包装基地、个私工业园、绳铺木竹产业园及沿岗工业区等特色产业园聚集了80%以上的木材加工企业。生产建筑模板、实木门、防火门、各式家具、活性炭、工艺品、教具、包装箱、草竹柳编工艺品、扫帚等40多种产品

续表

行业	农业产业集群	基地、龙头企业、合作组织
竹木产业集群	霍山县竹加工产业集群	霍山竹类品种多达6属20余种，全县竹林总面积37.2万亩，蓄积量6800万株，16个乡镇中，4个乡镇的竹子面积在5万亩以上，3个乡镇的竹子面积在2万亩以上，诸佛庵镇竹子面积达11万亩。全县竹加工企业200余家，从业人员1.2人，产品涵盖建筑模板、装饰板、旋切板、竹地板、创切板、全竹家具、工艺品、高密度集成材等300多个品种；拥有安徽龙华竹业有限公司、霍山县富邦竹业有限公司、霍山县盛隆竹胶板有限公司、安徽丰田竹业制造有限公司、霍山县天一竹业有限责任公司、安徽保得利竹业开发有限公司、霍山大亚竹业有限公司、霍山隆兴竹业制造有限公司、霍山县黄金竹业有限公司等龙头企业
	宣城竹业产业集群（宁国元竹、广德）	宣城有竹林205万亩，占全省竹面积的47%；竹子遍布全市7个县市区，竹子面积占全市林地面积的20%以上，广德县、宁国市分别被评为"中国竹子之乡"，泾县、宣州也都达到25万亩以上，绩溪、旌德分别为14万亩和6万亩。以亚普、搏亚、锋宁、宏宇、宏泰、晨辉、龙达、青峰、中集等公司为骨干形成了竹板材加工产业集群，其中竹地板年加工能力超过200万平方米，出口量位居全国首位；以高峰、顺达、永国、晨阳、明德、长顺、三元竹雕等公司为骨干形成了竹家具、竹工艺品加工产业集群，以宁国恒达、广德盛达活性炭等公司为骨干形成了竹化工产业集群；以山里仁、詹氏、十秋、仙霞、志云、山里佬、皖灵工贸等公司为骨干形成了竹产品加工产业集群。各类加工企业及加工户达2266家，其中年销售收入超亿元的有2家，超5000万元的有3家，超1000万元的有15家，超500万元的有50家，年创产值达13亿元
	滁州木材加工业集群	依托滁州润林木业有限公司、滁州扬子木业有限公司、安徽肯帝亚皖华人造板有限公司、天长市天森木业有限公司、好地地板（来安、定远）有限公司等企业，滁州已初步形成实木地板、强化木地板的木地板生产基地
	泾县竹木加工制品产业集群	泾县以开发梳业公司为龙头，建立榔桥木梳生产加工业集群。以华泰工艺品厂和银峰竹制品厂等为龙头，建立蔡村、昌桥竹制品加工业集群
	宿州板材加工业集群（砀山、萧县、埇桥）	宿州市杨树栽植面积达246万亩，活立木蓄积量达1200万立方米。2007年年底有各类木材加工企业1036家，其中规模以上企业30家。在砀山县黄楼乡、周寨镇，萧县张庄寨镇、埇桥区顺河乡、灵璧县大庙乡和泗县大庄镇、黄圩镇等乡镇，已经形成连片建设的木材加工集群 砀山县以薛楼苗圃和周寨镇张老家村为依托，初步形成两个木材加工产业集群，砀山全县90%的板材加工企业集中在这两个园区。砀山县有板材加工企业365家，其中规模以上企业9家，涌现出了佳华木业、中林木业、汇金木业3家市级龙头企业。2007年全县销售收入5亿元以上 埇桥区顺河乡有板材加工企业160多家，其中规模以上企业16家，有东平木业、东大木业、东建木业、东达木业、宿北木业等5家市级板材加工龙头企业。2007年生产胶合板21万立方米，其他木制品及装饰材料5万立方米，实现销售收入4.3亿元，吸纳本乡及周边乡镇6000多人就业

续表

行业	农业产业集群	基地、龙头企业、合作组织
棉麻纺织产业集群	望江县棉花纺织产业集群	望江县以棉花为源头，由"卖棉花"到"卖时装"，已经从传统产棉大县升级为"中国新兴纺织产业基地"，望江棉纺服装产业集群已经成长为安徽省30个重点产业集群之一。2010年种植32.4万亩，2011年达42.6万亩，棉花生产遍及10个乡镇，其中三大重点产棉乡镇为华阳镇、雷池镇、鸦滩镇。以白云棉业等为龙头带动了30万亩优质棉基地，其中有10万亩棉花标准化生产示范基地；以中棉种业为龙头带动1000亩制种基地 2011年望江县共有纺织服装企业382家，其中规模以上企业27家，舒美特化纤、申洲针织、京华家纺、望宇纺织、亮亮纺织等骨干纺织服装企业影响力较大，建有纺织工业园、服装工业园集聚区；拥有熟练纺织产业工人5.5万余人，专业工程技术人员400多名。望江纺织工业约占全省纺织工业总量的5%，2011年纺织工业总产值达到66亿元
	无为县棉纺产业集群	无为县棉花常年播种面积达60万亩，播种面积和总产量连续17年位居全省首位；已建立2个省级万亩示范片，在10个重点产棉乡镇各建立一个县级千亩示范片。全县拥有的200多家棉花收购、加工企业，有天成、鑫和、宝胜都等纺织龙头企业，纺织业成为县内八大特色主导产业之一
	含山县运漕镇棉纺产业集群	含山棉纺业主要集中县工业园区、铜闸、运漕镇。运漕镇处于巢湖棉区中心地带，区域内棉花种植面积近80万亩，年产量3万~4万吨，是含山县产棉基地和棉花集散地；2008年年末，全镇棉纺织企业发展到30家，固定资产达到5亿元，从业人员3000余人，纱锭规模突破10万锭，织机达到450台，年销售收入超亿元的企业1家，超千万元的企业25家，棉纺产业实现总产值8.23亿元，占2008年全镇工业总产值的80%。以振华棉业有限公司为龙头，形成了集轧花、纺纱、服装为一体的产业链条
	六安市大麻纺织产业集群	2009年六安大麻种植面积8万亩，麻皮总产1.36万吨，年加工产值3亿元；拥有安徽星星轻纺（集团）有限公司、六安市凯旋大麻纺织有限责任公司、浙江金鹰股份六安麻纺有限公司、六安市百里大麻专业合作社等龙头企业
	淮北市杜集区棉纺产业集群	依托淮北产棉区，淮北市杜集2003年建立杭淮现代纺织基地，2010年8月，全区共入驻纺织企业33家，服装企业4家，拥有棉纺纱锭30万锭，各类织机1500余台，服装平缝机500台，其中规模以上纺织企业27家，从业人员4500余人；2010年1~8月全区规模以上纺织服装业实现产值6.3亿元，同比增长82.3%
编织产业集群	阜南县柳编产业集群	阜南县杞柳种植面积达10多万亩，吸纳30万人就业，正在建设20万亩杞柳种植基地。阜南县濛洼行蓄洪区种植杞柳近6万亩，年产柳条1.5亿公斤；柳编企业73家，12万人从事柳编工艺品生产、加工、销售；产品出口西欧、北美、东南亚、港澳台60多个国家和地区，年产值6亿多元，形成以黄岗、郜台、张寨、中岗、曹集等乡镇为主体的杞柳种植基地。产品由单一的柳编发展到柳编、竹编、藤编、草编、玉米皮编、杉树皮编等十几个系列上万种花色品种；"阜南柳编"、"黄岗柳编""振华柳编"商标已成为中国柳编在国际市场上的知名品牌

续表

行业	农业产业集群	基地、龙头企业、合作组织
编织产业集群	霍邱县柳编产业集群	霍邱县临淮岗乡、临水镇、周集镇、城西湖乡、宋店乡、新店镇等6个乡镇，被批准为国家地理标志保护产品。以柳条为主，融入蒲草、藤条、玉米皮、树皮、铁丝、木雕和根艺为原料的一系列新产品，柳编工艺品种达到18大系列2万多种，并通过了相关质量体系认证，产品已远销欧美、日韩、东南亚等30多个国家和地区。拥有庆发集团、华安达工艺品公司、天华工艺品公司等龙头企业
	寿县席草编织产业集群	寿县依托板桥草制品公司、远华工艺品公司，在板桥、安丰塘、堰口等乡镇建立6万亩席草、草编、柳编生产基地。板桥草席集团拥有草席加工企业（户）500余户，其中规模企业17家，年产各类草制品2100万余条（件），织绳个体户6000户，年加工草绳1100万公斤，年创产值2.6亿元
桑蚕丝绸产业	六安桑蚕丝绸产业集群（裕安、金寨、霍山）	六安市2009年桑园面积20万亩，蚕茧产量1 2 万吨，年产白厂丝1500吨，年加工产值2.5亿元，重点分布在裕安区、金寨县、霍山县，形成安徽源牌实业（集团）有限责任公司、安徽龙华集团、宏宝集团（金寨）丝绸有限公司、安徽金寨金燕桑蚕丝绸有限公司、安徽三利丝绸集团有限责任公司、六安市太平丝棉有限公司等一批龙头企业 金寨县2009年干茧年产量1000多吨，缫丝企业7家，拥有自动缫丝机共计26组；霍山县干茧年产量在600吨左右，拥有两家实力较强的丝绸企业——源牌集团和龙华丝业，源牌集团拥有自动缫丝机10组，全年需求干茧800多吨，生产能力强，60%的原料用茧都需从外地采购；龙华丝业拥有自动缫丝机6组，年需干茧300多吨
	安庆桑蚕丝绸产业集群（岳西、潜山、太湖）	安庆市2007年桑园面积达17.5万亩，生产鲜茧9200吨，占全省23.8%；有丝绸加工企业17家，其中缫丝企业15家，生产桑蚕丝840吨，占全省16%；生产丝织品110万米，占全省2% 潜山县2009年拥有桑园面积接近7万亩，年产干茧1000多吨，境内目前有4家缫丝企业，拥有自动缫丝机共计14组，其中联丰、庆源两家缫丝企业实力较强 岳西县2009年拥有桑园面积6万多亩，年产干茧1300多吨，县境内有两家缫丝企业——长宁丝绸和庆源丝绸，拥有自动缫丝机共计18组 太湖县、桐城市桑园面积都在2万亩左右。桐城市双龙丝绸有限公司拥有自动缫丝机18组，生产的生丝一般都在4A以上，是省级农业产业化龙头企业；太湖县丝路花雨家纺有限公司生产"嘉丝利"牌蚕丝被等产品
	阜阳蚕桑丝绸产业集群	阜阳市2007年有桑园面积4280亩，共发蚕种5460张，全年收购鲜茧200.1吨。颍上县的耿棚镇、盛唐乡和五十铺乡，颍州区的九龙镇，颍东区的口孜镇、临泉县的土坡乡和阜南的焦坡镇等是主要桑蚕产区。阜阳京九丝绸集团是全省最大丝绸企业，是一家集栽桑、养蚕、蚕茧收烘、缫丝、织绸、家饰家纺、真丝服装生产、销售为一体的综合性茧丝绸企业，拥有自动缫丝机20组，有梭机160台，无梭织机24台，2009年全年完成销售收入2.65亿元

续表

行业	农业产业集群	基地、龙头企业、合作组织
桑蚕丝绸产业	肥西县蚕桑产业集群（铭传乡）	合肥市2008年蚕桑种植面积达4.8万亩，集中于肥西县，其中核心区铭传乡达2万亩，山南、官亭、紫蓬面积分别达0.5万亩，其他分布于花岗、柿树、小庙、紫蓬开发区四个乡镇。正规划以铭传乡为核心形成6万亩蚕桑产业集群
	广德四合乡丝绸产业集群	广德四合乡是安徽丝绸第一乡，专门从事丝绸产业的人员达3500人，丝绸工业企业达33家，其中规模企业17家。2006年全乡年产白厂丝300吨，真丝系列坯布1100多万米，实现丝绸产值3.9亿元，2008年预计达7亿元。有安徽宏祥丝绸织造有公司、安徽新丰丝绸公司、广德县广盛丝绸有限公司、广德县正义有限公司、广德县天禹有限公司等一批龙头企业，其中省级龙头企业一家，市级龙头企业2家，县级龙头企业12家
	泾县桑蚕丝绸产业集群	泾县有优质桑园面积46500亩，蚕农20000余户，主要分布泾县榔桥、云岭、桃花潭、茂林、黄村等乡镇，有鲜茧收购站34个，省级农业产业化龙头企业1家。2009年发种40000多盒，鲜茧产量近2000吨，实现经济收入近4000万元，拥有安徽省泾县鑫源茧丝绸有限公司、泾县冠华丝业有限责任公司等龙头企业
	绩溪桑蚕丝绸产业集群	绩溪县是"蚕桑之乡"，蚕种生产全国著名，并且是白厂丝出口原料基地，到80年代后期就已形成从栽桑、制种、养蚕到收烘、缫丝、织绸、服装一条龙生产体系，成为绩溪县的主导产业。2007年全县桑园面积增至2200公顷，饲养蚕种4.65万盒，年产茧1974吨，临溪镇、杨溪镇、长安镇、上庄镇4个乡镇的桑园面积占全县60%以上；华阳镇、瀛洲乡、金沙镇、板桥头乡4个乡镇，桑园面积占全县30%以上。全县桑蚕丝绸行业企业8家，其中蚕种场1家，蚕茧收烘1家，丝厂（兼收烘）3家，绸厂3家；有省级农业龙头企业1家，市级龙头企业1家
茶叶产业集群		2009年安徽茶叶产量8.2万吨，居全国第七位；产值约30亿元；出口约2.56万吨，本省口岸出口茶叶居全国第三位；黄山山脉和大别山山脉所产黄山毛峰、太平猴魁、六安瓜片、祁门红茶和霍山黄芽等89个名茶列入了《中国名茶》榜；全省共有12个市58个县区产茶，涉茶农业人员300余万，生产经营者100余万；现有茶园面积180多万亩，其中通过有机、绿色、无公害茶园基地认定的160万亩，占90%；安徽拥有初精制茶厂7000多个，各类茶叶机械11.1万台套，茶叶交易市场700多个，茶叶合作组织200多家；2009年，安徽省茶叶系统共有19家企业获得省级以上农业产业化龙头企业称号，其中有13家入选"2009年度中国茶叶行业百强"；中国茶叶行业百强企业中安徽占15个
	皖西茶叶产业集群（六安的霍山、舒城、金寨、裕安、安庆的岳西、潜山、太湖）	2009年六安茶园面积45万亩，产值6亿元以上，其中六安瓜片茶园15万亩，产值5亿元；霍山黄芽有机和绿色认证茶园12万亩，产值1.5亿元；舒城小兰花茶园6.5万亩，产值0.8亿元。全市有名优茶精制加工厂、生产企业约860家，拥有安徽六安瓜片茶业股份有限公司、安徽一笑堂茶叶有限公司、金寨安态特色农产品有限公司、金寨县大团山茶厂、金寨名优茶开发有限责任公司、安徽霍山绿力生态产品有限公司、安徽省霍山县圣若茶叶有限公司、安徽舒绿茶业有限公司、安徽省六安市大山茶厂、六安市金六茶厂、六安市东石笋野茶开发有限公司、金寨县齐山六安瓜片有限公司、金寨县九华山茶业有限公司等一批龙头企业

续表

行业	农业产业集群	基地、龙头企业、合作组织
茶叶产业集群	皖西茶叶产业集群（六安的霍山、舒城、金寨、裕安，安庆的岳西、潜山、太湖）	2009年霍山全县茶园面积12万亩，茶叶产量5000吨，产值2亿元，其中名优茶产量1100吨，产值1.5亿元。霍山有4万户茶农，从事茶叶生产、加工、经营的人员达10万人。现有茶园12万亩，万亩以上茶园基地有3个，千亩以上连片茶园11处，形成了以佛子岭水库为中心的霍山黄芽生产基地，以诸佛庵为中心的霍山小岘春生产基地，以单龙寺为中心的霍山翠芽生产基地。在大化坪镇、太阳乡、诸佛庵镇等地10多个重点产茶乡镇组建茶农协会、茶叶合作社20个，涉及70%的产茶农户，会员6万人左右。其中霍山县三河茶叶合作社被授予"省级示范合作社"。霍山县大别山绿色商城是以茶叶为主的绿色农产品批发市场，2009年市场年吞吐量达8600吨，交易额5.4亿元。虽然存在霍山县绿力生态产品有限公司、霍山县圣茗茶叶有限公司等龙头企业，但中小茶企业众多，全县各类茶叶加工厂约300家，多是小作坊式简陋加工厂，大型龙头企业严重不足 2008年年底，安庆市拥有茶园31.44万亩，茶叶总产5722吨，茶叶总产值4.2亿元；茶叶生产涉及全市60余个乡镇、近20万农户和60万茶农 岳西县现有茶园面积13.1万亩，是全国100个茶叶重点县之一，岳西县有茶叶加工厂330座，三品认证茶园全覆盖。生产的茶叶以特级翠兰（单芽）为主，其次是高档翠兰和炒青。茶叶协会179个，实现乡村全覆盖；QS认证茶叶企业17家；茶叶专业合作社10家；茶叶机械制造厂有6家，年产茶机近4000台 太湖县有茶园面积5万亩，年产干茶近1000吨，产值3000万元；太湖县茶叶开发公司是全县茶叶产业的龙头企业，拥有43个基地茶场，5000亩茶叶生产基地，在全县茶叶生产技术服务和名优茶开发等方面发挥着重要作用
	皖南茶叶产业集群（黄山、宣城、池州）	黄山市2009年茶园面积71万亩，茶叶总产2.38万吨，产值10.76亿元，其中名优茶产值7.87亿元。已成立茶叶专业合作社等合作经济组织46个；全市初、精制加工厂上千家，其中，规模企业50家，亿元以上5家。2009年全市8家企业入选中国茶叶行业百强，省级龙头企业8家，占全省茶叶类农业产业化龙头企业数47%；市级龙头企业24家，占全市农业产业化龙头企业数34.3%。拥有1个中国名牌农产品，19个安徽省著名商标，11个安徽省名牌产品，11个安徽省名牌农产品 黄山区本土茶叶经营实体达到400多家，其中100万元以上40多家，1000万元以上的超过5家；有两家全国茶叶百强企业和一家省级农业产业化龙头企业。全区有机茶认证面积6700亩，绿色认证面积10400亩；全区茶叶龙头企业新建改造32座清洁化、标准化茶叶加工厂 祁门全县共生产红茶3000多吨，产值8300万元，销售收入达5700万元；全县红茶企业先后开发了"一顶天红"、"天品国香"、"祁红香螺"、"祁眉"等高档红茶品牌，有十大系列20多个品种 歙县2009年茶叶总产量7600吨，均价每公斤38.2元，产值2.9亿元，歙县汪满田茶业有限公司、黄山茶业有限公司、薇薇茶业有限公司等龙头企业不断发展壮大，进入全国茶业行业百强，打造了"汪满田"、"云谷"、"洪立安"等知名品牌，通过无公害、

续表

行业	农业产业集群	基地、龙头企业、合作组织
茶叶产业集群	皖南茶叶产业集群（黄山、宣城、池州）	绿色、有机茶园认证的企业有22家，认证茶园面积23.05万亩，占生产茶园总面积的91.4% 宣城市2008年茶园采摘面积2.11万公顷，产茶2.09万吨，产值4.09亿元，出口1.21万吨；名茶有敬亭绿雪、高峰云雾、黄花云尖、汀溪兰香、涌溪火青、天山真香、瑞草魁、太极云毫等；名优茶产量已占茶叶总产量30%，名优茶产值已占茶叶总产值80%；2008年年底全市区域内共有1.75万公顷茶园通过无公害、绿色食品及有机茶认证；2008年全市区域内18家茶叶龙头企业实现茶叶产值2.65亿元，占全市茶叶总产值64.8% 绩溪县2008年现有茶园面积1780公顷，无公害茶园面积1430公顷，产量850吨，其中优质茶产量400吨，茶叶总产值达到3500万元，名优茶产值达到2500万元；绩溪县有茶叶专业合作社（包括茶叶机械合作社）10家 泾县有茶园6万亩，茶农约6万人，2009年全县生产干茶1900吨，产值1.2亿元；有涌溪火青、汀溪兰香、泾县特尖等10多个无公害、绿色产品和有机茶认证产品，名优茶产量800多吨，产值约1.1亿元；有翰林茶业公司、安徽兰香茶业公司、泾县涌溪火青茶叶公司、绿源茶叶公司、涌溪火青茶叶公司等茶叶产业龙头企业；有专业合作社13家，建立汀溪、蔡村、茂林、榔桥等"兰香"茶、"火青"茶加工业集聚区
水果产业集群	砀山水果产业集群（酥梨、苹果、黄桃）	砀山县是酥梨种质资源省级自然保护区，被誉为"中国梨都"、"酥梨之乡"，砀山县果园面积约70万亩，年产各类水果150多万吨，是全国水果生产十强县之一，已形成沿黄河故道10万亩的优质砀山酥梨生产示范基地，以砀城镇为中心的8万亩优质黄桃生产示范基地，以玄庙镇、赵屯镇为中心的10万亩新品种梨生产示范基地，以葛集镇为中心的10万亩油桃、红富士苹果生产基地 拥有安徽丰原梨业砀山有限公司、北京汇源集团等11家省、市级水果深加工龙头企业，兴达罐业、通宇制罐、倍佳福食品等8家中型企业，以及300多家小型水果生产加工服务企业 2007年有120家购销公司、8000多农民经纪人、226个农民合作经济组织、1个县级水果协会、13个乡镇级水果协会、119个村级水果协会；2009年年底水果专业合作社达433家；2011年年底水果专业合作社739家，占砀山县农民专业合作社总数的50%以上 2010年全县建有农产品市场52个，其中水果专业批发市场16个，年交易量近100万吨
	萧县水果产业集群（葡萄、黄桃）	沿官桥—白土—龙城—圣泉—刘套等乡镇的葡萄产业带，以黄河故道为中心的苹果、梨产业带，以郑腰庄为中心的万亩萧国圣桃基地，水果面积50万亩，其中梨20万亩，苹果10万亩，葡萄8万亩，桃7万亩；以园艺总场、黄河故道园艺场、樱桃酒厂、古井集团等为主的水果加工基地，其中县园艺总厂的葡萄汁年加工能力达5000吨

续表

行业	农业产业集群	基地、龙头企业、合作组织
水果产业集群	宁国山核桃产业集群（皖南沿天目山脉的宁国、绩溪、歙县，大别山区的金寨、霍山）	宁国是"中国山核桃之乡"，种植面积和产量均居安徽省首位和全国第二位。宁国山核桃栽培面积30多万亩，产业总产值达10多亿元，主产区有13个乡镇，已形成"一村一品"或"多乡一品"的格局。2009年，宁国山核桃年产量首次超过万吨，总产值9.982亿元，其中第一产业产值4.45亿元 山核桃加工企业42家，年加工能力可达8000吨。拥有詹氏食品有限公司、山里仁公司、林佳公司等30多家规模以上的加工企业，3家省级农业产业化龙头企业、4家省林业产业化龙头企业。获得有机食品认证的企业15家，获得绿色食品认证的19家25个产品，"宁国山核桃"品牌价值为14.08亿元
	怀远石榴产业集群	怀远县石榴栽培面积达2.5万亩，年总产量1500万公斤，产值达6000余万元；基地及石榴交易市场涌现出上百家从事石榴贮藏、运输、营销的专业大户，年经销石榴1000余万公斤，流通环节增值1500万元；怀远县工业园区集聚了成果石榴酒酿造有限公司、乳泉石榴酒有限公司等6家从事石榴深加工的企业，年生产系列石榴酒、饮料1.3万余吨，产值1.7亿元
	淮北段园镇葡萄产业集群	全镇葡萄种植面积已达2万多亩，是国内集中连片规模最大的葡萄种植园区之一，年产葡萄3000万公斤以上，段园葡萄已建立了以园区为基地、以大庄农贸市场为载体、以葡萄协会为龙头的"市场+协会+农户"的种植和销售模式
	埇桥区水果产业集群	埇桥区形成了褚兰、杨庄约4000亩连片的苹果基地，以栏杆、夹沟等乡镇为主的约3800亩的黄桃种植基地，汴河、符离、杨庄等近万亩的梨种植基地，符离、夹沟近5000亩的葡萄基地和夹沟、栏杆16000多亩的石榴种植基地
家禽产业集群（含羽绒产业）	宣城家禽产业集群	全市家禽养殖总量达1.7亿只，占全省家禽养殖总量近1/5，20万只以上家禽养殖小区98个，规模养殖量占饲养总量85%。有和威集团、太阳集团2个国家级龙头企业，有安徽华卫集团、立大禽业和荣达禽业等12个省市级龙头企业，形成了禽业养殖、加工、销售一体化的产业集群
	六安市（裕安区）固镇羽绒羽毛产业集群	六安市裕安区固镇镇是全国四大羽绒集散地之一，被誉为中国白鹅之乡。2009年全镇年平均白鹅饲养量近40万只，白鹅经济已成为固镇镇的半壁江山；全镇白鹅产业相关企业200多家，规模工业企业8家，中小型加工企业近百家，专业养殖合作社数十家，家庭作坊不计其数；拥有"皖西牌"羽绒、"金标牌"羽毛球、"强盛牌"羽毛工艺制品等知名品牌
	舒城县干汊河镇羽毛产业集群	干汊河镇已经形成西宕、洪宕等村羽毛加工集中区，从事羽毛交易和加工企业100多家，年产值上千万元的规模企业达27家，其中年产值超亿元的1家、超3000万元的4家，2009年羽毛交易和加工年总产值达7亿多元，干汊河羽毛市场，产品远销全国、港、澳、台及东南亚等地，成为华东地区最大的鸭毛市场集散地。形成了大阳、文杰等一批龙头企业，涌现出"太阳"、"鸿鹄"、"翰文"等一批在全国享有较高知名度的著名品牌

续表

行业	农业产业集群	基地、龙头企业、合作组织
家禽产业集群（含羽绒产业）	舒城县城关镇七星羽绒产业集群	舒城县城关镇七星羽绒工业园有加工贸易企业21家，固定资金1.5亿元，大型加工设备110台（套），年加工羽绒及制品2.5万吨，实现销售收入6.5亿元，吸纳从业人员2000余人，七星羽绒市场为"全省最大、全国四大羽绒原料市场之一"；规模较大的企业有：华强羽绒、华盛羽绒、达胜羽绒、兴旺羽绒、瑜强羽绒、世盛服饰、兴旺服饰等
牲畜产业集群	蒙城县畜牧产业集群（淮北黄牛产业带，其牛肉产量已占全省的80%）	2009年3月末，蒙城生猪存栏303994头，生猪出栏222957头；黄牛存栏24206头，黄牛出栏7498头；山羊存栏132982只，山羊出栏100781只。规模养猪场1412家、规模养牛场189家、规模养羊场67家，规模养殖比重达49.6%。生猪生产、经营合作组织12家，黄牛生产经营合作组织5家；拥有京徽蒙农业科技发展有限公司、南京雨润集团公司、蒙城县东升食品有限公司、九州食品有限公司等一批龙头企业。制定《关于加快推进蒙城县现代农业现代畜牧业规模化经营实施办法的通知》、《关于加快推进蒙城县畜牧业标准化规模化生产若干意见的通知》、《蒙城县标准化规模养殖场奖补考评办法》等文件；积极开展"畜产品标准化生产基地"和"三品"认证，打造蒙城县畜产品知名品牌。全县有黄牛、山羊、生猪品种改良站（点）128个；黄牛和生猪发酵床养殖技术、秸秆发酵养猪技术已在蒙城县56个规模养殖场应用
	临泉县山羊产业集群（瓦店镇）	临泉县已发展规模饲养场260家，涌现出一批养羊专业村，形成了以瓦店、姜寨、庙岔、黄岭、庞营等乡镇为主的山羊生产基地。2006年，仅瓦店镇山羊饲养量就超过8万只，全县饲养量达到106.5万只；瓦店山羊市场已成为华东地区最大的山羊交易市场，集日山羊上市量5000多只，年交易额2亿多元。以瓦店镇中国安徽山羊集团为龙头，走出了"公司+农户"的产业化经营之路。集团下辖山羊养殖公司、山羊交易有限公司、山羊销售有限公司、山羊冷冻有限公司，集山羊养殖、交易、吊宰、加工、冷藏、销售、运输为一体
	合肥畜牧业产业集群（合肥、淮南、淮北和马鞍山等市县郊区奶牛养殖基地的奶牛饲养量占全省的70%以上）	2009年合肥畜牧业产值达到73亿元，占全市农业总产值比重的39.3%；全市有适度规模养殖场5000多个，养殖专业村358个，养殖专业乡镇35个 以伊利集团合肥公司、白帝乳业、丰大乳业、安徽九牛牧业集团、肥东现代牧业公司等企业为龙头的乳业产业集群，以长丰北部和肥东东北部为重点养殖基地。全市奶牛规模养殖比重达到70%（存栏50头以上），存栏150头以上的规模养殖场90个。肥东县白龙镇建成占地面积2000多亩，总投资6.5亿元的奶牛养殖基地 以屠宰加工企业为龙头的生猪产业集群；全市年出栏万头以上的猪场12个，规模场（户）2000多，规模化养猪比例达75%，形成一批生猪生产基地；肥东县和长丰县是生猪养殖大县和国家优质商品猪生产基地，长丰县杨庙镇是安徽最大的种猪生产基地

续表

行业	农业产业集群	基地、龙头企业、合作组织
水产产业集群		安徽省2009年水产养殖面积780万亩；全年水产品产量183.1万吨；渔业经济总产值345亿元。全省共有国家、省、市级渔业产业化龙头企业77家，年加工鲜活水产品10万吨，加工总产值突破100亿元，对全省渔业经济增加值的贡献达到80%左右；出口水产加工品2940吨、2480万美元，带动50万农户从事苗种生产、水产养殖、产后流通加工；全省有31个水产养殖专业村（乡、镇）被授予省级"一村一品"特色专业示范村（乡、镇），14个水产养殖场被认定为省级现代农业科技示范园，14个水产专业合作社被授予省级示范合作社。创建了100个80万亩面积的市级以上标准化健康养殖示范场（区），其中46个被批准为国家级健康养殖示范场 2009年颍上县焦岗湖水产养殖基地、裕安区丁集黄鳝网箱养殖基地、寿县安丰塘水产养殖基地、淮南市施家湖河蟹养殖基地、宣城市南漪湖河蟹养殖基地、宣州区河蟹养殖基地、怀远县孔津湖泥鳅养殖基地、无为泉塘河蟹养殖基地、庐江县黄陂湖河蟹养殖基地、肥东县长临水产养殖基地、枞阳白荡湖渔业养殖基地、桐城市嬉子湖渔业基地、安庆破罡湖水产养殖基地、池州市东至黄泥湖水产（草鱼）养殖基地、繁昌县河蟹养殖基地等15家水产养殖基地获省级农产品标准化生产基地称号
	巢湖水产养殖产业集群	建成20万亩年产1万吨沿江优质河蟹基地；30万亩年产1.4万吨环巢湖沿江虾类养殖基地；3万亩年产3000吨鮰鱼出口基地；1.5万亩年产80吨河蚌育珠基地；1万亩年产7000吨网箱养鳝基地；2万亩禽-鱼生态养殖示范基地 建立水产标准化生态养殖小区32个、面积16万亩，其中部级2家、省级2家、市级15家 围绕苗种、饲料、基地、加工、市场等创建水产龙头企业12家，其中省级1家；水产品注册商标19个，有5个品牌和7个产品荣获中国国际农业博览会名牌产品称号
	五河水产养殖业集群	五河县境内有30万亩水面，其中可养水面达到20万亩，已经形成了沱湖河蟹、天井湖河鱼、香涧湖河虾等渔业基地，全县河蟹养殖总面积93000亩，其中，大水面养殖河蟹面积85000亩，池塘养蟹面积达7500亩；以漴潼河为重点的网箱鱼类养殖区，围网养殖面积10.5万亩，网箱养殖面积1015亩；出现"沱湖""金塘""黑鱼钩"和"杏涧湖"等品牌
	合肥龙虾养殖产业集群	合肥市已形成了"以大户基地为示范，农民自主养殖为主体，加工餐饮企业为龙头，龙虾节庆为平台，专业协会为纽带，政府扶持为推动"的龙虾产业化经营格局 形成了"沿巢湖和滁河、瓦东干渠两个百公里养殖带"，涌现出"海兴、天福、曹户"等150个百亩以上的集中连片龙虾标准化养殖基地，加工的生虾仁、熟虾仁、带黄虾、整肢虾等产品远销美国和欧盟地区 形成了龙虾餐饮的产业集群，诞生了如"老谢"、"阿胖"等"十大虾王"，出现了"四大名旦"等优质龙虾菜肴品牌，仅城区就有4000多家餐馆经营龙虾餐饮，餐饮从业人员近4万人，宁国路已成为远近闻名的"龙虾餐饮一条街"。 2009年，全市龙虾养殖面积15万亩，养殖、捕捞和交易产量达5万吨，繁育龙虾苗种8亿尾，龙虾特色餐饮4000余家，龙虾养殖户1万多户，5万农民从事龙虾养殖、捕捞、收购和运输。龙虾经济总量达20亿元

续表

行业	农业产业集群	基地、龙头企业、合作组织
水产产业集群	芜湖县水产养殖业集群	芜湖县渔业总水面 1.7 万公顷，其中可养水面约 1 万公顷，占总水面的 57.9%，以 "一镇一品，一村一特" 为渔业特色的区域经济成效显著。芜屯公路沿线，以六郎、花桥镇为中心，以千亩无公害河蟹养殖基地、万亩水面资源及六郎水产品市场为依托，河蟹人工养殖面积占全县的 62%；湾石路沿线，以陶辛镇为中心，以万亩无公害青虾养殖基地及陶辛水产品市场为依托，青虾池塘双季养殖面积超过 460 公顷，占全县养殖面积的 67.5%；芜南、荆十公路沿线，以火龙岗、方村镇为中心，以幼蚌繁育和珍珠蚌养殖基地为依托，幼蚌繁育数量达 3.2 亿只，占全县总量的 74.6%，珍珠蚌养殖数量占全县的 41.6%
	枞阳县水产养殖业集群	枞阳县水产养殖总面积 39 万亩，水产品年总产量 8 万多吨，名特优水产品 3 万多吨，渔业产值 10 多亿元。该县主要水产品出自境内的白荡湖、菜子湖、陈瑶湖、两赛湖等四大湖泊，其中白荡湖有 8 万亩水面，为国家级生态养殖示范区和全国河蟹标准化养殖示范区
	巢湖市槐林镇渔网产业集群	2009 年巢湖市槐林镇，实现渔网工业总产值 33.62 亿元，工业增加值 9.08 亿元，营业收入 33.94 亿元。该镇渔网产业集群个体、私营企业数达 455 家，员工 1.46 万人；拥有进出口自营权企业 26 家，其中中外合资企业 9 家；渔网系列产品不仅畅销全国，还出口俄罗斯、乌克兰、日本、韩国、欧洲、南美、非洲、东南亚等 30 多个国家和地区
其他农业产业集群	界首市马铃薯产业集群	阜阳市已形成以界首市为中心的集中产区，宿州市已形成以埇桥区为中心的集中产区，亳州市已形成以谯城区、蒙城县为中心的集中产区 2009 年省农委批准界首市颍南办事处马铃薯为无公害农产品产地；界首市以陶庙镇为中心的马铃薯生产优势区通过了农业部的无公害马铃薯农产品认证。拥有界首市泉阳开发区开心食品有限责任公司等一批企业
	合肥肥西苗木花卉产业集群	安徽苗木花卉呈现合肥、芜湖、滁州三足鼎立。肥西县以上派为核心，苗木花卉基地面积达 15.8 万亩，占合肥市的 76.7%。其中，上派镇 5 万亩，紫蓬镇及紫蓬管委会 4 万亩，花岗镇 2 万亩，桃花、高刘、铭传、南岗、严店分别达 0.3 万~0.5 万亩，其余零星分布。2003 年以来，连续举办全国性苗木花卉交易大会，2008 年合肥市苗木花卉交易量达 4.5 亿株
	芜湖苗木花卉产业集群	全市苗木花卉繁育面积达 17.58 万亩，其中 300 亩~500 亩基地 30 个，500 亩以上基地 20 个；花木种植经营户 1 万余户，从业人员 5 万余人，交易经纪人 5000 余人，形成年产用材苗、经果苗、园林绿化苗和花卉、盆景、草坪地被植物等十大类、300 多个品种、1.5 亿株（盆）的生产能力，年产值 7 亿元，创汇 1300 万美元
	淮南八公山豆制品产业集群	该地区已经形成特色豆制品、干制和保鲜豆制品、方便即食豆制品、膨化豆制品、发酵豆制品等 5 大类别 80 多个品种；产品在全国多数城市的超市上架销售，部分产品远销日本、韩国、中国台湾等国家和地区。以八公山豆制品厂、兴兴、吴氏、宛宛香、祁老大豆食品有限公司为代表的豆制品规模生产企业 7 家，豆制品生

续表

行业	农业产业集群	基地、龙头企业、合作组织
其他农业产业集群	淮南八公山豆制品产业集群	产专业村5个，个体豆制品作坊3000余家，初步形成了豆制品生产、物流、销售一条龙的产业链条，2007年当地豆制品产业年产值约1亿元。 从1992年起到2011年，由中国商业联合会和安徽省人民政府主办，淮南市人民政府承办的"中国豆腐文化节"已成功举办了18届。2008年淮南八公山豆腐获国家地理标志产品
	当涂县农业旅游产业集群（护河镇桃树连片生产基地）	马鞍山市经营农家旅游的有100多户，大部分集中在当涂县和花山区，已命名的市级农家乐旅游示范区（点、户）23个，省级农家乐旅游示范点5个，国家级农业旅游示范点1个。 当涂县护河镇园艺村是安徽省最大的桃树连片生产基地，成片的桃林北起姑溪河畔的晋朝古文化遗址，南至唐代名宦李阳冰故宅的万佳山，绵延数十里，形成了万亩果园、十里桃花的独特景观；2006年以来，以花为媒，以节会友，先后成功举办"桃花节"和"摘果节"，成为以桃化为特色乡村旅游基地
	肥西县农家乐旅游产业集群（乡村旅游集群）	肥西县以紫蓬、三河镇为核心，辐射上派、小庙、紫蓬山管委会，通过整合林业、渔业、蔬菜、花卉等农业产业资源，发展回归自然、体验农味、休闲观光、餐饮娱乐的农家乐产业，形成具有特色的乡村旅游产业集群。该区域已集聚了46家省市级旅游农业点，并涌现出肥西老母鸡家园、聚星湖生态山庄、堰湾山庄、梨园春等品牌旅游点，2008年接待游客50万人次，营业收入4000多万元

注：由于产业集群的识别尚没有标准，这里说"产业集群或雏形"，是指至少形成一定的产业集聚，可能是雏形、准集群或集群；但是并非是所有的产业集聚都能发展或培育成为产业集群。政府应选择性培育农业产业集群，不应该也不可能在那些缺乏基础和条件的地方刻意"制造"农业产业集群。

资料来源：作者根据实际调研、文献资料和安徽各级政府网站信息整理。

三、安徽农业产业集群存在主要问题

1. 认识不足，没有提高到提升区域竞争力的战略高度

目前，尽管安徽省已经形成许多农业产业集群或其雏形，"一村一品、一镇一业"也有了较大发展，形成一批专业村（镇），批准了75个农业科技示范园区和首批8个农业产业化示范区，先后编制了《安徽省优势农产品区域布局规划（2003~2007年）》和《安徽省优势农产品区域布局规划（2008~2015年）》，农业产业集群发展取得一定成绩。但是，政府仍然没有明确提出农业产业集群化发展战略，农业产业集群没有列入农业和相关产业发展规划。

2. 农业区位优势不明显，农村公共物品供给不足

从整体上看，安徽省农业产业集群发展的交通和贸易区位均不明显。很多农村地区交通不便、运输成本高，农产品的交易成本增加，其资源优势很难转化为商品优势。交通区位优势的形成需要道路、通信、电力等基础设施的投入，而我国长期以来形成的城乡公共物品提供的"二元机制"导致很大程度上政府规避了对农村公共物品的供给责任。不少地区的农村基础设施（如乡间主干道）主要通过按户头集资方式进行建设。事实上，交通区位直接影响贸易区位优势的形成，如农村特色农业市场建设、区域品牌创建、农业技术创新与教育培训机构的设立、农产品质量检测设施购置以及农产品交易会、展览会的举办等都很难实现。这种地理环境、自然条件和制度因素所造成的交通不便、信息闭塞增加了农业生产成本和农产品市场的交易成本，难以形成农产品生产和交易的规模化经营，从而使农业的"弱质性"更加明显。

3. 农业产业集群发展要素相对稀缺

安徽农村经济发展水平低、规模小，人均收入少。这样，一方面可用于投资的资金有限，另一方面消费需求也低，从而制约了农业产业集群的成长。人才稀缺主要体现在具有创新意识和创新能力的农业企业家人才较少，农业生产方式、经营理念仍然保留着传统模式；尽管近年来国家出台了一批支农、惠农政策，但农村精壮、剩余劳动力仍滞留于发达地区。由于缺乏必要的农业技术培训与教育机构，导致农业生产很难克服固有的"路径依赖"，无法实现耕作、技术、流通的创新，生产技术的开发、应用与推广不够，农产品加工、储运、销售技术也明显不足。正是由于资金、人才、技术等生产要素的稀缺，加上适用于农户或企业的科研成果又少，使农业生产科技含量低，农产品市场竞争力弱，形成安徽农业产业集群发展的要素瓶颈。

4. 市场体系不完善，区域品牌效应不明显

农业产业集群的存在往往需要一个较大的专业市场的支撑。农业生产过程的时效性和农业产品的季节性、鲜活性、易腐烂及难储运性等特征，使农户在交易过程中处于被动地位，这就导致了农业产业集群内竞争不充分和竞争过度并存的状况。一方面，农业的分散经营、规模化程度低，使农业产业集群供应链的各节点和各环节竞争不充分，创新动力严重不足；另一方面，又使农业产业集群内各成员（农户和企业等）信息不对称严重，合作、协同意识扭曲，农业的前期投入要素和农产品

销售、储运等出现"一窝蜂"现象，容易导致劣等品主导的"柠檬市场"问题。

从调研结果来看，安徽省农业产业集群已初步形成了一批地方特色较鲜明的区域品牌。这些区域品牌有的已经享誉世界市场（如黄山的毛峰、亳州的中草药等），但大多数农业区域品牌未能得到充分利用（如皖西白鹅、巢湖水产，无为、望江的棉花，涡阳苔干等）。尽管这些区域品牌具有很强的经济、社会价值，但由于这些产品产业化程度低，加工工艺不完善，因而导致产品附加值始终不高。

5. 多处于集群发展初级阶段，各主体之间相互联系较弱

从安徽各地农业产业集群实践来看，多数处于发展的雏形期或成长期的初级阶段，主要表现为规模较小，许多仍然是孤立"一村一品"，没有连接成片；以初级农产品为主，加工度较低，有影响的龙头少；产业链纵向联系较弱，甚至有明显断裂现象，市场渠道相对单一；基础设施落后，缺乏集群信息、技术和政策等公共服务平台。另外，安徽农业产业集群（特别是产业链下游）抗自然风险和经济风险能力较弱。

6. 地方政府投入不足，管理越位

农业产业集群的形成与发展在很大程度上依赖于地方政府的政策引导与投入。地方政府不是直接充当集群的领导者和管理者，而是要充分发挥促进者、中介人的作用，把农业产业集群的各成员组织起来，为他们提供公共支持与政策激励，调动集群参与者的积极性和能动性。但事实上，由于安徽省地区经济发展的不平衡性，很多地区地方政府的政策投入明显不足，并有意无意地参与到行业的业务管理之中。甚至存在采取强行拆分农业供应链的方法促进企业的专业化分工，强行推广农业新品种，向企业募集资金用于集群区域品牌宣传等越位管理行为。

第八章

实践案例与经验借鉴

一、山东寿光蔬菜产业集群

寿光市地处山东半岛中部,渤海莱州湾南畔,总面积2072平方公里,现辖5个街道、9个镇和1个双王城生态经济园区,975个行政村(居委会),人口113.94万。寿光蔬菜种植有悠久的历史,20世纪80年代初,寿光市率先试验成功了冬暖式大棚蔬菜,推动了一场遍及全国的"绿色革命"。寿光市已经成为中国最大的蔬菜生产基地,也是国家命名的"中国蔬菜之乡"。寿光市蔬菜产业集群的兴起,并不是一蹴而就、一步到位的,而是寿光市立足自身蔬菜生产的资源和技术优势,及时确立"人无我有,人有我优"的蔬菜发展战略,顺应市场要求,在满足市场需要的同时积极提升集群的内在素质,通过政府宣传指导、监督检查、龙头企业带动、蔬菜协会督促、农户执行的方式,逐步提高蔬菜的附加值和科技含量,努力生产出高质量、高标准的绿色食品和有机蔬菜,加快了蔬菜产业集群的形成与发展。

(一)寿光蔬菜产业集群形成历程

任何一个集群都有其产生、成长、成熟的演进历程,农业产业集群也不例外。调查研究发现,寿光市的蔬菜产业集群起源于20世纪80年代,经过90年代数量与规模的扩张和品质结构的优化升级,到21世纪初已经基本发展成熟,目前正走向集群升级发展的新阶段。寿光蔬菜产业集群结构,见图8-1。

第八章 实践案例与经验借鉴

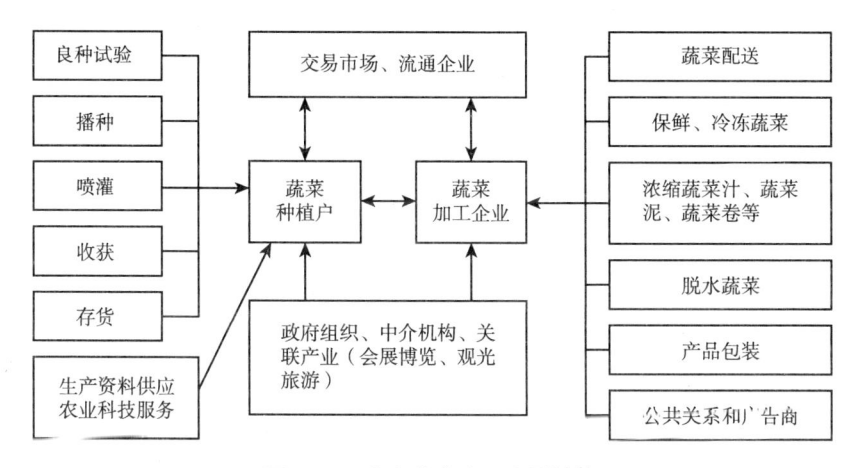

图 8-1 寿光蔬菜产业集群结构

参照刘中会（2009）和黄海平等（2010）的观点[①][②]，把寿光市蔬菜产业集群形成与发展的历程总结为四个阶段：

第一阶段，1979～1988年，是寿光市蔬菜产业集群的起始阶段（或者说萌芽阶段）。实行家庭联产承包责任制以后，农民对农业生产有了更大的自主权，开始改变单一的粮食种植结构，发展蔬菜生产。到1984年，寿光蔬菜的播种面积由8.9万亩增加到18.4万亩。1984年建立寿光蔬菜批发市场，解决了寿光蔬菜的销售问题，并推动了寿光市蔬菜产业的进一步发展，寿光市蔬菜批发市场的年交易量和交易额由1984年的1.57亿公斤和5509万元增加到了1988年的5.54亿公斤和32148万元。市场带动种植规模扩大，但是缺少上游的生产资料企业和下游蔬菜加工企业，尚处于集群发展起始或萌芽阶段。

第二阶段，1989～1999年，是寿光市蔬菜产业集群的扩张发展阶段（或者说成长阶段）。1989年，寿光市开始推广和发展冬暖式蔬菜大棚，寿光蔬菜也由季节性露天生产发展到"四季常青，四季有菜"的新局面。全市冬暖式大棚由1990年的5000个发展到1995年的20万个，蔬菜生产面积达到近50万亩，同时，蔬菜的品种结构也不断优化升级，各种精细菜、稀有菜的栽培面积不断增大。这也带动了寿光的蔬

---

① 刘中会. 寿光蔬菜产业集群研究 [D]. 长春：东北师范大学博士论文，2009：45-46.

② 黄海平等. 基于专业化分工的农业产业集群竞争优势研究——以寿光蔬菜产业集群为例 [J]. 农业经济问题，2010，（4）

菜加工企业、农业生产资料生产企业以及各种科研培训机构的发展。这一阶段不仅蔬菜种植规模扩张，同时初步形成了本地蔬菜产业链集聚，是寿光蔬菜产业集群的真正形成和快速发展阶段。

第三阶段，2000~2008年，是寿光市蔬菜产业集群的成熟发展阶段。2000年以后，寿光蔬菜种植面积以及蔬菜产值占种植业产值的比例趋于稳定，已经从规模扩张进入到更加重视产品结构、质量、品牌和产业链上下游之间联系，基于产业分工的竞争优势更加明显，产业集群发展趋于成熟。2000年，寿光市成功地举办了第一届中国国际蔬菜博览会，从此寿光蔬菜的品牌享誉海内外。每年一届的寿光蔬菜博览会，不仅宣传了寿光蔬菜的品牌，而且引进了大量的海内外资金与技术，增强了寿光市蔬菜产业集群竞争力。2006年5月，山东寿光蔬菜电子交易市场正式开业，并被确定为山东省首批信息化示范工程，同年10月，国家蔬菜质量监督检验中心驻寿光蔬菜批发市场检测站正式挂牌成立。2007年9月，国家级寿光文家韭菜标准化示范区通过验收，11月，寿光市现代农业示范区通过国家评审。寿光市加强了市农技培训中心、镇农技服务中心、村科技综合服务大院三级培训网络建设，为寿光市蔬菜产业的发展培养了大量人才。截止到2005年，寿光市有各类农村实用人才204463人。

第四阶段，2009年至今，是寿光市蔬菜产业集群开始进入升级发展阶段。2008年国际金融危机爆发以后，国内蔬菜出口加工业备受打击，国内蔬菜市场消费需求不旺，蔬菜价格波动较大，寿光蔬菜产业集群发展也受到一定影响。面临新形势，寿光进一步加快了以科技创新促进蔬菜产业集群升级步伐，实现集群向以科技为依托的无公害、绿色标准化生产的方向发展。2009年9月，山东省蔬菜院士工作站落户寿光。2010年4月，由7家企业、2所高校、4所科研机构共同发起成立的设施蔬菜产业技术创新战略联盟在寿光成立。依托山东蔬菜工程研究中心、高科技示范园博士后科研工作站、中国农业大学寿光蔬菜研究院等科研力量，寿光市的蔬菜科研正朝着自主创新的方向发展。2010年4月，占地2000亩的寿光现代农业示范基地奠基仪式举行，规划建设10万平方米的现代化育苗区、480亩的蔬菜新品种新技术试验示范区、960亩的绿色有机蔬菜生产区，总投资9000万元。2010年，农业部认定寿光市被确定为全国50个国家现代农业示范区之一，截至2010年12月，寿光已有浮桥萝卜、寿光大葱、桂河芹菜、独根红韭菜等8种农产品入选国家地理标志产品。

寿光市"十二五"规划提出优先发展蔬菜产业，综合集成生物技术、信息技术、新材料技术、自动化控制技术和现代先进农艺，建设高标准、国际化、现代型的"设施蔬菜基地"，打造"世界蔬菜园"和"中国最大的蔬菜种苗基地"。进一步细化发展蔬菜档次和品种，培育精细化、精品化的高端蔬菜产业。继续加强农产品质量安全体系建设，继续推进优质蔬菜产地、产品认证，完善蔬菜生产标准化要求，健全蔬菜生产全程质量监控体系。促进全市蔬菜生产从无公害蔬菜向绿色蔬菜、有机蔬菜转变。

(二) 寿光蔬菜产业集群发展现状

1. 蔬菜种植规模化、专业化、区域化

蔬菜已经成为寿光种植面积大、产量高并具有明显优势的支柱产业。从 20 世纪 90 年代到 2003 年以前，寿光的蔬菜播种面积增长较快，年平均增长约 11.5%；寿光蔬菜产值占种植业产值的比例由 1991 年的 41.79% 上升到 2002 年的 78.16%，在 2002 年达最高峰，几乎是 1991 年的 2 倍。2003 年以后，由于国家农业税费的减免以及粮食价格的上涨使得蔬菜播种面积略有下降，蔬菜产值占比也相应有所降低，但近年来基本稳定在 70% 以上（见表 8-1）。

表 8-1　　　　寿光市 1991-2010 年蔬菜生产情况

年份	蔬菜播种面积（亩）	蔬菜总产量（吨）	蔬菜总产值（万元）	蔬菜产值占种植业产值的比例（%）
1991	271922	924621	49557	41.79
1992	289814	1250000	64967	48.81
1993	374055	1681013	124403	59.42
1994	446385	2006066	164800	57.70
1995	487095	2000135	186315	52.17
1996	539085	2183780	225292	60.47
1997	541489	2185292	204925	62.01
1998	585817	2503979	225024	61.33
1999	588279	2514502	175300	58.64
2000	739395	3023414	227789	72.77

续表

年份	蔬菜播种面积（亩）	蔬菜总产量（吨）	蔬菜总产值（万元）	蔬菜产值占种植业产值的比例（%）
2001	855054	3494278	246410	72.35
2002	868769	3672056	259499	78.16
2003	860498	3652484	272202	74.14
2004	818114	3659634	291971	72.75
2005	805901	3586059	316444	70.97
2006	779084	3490237	359695	71.51
2007	758958	3499790	385849	71.29
2008	774330	3724437	517562	71.46
2009	768945	3921339	606886	71.21
2010	777405	4154114	631518	70.25

资料来源：2008年以前数据根据历年《寿光统计年鉴》整理；2008~2011年数据根据《潍坊统计年鉴》整理。

寿光根据农业资源分布特点，按照区域化布局、规模化经营、专业化生产的要求，突出特色、优化布局，在中南部乡镇大力发展蔬菜生产。2007年，寿光南部乡镇被定为蔬菜生产基地，蔬菜面积已发展到近80万亩，其中大棚50余万亩，蔬菜总产量达到了350万吨，各类蔬菜中韭菜10.05万亩、大葱30万亩、胡萝卜3万亩；夏秋两季杂菜18万亩。寿光市已经涌现一批生产基地，形成了万亩辣椒、万亩西红柿、万亩香瓜、万亩韭菜、万亩芹菜和3000多亩无土栽培蔬菜等十几个成方连片的蔬菜基地，蔬菜成为寿光最具竞争力的特色产业，有14个乡镇、600多个村成为蔬菜生产专业乡镇和专业村，而且基本上实现了"一村一品"、"一镇（乡）一业"的发展格局（见表8-2）。同时，乡镇区域间基本形成以某一乡镇为中心，辐射周边的区域化、专业化蔬菜生产基地，如以田马、赵庙、东埠、寒桥为主建立伊丽沙白等品种的甜瓜冬暖式大棚和大拱棚生产基地；以文家、马店、牛头、丰城为主建立10万亩韭菜生产基地等高效蔬菜基地；以赵庙万亩芹菜为样板，建立桂河两岸冬贮秋芹菜生产基地；以纪台万亩拱棚西瓜、蔬菜多茬栽培为重点，建立起弥河两岸拱棚西瓜、早熟甜瓜生产基地；以留吕万亩早春长茄为中心，建立留吕、五台、稻田、赵庙冬春茄子生产基地；以留吕万亩脱毒马铃薯为样板，在中部乡镇建立优质、早熟马铃薯生产基地。

表 8-2　　　　　　寿光市主要农产品生产基地分布情况

基地名称	分布区	基本情况
五彩椒生产基地	留吕镇	种植面积 1.7 万亩，年产量达 7.5 万吨，基地分布在高淮、东关、西关、城里、柴家等村，品种主要有罗曼、世纪红、爱迪等，产品销往新加坡、日本、俄罗斯、中国香港、广州等国家和地区
香瓜生产基地 芹菜生产基地	田马镇	1992 年开始种植香瓜，香瓜大棚已发展到 2 万多个，面积 4 万亩，带动周边三县市区形成了 20 万亩的种植规模，现有黄皮、白皮、网纹三大系列 60 多个品种，产品销往全国各地并出口日本、俄罗斯及东南亚各国，成为全国最大的香瓜生产基地。芹菜种植已有 200 多年的历史，近几年形成了以桂河村为中心，辐射到杨家、卜家等十几个村的芹菜生产区，面积 1 万多亩，年产量 4000 万公斤，亩收入 8000~10000 元，成为田马镇的农业主导产业之一
韭菜生产基地	文家街道	逐步形成了 2 万亩韭菜生产基地等多种特色产业并存的农业结构新格局
无公害蔬菜生产基地	洛城街道	无公害蔬菜面积发展到 3.8 万亩，形成了普通菜、精菜、特菜、特果、食用菌、保健菜等六大系列 100 个品种的种植格局，年产蔬菜 3 亿公斤
脱毒山药生产基地、香菜生产基地	稻田镇	发展高标准蔬菜大棚 1.5 万个，香菜、山药等高效大田菜 2 万亩，分别形成了万亩脱毒山药生产基地和万亩香菜生产基地
胡萝卜生产基地	化龙镇	"中国胡萝卜第一镇"，以裴岭胡萝卜市场为中心辐射化龙西部、青州何官、广饶大王一带，胡萝卜种植面积已达到 5 万多亩。全镇有 39 家胡萝卜购销加工企业

资料来源：根据寿光市政府网站和调研资料整理。

2. 引进新品种，发展无公害绿色蔬菜

种植品种的国际化是蔬菜生产标准化的重要前提。因此，寿光市在优化培育传统蔬菜品种的同时，加快了蔬菜良种的引进推广步伐。寿光先后从世界范围内引进蔬菜良种 2000 多个，经过试验，成功推广 400 多个。2005 年全市共推广应用蔬菜生产新技术 24 类 300 多项，引进荷兰西红柿、日本伊丽莎白甜瓜、韩国苦苣菜等 30 多个国家的 500 多个蔬菜新品种。无公害蔬菜基地面积达到 2.67 万公顷，无土栽培蔬菜发展到 333.33 公顷，有 61 种农产品获得国家无公害农产品标志使用权。商品化蔬菜的品种和比例一直不断地在增加，目前以保护地栽培为主的品种有番茄、茄子、黄瓜、芸豆、洋香瓜、辣椒、丝瓜、苦瓜、豆角等，约占蔬菜总面积的 75%。以露地栽培为主的品种有韭菜、大葱、菠菜、萝卜、土豆、甘蓝、大蒜、菜花、莴苣、芫荽等，约占蔬菜总面积的 20%。特种蔬菜类有香椿、芽菜、樱桃西红柿、金皮西葫芦、七彩椒、人参果、菊苣、保护地果品等，约占总面积的5%。彩色辣椒、太空辣椒、珍珠番茄、西洋南瓜、精品苦瓜、极品西瓜等新品种已遍布寿光市蔬菜试验、示范推广基地，收到较好经济效益。

无公害蔬菜生产，发展势头良好。寿光在全市加大了科技培训的力度，对专业种植户农民的培训覆盖面达到50%以上，普及无公害蔬菜的基本知识，培训基地的从业人员，建立和稳定试验、示范基地，探索和推广无公害蔬菜实用技术。组织农业专家和科技人员编写了《寿光蔬菜标准化生产使用知识读本》。广泛参考国内外绿色食品蔬菜的各项技术指标，制定了《无公害蔬菜标准化生产规程》、《无公害蔬菜生产基地条件》、《无公害蔬菜农药使用规范》等20多项规范性标准。创建蔬菜高科技示范园、洛城、钓鱼台、三元朱、文家等无公害蔬菜基地。2009年，桂河芹菜、独根红韭菜被评为国家地理标志产品，2010年，寿光大葱、浮桥萝卜被评为国家地理标志产品。截至2010年，全市有503种蔬菜产品获得"三品"认证，打造了"乐义"蔬菜、"王婆"香瓜等十几个知名商标。2007年，"乐义"牌黄瓜获得中国名牌农产品称号，2007年，"洛城"牌黄瓜获得山东名牌农产品称号，2010年，"乐义"蔬菜荣获中国驰名商标。

3. 蔬菜营销体系日趋完善，购销两旺

市场流通与蔬菜生产共生共存，互相促进。寿光市政府坚持一手抓生产，一手抓流通，按照"统筹规划，合理布局，先市后场"的原则，构筑起了完善的蔬菜市场销售体系。2005年，市区内在8个乡镇建立了12个蔬菜专业批发市场。蔬菜经营公司发展到500多家，蔬菜运销专业户、协会等中介组织1万多家，蔬菜进入市场的组织化程度大大提高。其中寿光城西蔬菜批发市场累计投资2.3亿元，占地面积46.67公顷，年交易额30亿元，成为"买全国、卖全国"的蔬菜集散中心、蔬菜交易中心、价格形成中心和信息交流中心。2003年，投资4000万元在全国率先建成并启动了蔬菜电子拍卖市场，并与深圳布吉农产品有限公司合作，成立了"山东寿光蔬菜批发市场有限公司"，实现了南北两大蔬菜龙头的强强联合。同时，大力发展现代化营销模式，发展直供直销、连锁经营、网上销售和配送服务。寿光蔬菜批发市场2004年建起电子拍卖系统，2005年，寿光蔬菜电子交易市场有限公司正式成立，同时建立了"中国蔬菜市场网"，2006年，寿光蔬菜电子交易市场交易额达到70亿元，截至2007年年底，交易商开户逾6000家，完成交易额 216 亿元。

寿光市 2009 年对现有蔬菜批发市场进行了整合，总投资 20 多亿元建设全国最大的农产品物流园，占地面积 3000 多亩，年交易额达到 600 亿元。2010 年，全市已发展专业市场 40 多处，集贸市场 196 处。配套建设"十大蔬菜专业市场"、带动蔬菜运销、经营、中介等产业和人才、信息、技术等要素市场的发展，形成内外相通、遍布城乡的市场网络。为了减少中间环节，直接服务城市，寿光市组织蔬菜经营单位，采取多种形式，开展蔬菜直销，先后开通了寿光至北京、哈尔滨、湛江三条"绿色通道"和面向国际市场的海上"蓝色通道"、网上通道，与全国 200 多家大中城市的专业蔬菜批发市场、超市及 20 多家国家机关、大型企业开展了蔬菜直供直销、连锁经营和配送服务，产品销往全国 30 个省、市、自治区和 10 多个国家和地区。

4. 以科技为先导，推动蔬菜产业链的形成

自 2006 年以来，寿光推广普及了第五代冬暖式塑料大棚，引进推广了辣椒、番茄、茄子的嫁接育苗、绿色防控技术杀虫、生物反应堆、太阳能技术应用、熊蜂授粉等 300 多项国内外新技术。以及立体栽培、无土栽培、生物组培、滚筒式栽培、蔬菜艺术盆景栽培、庭院立体栽培、海水蔬菜栽培等 30 多个种植新模式。

寿光地区蔬菜产业集群以其庞大的产业规模，在带动一系列的附属产业和周边地区农业综合体系发展，形成了巨大的溢出效应。山东蔬菜工程研究中心、高科技示范园博士后科研工作站、中国农业大学寿光蔬菜研究院也纷纷成立，及时将蔬菜科学研究的技术成果转化为生产力，蔬菜科研正朝着自主创新的方向发展。同时寿光市加强了市级农技培训中心、镇级农技服务中心、村级科技综合服务大院三级培训网络建设，为当地蔬菜产业的发展培养了大量专业种植人才。寿光市蔬菜产业集群间的耦合度、关联度日臻密切，以科技为先导，依托"蔬菜研究机构+高科技示范园区+专业化与规模化种植基地"的链条联动模式，种植基地朝着无公害、绿色化、标准化、产业化的方向发展，产业链推动了蔬菜经济的全面优化与升级。

5. 大力发展蔬菜加工，培育龙头企业

寿光蔬菜产业的不断发展积聚，衍生了一批蔬菜加工、配送企业，培育了一批农业产业化龙头企业。2005 年，已兴办以蔬菜加工为主的规模较大的农副产品加工企业 44 家，年加工能力达 80 万吨。寿光市蔬菜、农副食品加工销售企业和物流配送企业达560多家①，形成以寿光蔬菜产业集团、山东赛维绿色科技有限公司、华鑫蔬菜保鲜公司、大森食品有限公司、万友食品、圣海集团、德农三元化裴岭、天成食品等为龙头的一批从事蔬菜加工、保鲜和脱水业务的企业，政府先后帮助60多家速冻、保鲜、脱水等蔬菜加工企业进行了技术改造，使其加工规模和产品档次有了很大提高，并从土地、税收、融资等方面为加工企业提供支持和帮助，增强了龙头企业参与国际竞争的能力。

6. 蔬菜科技园区和蔬菜博览会扩大了寿光影响力和知名度

山东寿光蔬菜高科技示范园位于寿光市洛城镇，成立于1999年6月，是一个集农业高新技术引进、开发与生产、加工及出口为一体的外向型高新农业示范科技园。建成了核心区1万亩，示范区2.5万亩，辐射区35万亩的发展规模，建成"三园三区五中心"格局，即蔬菜高新技术创新园、农业博士创业园、外商投资园；蔬菜标准化生产示范区、新产品实验示范区、现代化设施实验示范区；智能化信息管理中心、蔬菜高新技术培训中心、展示交流中心、现代化生物工程种苗中心和蔬菜保鲜加工销售中心。以山东寿光欧亚特菜有限公司为运行主体，采用"公司+基地+农户"产业化运作机制，进行标准化生产，在新品种、新技术、新产品引进等方面形成横向发展，纵向带动，已遍及周边14个乡镇、56个村。园区还吸纳国际知名的蔬菜种业集团进入，创办良种示范基地。如瑞士先正达种子公司、荷兰瑞克斯旺种业集团等建立的10处菜果新品种实验示范基地、5个国家和省级农业示范基地、500多个农业示范区，先后引进推广了200多项国内外新技术、1000多个新品种和立体栽培、无土栽培等30多种种植新模式，对寿光蔬菜产业发展产生巨大而深远的影响。

以"绿色、科技、未来"为主题的中国（寿光）国际蔬菜科技博览会，自2000~2011年已连续成功举办了十二届，每届都以丰硕的经贸成果、独特的展览模式和丰富的文化内涵，在国内外农业及相关产业领域产生巨大影响。通过博览会集中展示了现代农业尤其蔬菜及相关产业领域的新品种、新技术、新成果。蔬菜博览会已成为一个响亮的会展品牌和一张展现寿光蔬菜特色经济的个性名片，对推动寿光农业及经济

---

① 王学真，郭香峰，高峰. 寿光蔬菜产业发展对相关产业的影响［J］. 农业经济问题，2007，(3)：91-95.

社会发展、加快农业产业化进程起了巨大的促进作用，收到了巨大的经济效益和社会效益，成为全市农业对外开放的窗口。

7. 中介服务组织带动蔬菜产业发展

寿光地产蔬菜90%以上通过各大批发市场及各类中介组织源源不断地销往全国各地。2005年发展蔬菜果品等经营公司510家，蔬菜运销专业户、协会、联合体、经纪公司等中介组织1.7万个，流通大军10万人。寿光市围绕蔬菜产业成立40多个专业协会，如寿光市蔬菜协会、寿光蔬菜产业协会、寿光农业专家协会、寿光市优质蔬菜协会、寿光市韭菜协会、寿光市化龙镇胡萝卜协会、寿光市稻田镇有机农产品产销协会、寿光市珍稀食用菌协会等，这些中介服务组织带动了寿光蔬菜产业发展。田柳优质蔬菜协会大力推广富硒蔬菜生产技术，建立起了500亩大棚富硒番茄生产基地；寿光化龙镇胡萝卜协会成立后，以市场为导向，带动了50多个村，发展胡萝卜生产5万多亩，形成我国北方最大的胡萝卜生产基地；寿光市珍稀食用菌协会建立标准食用菌基地65亩，菌种供应涉及周边5个县、市、区。

8. 旅游业与集群互动发展

寿光以蔬菜为整体形象代表，将蔬菜产业同旅游业结合起来，开发形成了"三大示范园、五大样板基地和两条示范线"的农业生态观光旅游网络。"三大示范园"分别是蔬菜高科技示范园、林海生态博览园和农业生态观光园。"五大样板基地"分别是以先正达、瑞克斯旺、海泽拉等国外种业公司示范农场组成的示范基地；以孙家集、洛城为主的绿色食品蔬菜基地；以文家为主的万亩韭菜高效开发基地；以羊口为主的盐碱地无土栽培基地；以稻田为主的国家级农业现代化示范基地。"两条示范线"分别为以弥河自然风光带、北洛奇异水果园、蔬菜批发市场、文家韭菜方、孙集三元朱、钓鱼台、洛城绿色食品基地、蔬菜高科技示范园和瑞克斯旺、海泽拉、先正达等为链结点的旅游内环线；以淀湖、林海生态博览园、油区风光、羊口渔港、盐田风光为链结点的旅游外环线。同时，每年一届的蔬菜博览会更是聚集了观光旅游人气，推动了寿光旅游产业的大发展。

（三）寿光蔬菜产业集群成长经验

寿光蔬菜产业集群逐渐形成并得到了蓬勃发展得益于寿光悠久的蔬菜种植历史、地理环境和人文环境、政府积极引导规划、不断完善的农产品批发市场体系、关联产业互动发展、科技创新及服务体系等因素，寿光蔬菜产业集群的成长经验值得借鉴。

寿光市坚持以蔬菜为农业主导产业的发展思路，制定蔬菜产业发展相关规划（包括蔬菜产业发展方向、生产布局、土地利用、市场建设等方面），为蔬菜产业集群发展创造了良好的氛围。寿光始终把加快科技进步作为打造"寿光蔬菜"品牌、提高农业综合效益的根本措施，大力推进设施蔬菜发展，坚持引进与开发、示范与推广相结合，引进蔬菜新品种，做到生产一代、试验一代、储备一代，先后从瑞士、美国、日本、以色列等国家引进新品种100多个[①]，寿光农业高科技示范园区在寿光蔬菜产业科技对接、技术扩散和示范带动等方面发挥非常重要的作用。寿光始终把"抓龙头、建基地和带农户"作为推进农业产业化经营和蔬菜产业集群发展的重要途径，特别是区域化、专业化、标准化、无公害等生产基地建设为农业产业集群发展奠定基础。寿光树立了大农业发展理念，围绕蔬菜主导产业延伸和拓展产业链，从单一的蔬菜种植业，发展为蔬菜配套的农膜、配送、加工、包装和运输，发展旅游、中介服务、餐饮、住宿、农机等相关派生行业，形成了以专业化分工和协作为基础的蔬菜大产业网络，寿光蔬菜博览会更是把寿光带入会展和创意农业发展的新领域。寿光蔬菜产业发展坚持以市场为导向，十分注重交易市场和产品信息平台建设，早期的蔬菜批发市场在寿光蔬菜产业集群形成中发挥着核心作用，而不断健全完善的市场流通体系，为寿光蔬菜产业集群发展提供市场导向以及信息、物流等方面的服务保障。

但寿光蔬菜产业集群发展中仍然面临着许多问题：蔬菜市场主体规模小而分散，这种"小规模、大群体"降低了流通效率，增加了流通费用[②]；蔬菜加工企业规模小，产品科技含量相对较低，企业带动能力和产品国际竞争力有待加强；菜农组织化程度不高，信息不够通畅，缺乏对市场的把握和预测，抗御自然灾害和经济风险能力有待提高。

---

① 寿光蔬菜种植分冬暖式大棚和大田两类，种植和生产的商品菜分14个大类，按植物学分类，寿光市的蔬菜品种资源分为29个科，90个属，135个种，寿光蔬菜品种扣除同种异名包装大约有1107个品种，其中国外品种有279个。

② 土学真，刘中会，周涛 蔬菜从山东寿光生产者到北京最终消费者流通费用的调查与思考[J]. 中国农村经济，2005，(4)：66-72.

二、山东栖霞苹果产业集群——基于产业链环节的调查分析①

果都栖霞位于烟台辖区 200 多万亩苹果园之中心位置，曾先后被中国特产之乡命名组委会和中国果品流通协会授予"中国苹果之乡"和"中国苹果之都"称号。栖霞市辖 12 个镇、3 个街道办事处、1 个经济开发区，拥有 968 个山村，65 万人口，65 万亩苹果，5 万亩樱桃、梨、桃、葡萄等等水果，全市 70%～80% 的企业围绕着水果进行生产、加工等活动。全市有 50 多万人进入苹果种植、流通和加工领域，苹果已真正成为栖霞富民强市的大产业。

（一）栖霞水果产业链

栖霞水果产业集群产业链相对比较完整，以产业链延伸和横向拓展的集聚现象较为明显。栖霞水果产业链结构，见图 8-2。

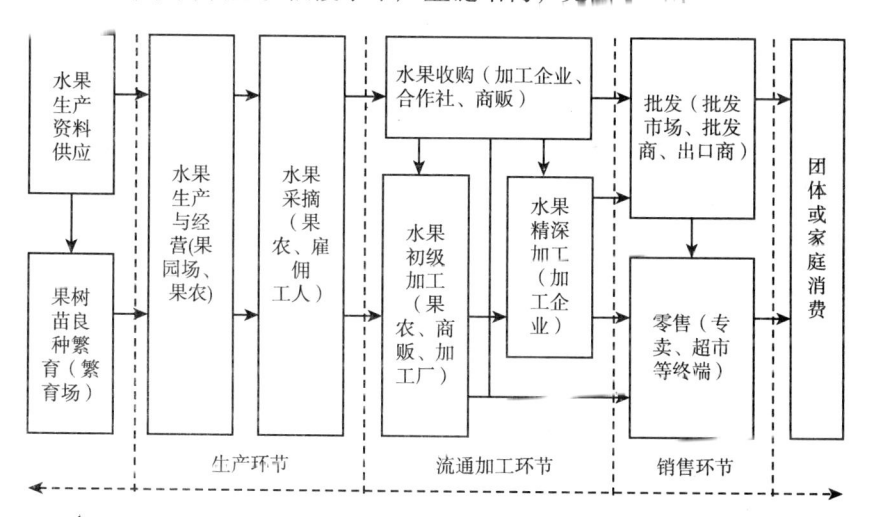

图 8-2 栖霞水果产业链结构

（二）水果生产供给情况

通过调研了解到，全市苹果园总面积达 65 万亩，占全国苹果总面积的 2%，占山东苹果总面积的 12.6%，年果品总产量 130 万～150 万

---

① 除相关年鉴资料外，其他数据来源于 2010 年 8 月栖霞实际调研和政府网站资料。

吨，占全国苹果总产量的6%。由表8-3可以看出，栖霞苹果产量总体上呈现逐年增长之势，栖霞苹果在栖霞水果产量中占绝对优势，同时在烟台乃至山东苹果产量中也占有较大比例，并且保持着良好的发展势头。

表8-3 　　　　山东省、烟台和栖霞水果产量情况　　　　单位：万吨

年份	2002	2003	2004	2005	2006	2007	2008	2009	2010
栖霞苹果	68.5	100.1	99.3	102.8	108.5	132.1	139.4	142.0	143.9
栖霞水果	72.3	105.7	104.2	107.9	114.4	135.4	142.8	145.9	148.1
烟台苹果	150.2	222.2	251.1	270.6	289.5	321.2	357.5	359.6	376.7
山东苹果	500.0	611.9	669.1	671.7	693.0	724.9	763.2	783.9	798.8
占栖霞水果比例	94.7%	94.7%	95.3%	95.3%	94.8%	97.6%	97.6%	97.3%	97.2%
占烟台苹果比例	45.6%	45.0%	39.5%	38.0%	37.5%	41.1%	39.0%	39.5%	38.2%
占山东苹果比例	13.7%	16.4%	14.8%	15.3%	15.7%	18.2%	18.3%	18.1%	18.0%

资料来源：根据历年《山东统计年鉴》和《烟台统计年鉴》相关数据整理。

栖霞苹果果园经营方式是果农以家庭为单位小规模的分散种植经营，投入不足，缺乏组织性，生产经营的标准化水平较低。栖霞苹果品种先进，更新换代快，新品种普及率较高，产品结构较合理。20世纪70年代以前，主栽品种有国光、元帅、青香蕉、金冠、红玉、印度青等。自80年代开始，栖霞先后引进了红富士、嘎拉、新红星、千秋、乔纳金、珊夏、红将军等新优品种，并在全市迅速推广普及，新优品种比例达到了99%以上。

（三）水果加工、储藏保鲜情况

从长期的消费习惯看，我国居民水果消费以鲜食为主，鲜食消费占消费总量的90%以上，果汁等加工产品消费量较低。栖霞水果加工企业数量不少，现有果汁、果脯、苹果脆片等加工企业30多家，但普遍规模不大，市场竞争力不足，缺乏产业带动力。加工率较低，加工产品以初级果汁产品为主，原料主要是一些残次果，主要进行出口销售，售价较低，还经常遭遇国外各国的贸易壁垒。缺少大的流通企业，很难实现产、运、贮、销一体化，降低了终端产品的竞争力。

通过实地调研了解到，当地进行储藏保鲜的冷库、气调库大多是个体建造的，数量逐年增多，储藏能力大大增强，但是还不能满足市场需求。规模大实力强的冷库一般自己收购水果放入冷库，然后待价而卖；相对缺少资金的冷库，则主要是对外出租，供果农、收购商等储存水果，从中收取一定的储藏费。

（四）水果销售情况

目前，栖霞完全实现了苹果的季产年销，从7月到翌年6月，每个月都有鲜果供应市场。栖霞注重发展规模化营销企业和国内外批发直销网点，本地建有专业批发市场十多处，还有像天誉、德丰、鸿海等营销龙头企业的带动，栖霞苹果不仅畅销国内，而且远销至东南亚、欧美、中东的30多个国家和地区，年出口量约20万吨，占全国苹果出口量的15%，占山东苹果出口量的34%。据果业发展局统计，全市苹果年总收入近50亿元，农民经济收入的80%来自果业，果业已成为全市农村经济的支柱产业。但是，受自然灾害以及市场经济影响，水果价格每年都会有所波动，再加上目前市场上水果品种繁多和国内外水果的激烈竞争，维持与开拓市场是不能松懈的。

（五）果农方面

栖霞从业果农年龄在28~77岁之间，但多数分布在40~60岁的年龄段，约占从业果农总数的73%，果农老龄化倾向比较明显。从业果农文化程度相对较低，初中以下文化程度占82%。由于栖霞耕地面积有限，人口多，人均拥有果园面积不超过1亩地，果农都是一家一户小规模从事水果经营，果农中的种植大户相对较少，而且也不够规模。随着市场经济的发展，果农的市场经济意识也不断增强，果农会积极的了解水果市场信息，还有一些果农自产自销，做起了收购经纪人。

（六）合作社方面

目前，栖霞市共有大大小小的合作社200多个，主要都是从事果品、蔬菜方面的，以果品收购、包装、初级加工为主，但是发展层次较低，据统计，全市果农参与合作社的比重还不到10%。通过实地调研了解到，当地合作社的建立主要有两种方式：

一是果农自己组织起来的，这是主要方式，果农自愿组织合作社来创办各种果品生产、加工、销售的组织,将果品的生产、加工和销售结为一体。通过合作社把分散的农户联系起来,果农实行分户生产,合作加工,合作社对内不以营利为目的,果品经过加工和销售的增值利润全部归果农所有。这样,合作社不仅实现了农业生产的市场化,也实现了农业生产的企业化管理和一体化经营,果农之间不仅是利润均沾共同体,也共同承担市场风险。但是就目前来说,这样成立的合作社实力较弱,尤其是在产业链的下游环节没有很大的话语权。

二是由企业牵头组建的,在农资生产供应方面,及时为社员生产供应果树所需的各种农药、化肥、果袋等农资产品,通过服务网络分送到社员手中,减少了流通环节,降低了生产成本;在果品收购、贮藏、销售方面,加强与国内外零售商的合作;在组织管理方面,推行股份合作制,果农以果园入股,年终还可以分红。例如,栖霞市通达果业专业合作社,它由栖霞市通达化工有限公司和栖霞市通达果品冷藏有限公司于2008年3月共同发起成立,虽然成立不久,但是靠着两个发起企业已有的资源及实力,到2009年年底,已拥有基地果园23100亩,网络服务果园面积达到60多万亩,入社农户达到12080户,享受网络服务的农户有12万户之多。2009年的销售收入为22707.1万元人民币,冷藏库贮藏量达到31000吨,收购销售果品达到49600吨,出口苹果8350吨,出口创汇593.7万美元。现在,栖霞市通达果业专业合作社已成为栖霞市规模农民合作组织之一,打造成了"农民专心搞生产、建基地,合作社搭建平台两头(产前产后)购销、中间服务"的一条龙果品产业。虽然,入社的果农能获得较好的收益,但是这样的合作社会更多的考虑自身的利润问题。

(七) 企业方面

全市从事水果产业的企业以个体经营为主,规模较小。从事果品经营的企业达到500多家,其中50余家取得了自营出口权。栖霞建有果汁、果脯、罐头、苹果醋、苹果酒、苹果脆片等加工企业30多家,果品加工能力达30余万吨。全市现有果品冷风库、气调库420余座,年贮藏能力达90万吨,其中冷风库370座,贮藏能力75万吨;气调库50座,贮藏能力15万吨。拥有果品商品化处理线500多条,年处理能力120万吨。泉源食品、天誉果品、德丰食品等龙头企业的气调库贮量均在1.5万吨以上。与苹果产业发展相配套的农资市场也日趋活跃,苹果包装物料、保鲜材料等市场日益繁荣，从事纸袋、包装、运输、肥料等相关企业达 100 多家。

（八）交易市场方面

各镇、街道、园区均建有果品交易批发市场，1996 年开始兴建的蛇窝泊果品批发市场，目前已成为全国北方最大的专业果品批发市场，年交易量达 60 多万吨，辐射带动了整个胶东半岛，被农业部确定为国家级重点市场，被中国果品流通协会评为"全国优秀果品批发市场"。几年前，当地水果主要是通过政府搭建的交易平台——交易批发市场销售的，市场上聚集着全国各地的收购商、经销商，果农把水果拉到市场上，进行现货交易，对果农来说成本较大，近年来，很多收购商直接到果园进行收购，省了果农不少事，这也使得蛇窝泊果品批发市场按照成交额排名的名次从 2006 年的第 8 位落到了 2008 年的第 12 位，2009 年的第 20 位。

2007 年栖霞投资近千万元建成投入运营"中国苹果电子交易市场"，这是迄今为止全国第一个、也是最大的一个水果电子交易平台。山东栖霞苹果电子交易市场有限公司（AEEM）是经发改委批准，报经山东省人民政府同意，在工商管理部门登记注册，由中国果品流通协会、栖霞德丰食品有限公司、栖霞银联投资担保有限公司和烟台蛇窝泊果蔬有限公司于 2007 年共同出资成立的我国第一家苹果现货电子交易市场。主要提供苹果现货电子交易、市场信息咨询、苹果交易中介、苹果代购代销、储运配送、融资担保和网上支付等业务，组织引导我国各苹果主产区的苹果交易商通过现代科学的营销方式进行苹果的采购和销售。2008 年交易额突破 50 亿元，2009 年交易额突破 220 亿元，发展势头迅猛，前景广阔。

（九）政府组织方面

20 世纪 90 年代初，政府及果业部门曾制定过一些有关保障规范当地水果产业发展的文件，在保证耕地面积变化不大的前提下，调整农业结构，鼓励开发适宜种植水果的土地、荒地，并且给予经济补贴，这些措施推动了栖霞水果产业的发展。目前，当地为果业、果农提供服务的政府性组织主要是栖霞市果业发展局，现有 50 名左右技术人员，主要是通过下乡实地指导、电视、报纸等方式进行技术推广，为果农提供技术信息、销售信息以及农资信息。定期组织果农进行培训，帮助水果产业寻找商机，进行招商引资，在果业发展局的帮助下，果农尤其在果树病虫妨害、农药化肥使用等方面技术管理水平不断提高。

三、安徽砀山水果产业集群

砀山县位于安徽省最北端，是一个典型的以种植业为主的农业县。砀山地理环境特殊，百里黄河故道，沙质土壤达 15 米之深，再加上温带暖湿气候，极适合梨和黄桃等果树生长。该县是砀山酥梨种质资源省级自然保护区，盛产驰名中外的砀山酥梨，被誉为"中国梨都"、"酥梨之乡"，砀山酥梨 2010 年被列入"大世界基尼斯之最"。水果生产占据全县农村经济第一支柱的重要位置，砀山县果园面积约 70 万亩，年产各类水果 150 多万吨，是全国水果生产十强县之一。

（一）安徽砀山水果产业集群概况

1. 拥有优良的水果生产基地

2001 年，砀山县农业产值达 15.7 亿元，水果的产值就达 8.5 亿元，占到农业产值的 54%。水果中又是以砀山梨为主，梨园面积和产量分别占到水果总产量的 63% 和 74%。2007 年年底，全县 13 个镇通过农业结构调整，已形成"一村一品"的发展格局，水果优质果率超过 65%，生产基地规模达到 66.27 万亩，形成了沿黄河故道 10 万亩的优质砀山酥梨生产示范基地，以砀城镇为中心的 8 万亩优质黄桃生产示范基地，以玄庙镇、赵屯镇为中心的 10 万亩新品种梨生产示范基地，以葛集镇为中心的 10 万亩油桃、红富士苹果生产基地。2005 年 12 月，砀山酥梨生产被确定为国家标准化示范区，2007 年 10 月，砀山县黄桃生产被确定为国家标准化示范区。

2009 年适当压缩了砀山酥梨面积，发展了苹果、黄桃、新品种梨等优质规模种植小区；高标准建设了优质黄桃、加工用梨、酥梨等优势农产品产业带。建设以果园场、园艺场、良梨镇、玄庙镇、唐寨镇、李庄镇等为主的优质砀山酥梨规模种植区，总面积 30 万亩；以葛集镇、周寨镇、玄庙镇、关帝庙镇等为主的优质苹果规模种植区，总面积 10 万亩；以曹庄镇、赵屯镇、官庄坝镇等为主的新品种梨规模种植小区，面积 20 万亩；以砀城镇为主的优质黄桃种植小区，面积 10 万亩。2009

年年底，获得地理标志保护的砀山酥梨产值近7.2亿元，出口额近1600万元，总产值年增长率80%。2010年年底，全县水果及加工产品共注册商标70多个，培育多优品牌36个，其中省级以上12个。2011年已通过无公害认证水果基地达70万亩，绿色食品认证5万亩，有机转换认证600亩。"砀山酥梨"品牌已进入中国农产品区域公用品牌价值百强行列，品牌价值26亿元。

2. 拥有强大的水果加工能力

砀山水果产业集群作为全国最大的水果加工基地之一。2004年年底，集群内已形成年产各种水果罐头15万吨、果汁饮料5万吨、浓缩果汁3万吨的生产规模，吸纳就业人数2.5万人，实现工业增加值9.5亿元，完成销售收入12.7亿元，实现利税总额1.29亿元。2005年12月，砀山水果深加工被安徽省中小企业发展局命名为第一批安徽省中小企业促进工程产业集群，拥有安徽丰原梨业砀山有限公司、北京汇源集团、宿州科技食品有限公司、海升集团等11家实现水果加工、贮藏保鲜、包装、销售等一条龙服务的省、市级大型水果深加工龙头企业，兴达罐业、通宇制罐、倍佳福食品等8家中型企业，以及334家小型水果生产加工服务企业，产品远销世界36个国家和地区以及我国30多个省、市、自治区。2009年水果总产量达到151.8万吨，总产值19.8亿元，17家省、市级水果产业化龙头企业年加工水果50万吨，加工产值15.33亿元，上缴税金2563.3万元，出口创汇8076万美元。目前，砀山在水果深加工方面，年加工能力达100万吨。

3. 市场中介组织发达

砀山水果产业集群内活跃着以新型农村经济合作组织、行业协会和农民经纪人队伍和水果协会为代表的中介组织。2007年，该集群内有120家购销公司、8000多农民经纪人、226个农民合作经济组织、1个县级水果协会、13个乡镇级水果协会、119个村级水果协会。近年来，农民专业合作社发展迅速，部分水果协会向规范专业合作社转化，到2009年年底，砀山县农民专业合作社累计达到700家，其中水果专业合作社达433家，养殖专业合作社214家，瓜菜专业合作社26家，其他类型专业合作社27家。至2011年年底，全县农民专业合作社已达1485家，其中水果专业合作社739家，占合作社总数的50%以上。砀山县双赢水果专业合作社、砀山县利华水果专业合作社、砀山县鑫泰果业农民专业合作社、砀山县鑫源果业农民专业合作社、砀山二分水果种植专业合作社等先后被评为省级农民专业合作社示范社。2012年砀山县双赢水果合作社被国家农业部授予"全国农民专业合作社示范社"光荣称号。

4. 农业产业集群流通渠道通畅

砀山水果产业集群在产业化生产区、水果传统集散地建立的水果批发市场的基础上，相继在李庄镇建立了皖北水果批发市场，在砀城南关建立了北海果业批发市场，在经济开发区建立了惠丰综合批发市场等农贸市场，形成了专业批发市场、以综合农贸市场为支撑、以乡村农民购销组织为补充的农产品流通体系。2010年，全县建有农产品市场52个，其中水果专业批发市场16个，年交易量近100万吨。同时，采取租赁、买断等形式在北京、上海、广州、南宁、海口、昆明等20多个大中城市建立了专卖市场，在40多个中小城市设立了销售网点，在20多个大中城市以县政府名义设立了水果销售办事处。

（二）安徽砀山水果产业集群发展的经验——基于地方政府的视角

1. 从农业投入等生产环节抓起，重视提高当地水果的品质

水果产业链的整体质量建立在水果品质有保证的基础上，而水果品质和当地政府对农业生产资料的投入、农业技术的推进、水果种质资源的保护、产业结构调整密不可分。

（1）通过农资交易会、抽查整顿等方式，确保农业生产中农业投入品的安全使用。为满足广大果农对肥料、良种、农药、农业机械等农业生产资料多样化的需求，砀山县政府从2008年开始召开农资交易会，并定期组织农业、工商、公安等部门对农业投入品销售市场进行全面清理整顿。如县农委联合工商局、技术监督局等单位，在全县范围内清理农药市场，杜绝假冒伪劣产品及高毒性、高残留农药流入砀山市场，向全县果农发放"明白纸"，列出禁用农药和限用农药名单。

（2）重视对果农生产技术的培训和新型农业先进实用技术的推广。砀山县政府一直重视对果农的技术培训。全县先后创办各类培训机构40余家。每年选拔科技致富能人到安徽农业大学、宿州技术学院学习深造。县植保站在县电视台定期举办技术讲座，结合当前气候特点及病虫害发生发展趋势，向广大果农发布病虫情报，指导科学用药。同时分别邀请华中农业大学、郑州果科所专家对农技人员和果农进行培训，切实提高果树病虫害防治技术水平。除此以外，当地政府在果农中积极推广新型农业先进实用技术，比如推广果实套袋技术，每年落实套袋5亿只以上。同时召开果树新型修剪机械化技术推广演示会等，全面提高水果生产的科技含量和优质安全标准。

（3）通过产业结构调整，在种质资源保护的基础上实行品种改良和结构优化。水果产业集群发展中最常遇到的问题是如何解决产业结构调整与当地的种质资源保护问题。早在1999年，宿州市政府就出台了《宿州市农业产业结构调整考评奖惩办法》和《宿州市农业产业结构调整十项优惠保障政策》，希望通过产业结构调整，提高整个水果产业集群的竞争力。对于水果生产来说，种质资源的保护异常重要。以砀山酥梨为例，砀山酥梨有2500年的栽培史。因此，种质资源的保护不仅具有历史价值，而且具有经济价值。为加大水果种质资源和品牌的保护，当地政府成立了种质资源保护机构，并建立了种质资源保护区。2000年，该县被安徽省人民政府批准为"砀山酥梨种质资源省级自然保护区"。在种质资源得到保护的基础上，该县积极组织实施砀山酥梨的品种改良，并委托安徽省农科院园艺所开展"砀山酥梨优良变异筛选及标准化生产技术规程制定与推广"项目。在当地种质资源保护得力、品种改良顺利实施的基础上，当地政府顺势推进和实施水果产业结构调整的"3211"工程，即在稳定全县70万亩水果面积的基础上，把砀山酥梨面积压缩到30万亩，改造成各类新品种梨、加工用梨20万亩，保留优质苹果10万亩，发展黄桃等优质水果10万亩，从而实现了将当地历史悠久的水果种植文化与产业集群结构调整优化有效结合，极大地提升了当地水果产业集群的竞争能力。

（4）对辖区内的水果产区进行果树病虫害的综合防治。果树病虫害是果农的一人心病，同时危及水果的产量和质量。针对单个农户防治果树病虫害存在的技术和资金难题，当地政府通过多种途径对辖区内的果树病虫害进行综合防治。①对病虫害防治进行财政支持。当地财政部门先后从现代农业发展项目中安排500万元、从生产救灾资金中安排70万元，对果树病虫害防治示范区建设和农民开展春季果树病虫害防治进行财政支持。②加强病虫害检测防控工作。果树冬季管理是降低病虫越冬基数的重要环节。为了做好病虫检测防控工作，当地政府将病虫害测报基点建设与果农的果树冬季管理进行了有效的结合。目前该县已经建有县植保站测报基点、园艺场、果园场和梨、苹果、桃中心4个病虫害测报基点。砀山县农委通过开展技术培训、印发技术资料、开通专家热线等多种形式，广泛宣传果树冬季管理技术，发动果农开展冬季清园行动。③通过组建病虫害专业防治队等方式，指导果农进行病虫害防治。砀山县农委利用安徽省农委分配的70台担架式喷雾器，组建了10个病虫专业防治队，开展病虫专业化防治示范，并在海升新村、新范庄等地分别建立了2万亩果树病虫害综合防治示范基地，指导果农严格按技术规程实施病虫害综合防治。

（5）加强水果标准化基地建设，确保农产品质量安全。为了确保农产品质量安全，当地政府在果农中通过项目支持和政策引导，促进优势产品和特色产品向优势产区集中，形成区域特色和规模优势突出的水果标准化基地。目前该县已形成四大水果生产基地：以果园场、园艺场为中心的优质砀山酥梨生产示范基地，以西南门镇为中心的优质黄桃生产示范基地，以玄庙镇、赵屯乡为中心的新品种梨生产示范基地，以葛集镇为中心的油桃栽培生产示范基地，水果标准化生产基地已达58万亩。在基地建设中，当地政府制定出"一确保，二控制，三争取"的总体方针，即确保果品质量安全，控制病害在5%以内，控制虫害在8%以内，争取酥梨的出口量占总产量的1/5，鲜销量达80%。为确保该方针的实现，当地政府制定了《砀山县水果无公害生产技术操作规程》、生产技术标准和无公害食品行动计划，在给水果生产基地配备农药残留检测仪，并统一发放农残速测卡的基础上，同时组建农产品质量安全检测中心，开展农残检测试点工作。

2. 通过招商引资等方式提高水果深加工水平

水果深加工程度决定水果附加值的提升空间。为了推动水果产业深加工的发展，2003年，安徽省出台了《安徽省水果产业化发展规划》（2003~2007），明确提出扶持大企业的主攻方向，即在水果主产区扶持建立大型果品综合加工厂，实行产、加、销一体化的联合组织和产业化经营，开拓市场，深化加工，延伸产业链，提高果品产业整体效率。2005年，宿州市政府在《宿州市国民经济和社会发展第十一个五年计划纲要》中将水果加工列入"十一五"期间的主要任务，指出"水果加工以丰富的水果资源为依托，大力发展水果产业集群，通过新建、改建和扩建，使水果系列产品产量达到20万吨，年转化鲜果80万吨，以宿州科技食品罐头公司为龙头，扩大水果罐头生产，加快美国熙可公司5万吨/年黄桃罐头和欣诚食品公司1.5万吨/年水果罐头项目建设；扩建丰原砀山梨业浓缩果汁项目,改造倍佳福食品有限公司原汁生产线;力争经过5年的努力,使我市逐步成为华东地区乃至全国较大的水果加工生产基地"。安徽省政府和宿州市政府对水果深加工的重视,为砀山县政府采取多方举措积极更新引资方式,扶持农业产业化企业发展创造了良好的氛围。

(1) 通过引进民营企业等多种招商引资方式,拓展招商领域。为推动全民创业、鼓励民间投资、优化发展环境,2006年宿州市借鉴浙江省推动民营经济发展的成功经验下发了《关于推动全民创业加快民营经济发展的若干意见》,具体包括:①积极推动创业基地建设,为非公经济的发展打造创业平台。②大力开展创业辅导中心建设,为创业者提供辅导与帮助,减少创业风险,降低创业成本、提高创业成功率。③依托丰富的农副产品资源等优势,积极培植产业集群。④开展宿州市首届十大创业能人、十佳服务单位评选活动,在全社会营造鼓励创业的良好氛围。从当地招商引资环境出发,凡是有利于砀山水果深加工的投资招商引资项目,砀山县政府均实行"一事一议、特事特办",以优化项目服务机制为切入点,凝聚发展合力,按照"短期让利、长远受益、各方共赢、共同发展"的原则,及时修订完善招商引资优惠政策,并形成多角度、多领域、全方位的招商模式。对于已经引进的项目,当地政府从健全重点项目责任承包、定期调度、跟踪服务等各项制度入手,大力促进在谈重点项目的落地开工。优质而且丰富的水果资源加上当地政府落到实处的招商引资政策,吸引了国内著名的水果加工企业纷纷在砀山落户,并且加大了在砀山水果深加工产业集群的投资力度。从投资情况来看,其中丰原砀山梨业扩建工程(3万吨/年果汁饮料及果酒项目)投资1.9亿元、砀山科技食品年产5万吨果蔬罐头及速冻食品投资1.5亿元、美国熙叮公司年产5万吨黄桃罐头投资1.3亿元、砀山欣诚集团有限公司果蔬肉类罐头加工投资0.7亿元、汇源集团该项目的总投资达5亿元。

(2) 设立专项发展基金,扶持农业产业化龙头企业发展。为了鼓励当地农业产业化企业的发展,在投资方面,当地政府在土地使用和水电、税费减免上,采取能扶则扶、能少则少、能免则免的方式。宿州市各级财政从2007年起拿出100万~300万元的资金,作为农业产业化龙头企业发展基金,并实行四项奖励机制,具体包括:①鼓励企业做大做强。对市级以上龙头企业,由市、县区财政分别给予贷款贴息支持。

对首次年销售收入超过1亿元、2亿元、5亿元、10亿元的企业，分别给予一次性奖励1万元、2万元、5万元、10万元。②鼓励企业创名牌。对获得安徽名牌产品、安徽省著名商标或国家免检产品称号的企业，一次性奖励5万元；对获得中国名牌产品或中国驰名商标称号的企业，一次性奖励15万元；对获得无公害产品、绿色食品和有机食品质量认证的企业或基地，一次性奖励5000元、10000元、20000元。③鼓励企业建设基地。水果、蔬菜加工企业新建2万亩以上连片基地，由市财政一次性奖励2万元。④鼓励部门服务创新。从2007年起，把宿州市农业产业化六大主导产业牵头单位支持龙头企业发展和服务情况，列入市岗位目标责任制考评内容，对获得前三名的牵头单位，市政府将分别予以2万元奖励。通过兑现奖励，如2007年砀山县拿出43万元对科技食品、欣诚食品、润达纺织集团三家龙头企业给予了奖励，使水果深加工企业中的中小企业深受鼓舞，部分中小深加工企业已进入龙头企业的行列，如砀山欣诚食品集团。2005年砀山只有2家较大的水果深加工企业，目前10亿元以上的龙头企业有砀山汇源集团、砀山海升集团、砀山科技食品、砀山欣诚食品、唐寨水果专业合作社、砀园果业集团、砀山隆泰果业等7家。

3. 通过农业合作组织、展销会等方式，推动当地水果销售

果农种植出来的水果能否得到市场实现将直接关系到当地果农的收入水平和生活水平，关系到整个水果产业的稳定持续发展。因此，从水果产业链的角度看，销售环节是最后一个也是最重要的环节。在人们生活水平日益提高、消费环境日益成熟的今天，如何在激烈的市场竞争中将水果顺利推向市场转化为经济价值是当地政府和果农最为关心的事情。为了解决小农户、大市场的问题，当地政府从多个途径入手。

（1）大力发展各种新型农村经济合作组织、行业协会和农民经纪人队伍建设。砀山县工商局通过电视宣传、送法下乡、举办培训班、设立服务台等方式，大力推动农民专业合作社发展，目前已经培育了利华、新蕾、茂达、双赢、金昌等市级农民专业合作社。为方便农民加入农民专业合作社，当地政府特地设立专门的咨询服务窗口和农民专业合作社登记"绿色通道"。同时，该县大力推动水果协会的建设，全县拥有乡镇级水果协会13个，村级水果协会119个，驻外分会8个，会员总数达26万人。不仅如此，全县先后以股份制、会员制等形式，吸纳种植大户、运销大户及经纪人参加。

（2）积极鼓励规模较大的企业申请地理标志专用标志。砀山县质监局积极动员生产规模较大的企业申请地理标志专用标志，帮助企业搜集和设计相关地理标志图案。经国家质检总局批准，砀山县园艺场、果园场和水果协会等三家企业获准使用砀山酥梨地理标志产品专用标志。

（3）组织生产者和加工商陆续参加国家和省市组织的各种形式的展览会、品评会、推介会和交易会，提高砀山酥梨的外向度和知名度。"翡翠"、"砀园"牌酥梨和"丰原"牌酥梨果汁获得北京国际农博会"知名产品"、"国家质量合格产品"、"国家免检产品"等称号，"砀园牌"精品梨、瓶袋贡梨、精装油桃、杏梅等荣获国家"绿色食品"证书获准使用"绿色食品"标志，并通过了ISO9000质量认证，这些产品已经成为大城市超市的上乘商品。

（4）通过举办梨花节和生态旅游等形式，继续延伸水果产业链。1986年4月起，砀山县委、县政府每年4月8日至12日举办梨花节，并且开发与梨相关的生态旅游业。当地已经先后推出鳌头观海、瑶池烟霞、乌龙披雪、晓月古渡、乌龙披雪、梨树王、精品酥梨自采园、瓶装贡梨园、梨博览馆观光景点。观光热带动了砀山县果业结构调整。2006年全县已建成生态农业示范小区28处，面积1.5万亩。其中，白腊园村500亩连片保护地栽培生态示范油桃园、张马吴村400亩连片保护地栽培生态示范大樱桃园、小屯村的百果示范生态园等生态农业观光示范点。全县水果生产形成多品类、多品种、早中晚熟俱有的新格局。生态游和水果销售联动，推动了砀山县果农收入水平的提高。2000年全县农民人均收入由1985年的518元增加到1798元，万亩观光园区内的农民人均收入2517元，白腊园等村的农户人均收入高认4000元，有的农户人均达万元。砀山县积极推行"一村一品、一果一业、一路一景"的"三个一"发展模式，培育了郭庄酥梨村、白腊园油桃村、坡里王屯西瓜村、蒋营黄桃村等50余个水果专业村，培育了酥梨、新品种梨、黄桃、油桃、红富士、草莓等七大水果生产基地，"一村一品"培育了消费市场，拉动了旅游经济，2010年全县旅游经济收入达到1.3亿元，比2009年增长30.2%。

（5）减少中间环节，推动由中间商销售向网络销售转变。砀山水果产业集群生产出来的水果不仅在上海、广州、深圳、合肥等20多个大中城市开设了砀山农产品专柜，同时吸引了国内20多家大型超市及批发市场在砀山设立自己的水果或加工品供应基地。中间环节的减少，让水果生产所带来的利润更多地回到了果农口袋中,增强了果农继续从事水果种植业的信心。

从安徽砀山水果产业集群发展实践来看,从农业生产资料和农业技术的开发、推广到使用,从农业合作社的介绍、推广到广大果农入社,以及水果的加工和水果的推广销售,几乎水果产业链的各个环节都有各级政府尤其是当地政府的参与,砀山水果产业集群已经走出了由政府培育市场、市场引导企业、企业连接基地、基地带动农户的农业产业集群发展之路。从砀山水果产业集群实践出发,可以得到如下启示:

一是在经济欠发达地区,尽管农业在国民经济中所占比重很大,农业吸纳了大部分农业劳动力,但是由于农业基础薄弱,农业生产面临市场和自然风险,因此农业产业集群比制造业集群更需要政府的参与。

二是与制造业集群最为显著的不同是,农业产业集群的基础主体是广大农户,农产品的质量控制主要在生产环节。因此,农业产业集群发展的关键在于如何有效地将农户组织起来以实行标准化的生产。因此,农民专业合作社、农协究竟在农业产业集群中发挥着怎样的作用以及如何发挥作用、制约农民加入专业合作社的因素是什么?既是一个理论课题,更是一个实践性课题。

三是农业产业集群的发展中,地方政府的作用更为重要。农业生产历史悠久,由于各个地区农业生产的情况千差万别,每个地方的农业发展都会受到当地的农业生产文化、社会经济结构和独特的自然地理和气候条件的影响,因此地方政府对农业产业集群的发展更为了解,在其中发挥的作用更为重要。

四、安徽和县蔬菜产业集群

和县地处皖东,濒临长江,毗邻南京、合肥、马鞍山、芜湖四座大中城市,区位优势独特,是一个传统的蔬菜生产大县,被誉为长江中下游最大的"菜园子"。和县蔬菜规模化生产起步于20世纪80年代初,2002年被农业部评为"无公害蔬菜生产示范先进县",2004年被确定为省级蔬菜标准化示范区,"皖江"牌辣椒、番茄多次被评为省名牌农产品,2005年"皖江"牌蔬菜荣膺"全国蔬菜十大畅销品牌"第一名。通过近30年的发展,蔬菜产业已成为和县农村经济的支柱产业,蔬菜产业集群已经形成。

（一）蔬菜产业规模较大

和县蔬菜由起初城南乡的 12 种植大户，目前发展至全县 10 个镇、150 多个村庄、7 万多个农户；蔬菜品种也由原来的几种发展到九大类、100 多个品种，生产规模、栽培技术水平都有了质的飞跃，蔬菜产业已成为和县具有鲜明特色的支柱产业。2010 年，全县农作物播种面积为 126.4 万亩，其中瓜菜种植面积达 31.6 万亩，占全县农作物总播种面积的比重为 25%，大棚蔬菜面积 12 万亩，其中钢架大棚普及率达 84%、微滴灌应用率达 75%，分别比 2005 年增长 31.25% 和 44.40%。

（二）区域化布局，集聚效应明显

和县蔬菜瓜果种植 80% 集中在沿江、沿公路干线，结合加工企业及销售网点，沿乌江—和城—姥桥、历阳—西埠等交通主干线，呈带状分布，整个生产大致有"南菜北瓜"之分，并形成了多种特色的集中种植区。以历阳为核心的大棚茄果类种植区，以历阳、乌江为核心的甜瓜种植区，以乌江为核心的菜豆种植区，以沈巷为核心的莴笋、韭菜种植区，以历阳、西埠和汪藕圩为核心的黄瓜种植区，以白桥和姥桥为核心的酱菜原料种植区，以香泉和张集为核心的出口蔬菜种植和外贸加工区，以善厚为核心的常规蔬菜育种区。全县栽培面积在万亩以上的蔬菜种类有 10 多个，基本形成"一乡一品、一村一特"的产业格局。

（三）交易市场体系较为完善

和县已形成了以皖江蔬菜大市场为龙头，以乌江边贸市场、卜集瓜果市场、沈巷边贸市场等为骨干，与依公路沿线建立的 24 家产地蔬菜市场，构成了县、乡、村三级市场网络，构筑了"大生产、大市场、大流通"的格局。2000 年建设的皖江蔬菜批发市场，占地面积 200 亩，与上海、杭州、南昌、长沙、南京、武汉、合肥等十多家市场结成"友好市场"的同时，2006 年市场蔬菜成交量 46 万吨，交易额 5.2 亿元。同时，自 2004 年举办和县首届博览会，到 2011 年先后举办了五届中国·和县蔬菜博览会。第五届和县蔬博会以"绿色生活·情系和州"为主题，展区共接待参观群众 2 万多人次，接受群众咨询 6000 多人次，分发各类宣传材料 2 万余份，推介了当前国内外较先进的蔬菜新品种、新技术、新材料，促进了和县蔬菜产业的发展，增强了和县蔬菜的市场竞争力。

(四) 龙头企业带动的产业化经营成效明显

大力发展蔬菜产业化经营，培养了一批具发展潜力的龙头企业。2006年全县已有蔬菜龙头企业21家，年实现产值7.22亿元，带动生产基地30多万亩。通过改制成立和县绿源缘食品有限公司与和县嘉谊食品有限公司，两公司已建立原料基地5万多亩，年实现销售收入约1.2亿元，带动农户2.3万户。通过招商培育龙头，引入上海济洪净菜配送公司，在城南乡建立5万亩绿色蔬菜基地，采取"公司＋基地＋农户"的形式组织生产，公司负责销售。依托皖江营销公司、绿叶公司等龙头企业成立了蔬菜生产协会，发展订单农业。金东海酱菜制品加工厂，鸡笼山调味品厂，姥桥益和酱菜厂等蔬菜深加工企业，生产能力持续攀升，基地规模逐年扩大，产品质量不断提升。

(五) 重视技术推广和品牌建设，农业科技园区成效显著

和县是国家无公害蔬菜生产示范基地县，陆续引进国内外的辣椒、番茄、茄子、厚皮甜瓜、小西瓜、南瓜、西葫芦、草莓、芥蓝、茴香、生菜、青花菜、甜椒、樱桃番茄等16大类170多个品种进行试验示范，从中筛选适宜种植的新品种在生产中推广，形成了一套具有地方特色的蔬菜栽培技术体系。2005年县级农技干部直接进村入户举办无公害蔬菜生产技术培训班45场次，直接受训人数9000多人次，送科技下乡、科技赶集31场次，印发各类宣传材料42000余份，基地农户培训到户率已达100%，户均有一人能熟练掌握无公害蔬菜生产技术。2005年全县获部级无公害认证的农产品达23个（其中蔬菜19个）。全县已有30多万亩蔬菜产地通过了省级无公害农产品产地认定，31个蔬菜产品通过国家农业部无公害认证，"济洪"牌辣椒、番茄、茄子、黄瓜、樱桃番茄等5个蔬菜品种通过国家绿色食品认证。2009年作为全省唯一省级蔬菜质量检测中心正式投入运行，2010年和县又被国家农业部批准为创建全国绿色食品原料（辣椒）标准化示范基地。

2008年和县科技示范园区引进蔬菜新品种25个，110亩核心示范区产值达61万元，利润25万元，示范区1000亩产值626万元，创利润260万元，辐射15000亩，产值7950万元，利润2150万元。2011年和县台湾创业园采用了二代新型棚体技术建成温控大棚2万平方米、联

栋大棚 7000 平方米、温室大棚 5.7 万平方米，并通过第五届和县蔬菜博览会举办"五颜六色"的蔬菜活体精品展，有历阳甜瓜、乌江番茄、西埠黄瓜、香泉茄子、姥桥辣椒等 4000 多钵蔬菜活体，展示了和县蔬菜"一镇一品"的特色。

五、安徽望江棉花产业集群

望江是全国优质棉和出口棉生产基地县，安徽省第二产棉大县。在传统的棉花种植业基础上，采取"公司+农户"、"龙头企业+基地"方式，走农业产业化发展道路，延伸棉花产业链，发展纺织服装业，已经形成了产业链相对完整的棉花产业集群（见表 8-4）。望江县以棉花为源头，由"卖棉花"到"卖时装"，已经从传统产棉大县升级为"中国新兴纺织产业基地"，望江棉纺服装产业集群已经成长为安徽省 30 个重点产业集群之一。

表 8-4　　望江县棉花产业集群的主要产业链环节情况

产业链环节	典型代表
棉花种植生产	三大产棉区：华阳镇、雷池镇、鸦滩镇；其中华阳镇为最大产棉基地，华阳镇为长江冲积平原、土地肥沃、气候适宜、农业生产发达，人称"白云之乡"。建有轧花厂、万亩棉花良种繁殖区和棉花丰产片区
棉花收购加工	安徽白云棉业股份有限公司，2004 年 9 月在原望江县供销社棉花企业改制基础上发起设立，集棉花收购、加工、经营、农业生产资料供应于一体的省级农业产业化龙头企业 新丝路棉业公司主要以棉花收购、加工为主，年加工能力 1500 万~2000 万斤籽棉；安徽省望江县长岭轧花厂、望江县南华秀纺织有限公司等
棉化制品生产	望宇纺织股份有限公司生产精梳、普梳、竹节、气流纺、氨纺纱五大系列 20 多个品种，年产纯棉及混纺纱 6500 吨，主导产品为 7S-100S 普纱、OE10S、OE16S 棉纱及混纺纱。望江县华达纺织有限责任公司主要生产棉纱、化纤混纺、各种纤维纺织等产品
纺织服装生产	总投资 9330 万元的京华纺织、总投资 1 亿元的亮亮纺织、总投资 6 亿元的绍兴纺织工业园、总投资 7 亿元的浙江国际服装工业园；全县纺织服装企业 382 家，其中规模以上企业 27 家，如润华纺织、舒美特纱业、欧罗拉克制衣和申州针织公司等

（一）棉花种植

望江县 2009 年植棉 30.4 万亩，2010 年种植 32.4 万亩，2011 年达

42.6万亩。望江县棉花生产遍及10个乡镇，其中三大重点产棉乡镇为华阳镇、雷池镇、鸦滩镇。华阳镇为长江冲积平原、土地肥沃、气候适宜、农业生产发达，是望江县最大的产棉基地，被称之为"白云之乡"。以白云棉业等为龙头带动了30万亩优质棉基地，其中有10万亩棉花标准化生产示范基地；以中棉种业为龙头带动1000亩制种基地。成立了望江县棉花协会、望江县雷花棉花专业合作社等棉花生产中介组织。望江县雷花棉花专业合作社以白云轧花厂为依托，采取以入社成员为主体的"企业+经纪人+农户"方式，2009年该专业合作社入社社员100余人，带动农户5000户。

（二）棉花收购加工

望江县棉花收购主要有三类：供销社棉花流通企业、专门从事棉花初级加工的扎花厂和一些纺织企业，如安徽白云棉业股份有限公司、新丝路棉业、望江县吉丰棉业有限公司、望江县长岭扎花厂、望江县向东扎花厂、望江县太慈扎花厂、望江县双桥扎花厂等企业。安徽白云棉业股份有限公司是2004年9月在原望江县供销社棉花企业改制基础上发起设立，集棉花收购、加工、经营、农业生产资料供应于一体的省级农业产业化龙头企业。新丝路棉业公司主要以棉花收购、加工为主，年加工能力1500万~2000万斤籽棉。望江县润华纺织有限责任公司、望江县南华秀纺织有限公司等企业也从事棉花收购加工业务。

（三）棉纺服装生产

2011年望江县共有纺织服装企业382家，其中规模以上企业27家，其总量约占全省纺织工业的5%。年产值过亿元的企业主要有润华纺织、望宇股份、舒美特纱业、亮亮纺织、欧罗拉克制衣、舒美特化纤公司和申州针织公司；年产值千万元以上企业主要有江通纺织、荣通纺织、通港纺织、华尔雅服饰、维斯特服饰、新翔织造、望太服饰、天达斯制衣、京华纺织、创欣服饰、大众服饰、合兴纺织、巨星鞋材、新盛织造、红运服饰、泰威服饰、华丰纺织等。全县拥有熟练纺织产业工人5.5万余人，专业工程技术人员400多名。拥有环锭纺30.8万锭，气流纺5200多头，织机1200余台，年生产能力为棉纱6万吨，棉布3000万米，毛巾250万条，拥有服装生产加工机械15000多台，年服装生产加工能力7000万件，基本形成了集轧花、纺纱、织布、刺绣、成衣水洗和包装为一体的产业链。2011年承接产业转移的舒美特化纤公司和申州针织公司等两大企业投入生产,全年纺织工业总产值达到66亿元,同比增加73.77%。

望江棉花产业集群纺织服装集聚区主要有:(1)依托望江县年产3万吨优质皮棉、6万吨粘胶纤维,望江经济开发区以舒美特化纤、申洲针织、京华家纺、望宇纺织、亮亮纺织等骨干纺织服装企业形成集聚;(2)乡镇工业园区,如长岭创新创业园(舒美特纱业有限公司、创欣服饰有限公司、鸿发棉业及长岭轧花厂等龙头企业)、高士镇工业集中区、鸦滩工业集中区(望江童装基地)等。

(四) 棉花产业集群政策

望江纺织已进入安徽省产业振兴规划,望江纺织工业园被列入安徽省"861"行动计划和省重点发展的30个产业集群之一,享受安徽省相关支持政策。望江县经济开发区"中国新兴纺织产业示范基地"、"长岭服装生产工业基地"等项目列入望江县"十二五"规划重大建设项目。

农业部从2007年开始对安徽省首次实施棉花良种补贴,总面积为200万亩,集中在沿江淮北棉花主产县。望江县已经成为补贴的县区,25个棉花品种已经纳入补贴范围之列。同时,望江县棉花产业化龙头企业和合作经济组织(如白云棉业等),将享受国家和地方政府鼓励农业产业化龙头企业和农民专业合作社发展一系列政策支持。

总体上看,望江县棉花产业集群龙头企业引领作用明显,产业链相对完整,已经进入集群成长的快速发展期。但是,望江县产业集群发展也暴露出一些明显的问题,如集群基础主体农户的组织化程度较低、农民合作经济组织发展缓慢,棉农抗自然风险和价格波动能力相对较弱;望江县棉花生产技术较低,棉花品种较杂,质量不高,以供中低档纱为主,最好为三级棉,高档纱多用新疆棉或进口棉,对棉纺企业影响较大;棉花产业链中种植环节和下游纺织环节纵向联系较弱,存在产业链断裂现象;望江县棉纺服装产业许多乡镇遍地开花,缺乏有效规划和空间整合,与周边宿松县、东至县等同质化竞争现象明显,并且目前承接低端纺织产业转移现象也比较突出,许多中小棉纺服装企业生产规模小、技术相对落后,可以说基本上处于国内价值链和全球价值链的低端,未来产业升级困难。

六、安徽亳州中药材产业集群

安徽亳州是神医华佗故里，史记记载，亳州药材市场从唐代开始繁荣，当时流传着"药不过亳州不灵"之说，及至清末民初，市内已有药材市场七行八市，当时已成为全国屈指可数的药材集散地。亳州自古就有"药都"之称，是全国闻名的中药材种植基地，是全国著名四大药市之一。在中国《药典》上冠以"亳"字的就有"亳芍"、"亳菊"、"亳桑皮"、"亳花粉"四种，其中白芍占全国总产量的60%左右。

（一）重视种植基地建设和标准化生产

亳州市中药材种植已达400多个品种，有药材种植专业村800多个，形成八大药材种植基地。2005~2009年种植面积基本稳定，近两年随着药材加工企业发展和市场开拓，带动药材种植面积明显提升（见表8-5）。2010年药材种植面积占安徽省的57.2%，产量占安徽省的44.6%。采用现代生物育种技术筛选培育中药材优良品种，实现优良种子、种苗的产业化，建立中药材种质资源和良种繁育产业化基地。同时，建立亳州市中药GAP生产基地，开展中药材GAP关键技术的研究，选择15种地道药材进行GAP标准化研究，同时完成这些品种的标准操作规程（简称SOP）制定工作，保证了中药材质量，推动药材种植业的稳定健康发展。

表8-5　　　　亳州近几年的中药材种植产量情况

年份	药材播种面积（公顷）	药材总产量（吨）	药材单位面积产量（公顷/公斤）
2003	39768	132494	3332
2004	33975	93280	2747
2005	30578	96638	3160
2006	28394	111217	3917
2007	29158	121995	4184
2008	28667	127301	4441
2009	29690	137966	4647
2010	36648	158824	4334
2011	45602	187733	4117

资料来源：《安徽省统计年鉴》。

以谯城区为中心，以涡河两岸适宜中药材种植的区域为基础，已形成专业化中药材种植基地8个，其中谯城区有十八里镇、十九里镇、谯东镇、五马镇、华佗镇5个规范化中药材种植基地。十九里镇地处亳州市城南郊结合部，全镇面积75平方公里，人口54000多人，耕地面积约60000亩，其中中药材种植面积占90%左右，中药材是全镇农业主导产业、经济支柱，从事中药材种植经营的农民达万人以上。中药材品种以白芍、牡丹、菊花、花粉、丹参、白术、紫苑、桔梗等为主，是远近闻名的白芍之乡。实行龙头企业建基地，订单生产，强化"一村一品"发展，推行标准化生产，中药材产品质量提高，增加了中药材产品附加值，提高了药农的收入。

（二）充分发挥亳州中药材市场对集群带动作用

亳州拥有国内规模最大的"中国（亳州）中药材交易中心"。市场位于亳州市芍花大道火车站附近，1994年11月动工兴建一期工程，1995年投入使用，二期工程2001年投入使用。市场占地387亩，建筑面积25万平方米，交易大厅建筑面积3.2万平方米，汇聚了全国中药材经营专业公司200余家，中药行、栈、店、铺2000余家，从业药商1.5万人，经营6000多个摊位，日上市品种达2600余种，日客流量达4万~5万人，中药材年交易额200亿元，是国内中药材价格形成中心和四大中药材集散地之一。亳州市中药材国内市场发展相对成熟，国际市场拓展较快。2005~2010年亳州市中药材出口分别为514万、2080万、3843万、4672万、6100万和8673万美元。2010年超500万美元的进出口企业6家，中药饮片出口占全国的1/3。2007年亳州市被中国医药保健品进出口商会授予"中国中药饮片出口基地"。以亳州中药材专业市场为依托，目前已经初步形成了整个亳州市和阜阳市的界首、太和及河南省周边地区的中药材种植、加工、贸易、储运的产业经济带。

另外，亳州市连续举办了26届全国（亳州）中药材交易会(1986~2010年)以及7届国际（亳州）中医药博览会（2004~2010年）。亳州药交会第1届2000人参加，成交额1.1亿元，第25届有来自全国各地30余省、市、自治区和港澳台，韩、日，以及东南亚等国家和地区的人员8万余人，成交额23.47亿元；同时，药博会投资额从2004年第1届的11个项目、合同或协议投资金额5.5亿元，增加到2009年的28个项目、合同或协议投资金额64.7亿元；2010年亳州药交会的成交额达29.1亿元，药博会的协议投资额达100.45亿元（见图8-3、图8-4）。亳州中药材交易及中医药博览会的影响力正在逐年加大，已经成为亳州中药材闻名全国和走向国际的重要平台。

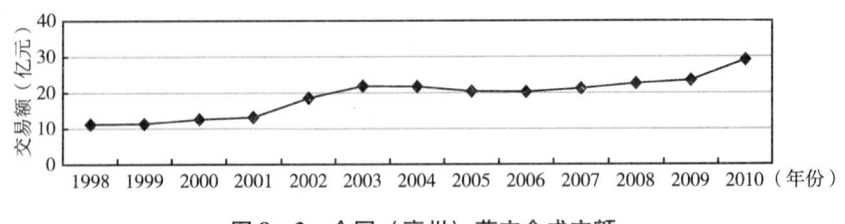

图8-3 全国（亳州）药交会成交额

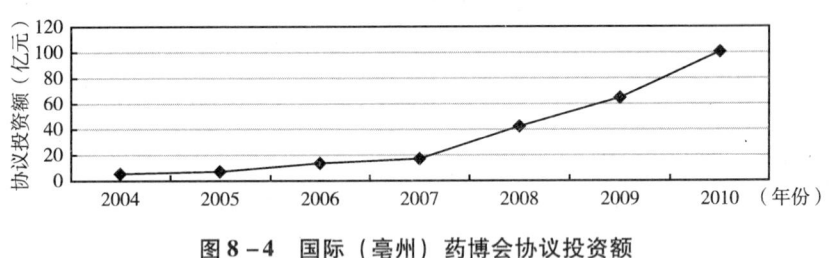

图8-4 国际（亳州）药博会协议投资额

（三）积极培育加工龙头企业，加大中药材加工力度

亳州中药材产业集群内涉药企业众多，有生产中药饮片的企业，也有中成药制造企业，还有兽药以及中药日化企业等等。2003年，亳州市有38家饮片厂按照GMP标准投入建设；2004年建成投产25家，通过GMP认证10家以上。目前，全市共有中药生产企业63家，其中GMP生产企业58家，中药材种植面积占全国的1/10左右，以中药饮片为主，产品涉及中成药、制剂和保健品等，初步形成系列化产品，年产中药饮片20多万吨，中药饮片产量约占全国的1/4左右，规模以上药业工业总产值30多亿元，亳州市已经形成全国最大的中药饮片产业集群基地。井中集团华佗国药厂在现有的中药制剂品种基础上，引进新工艺，改进包装和保健品开发，对现有的复方中药制剂进行剂型改造，并积极开发新药，同时与本厂品种相结合介入中药材GAP基地建设，生产能力得到较大幅度提升。井泉集团在努力开发中药材市场的同时，实施中药商业GSP和中药饮片的GMP改造，参与

中药 GAP 基地建设，扩大饮片加工规模，实现规范化、标准化生产经营。亳州有中药材农业产业化龙头企业 35 家（见表 8-6），其中国家级 2 家，省级 16 家。亳州市有中医药高新技术企业 16 家（见表 8-7）。

表 8-6　亳州中药材产业集群中的农业产业化龙头企业

龙头企业	主打产品	龙头企业	主打产品
安徽海鑫中药饮片公司	中药饮片	安徽康美药业股份有限公司	中药饮片、化学制剂
涡阳县源和堂中药饮片公司	中药饮片	安徽广印堂中药股份有限公司	中药饮片、中药提取物
亳州千草药业饮片厂	中药饮片	安徽沪谯中药科技有限公司	中药饮片
亳州市豪门保健品公司	中药保健品	亳州市七里香日化公司	中药日化产品
安徽捷众生物化学有限公司	中药制剂	亳州市同欣生物科技有限公司	中药兽用药
亳州市芍花堂药业有限公司	中药饮片	安徽德昌药业饮片有限公司	中药饮片
安徽省谓博药业有限公司	中药代理	安徽九方制药有限公司	中成药
安徽康辉药业有限公司	中药提取物	安徽协和成药业饮片有限公司	中药饮片
亳州市双华中药饮片厂	中药饮片	北京同仁堂（亳州）饮片有限公司	中药饮片
亳州市远光中药饮片公司	中药饮片	安徽井泉企业有限公司	中药饮片
亳州市中信中药饮片公司	中药饮片	安徽华佗国药股份有限公司	中成药、中药饮片
亳州市皖北药业有限公司	中药种苗	亳州市兴和药业有限公司	中药饮片、提取、制剂
安徽维涛医药有限公司	中药饮片	亳州市乾元动物药业公司	中药动物用药
亳州市盛林中药饮片公司	中药饮片	亳州白云山制药有限公司	中药制剂、中成药
安徽本草国药饮片有限公司	中药饮片	上海（亳州）徐中道中药饮片厂	中药饮片
安徽京皖中药饮片厂	中药饮片	安徽方敏医药有限公司	中药饮片、中药养生
安徽亚强生物工程有限公司	天然色素和中药提取物	安徽济人药业有限公司	中药饮片、中药配方颗粒、中成药
上海雷允上（亳州）饮片厂	中药饮片		

资料来源：实地调研而得。

表8-7　　　　亳州中药材产业集群中的高新技术企业

亳州市兴和药业有限公司	安徽协和成药业饮片有限公司	安徽德昌药业饮片有限公司
安徽广印堂中药股份有限公司	安徽沪谯中药科技有限公司	亳州千草药业饮片厂
安徽华佗国药股份有限公司	亳州市乾元动物药业有限责任公司	安徽亚强生物工程有限公司
安徽济人药业有限公司	安徽康辉药业有限公司	安徽省本草国药饮片有限公司
安徽九方制药有限公司	北京同仁堂（亳州）饮片有限公司	安徽方敏医药有限公司
康美药业股份有限公司		

资料来源：实地调研而得。

（四）重视以科技引导和政策扶持推动产业集群发展

亳州市先后承担国家和省级中药行业的各类项目和课题100多项，其中包括国家科技部"九五"、"十五"中药现代化开发项目、"十一五"科技支撑项目、国家发改委高技术产业示范工程、国家现代中药专项等。与安徽农业大学、安徽医科大学、安徽中医学院、中国药科大学、中国医学科学院、辽宁中医药大学、南京大学、中国科技大学、清华大学等几十所高校科研单位形成了产学研合作。6家药品产业生产企业共获得国家批准文号的中成药品种140多个，三类以上国家新药4个，其中九方制药公司研制的葛酮通络胶囊和葛根总黄酮是安徽省仅有的两个国家二类中药新药和原料药。亳州市部分中药材高新技术产品见表8-8。

表8-8　　　　亳州市部分中药材高新技术产品

年份	高新技术产品	生产企业
2007	菊蓝抗流感胶囊	古井集团九方制药有限公司
	心荣颗粒	古井集团九方制药有限公司
2008	葛酮通络胶囊	古井集团九方制药有限公司
	虎地肠溶胶囊	古井集团九方制药有限公司
	阿胶养血颗粒	安徽华佗国药厂
2009	木瓜中药饮片	安徽沪谯中药科技有限公司
	巴戟天中药饮片	安徽沪谯中药科技有限公司
	益智仁中药饮片	安徽沪谯中药科技有限公司
	出口新白芍饮片	安徽协和成药业饮片有限公司
	出口桔梗双飞片	安徽协和成药业饮片有限公司

续表

年份	高新技术产品	生产企业
2010	98%高纯度芍药苷	安徽康辉药业有限公司
	98%白藜芦醇	安徽康辉药业有限公司
	出口熟地黄段	亳州千草药业饮片厂
	疏风解毒胶囊	安徽济人药业有限公司
	降脂宁片	安徽济人药业有限公司

资料来源：实地调研而得。

为加快亳州中药产业的发展，亳州市委、市政府成立了中药产业化工作领导小组，市委、市政府、市人大分别制定了《关于实施全民创业加快亳州振兴的决定》、《关于加快全市中药产业化发展工作的决定》、《亳州市鼓励外来投资暂行规定》、《亳州市外来投资税收优惠政策》和《关于进一步优化投资环境，保护企业投资人合法权益的有关规定》等一系列优先扶持政策。其中影响较大的是亳州中药材发展过程中的两次规划：一是《亳州现代中药产业基地发展规划》，二是《安徽省（亳州）现代中药产业发展规划》。2006年制定了《亳州现代中药产业基地发展规划》，提出以涡河两岸适宜中药材种植的区域为基础，以谯城区为中心，规划中药材生态种植带；以提高中药工业的科技水平为重点，确立中药饮片生产的优势地位，建立中药提取物生产体系，壮大中成药生产能力，发展药械、药用包装材料的生产规模，培育龙头企业，形成亳州特色的中药工业体系。2009年制定了《安徽省（亳州）现代中药产业发展规划》，突出了"中华药都——养生亳州"的主题，提出按照"发展现代中药农业，做大中药工业，做强中药商业，培育中医药养生保健、文化旅游业"的原则，加快形成中药大产业的格局，力争通过10年的努力，将亳州中药产业培育成为安徽省重点产业和亳州市支柱产业之一，产值规模超过1000亿元。

七、安徽茶叶产业集群——基于产业链与合作组织的视角[①]

(一) 安徽茶叶产业的基本情况

安徽省有茶园13.57万公顷，茶农600多万人，初次加工企业6000多家，年产茶叶6万多吨，名列全国第7位，2008年安徽茶叶产业实现产值17亿元。在安徽，茶叶类别主要有红茶、绿茶、花茶和名优茶，其中，红茶产量约6000吨，大宗绿茶约23000吨，名优茶约20000吨，花茶约1000吨。其茶叶内、外销的比例约为4:6，其中红茶和大宗绿茶主要供应出口，名优茶主要是内销，绿茶主要出口非洲、欧洲和中亚地区，红茶和特种茶主要出口欧美。截至2008年年底，共有17家茶叶企业为省级农业产业化龙头企业。

综合起来看，安徽省发展茶叶产业具有以下优势：一是自然环境优越，茶叶资源丰富。在全国10大名茶中，安徽就占有4种。二是生产加工体系完备，基本形成了茶叶初精制加工体系。三是茶叶科研教育力量雄厚，拥有一大批茶业专家和技术人员。四是茶叶深加工和综合利用前景广阔，为茶叶深加工产品提供了广阔的市场。五是茶叶作为一种天然健康饮料，已越来越受到国内外消费者的欢迎，茶叶市场需求潜力巨大。

在区域布局方面，安徽茶叶主要产地在皖南和皖西产区，黄山和大别山两大生产区，茶园面积约占全省的85%，产量占89%。其中，皖南产区主要分布在黄山市、宣城市和池州市的歙县、休宁、祁门、黄山区、黟县、徽州区、郎溪、宣州区、广德、泾县、东至、石台等12个县区。主攻方向是：重点发展红茶、绿茶、花茶、名优茶和保健茶生产。发展目标是：2010年，无公害茶叶面积达100万亩，年产无公害茶叶3.5万吨，有机茶面积4万亩，年产有机茶1300吨；皖西产区主要分布在六安市、安庆市的金寨、霍山、舒城、裕安区、金安区、岳西、太湖、潜山等8个县区。主攻方向是：重点发展绿茶和名优茶生产。发展目标是：2010年，无公害茶叶面积达50万亩，年产无公害茶叶1.5万吨，有机茶面积3万亩，年产有机茶1000吨。

---

① 本部分主要以2009年实地调研资料为基础。

在市场建设方面，安徽拥有峨桥、黄山、六安三大专业茶叶市场，培育出芜湖国际茶叶博览会，涌现出了天方、一笑堂、徽府茶行、徽六、国润等知名茶叶企业和品牌。其中，安徽的黄山毛峰、六安瓜片、祁门红茶、太平猴魁为中国十大名茶，黄山毛峰、太平猴魁、六安瓜片、祁门红茶、屯溪绿茶、霍山黄牙、岳西翠兰、泾县特尖、涌溪火青、敬亭绿雪为安徽十大名茶。在2008年中国茶叶学会组织评选的14个"中国名茶之乡"中，安徽黄山市的黄山区、徽州区名列其中。

茶叶产业是安徽省农业产业化十大主导产业之一，主产区茶叶收入占家庭总收入的30%~40%，茶叶已成为发展区域经济、增加农民收入的支柱产业，虽然安徽是产茶大省，但还不是茶叶强省，产业化程度还不高，销售收入超5000万元以上的企业较少，虽然近年来安徽茶叶行业资源整合已经有了一定发展，但其发展水平与市场经济下对茶叶企业的发展要求还有很大差距。安徽省发展茶叶产业存在主要问题有：一是生产方式落后，加工水平较低；二是产、加、销联结不够紧密，龙头企业数量少、规模小，带动力不强；三是品种结构不合理，新产品开发滞后；四是投入少，科技成果转化不够；五是茶树老化现象严重，茶园整体水平低，后劲不足；六是品牌建设遭遇公用地困境；七是由于农药残留等品质原因，茶叶出口时面临的"绿色壁垒"问题日益突出。

（二）安徽茶叶产业链的结构及其特征

1. 茶叶产业链的结构

茶叶产业链由上游的种植采摘环节、中游的收购加工环节和下游的销售环节等三大模块组成，是由化肥等生产资料供应商、茶种苗繁育场、茶农、茶场、合作组织、经纪人和个体商贩、初加工厂、深精加工企业、交易市场、批发和零售商，以及最终消费者等组成的网络结构（见图8-5）。它不仅包含茶叶及相关产品的商流、物流和资金流，也包含茶叶相关技术和信息服务，是连接茶叶生产者到消费者的商流链、物料链、信息链、资金链，同时也是一条增值链。总体上，安徽茶叶产业链几乎囊括了图8-5中的所有环节，只是在连接渠道或路径的选择上侧重存在差异性。

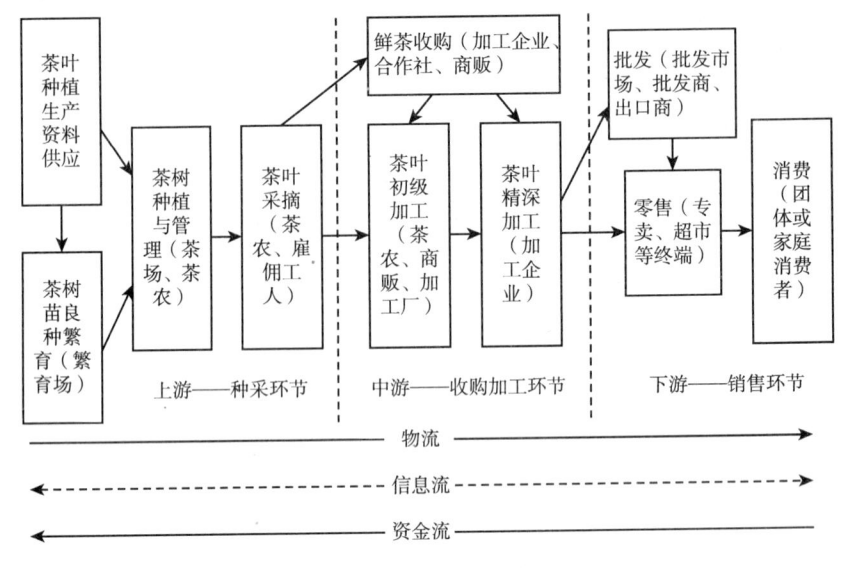

```
茶叶种植生产资料供应 → 茶树种植与管理（茶场、茶农） → 茶叶采摘（茶农、雇佣工人） → 鲜茶收购（加工企业、合作社、商贩） → 茶叶初级加工（茶农、商贩、加工厂） → 茶叶精深加工（加工企业） → 批发（批发市场、批发商、出口商） → 零售（专卖、超市等终端） → 消费（团体或家庭消费者）

茶树苗良种繁育（繁育场）

上游——种采环节    中游——收购加工环节    下游——销售环节

物流
信息流
资金流
```

图8-5 茶叶产业链结构

2. 茶叶产业链的特征

与工业品产业链比较，除具有复杂性、动态性、交叉性、增值性、面向用户需求等一般产业链的基本特征外，茶叶产业链还表现出以下几个方面的明显特征：

（1）具有明显的地域性特征。茶叶生产受气候、土壤等影响较大，具有明显的地域特征，种植和初加工行业主要集中在山区，种植和加工以地域布局。因此，茶叶产业链也具有明显的地域性，同时围绕产业链形成地方茶叶产业集群。同时，不同地区形成以不同茶叶产品为主导的产业链。某个地区茶叶与其他地区茶叶竞争，表现出整个产业链之间的竞争，需要对产业链进行整体优化、整体营销。安徽茶叶产业主要分布在皖南和皖西山区，且以具体产地和品牌不同形成具有一定差异的茶叶产业链。

（2）具有明显的时效性特征。茶叶生产表现出明显的季节性，采摘等环节的时效性强，鲜茶需要及时采摘和初加工处理，否则会导致茶叶质量下降，甚至变为废品。茶叶采摘有处理时间短、数量大的特点，容易导致茶叶产业链的利益主体之间的矛盾，也会使某些主体产生机会主义行为，从而容易导致其他主体的利益，尤其是茶农利益受到损害，茶叶质量和品质受到影响。安徽茶叶主要以春茶为主，时效性特征比较明显。

（3）不同环节的增值性差异较大。茶叶产业链的增值性主要集中在产业链后端，即精深加工和品牌运作，特别是茶饮料、茶食品、茶化妆品等深加工领域的市场潜力比较大。而茶树种植管理阶段是茶叶产业链最为基础的环节，对下游产业链运作影响巨大，但其增值性相对较低（见图8-6）。

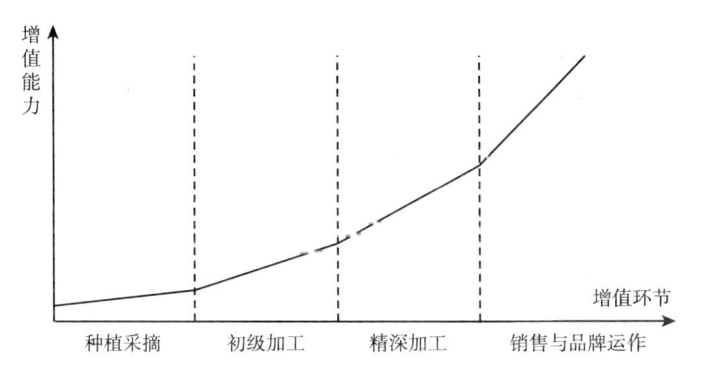

图8-6　茶叶产业链增值能力示意图

不同环节的增值性差异大，导致茶叶产业链的不同环节利益差异性较大，增加了茶叶产业链主体之间的矛盾，这一现象在安徽茶叶产业中也比较突出。如何构建茶叶产业链的合理利润分配机制，成为产业链整体优化不可回避的焦点。

此外，不仅不同环节增值性差异大，而且从业主体的组织化程度、从业人员的素质、生产与销售网络等方面差异性也比较大。

同时，茶叶产业生产技术性强，每个环节都需要不同程度的技术投入，尤其是产业链下游环节技术要求更高。可以说，茶叶产业链的许多环节都需要专门人才、技术和设备等资源，产业链的资产专用程度较高，容易导致沉没成本，客观上要求产业链不同主体之间进行合作，采取双边规制或一体化规制的方式。而安徽茶叶产业链的主要规制方式是单纯市场交易，采取双边规制或一体化规制相对较少。

（三）安徽茶叶产业链的影响因素及其关键环节

1. 茶叶产业链的影响因素

茶叶产业链的影响因素众多，如原产地和环境保护、从业人员素质、标准化生产、加工技术和设备水平、营销方式和品牌、各利益主体及其相互关系、产业政策等，调查研究发现，目前对茶叶产业链影响较大的因素有：

（1）自然环境的影响。茶叶对气候、土壤、周边环境等要求严格，茶叶生产种植环节，其产量和质量受天气、病虫害等影响较大。可以说茶叶品质和产量都与自然环境有关，因此保护茶叶生产的自然环境，科学合理规划和产业布局，抓好茶园基地建设，也是安徽茶叶产业链可持续发展的基本前提。

（2）茶农组织化程度和利益分配机制的影响。由于茶叶生产主要是一家一户的经营模式，组织化程度低，决定了茶农不能和市场形成有效对接，在茶叶产业链中没有话语权，在产业链利益分配中处于不利地位。茶叶产业链利益分配倾斜到产业链中下游企业，直接导致茶农种茶的积极性不高，对茶园投入、茶园标准化生产等没有热情，从而影响了茶叶产业链的发展。与浙江等省比较，安徽茶叶合作组织发展较慢，茶农组织化程度相对较低。

（3）茶叶龙头企业及其创新的影响。茶叶产业链的管理和有效运作一般是以龙头企业为核心，通过龙头企业技术、信息、资金以及品牌运作等方面的优势，把产业链的不同环节主体有机联系到一起，提高产业链的效率。同时，龙头企业通过组织、市场、技术和制度等方面创新，如茶叶深度开发和深加工技术创新，提高对产业链的协调管理能力，提升茶叶附加值和产业链的竞争力。龙头企业缺乏是影响安徽茶产业发展的重要因素，可以说，只有龙头企业强，茶产业才能强大，才能兴旺。

（4）茶叶市场管理及产业政策的影响。加强茶叶市场监管，避免假冒伪劣、压级压价等现象，保护茶叶商标和品牌，维护正常市场秩序和产业链上各主体的利益，是作为茶叶大省的安徽茶叶产业发展的基本保障。同时，政府制定和实施茶叶产业相关政策，如实施项目和资金扶持，对茶叶产业发展具有较大的促进作用。

2. 茶叶产业链的关键主体和环节

茶叶产业链各个环节都担负着一定的功能，大多数环节是不可替代的。但是，从对茶叶产业现状的调研来看，安徽茶叶产业链的发展特别需要重视：

（1）一个中心。以茶叶质量为抓手，以提升附加值为中心。在整个茶叶产业链中，只有通过品质控制和附加值的提升，才可能在与其他茶叶产业链竞争中获得优势，才有可能使产业链主体的利益得到有效保证。

（2）两个关键主体。一是农民合作组织，对产业链上游和中游的有效对接起到关键性作用，有利于减少茶农的生产成本，有利于保护茶农利益。二是茶叶龙头企业，对引导茶叶规模化和标准化生产，扶持农民合作组织发展，提升茶叶附加值等方面发挥重大作用。

（3）两个关键环节。一是收购环节，它是茶叶产业链上游和中下游利益矛盾的焦点。在收购环节，能否解决以质定价，避免压级压价，能否建立稳定的收购关系，采取何种收购方式等，是茶叶产业链协调运作的关键。二是营销环节，能否以市场为导向，以销定产，采取何种营销方式，建立什么样的营销网络，将直接影响茶叶产业链的竞争力。

（四）安徽茶叶产业链存在的主要问题

从总体上看，安徽已形成了从茶种苗到精深加工的相对完整的产业体系，主要品种的茶叶产业链已初具雏形，部分地区围绕茶产业链形成了产业集群。同时，少数地区茶产业链运作良好，出现"公司＋基地＋合作组织＋标准化＋品牌"的产业化运营模式，产业链的各环节之间能够有效地衔接，形成了相对科学合理的利益分配机制，分工合作效应明显，形成一种共生模式。如以安徽省六安瓜片茶叶股份有限公司为核心形成的茶叶产业链，以安徽茶叶进出口公司为核心形成的产业链。

目前，安徽茶产业链也存在一些突出问题，主要表现在以下几个方面：

1. 许多地区或品种的茶产业链断裂现象严重

安徽茶产业链主要有两个断裂点：一是鲜叶收购环节缺少订单和长期合同，单纯的市场买卖交易把上游和中游产业链分成各自独立运作的两个单元，为了各自利益的短期行为严重，如不按要求的采摘、压级压价等。二是茶产品销售环节缺少合作渠道和网络体系，以单纯的市场交易为主导的形式，把茶叶加工和销售分割形成断点，没有能够形成面向客户的市场导向型敏捷产业链，如散茶销售的恶性竞争。

2. 产业链上缺少核心主体——龙头企业和合作组织

从本质上讲，产业链是一个共生模式，这个共生模式中总有一个或几个企业居于主导地位，作为核心主体它们肩负着组织协调产业链的重任。目前，安徽茶叶加工企业以中小企业为主，产业集中度低，有

6000多家初次加工企业，100多家精加工企业，品牌众多，但在全国范围内有影响力的品牌少，没有一家国家级茶叶龙头企业，省级茶叶农业产业化龙头企业仅有17家。安徽茶叶合作组织尚处于发展的初级阶段，仅有各类合作组织（包括茶叶协会）300多家，由于合作组织数量和覆盖面小，许多地区鲜叶是由个体商贩收购，散茶通过农贸市场交易。茶叶产业链缺少龙头企业和合作经济组织两个主体，直接导致产业链主体之间难以协调，利益矛盾突出，运营成本高、产品质量降低。

3. 茶叶产业链上游的投入不足，茶园基地建设落后

由于对茶园基地建设投入不足，缺乏倾斜的产业政策，种茶的比较效益下降，茶农种茶积极性不高，茶园抛荒现象时有发生。目前，茶叶产业链的上游从业人员大多数为老人和妇女，素质较低，他们没有现代种茶技术和标准化生产的知识，茶叶种植与生产仅仅靠的是祖传经验。同时，受到资金和技术的限制，无公害茶园、绿色茶园、有机茶园等生产基地建设滞后。

4. 产业链中下游创新力度不够，产品附加值相对较低

从价值链看，茶叶种植、采摘、初加工、精深加工、品牌运作等环节附加值依次增加，所以中下游企业通过创新提高茶叶附加值对整个产业带动尤为重要。目前，安徽省茶叶加工整体技术相对落后，创新不足，有影响力的品牌相对较少，向茶食品和茶化妆品或其他相关产品延伸不够。如安徽某县拥有可采茶园面积11万亩（2008年），年茶叶产量4601.5吨，产值为11304.3万元，从事茶叶生产、加工、经营的人员达10万人，各类茶叶加工企业600多个，其中名茶加工厂400余座，炒青绿茶初制厂200多家，是安徽茶叶产业发展较好地区之一。但是，平均每个厂的产值不足20万元，加工企业规模很小，加工条件相对较弱，加工增值效益得不到发挥，这是造成该县茶叶质优价廉的一个重要原因。

（五）合作经济组织在茶叶产业链中的作用

实践表明，越是地域性和时效强、产销矛盾突出的产品，合作经济组织越能发挥更好的作用。茶叶合作经济组织是茶叶产业链和茶叶产业集群的关键主体，对茶叶产业发展具有重要作用。由于茶叶产业链的地域性和时效性比较强，不同环节增值差异性较大，非常容易导致产业链的利益冲突矛盾，合作经济组织，特别是农民专业合作社对协调茶叶产业链的运作，促进茶叶特色产业集群的发展起到尤为关键的作用。

1. 能够有效避免产业链上中游环节的断裂

在"公司+农户"产业模式中，茶叶企业要面对众多茶农，交易协调难度大成本高，而茶农相对企业实力悬殊，缺少话语权，往往又处于劣势。合作经济组织在茶农与茶叶企业之间架起桥梁，通过组织化管理和长期合同契约，避免产业链上游与中游环节的断裂，是一种节约交易费用的有效制度安排。

2. 有利于争取政府产业发展的优惠政策

政府许多惠农政策，常常不能具体给到每一个农户，如茶园基础设施建设与改造、茶叶从业人员培训等，往往需要通过一个载体或实体才能有效实施，而代表农民利益的合作经济组织在茶农与政府中间架起桥梁，能够协助政府贯彻和落实农业与农村政策。同时，通过合作经济组织可以把茶农的意愿和遇到的突出问题迅速传递到政府，以便获得政府协调和支持，也为政府施政提供第一手材料。

3. 有利于实现小农户与大市场的有效对接

目前，除农垦和集体茶场规模比较大以外，其他大多是一家一户，几亩茶园。单个茶农无法充分获得千变万化的茶叶市场信息，生产具有盲目性，产品与市场需求脱节现象比较突出。合作经济组织在茶农与市场之间架起桥梁，通过以商带农、以大带小、以近带远、以点带面等方式，通过提供技术、信息、购销等方面服务，为茶农开展产前、产中、产后的全方位指导，能够更加有效地实现茶农与市场的对接。

4. 能够降低经营成本，提高茶农收入

多数茶农采取传统单家独户的生产销售方式，以炒青为主，以初加工产品出售，产品质量不规范，产量小，没有固定的市场，生产经营成本高，严重影响了茶农的收入。单个的茶农实力有限，抗风险的能力较弱，而合作经济组织集茶农之力，以整体力量，培育标准化基地，实行产业化经营，在生产模式、技术标准、收购流程等方面实现有效统一，以标准化、规模化生产参与市场竞争，实现增收。同时，农药、肥料等生产资料联合采购、合作组织的二次返利和分红进一步增加农民收入。

5. 有利于促进茶叶特色产业集群的发展

合作经济组织是特色农业产业集群的关键主体，是集群网络的"黏合剂"。农业产业集群一般都存在不同类型的合作经济组织，并且越是发展较好的特色农业产业集群，农民合作组织数量越多、发展越好。安徽皖西和皖南、四川茗山和峨眉山、浙江嵊州等地的实践表明，合作经济组织对茶叶产业集群的发展具有较大的推动作用。

（六）安徽茶叶合作经济组织的运作现状

据不完全统计，安徽现有各类茶叶合作经济组织300多家，主要有农民自发组织或龙头企业主导形成的农民茶叶专业合作社、茶叶协会等类型。

1. 农民茶叶专业合作社

农民茶叶专业合作社是在家庭承包经营的基础上，从事茶叶的生产经营者，依据加入自愿、退出自由、民主管理、盈余返还的原则，按照章程进行共同生产、经营、服务活动的互助性经济组织。农民茶叶合作社以其成员为主要服务对象，提供茶叶生产资料购买，茶叶销售、加工、运输、贮藏以及与茶叶生产经营有关的技术、信息等服务。

安徽省农民茶叶合作社尚处于发展的起步阶段，许多地区是近两年才成立农民茶叶专业合作社，绝大多数是在《农民专业合作社法》颁布实施以后。这类合作组织一般是实体性的，内部制度比较健全、管理比较规范、与农民利益联系紧密，形成劳动者约定共营企业和社会利益共同体。茶农入股需交纳一定股金，合作社除按股付息外，主要按购销产品数量向社员返还利润。茶叶合作社也是企业，是在工商管理部门登记的。调查中发现，目前安徽省茶叶合作社既有按照《农民专业合作社法》建立的比较规范的专业合作社，如泾县绿源有机茶专业合作社，也有一些有名无实的合作社。

从组织成立背景来看，主要有两种形式：一是农民自发组织的茶叶专业合作社，主要是在政府引导下，由茶叶种植、加工和销售的能人大户牵头成立，如霍山县三河茶叶专业合作社、石台县郑村茶叶专业合作社、郎溪县涛城镇庆峰茶叶专业合作社、黄山三口镇竹元天山茶叶专业合作社，等等。二是由龙头企业主导形成茶叶专业合作社，如金寨齐山有机茶专业合作社、六安瓜片茶叶专业合作社、岳西县姚河乡香茗茶叶专业合作社、祁门迎客松红茶专业合作社、泾县绿源有机茶专业合作社、休宁县新安源茶叶农民合作社，等等。调查中发现，龙头企业主导型的茶叶合作社多数比较成功，如安徽省茶叶进出口公司牵头兴办了6家专业合作社，合作社与龙头企业建立了长期合作的密切关系，运作效果良好。

从安徽茶叶合作社参与产业化方式来看，存在着多种形式，如"茶叶合作社+农户"、"公司+茶叶合作社+农户"、"公司+基地+茶叶合作社+农户"、"公司+茶场+茶叶合作社+农户"、"公司+茶叶协会+茶叶合作社+农户"等，其中"公司+基地+茶叶合作社+农户"是最典型模式。调查发现，龙头公司对合作社支持，提供系列的生产经营技术服务，通过合作社引导茶叶的标准化生产，并保证收购，实行质优价高，让利于茶农，这是"公司+合作社+农户"模式成功的关键。

从合作社兴办和运作的主体来看，茶叶种植或销售的能人大户起到关键性作用，一般而言，能人大户就是合作社的负责人和主要投资者。即使是公司牵头兴办的茶叶合作社，也往往依靠能人大户与众多茶农联系，能人大户在合作社内部以及与外界联系中具有很大的影响力。如六安瓜片茶叶合作社，主要采取的是"企业+能人+合作社+基地"的形式，其中独山镇南焦湾等四个基地就是靠能人带动进行经营管理。

从合作社的组织机构和运行机制来看，不同茶叶合作社差异性较大。规范性合作社一般都有较规范的合作社章程，成员大会、理事会、监事会等管理及决策机构健全，制定财务等相关制度，对会员构成、出资比例、盈余分配等进行了规定，如泾县绿源有机茶专业合作社。调查中发现，运作比较好的合作社普遍实行了二次返利，并与龙头企业、茶农之间建立了合理的利益分配机制。如泾县绿源有机茶专业合作社，社员中长期从事茶叶生产的农民占成员总数的95%以上，其中，茶叶种植大户占60%，制茶能手占20%，土专家、技术能人占15%，茶叶经营人员占5%。成员入社自愿，退社自由，地位平等、利益共享、风险共担，分享本社盈余并承担本社的亏损。按照章程规定进行分配提取公积金、公益金后的盈余。根据成员交售农产品交易额和出资额按比例进行返还，其中交易额返还比例不低于可分配盈余的60%。也有部分茶叶合作社，虽然制定相关章程和制度，但实际上是茶叶公司的附属机构，或某几个会员的组织，没有真正成为参与茶农自己的合作组织。

从茶叶合作的业务内容和生产方式来看，有些茶叶合作社几乎涉及了茶叶产业链的所有环节，以茶叶的直接生产加工经营为主，这类茶叶合作社一般规模比较大，实力比较强；也有些茶叶合作社仅仅提供技术和信息培训等较少的业务活动，这类茶叶合作组织多数是刚刚成立，规模小，茶农参与的热情不高。但从发展趋势来看，多数茶叶合作社都希望实行茶叶生产资料统一采购、茶叶统一收购，茶园管理统一标准，并逐步向规模化和标准化生产经营方式转变。

从地方政府支持来看，各地对贯彻执行《农民专业合作社法》的情况有较大差别。但普遍认为，政府应对茶叶合作社的组建给予支持和引导，政府的投入和支持应该集中在宣传和协调、科技培训和推广、茶园和基础设施建设、茶加工设备改造等方面。茶叶合作社的兴办，尤其需要地方乡镇领导和基层组织的积极参与，帮助农民合作社解决发展中遇到的实际问题。

2. 茶叶协会

与农民专业合作社比较，安徽各级茶叶协会发展较早，几乎覆盖了主要产茶区，其主要职能是推广茶叶项目、组织技术培训、提供茶叶信息服务，是政府、企业和茶农之间的桥梁或纽带。一般而言，茶叶协会是一种较为松散的合作形式，是在民政部门登记的社团性组织，省、市、县级成立的茶叶协会多属于此类，主要承担中介作用，有些具有半官方的性质，未来发展方向是向真正民营性质转变。同时，这类茶叶协会应在引导茶农兴办专业合作社方面发挥重要作用。如 2000 年以来，在霍山县茶叶产业协会的牵头下，诸佛庵、大化坪、太阳、黑石渡等重点茶区先后成立了村级茶农协会和合作社 13 个。另外，一些较大乡镇茶叶协会，也担负引导农民专业合作社的责任，如金寨县油坊店乡茶叶产业协会，引导茶农组建了金寨第一家"叶里青"茶叶专业合作社。

近年来，茶叶主产区乡、镇、村茶叶专业协会发展较快，如潜山县官庄镇茶叶产业协会、岳西县冶溪镇茶叶协会、庐江县汤池镇茶叶协会、泾县茂林镇茶叶协会、金寨县油坊店乡茶叶产业协会、岳西县来榜镇花墩村茶叶协会、宿松县高岭村茶叶产销协会等，它们在推动茶叶产业化发展方面起到重要作用。这些村镇茶叶协会，有些只是提供技术和信息服务的中介组织；也有许多具有经济实体的性质和专业合作社的职能，直接从事茶叶生产加工经营活动，它们发展的方向是转变为规范性专业合作社。

以岳西县来榜镇花墩村茶叶协会为例，协会于 2005 年正式挂牌，有规范的章程和专门的业务范围，有固定的办公场所和设备，固定资产达 40 多万元，协会的形成是由全村广大茶农自愿结成的非营利人民团体协会。目前发展会员 198 人，注册商标 1 个，生产技术标准 3 个，获省名牌 2 个，带动了 2370 多人致富，辐射三乡一镇近 27 个村。下有加工基地，培训基地，生产技术指导和市场营销 4 个组织，建立了各项规章制度。在经营方法上，实行"四个统一"，即统一收购鲜叶，严格按标准采摘；统一加工，按技术操作，分级加工；统一包装，全部采用印有厂名商标的精美包装盒；统一销售。从中可以看出，该协会组织机构健全，内部管理规范，实际上承担了农民专业合作组织多数职能，具有较大的农民专业合作社的性质。

（七）安徽茶叶合作经济组织存在的主要问题

近年来，安徽茶叶合作经济组织，尤其是农民专业合作组织发展较快，但总体上处于初期阶段，对合作社的认识不足，政策落实不到位，合作社本身存在规模小、运作不规范、服务功能少、对接市场能力弱等诸多方面的问题。

1. 对合作经济组织的认识不足

一是对合作经济组织的认识不足，缺乏对《农民专业合作社法》的深入宣传，政策落实不到位；二是没有认识到合作组织对"地域性、时效性"比较强的茶叶产业作用巨大，农民茶叶合作经济组织发展特别需要政府和龙头企业的引导和支持，既需要对能人大户培育，更需要对众多茶农培训和引导。

2. 组织形式松散，利益关系不密切

虽然也有些合作经济组织吸引了一些股本，相互参股运作，但总体上松散型的合作经济组织较多如茶叶协会，真正意义上的茶叶合作社较少，组织紧密程度不够，成员之间利益关系不密切。一些规模较小的合作社或协会仅仅为茶农提供技术服务和信息服务，没有开展生产资料采购、购销和加工等高增值性服务，服务内容少，功能弱，带动农户的能力不强。个别合作组织由于缺少组织联系纽带，出现了"有事聚一聚，无事看不见"的尴尬局面。

3. 基础条件较差，资金实力有限

按照农业部"合作社示范章程"的要求，规范的农民专业合作经济组织应该具备：有办公场地、有管理人员、有种植基地、有商标包装、有加工设施、有销售渠道等"六有"基础条件。但是，一些农民茶叶合作社，特别是新办的、农民自发形成的合作社，往往达不到应有的基础条件。由于合作社是靠自发、能人或龙头企业带动的，因此许多合作社在资金方面存在瓶颈，尤其在茶叶收购季节，时间紧，流动资金量大，这时表现更为突出。

4. 管理和决策制度不健全

突出表现为相关财务管理制度不健全，财务公开透明度不够，或不按相关制度提取盈余和返利；经营决策常常是合作组织少数领导个人行为，导致决策失误或只照顾部分会员的利益，导致会员之间、会员与领导层产生矛盾，从而影响合作社的运营。调查发现，茶叶合作社中的能人大户与茶农之间的利益矛盾较为突出。

5. 茶农文化素质水平较低

多数地方种茶从业人员主要以老年人和妇女等"农村留守族"为主，茶农文化素质普遍较低，茶叶种植管理以祖传经验为主，对茶叶生产的无公害、绿色化、生态化等缺乏认识，合作经济组织把茶农统一起来，开展规模化、标准化生产经营的难度较大。

6. 发展政策环境需要改善

一些地方对新辟茶园没有给予享受退耕还林等方面的农业优惠政策；二是茶叶合作社的融资问题需要政策支持，能否在茶叶合作社中设置资金互助社，也成为运作规范、规模较大的合作社关心的问题；三是由于比较效益下降，一些地区出现茶园抛荒现象。

（八）安徽茶叶产业链优化和合作组织发展的政策建议

茶叶产业链涉及生产、流通和消费的众多环节，茶叶产业链的优化应从全局出发，尽可能避免因局部或个别环节优化而产生的效益背反现象。安徽茶叶产业链优化应强调四大目标：一是扩大茶叶种植，保护茶农利益，夯实产业链上游基础，体现安徽农业产业化十大主导产业之一的战略定位；二是降低茶叶产业链运作的总成本，提升安徽茶叶产业的竞争优势；三是协调茶叶产业链主体之间的关系，提高茶叶产业链的运作效率，特别是茶叶收购环节和销售环节的速度；四是提高茶叶客户服务水平，以最终客户为中心是产业链管理的关键，满足最终消费者对低成本、安全、生态的需求是茶叶产业链优化的终极目的。当然，上述四大目标是相互联系的统一体，茶叶产业链的优化要实现四者之间的有效均衡。

茶叶产业链优化是一项复杂的系统工程，针对安徽茶叶产业链的现状及其存在问题，我们认为应重视以下几个方面：

1. 加强产业规划，明确发展战略，完善和落实茶叶产业的配套政策

2003年安徽省将茶叶确定为安徽十大农业主导产业，相继制定了《安徽省茶叶产业化发展规划（2003－2007）》、《安徽省茶叶产业"十一五"规划》，今年2月省供销社出台了《关于实施"612"行动计划，大力推进棉花、茶叶产业化经营的意见》，并从2009年起实施安徽茶叶产业"241"振兴工程。这些都为安徽茶叶产业发展提供良好的政策环境。但是，各主产区政府需要从当地实际出发，制定具体的合理规划，相对集中，连片开发，做好规范和引导，防止茶园盲目开发或抛荒现象。同时，茶叶产区政府要进一步明确茶叶产业具体发展战略，如"抓两头促中间"的产业链优化战略，围绕产业链的茶叶集群化战略等；要完善和落实相应的配套政策，如新辟茶园的退耕还林政策、技术改造项目补贴政策、茶树良种补贴政策、大型成套茶机具补贴政策。

2. 加大产业投入力度，推进茶园的规模化、标准化和生态化建设

为促进安徽农业十大主导产业发展，省级财政在统筹农业投入的基础上，适当增加对茶叶产业的投入。目前，省发改委、省农委、省商务厅、省供销社等部门都掌握一定茶叶产业投入资源，但由于部门分割，各自投资力度小且相对分散，投资效应不够显著。为此，可以统筹全省茶叶产业投资，集中财力，分步实施，每年重点做好几件促进茶叶产业发展的大事。另外，应关注国家惠农政策，以"茶叶类项目"为抓手，积极争取国家资金投入。

政府投资的重点是茶叶生产环境改造、基础设施建设、技术改造升级、人才培训等公共性较强的领域，其中之一是茶叶产业链上游茶园建设。目前，首先应对安徽省茶叶产区进行核心区、中间区和边缘区划分，构造茶叶优势区域；其次要加大基地开发力度，对一些优质茶叶基地采取保护策略，发展一批优质、高产、高效、生态茶园；再次要加快良种推广步伐，加大低产茶园改造或改种；最后要加强茶园现代化建设，发挥茶园的综合效益，开展茶果间种、茶花间种、茶与观赏遮阴树间种，从整体上推进安徽茶园向规模化、标准化和生态化发展。

3. 推进产业整合，大力培育茶叶龙头企业和知名品牌

从总体上看，安徽茶叶产业链中下游企业的散、小、弱现象比较突出，产业集中度较低。可以通过联合、兼并重组、连锁经营等方式，培育茶叶龙头企业，扩大其市场占有率，打造安徽茶叶产业链实力强大的核心主体，提升核心主体对产业链的影响力和对产业链的整合能力，这对提升安徽茶叶企业在国内和国际市场上的话语权和竞争能力具有重要作用。同时，政府扶持政策要向优势茶叶产区倾斜，要向茶叶龙头企业和茶叶知名品牌倾斜。并积极推进品牌建设，实施品牌带动战略，开展"三品（无公害、绿色、有机）"认证，争创茶叶领域的中国驰名商标、中国名牌产品、中国出口名牌和中国名牌茶，提升品牌影响力，加强茶叶原产地保护和申报，做大做强做响"生态"、"原产地"等特色品牌。

4. 加快创新，提升茶叶的附加值，构筑高效的安徽茶叶销售网络体系

安徽茶叶的科研教育力量雄厚，但茶叶产业创新效应并不显著，没有形成高效的产学研相结合的茶叶科技创新体系和推广应用体系。安徽茶叶产业链中下游有两个应重视的重点创新领域：一是茶叶精深和延伸加工技术创新，开发茶叶高端产品，如茶饮料、茶食品等，这是提升安徽茶叶产品附加值和产业链的竞争能力的重要途径。政府应鼓励和支持茶叶龙头企业与高等院校、科研院所合作共建研发机构，对茶叶关键技术进行联合攻关，深化茶叶产业的深度开发和加工，引导龙头企业加大技术改造和新产品、新技术研发投入，建立安徽茶叶技术创新网络体系。二是市场创新，包括品牌营销方式、销售渠道和网络的创新，这对季节强且具有"后验品"性质的茶叶产品走向国际和国内市场非常重要，也可以有效避免中下游产业链的断裂。通过茶叶展销会、博览会、连锁和特许经营、体验营销、网络贸易等不同渠道方式，通过与文化、旅游等相关产业的互动，构筑高效的安徽茶叶销售网络体系。

5. 加快发展茶叶合作经济组织

（1）落实对合作社的扶持政策。加强宣传《农民专业合作社法》，让茶农认识到合作经济组织是农村市场发展的客观要求和必然趋势，从而提高农民自觉加入茶叶合作社的热情。加强对茶叶从业人员的培训，提高其文化素质和业务水平，特别是茶叶生产经营技术和合作经济方面的知识。切实落实《农民专业合作社法》规定的产业政策倾斜、财政扶持、金融支持、税收优惠四种扶持政策。加强协调，帮助基层茶叶合作组织解决发展中的困难和问题，加强调查研究，制定扶持茶叶合作组织发展的配套政策。

（2）健全组织机构，实行规范运作。引导合作组织健全组织管理机构，包括董事会、理事会、监事会等，确保茶农的主体地位和民主权利。制定并完善合作组织内部人事、财务、营销等方面的规章制度，特别是财务制度和分配制度，做到财务公开透明，实行积累制度，按制度提取盈余，实施二次返利，完善利益联结机制，真正做到利益共享，风险共担。同时，积极引导具有实体性的乡镇茶叶协会，依法健全组织和制度，向规范性农民专业合作社方向发展。

（3）扶持能人大户，培育专业合作社。除农垦和集体茶场外，茶叶种植一般是一家一户，几亩茶园。而茶叶能人大户就是领头羊，是茶叶产业发展的关键主体，也是茶叶合作组织中的核心力量。各地实践证明，扶持能人大户组建茶叶合作社，或龙头企业通过能人大户牵头兴办合作社是行之有效的方法。培养茶叶能人大户可以通过优先安排技术培训和学习，给予资金贷款等方面扶持，通过茶园承包经营权流转方式，引导茶园向种茶能人大户转移。

（4）推广典型的合作组织模式。鼓励合作社以多种方式对接市场和产业链的其他主体，重视推广"龙头企业+合作社+农户"的典型组织模式。引导茶叶专业合作社参与产业链管理，提升其在产业链中的地位。发挥龙头企业带动作用，利用龙头企业人才、资金、技术、市场资源优势，引导茶叶专业合作组织跨区域联合与合作，增强服务功能，拓展发展空间。

（5）扩展业务范围，加强科技和市场创新。引导合作社开展信息和技术服务以外的茶叶生产经营活动，扩展合作社的业务范围，实行生产资料统一采购，鲜叶统一收购，按技术操作统一加工，统一包装销售，通过业务纽带使合作社成员之间的关系更加密切，促进合作社由松散型向紧密型转变，由服务型向经营型转变。合作经济组织要加强科技创新，大力培育良种基地，推进茶园的规模化、标准化和生态化。要重视茶叶产业链的延伸，开发具有高附加值产品。要加强品牌营销，创新销售渠道和网络，采取直接经营、合作经营、网上营销等多种形式，建立自己的销售网络，并努力开拓国际市场。

八、安徽茧丝绸产业集群——基于产业链与合作组织的视角[①]

安徽省是全国"东桑西移"工程的重要承接地。茧丝绸产业链跨动植物两个领域、涉及农工贸三个方面，是茧丝绸、产供销、农工贸紧密结合的系统工程。

---

① 本部分主要以2009年实地调研资料为基础。

（一）安徽省茧丝绸产业的发展现状

安徽省是全国蚕茧主产区之一，已初步形成了以宣城、六安、黄山、安庆、池州、合肥和阜阳 7 个市、约 40 个县为核心的茧丝绸产业带。全省有桑园面积约 80 万亩（其中，大别山区占全省总面积的 80%以上）、蚕茧产量近 4 万吨、生产桑蚕丝 5250 吨，均居全国第 7 位，生产真丝绸 3800 万米，居全国第 6 位，真丝绸商品出口 2719 万美元，居全国第 10 位，张种单产 41.4 公斤，居全国前列。现有蚕农 31 万户。2003 年全省蚕农来自于蚕桑生产的户均收入 1100 元，2006 年户均蚕桑生产收入达到 2200 元，年均增长 26%。伴随着蚕桑业的发展，"十五"以来安徽省丝绸工业也得到了较好的发展。

蚕桑生产在服务体系相对完善的情况下，一般水田产量 120~200 千克/亩、旱地产量 65~160 千克/亩，采用连续 10 年安徽省蚕茧平均价格 16.95 元/千克计算，水田平均 2033~3388 元/亩、旱地 1101~2712 元/亩（含亩桑 300~400 元的物质成本）。作为资源型产业，万亩桑园需农业生产用工 60 万个（按年人均 300 个工作日折算，相当于 2000 个农业生产岗位），可提供流通服务环节就业岗位 500 个以上，可创造工业产值 2200 万~5000 万元以上。与同期的水稻（小麦）、棉花、茶叶、烟叶等农作物相比，蚕茧收益分别是它们的 3 倍、2.5 倍、2 倍和 2.6 倍。

适合安徽丝绸工业发展需要的蚕桑生产规模已初步形成。2007 年，蚕茧产量达到 76 万担，较 1996 年总量实现翻番，发展速度居中东部地区第一，为缫丝、丝织、家纺等细分产业的发展打开了空间，也为桑蚕产业集群的培育提供了资源保证（我国丝绸工业集中省份，产茧量均在 80 万担以上）。总量翻番的同时，蚕桑业结构也得到了进一步优化。集中表现在：一是蚕桑生产集中度有所提高。栽桑养蚕向以皖南皖西两大山区为主的重点市、县和乡镇集中，形成规模化、区域化、特色化发展趋势，户均栽桑由"十五"初期的 1.9 亩增加到 2.2 亩，生产集中度提高 15 个百分点。二是农民组织化程度有所提高。全省现有蚕桑专业合作组织 91 个，其中专业协会 35 个，合作社 47 个，其他提供技术服务的合作组织 9 个，并且有 26 个村列入"一村一品"专业村。三是蚕桑生产新品种及关键性技术正在逐步得到推广。亩桑产量较"十五"初增加 13%，亩桑用工减少 30%。四是以农技队伍、龙头企业为主体的多元化蚕桑生产技术服务体系建设开始起步。岳西县按照"整合资源、人事统筹、突出产业、综合服务"进行的农技推广体系改革试点的成功也将对各地蚕桑生产管理模式和服务模式的创新产生影响。五是《安徽省蚕种管理条例》的修改以及"东桑西移"10个配套蚕种场的改造，从法律和生产设施层面为鼓励优质蚕种的生产经营提供了支持，蚕种经营管理机制逐步得到优化。

（二）安徽省茧丝绸生态产业链的构成与主体利益关系

从产业链的基本内涵上说，茧丝绸生态产业链是供应链在茧丝绸产业领域中的具体体现。它将茧丝绸生产资料供应、茧丝绸产品生产、加工、储运、销售等环节链接成一个有机整体，并对其中的人、财、物、信息、技术等要素流动进行组织、协调与控制，以期获得茧丝绸产品价值的增值。在茧、丝、绸产品链形成的同时，它们还共同形成了茧丝绸生态产业链。

这个链条不仅包括茧、丝、绸产品间的物质联系，如从桑苗培植、蚕种生产，到栽桑、养蚕，再到鲜茧的收烘、缫丝、制绵、丝绸织造和茧蛹副食品加工，以及相关终端产品深加工、储存、运输、批发、零售，直至最终产品的消费等各环节，同时还包括产业间的组织联系，这涉及蚕农（养蚕户）、蚕种公司、茧丝绸合作经济组织、收烘企业、缫丝企业及终端产品的批零厂商、配送中心等各种经济实体和组织机构的相互联系。从目前安徽省茧丝绸产业发展的现状来看，缫丝企业已经具有一定的规模，主产区蚕农从事茧丝绸产业的年均收入占全年总收入的比重在50%以上，茧丝绸生态产业链的雏形已初步形成（见图8-7）。

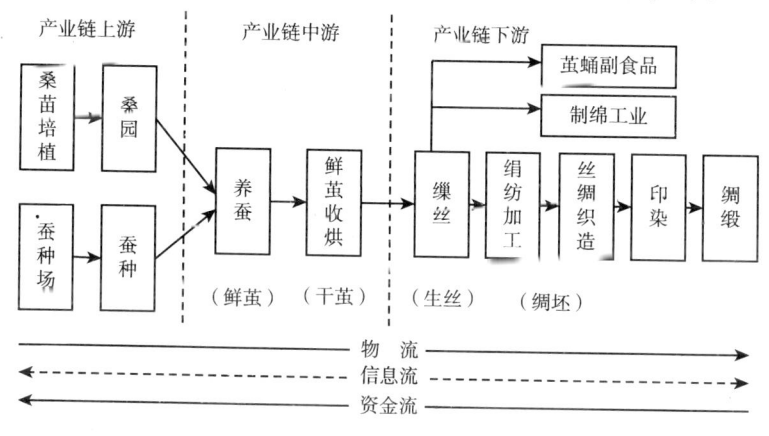

图8-7 茧丝绸生态产业链

安徽省茧丝绸生态产业链的主体利益关系主要表现在：一是蚕农与农业部门之间的关系。由于多数农技服务部门属事业性编制，它们没有同蚕桑生产的实绩建立紧密的利益关系，这就形成一些地区蚕农与农业部门利益不一致。二是蚕农与收烘企业之间的关系。收烘主体多的区域，企业通过提高价格吸引更多的资源，农民的利益在完全竞争中得到暂时保护，但造成农户鲜茧掺假，蚕茧质量明显下降的现象；而收烘主体少的地区，单家独户的农民又处于弱势，往往会导致压价收购。三是收烘企业之间由于资源的有限性形成激烈的竞争，矛盾重重，甚至出现"抢茧大战"等社会不安全因素。四是收烘企业与丝绸工业企业之间利益平衡关系。收烘企业一端连着蚕农，另一端连着制造业部门，追求利益的最大化驱使这些企业同丝绸企业进行产量和价格的博弈。上述矛盾中，蚕农与收烘企业之间的矛盾最为突出。

（三）安徽省茧丝绸生态产业链的基本特征与关键环节

1. 安徽省茧丝绸生态产业链的基本特征

茧丝绸生产、加工过程中涉及大量的专用性资产，这是由茧丝绸产业链的特殊性决定的。主要表现在：

一是茧丝绸产业链相对较长。从桑树栽培到桑蚕养殖再到蚕丝的加工制造，涉及植物、动物和制造业等各个领域；从蚕蛹等副食品加工到次级生丝加工制造业再到丝绸印染、深加工与精加工，涉及不同的制造业部门；从初级生产要素的投入到蚕种、蚕茧收购、生丝加工、储藏、运输、销售再到最后的消费，涉及不同的产业部门。二是蚕种生产、经营受限制程度高。根据2009年1月1日正式实施的《安徽省蚕种管理条例》，安徽省蚕种生产、经营实行许可证制度，而且新蚕品种的繁育、推广也应通过国家级或省级审定，未经审定或审定未通过的新蚕品种，不得生产、经营和推广。三是茧丝绸产业生产的时效性强。鲜茧生产出来后必须进行处理，否则会导致茧子质量下降、颜色发黄甚至是破茧等现象。四是茧丝绸产业价值增值高，不同环节利益冲突较大。五是茧丝绸产业生产技术性强，每个环节都需要不同程度的技术投入，尤其是产业链下游环节。

2. 安徽省茧丝绸生态产业链的关键环节

安徽省茧丝绸生态产业链的关键环节主要体现在三个方面：

一是鲜茧收购。它是当前茧丝绸产业发展的关键，是"牛鼻子"。

鲜茧流通承工启农，是茧丝绸产业化发展中最重要的环节之一，也是组织难度最大之处。收烘主体单一，易衍生压价行为；而多元的收烘主体又易导致有限资源的质量下降。只有抓好这个环节，才能保证后续优质生产需要的鲜茧，才会更好地避免鲜茧"掺水"等影响蚕茧质量的社会因素。

二是技术支持。它是保证优质茧产出优质丝绸的关键，也是茧丝绸生态产业链附加值的主要来源。

三是农民专业合作组织建设。在产业链的上游，农民蚕茧合作组织一头连着农户，另一头连着市场，这样，一方面可以提高蚕农对市场的认知和把握，另一方面也可以减小农民生产经营的风险，从而保护农民的应得利益。而在产业链的下游，农民合作组织又把鲜茧收烘同制造业连接在一起，有利于它把相关市场信息传递给农户，并能为缫丝企业提供规模化供货。

（四）安徽省茧丝绸生态产业链存在的问题

安徽省茧丝绸生态产业链建设中也存在一些问题。以下通过对茧丝绸生态产业链的分解，从不同角度剖析问题的主要表现：

从生产（养殖）链来看，引导农民发展蚕桑投入的回报没能在收烘过程中以及茧丝绸企业发展中得到体现，收烘企业对引导蚕农发展蚕桑热情并不高，联系松散。蚕农生产的积极性不高，20%左右桑园出现抛荒，导致很多农民外出打工。

从加工链来看，由于桑蚕业的特殊性，安徽省茧丝绸加工企业一般规模都不大，缺乏具有较强实力的龙头企业的带动，规模经济不明显。事实上，茧丝绸产业化发展意识、收烘主体的资金实力、销售能力、本地收烘历史文化背景以及主管部门的导向力度等，都对茧丝绸生产、加工、经营行为产生影响。

从流通链来看，无证收购行为难以得到有效控制。这些无证收购行为通常与有收烘资格的茧站之间存在一定的利益关系。一方面无证收烘是对市场秩序的冲击，影响了企业发展环境的优化，另一方面无证收购又可能与有收烘资格的茧站有千丝万缕的短期利益关系。在短期利益驱使下，这种收烘企业行为的不规范导致蚕茧质量下降。由于抢购而诱发毛脚茧、过潮茧，直接影响后续生产、加工的成品质量。蚕种营销问题突出，生产、经营许可证制度不允许跨区经营，"老体制"存在亟待改善的地方。另外，现有的政府法律法规没能充分体现收购活动中对优质优价的支持，现实中多元收烘主体与蚕茧价格的关系、单一主体与蚕茧质量的关系也不是简单的正相关。2007年来，市场减价现象不断突显。

从技术链来看，茧丝绸产业发展存在设备陈旧，科技投入与R&D费用少，科研与生产脱节，企业技术改造困难等问题。蚕农与蚕桑服务站、农技站的联系不紧密，这些职能部门仍属事业型编制，导致服务不积极，主动性差。质量控制难以实现，桑蚕白僵病等常见病预防不及时。

从资金链来看，虽然"十五"以来出台了一系列惠农政策，但政府资金投入依然非常少。茧丝绸产业定位为特色产业，但国家投入不到，政府对该产业的发展关心不够。而且，由于收烘季节收烘企业需要大量的流动资金，但事实上它们只能通过自由集资或股份制的方式得到，农业贷款额度不足。

从信息链来看，尽管开设了安徽蚕业信息网、安徽农业信息网、安徽产业信息网等网站为蚕农提供信息服务，但整体上信息滞后、更新不及时，难以真正发挥信息服务作用。

从人才链来看，蚕农组织化程度低，人才缺乏，能人带动效应不明显。培育蚕桑能人大户，提高蚕农素质和能力是茧丝绸产业发展的人才基础。

从价值链来看，一方面茧丝等产品差别化较小，同质性比较严重，主要是处于价值链底部的低端产品；另一方面产业链中的副产物综合利用程度相对较低，特别是桑枝基本上没有开发利用，影响了增值性。

（五）安徽省茧丝绸产业合作经济组织的基本情况

安徽省的蚕业合作经济组织建设起步较迟，处于初始发展阶段。本着民办、民有、民管、民受益的原则，在政府指导、扶持和服务下，因地制宜，采取不同方式，安徽省的蚕业合作经济组织建设发展迅速。根据安徽省商务厅的统计，2005年前全省为16个，2005年达24个，2006年增加到45个，年增长幅度为140.6%，2007年7月，全省达51个。2008年，安徽省有蚕桑专业合作经济组织91个，其中协会35个，专业合作社47个（含不规范的在内），其他提供技术、信息等服务的联合组织9个，参加农户约31万户。

在地域区划上，安徽省蚕种协会、安徽省茧丝绸行业协会属于省级跨区域组织，其他的还有县区、乡镇及村级的合作经济组织。这些蚕业合作经济组织80%以上集中在宣城、六安、安庆和池州市等蚕茧主产区。在蚕业合作经济组织中，属于行业协会性质的协会和类似组织主要是由技术服务部门和茧丝管理部门牵头成立的，约占总数的56.9%，属于合作社性质的蚕业（专业）合作社多是蚕农自发的，在技术服务部门的指导下成立的，约占总数的19.6%，属联合组织性质的多是以茧丝龙头企业为主体，确定相对稳定的生产基地，建立供求关系，约占总数的23.5%。

归纳起来，安徽省现有的蚕业合作经济组织主要有四种：一是"工厂+蚕农"形式。这种形式出现较早。通过购销合同备案，价格浮动可以放宽到20%，高于全国5%的水平。允许缫丝企业介入，工厂与农户联系紧密。二是"桑业协会+蚕农"形式。加快茧丝绸行业协会的发展，吸收蚕农进入茧丝绸行业协会，是带动农民进入市场的有效组织形式，具有易起步、易辐射的特点。三是"流通公司（收烘企业）+蚕农"形式。这种形式使用较广泛，操作也比较方便。四是"蚕民大户牵头+农户"形式。这种形式具有很强的自发性，存在一定的血缘、地缘关系，易于把当地蚕农组织起来，形成规模生产。

蚕业合作经济组织服务涉及蚕桑产业产前、产中、产后各个方面，包括蚕种订购、蚕需物资采购、蚕茧生产、鲜茧购销、加工、市场信息提供、技术服务等，在茧丝绸产业发展中起着重要作用。主要体现在：一是提高了农民的组织化程度。以市场需求为导向，实行订单生产，坚持生产全过程的社会化服务，以共同利益为纽带，将蚕农连接起来，大大地提高了农民的组织化程度，有效地降低乃至避免了市场风险。在产业链的上游，蚕农合作组织一头连着农户，另一头连着市场，这样一方面可以提高蚕农对市场的认知，另一方面也可以减小农民生产经营的风险，从而保护农民的应得利益。而在产业链的下游，蚕农合作组织又把鲜茧收烘同制造业连接在一起，有利于它把相关市场信息传递给农户，并能为缫丝企业提供规模化供货。二是推动了茧丝绸产业化经营，加快产业的科技进步。蚕农合作组织将蚕种、养殖、加工、缫丝等产前、产中、产后有机地连接起来，形成了以市场为导，效益为核心，科技为支撑，利益为纽带，服务为保证的产业化经营的崭新格局，促进了农产品竞争力的明显增强。蚕农合作组织统一供应良种，统一技术标准，统一生产指导，统一技术培训，统一质量控制，有力地促进了蚕丝绸产业的科技进步。三是完善了社会化服务体系。农民专业合作组织自身特有的民办性、合作性和专业性等优势以及市场经济法则的无形作用，使其能把服务渗透到生产流通的各个环节，解决了社区集体经济组织统一不起来、国家经济技术部门包揽不了、农民千家万户干不了的事情，完善了社会化服务体系。

（六）各类蚕业合作经济组织的运行状况

蚕业合作经济组织的建立，有效地带动了蚕桑生产的发展。据不完全统计，安徽省蚕业合作经济组织覆盖的桑园面积达 32.8 万亩，养蚕 44.2 万盒，生产蚕茧 1.8 万吨，分别占全省同期总量相的 47.1%、55.9% 和 62.1%，产生了较大的经济效益和社会效益。2006 年蚕业合作经济组织覆盖的区域蚕农蚕茧产值 2900 元（全省平均为 2829 元），高出全省平均 2.5 个百分点，增效 1000 万 ~ 1500 万元。

依据蚕业合作经济组织的性质，归纳为三种运作类型：

1. 农民专业蚕业合作社

作为蚕业合作经济组织的典型形式，可以认为是蚕农联合自助组织的最佳目标模式，其基本特征是从事蚕桑生产的蚕农自愿入社，退社自由，平等持股、自我服务、民主管理、合作经营的经济组织。这类合作组织一般是实体性的，内部制度比较健全、管理比较规范、与农民利益联系紧密，形成劳动者约定共营企业和社会利益共同体。蚕农入股需交纳一定股金，合作社除按股付息外，主要按购销产品数量向社员返还利润。蚕业合作社也是企业，是在工商管理部门登记的。此类蚕合作社在安徽省的皖南、皖西山区数量已达 10 个，集中在广德、泾县、青阳、黟县、太湖和金安等县区，具有代表性的主要有：泾县桃花潭新川蚕业合作社、青阳县庙前星星蚕业合作社、杜村宗文蚕业合作社、酉华田屋蚕业合作社、黟县碧阳碧东蚕业合作社和太湖县蚕业合作社。

（1）泾县桃花潭新川蚕业合作社。这个合作社是由原桃花潭镇新民村 6 人共同发起（有自己的收茧站），57 户蚕农自愿入股参加的（现有 41 户社员认购了股金，入股股金 7 万元，认购股金最多的 5000 元，最少的 1000 元）蚕业合作社按照"民办、民管、民受益"的原则，组成生产、加工、培训、供应、销售等办事机构，为社员提供服务，包括技术培训、技术指导，统一提供社员所需农药、化肥、蚕具等物资，社员蚕茧售给本合作社茧站（也可以外售），合作社的社员在得到服务的同时，还可按股本的多少，获得利润分红。

（2）青阳县庙前星星蚕业合作社、杜村宗文蚕业合作社、酉华田屋蚕业合作社是根据本县茧丝加工企业蚕茧划区域收购和重点蚕区分布而组建的，组建时共有社员335户，目的是以蚕业合作社为载体，推行订单蚕业，加强技术服务，使蚕农养好蚕，企业收好茧，蚕业合作社真正成为蚕农与加工企业利益连接的桥梁，由本飞达制丝公司、三方缫丝公司分别与合作社蚕农签订蚕茧生产交售协议，蚕农根据协议持卡向公司茧站售茧（化蛹率达100%，上茧率85%以上，茧层含水率不超过18%），收购企业给合作社蚕农茧价在中准价的基础上上浮20%，每盒蚕种补贴50%种款，并配发10支灭蚕蝇。县茧丝办和三乡镇蚕业服务站以提高蚕茧质量、增加蚕农收入为宗旨，开展技术培训。2005年三个蚕业合作社签订了饲养量为957.8盒蚕种的蚕茧生产销售协议，增收3.2万元。2006年几个合作社入社员达508户，参社蚕农占社区蚕农的85%，仅酉华田屋蚕业合作社就拥有社员185户，2006年协议养蚕900盒，产茧35吨，春秋茧价分别达到28.8元/千克和32.5元/千克，增收近9万元。

（3）黟县碧阳碧东蚕业合作社成立于2007年3月，是该县首家经工商部门注册登记的蚕业合作社，拥有社员90户。合作社按统一质量标准，收购、加工社员鲜茧，营销干茧，减少中间环节，使鲜茧价高，生产效益，收益再分配，蚕农增收。2007年春季合作社收购社员鲜茧11吨，均价17.16元/千克，均价高于全县平均水平，加工销售干茧4.6吨，销售收入23.5万元，盈利2.4万元，返利2.2万元（按鲜茧交易量2元/十克标准返利），其中，最多的一户社员返利758.7元。仅此一季，社员人均增收100元。

（4）太湖县蚕业合作社是由太湖县蚕桑开发公司运作成立的、覆盖本县区域的蚕业合作经济组织，拥有社员171户（人）其中，养蚕大户70户，社员分布在牛镇、寺前、小池、新仓四个乡镇，拥有生产基地8个，桑园面积1700亩，茧站8个，季加工蚕茧能力200吨，仓库面积4000平方米。合作社为社员服务，包括信息技术提供、生产资料购买、蚕茧加工销售，实行规范化运作、标准化生产、企业化管理、产业化经营，引导蚕农进入市场。在技术服务上，兴建养蚕大棚，推广方格簇，改造低产桑园，到2006年合作社帮助兴建小蚕共育室50座、养蚕大棚100个、推广方格簇30万片、改造低产桑5000亩，亩桑单产和干茧解舒率比上年同期提高8千克和5个百分点。蚕业合作社的宗旨是"风险共担、利益均沾、合同交售、二次返利"。

2. 龙头主导的联合合作组织

这类组织的特点是依托龙头企业，由龙头企业牵头兴办合作组织，是在合作制基础上一种新型合作经济组织，其本质特点是实行劳动联合与资本联合相结合、按劳分配与按股分红相结合。与专业蚕业合作社不同的是，企业的生产经营活动和收益分配中，占有比较重要的地位，这类组织一般也是实体性和紧密型的，在安徽省的蚕茧生产区均有分布。比较典型的有安徽源牌集团、龙华茧丝集团、阜阳京九丝绸公司、广德龙腾公司、金寨宏宝集团等。

（1）安徽源牌集团地处霍山县，自2004年起开展横向联合，在茧丝管理部门、技术部门的积极指导和帮助下，在本县牵头组建了黑石渡蚕桑协会、落儿岭蚕桑协会，拥有桑园基地9200亩，年养蚕9800盒，年产蚕茧400吨，并拓展到金安区，参与该区的蚕业合作组织建设，与椿树乡祝墩蚕桑协会、草庙养蚕协会签约，在刁岗、草庙两个蚕茧基地村开展大棚养蚕技术示范。示范户每季养蚕量不少于3盒种、季产鲜茧量不少于100千克，给予每个养蚕大棚300元建棚材料补贴，订单收购示范户鲜茧。2006年与金安区合作范围继续扩大，扩展到先生店、施桥蚕桑协会，至此金安区现有的4个蚕业合作经济组织全部与源牌集团合作，加入的蚕农达2000户，覆盖桑园1万亩，由于源牌集团的加入，不但减少了生产、收烘、加工的市场风险和盲目性，也为保护蚕农利益起到了积极的作用。

（2）龙华茧丝集团是霍山县两大茧丝企业之一，2001年在本县城东建立基地，发展桑园1000亩，以县茧丝办为依托，聘用38个承包户（库区移民），成立龙华蚕桑科技公司，建立从蚕需物资供应到蚕茧收烘的一条龙服务体系，2006年，龙华桑园养蚕2500盒，产茧100吨，目前，龙华桑园拥有的资产已达200万元。

（3）安徽京九丝绸公司地处阜阳市，阜阳市是蚕茧非主产区，作为行业的龙头企业，每年消耗蚕茧2000吨以上。多年来公司所需的原料茧80%以上是由外省调进，因长途运输影响茧质，加之品种不同、批次不同、庄口不同，直接影响白厂丝的质量和产量。从2003年开始，京九丝绸公司开始在本地的阜南、颍上建立原料茧基地，试点工作初期，无偿提供蚕农桑苗，第一年免费供应蚕种、蚕药，蚕具优惠供应，前两年每年每亩桑补贴200元,公司与蚕农签订鲜茧收购合同,确定最低保护价。同时与市、县业务部门商议,成立阜阳市蚕业协会,以协会指导方案的实施。2005年效益初显,试点区有50%的蚕农蚕桑收入超过2000元,2006年部分蚕农亩桑收入突破3000元。为响应"东桑西移"工程,的实施,京九丝绸公司计划在5~8年的时间内发展生产基地5万亩。

(4) 广德龙腾公司是原蚕茧公司,本县的六个蚕业合作经济组织均是以龙腾公司为依托而建立的,其中,月湾蚕业合作社以自然村为单位,83户养蚕重点户参加,主要负责人为本村书记(也是茧站的站长),合作社进行技术服务,经销蚕药等蚕需物资,收烘蚕茧,由于参加的蚕户不入股,也不参加利润分配,无经济利益联系,蚕户与合作社间是一种松散型的合作,蚕户的蚕茧也可因合作社茧站价低而外卖。誓节蚕业合作社由89户养蚕重点户参加,情况与月湾蚕业合作社相同。

(5) 金寨宏宝集团是茧丝加工企业,为保证企业的有效运转,在辖区内建立蚕茧生产基地,延长产业链条,通过定向投入、定向服务、订单收购、利润反哺等措施,与蚕农形成了利益共同体。2005年宏宝集团投资建设高标桑园650亩,2006年结合"东桑西移"工程的实施,垫资300万元建设桑园。

3. 蚕业协会

蚕业协会依托的主要是技术部门和茧丝管理部门,包括安徽省蚕种协会、安徽省茧丝绸行业协会均是一种较为松散的合作形式,蚕业协会为蚕农提供综合性系列化服务,是以生产和技术为纽带,组建的社团性合作经济组织。着重为会员提供技术和信息服务,并在民政部门登记,注册为社团组织,其前途是向具有实体的蚕业合作社方向发展。凡是从事蚕桑生产并达到一定规模的蚕农都可以加入协会,协会对会员进行无偿和低偿服务。蚕业协会在蚕业合作经济组织中占有相当比重,蚕业协会在蚕业发展中起的作用也是较大的。

安徽省的蚕业协会主要集中在县、区一级,乡村级的协会也占一定的比重,比较典型的有岳西县来榜镇蚕业协会、潜山县塔畈蚕桑专业协会、金安区椿树草庙养蚕协会、宣州区向阳蚕桑协会、水东蚕桑协会等。

(1) 岳西来榜镇蚕业协会在全镇范围内规范蚕桑生产,对技术服务、市场运作、小蚕共育、蚕药市场、废弃物处理实行规范操作,以全面提高栽桑养蚕水平,有效控制蚕病发生,增收蚕农,并在原有3名蚕桑辅导员的基础上逐村配备了12名村级蚕桑辅导员,颁发聘书,县多经站技术人员对会员进行技术培训,小蚕共育人员进行业务知识考试,小蚕共育室实行持证管理。

(2) 潜山塔畈蚕桑专业协会创办于2002年,会员由当初的35人发展到568人。协会采取"协会+茧站+丝厂+基地+农户"的产业化经营模式,通过举办各种形式的蚕业新技术培训班、抓点带面实行典型带动、实施订单操作,促进企业蚕农互利双赢。协会与收烘企业签订合同,采取"保护价、优质优价、按级奖励"的办法进行收购,行情差时,实施最低保护价,行情好时,再按市价销售,协会获利返还。

(七) 安徽茧丝绸产业合作经济组织存在的问题

安徽省蚕业合作经济组织虽然发展速度较快,但由于刚刚起步,在运行中还存在着诸多问题,主要表现在规模小,经济实力不强,运作不规范,服务功能不强,缺少能人带头,市场产销衔接能力差等方面。

1. 蚕业合作组织组成形式多为松散型

安徽省蚕业合作组织虽有一定的数量,但大多是松散型的,真正意义上的蚕业合作社不多,蚕桑协会、联合组织多是这种形式。至2008年年底,全省此类组织为91个,而蚕业合作社为47个,占总数的51.6%。由于其性质决定,在服务和经营上受到限制,而依据《农民专业合作社法》,蚕业合作社在服务和经营上具有很大的拓展空间和很多可享受的优惠政策。

2. 蚕业合作组织服务范围过窄

蚕桑生产的产业链很长,从栽桑培园开始,到蚕种供应,最后到蚕茧收烘,作为蚕业合作组织,为蚕农服务是前提,在服务中,不能仅仅停留在技术服务和信息服务上,更重要的是生产资料采购、产品的购销和加工等服务,以此来降低生产成本,提高效益,实现社员增收的目的,从安徽省蚕业合作组织实际运行情况来看,技术服务和信息服务是主要的,生产资料采购、产品的购销和加工等服务差距很大。

3. 蚕业合作组织成员出资额少

在现有的蚕业合作组织中,协会的一些蚕业合作组织多是采取交会费的办法,蚕业合作社的出资方式虽有不同,但出资额也有限,在蚕业合作组织(蚕业合作社)成立初期,出资额的多少也是至关重要的,社员与蚕业合作社间的利益相连往往就体现在这个方面,增加成员出资额的比例更有利于合作社的发展。收烘季节短,时间紧,需要大量的流动资金作为支撑,但事实上,合作社项目资金少,给收购带来很大的资金困难。

4. 蚕业合作组织多数未建立规范的财务制度

在现有的蚕业合作组织中,一些财务制度不健全,多未建立财务台账,这样存在着多种弊端,不利于合作组织的发展,不利于财务公开,不利于享受国家的优惠政策。

5. 蚕业合作组织市场衔接能力差

由于多数蚕业合作组织规模较小,蚕业合作社在茧丝绸产业链上话语权很小,蚕农(社员)与市场衔接所需的载体不够强大,包括人才、资金、服务手段等,导致市场衔接能力较弱。

6. 蚕业合作社发展政策环境需要改善

首先,蚕桑生产是个特殊产业,蚕种、蚕茧的收购实行的是许可证制度,目前许多地方管理部门没有给予合作组织收购茧、蚕种的权利;其次,种桑养蚕没有享受退耕还林等方面的农业优惠政策;最后,合作社的融资方面受到限制,能否在蚕业合作社中设置资金互助社,已经成为在较大的运作规范的合作社关心的重要问题。

7. 蚕农文化素质水平相对较低

许多地方蚕农主要以老年人和妇女为主,蚕农文化素质普遍较低,饲养观念差距较大,很难把所有蚕农统一起来,开展规模生产与经营。

8. 大户抛荒带来的负面影响

由于受比较利益下降的影响(与外出打工、其他种植业补贴),加上国际金融危机对丝绸出口的影响,个别蚕农大户抛荒桑田,对当地茧丝绸产业发展造成较大的负面影响,而且短期内难以解决。

(八) 安徽省茧丝绸产业发展的政策建议

茧丝绸的产业基础是农业,它的发展与农民、农村发展密切相关,是新农村建设的重要组成部分。国家和安徽省出台了各项政策,支持茧丝绸特色经济的发展。从地理和生态环境分析,安徽有可能通过 10 年左右时间的努力,全面接替江浙成为新的优质茧丝生产基地。安徽省地处中部地区,悠久的栽桑养蚕历史,为发展茧丝绸提供了良好的社会人文基础,皖南、皖西山区发展蚕桑不与粮食争地,是国家茧丝绸产业梯度转移的重要承接地。

1. 完善茧丝绸产业发展的政策法规，制定相关配套措施

政府政策与法规对加强安徽省茧丝绸产业发展起到不可或缺的作用。2002年，国家出台了"茧丝绸流通管理办法"，商务部也成立了茧丝绸发展基金，但投入资金较少。在继《安徽省茧丝绸产业化发展规划（2003－2007年）》以后，为配合国家出台的政策与法规，安徽省又陆续出台了《安徽省茧丝绸行业"十一五"规划》、《安徽省人民政府办公厅关于加快我省茧丝绸产业发展的意见》、《安徽省蚕种管理条例》等政策，并取得了较大的成效。各地方政府应贯彻执行相关政策，从当地茧丝绸产业实际出发，制定相关配套措施，以"桑蚕丝绸类项目"为抓手，切实推动茧丝绸产业的可持续发展。

2. 加强茧丝绸产业的组织领导和行业管理

茧丝绸产业基础在农业，重心在工业。发展茧丝绸作为促进县域（山区）经济、推动社会主义新农村建设的一项可行工程，需要运用统筹城乡发展、统筹工农发展、统筹传统技术和现代科技、统筹当前和长远利益的科学发展观去驾驭。安徽省茧丝绸产业经济处于发展的成长期，环节多、产业链长，市场化水平还不高的特点，决定了需要政府加大产业可持续发展的引导力度。作为全省茧丝绸产业发展的牵头部门，从把握产业发展的关键阶段、充分用好各项政策、发展特色经济考虑，应按照安徽省政府办公厅《关于加快我省茧丝绸产业发展的意见》要求，切实加强发展茧丝绸产业的组织领导，推动安徽茧丝绸产业又好又快的发展。

加强行业管理，开展鲜茧收烘秩序的专项整治活动。边界地区的收购秩序的管理要加强，过去经常出现提前开秤抢收等恶性竞争现象，导致茧质大幅下降，不仅浪费茧资源，而且影响产业健康发展。开展鲜茧收烘秩序的专项整治，通过部门配合、上下联动的长效监管机制的建立，促进鲜茧收烘行为的规范和产业综合效益的提高，也为蚕茧生产中利益链的建设营造良好的市场生态环境。

3. 加大政策扶持力度，促进蚕茧生产经营运行机制建设

政府扶持主要体现在三个方面：一是给予家蚕良种补贴。蚕桑业的发展离不开优良品种的推广，目前国家对农业的扶持力度较大，良种补贴范围和标准逐年提高，从减轻蚕农生产成本、增强蚕农抵御危机能力进而稳定蚕桑产业来看，蚕种补贴应早日纳入农业良种补贴的范畴。二是加强鲜茧收购政策扶持。增加企业授信,解决融资问题。三是加大对丝绸行业的政策扶持。建议在当前金融危机下,放水养鱼,对缫丝企业的税收实行减、缓、免。同时,还应以鲜茧收烘主体建设为切入点,利用国际经济结构调整的时机,将茧丝绸产业基础建设的重点转到蚕桑生产技术进步、服务体系建设和利益链建设上来,延伸企业生产经营管理链条,促进资源建设从规模扩张向质量提升的转变,为茧丝绸产业又好又快的可持续发展提供动力。

4. 加快蚕桑生产基地建设,打造优势桑蚕产业带

相对于大宗农作物而言,种桑养蚕仍然是一项周期短、见效快、投资少、效益好的种养项目。一要加强服务指导。抓住近年国家加大农业基础建设投入的机遇,重点发展皖南、皖西蚕茧生产,适度发展江淮分水岭地区,支持阜阳等有条件的皖北地区,两年内逐步形成皖南、皖西、沿淮淮北三大蚕桑生产区域带。以蚕桑生产主产区、重点乡镇、专业村为重点,加强高标准蚕桑生产基地建设。要及时发布各种市场信息,要引导蚕农强化防毒防病意识,增强抵御各种风险的能力。二要推进科技兴蚕。进一步加大自动化蚕用环境控制器、省力化养蚕等先进技术的推广应用。加大蚕业新技术的引进推广力度,提高栽桑养蚕的科技含量。基地县要大力推广方格蔟营茧等14个蚕桑技术系列标准,重点推广优良桑品种育711、农桑系列和优良蚕品种"黄山×平湖"、"菁松×皓月"、"517×518"等,示范推广高密度恒温恒湿催青室、标准化小蚕共育室、壮蚕大棚育、方格蔟营茧、蚕病综合防治、省力化养蚕等实用技术,通过努力要使这些实用关键技术的到位率每年提高3~5个百分点,亩桑产茧量每年提高5个百分点,力争蚕茧生产在质量、单产、效益上有明显提高。三要推进规模养殖。以基地建设为抓手,依托蚕业合作社,不断提升养蚕大户在蚕农中的比例,鼓励蚕农通过土地流转等多种形式将桑园向养蚕能手集中,发展一批规模大、效益好的蚕桑经营大户,促进桑园布局、桑树品种、桑园结构的优化调整,促进蚕业向机械化、集约化、规模化发展。四要推行综合增效。推广桑园合理套种套养,促进桑园综合增效。

5. 加快装备改造,提高加工水平,培育茧丝绸产业集群

结合安徽农业产业化"532"提升行动,多部门联手,推动丝织工业装备升级,扩大无梭织机占比,带动生丝和蚕茧质量的提高。引导重点企业从单一的加工业向研发、供应链建设和销售渠道管理服务两头延伸，从而使产业由粗放式模式，转到一个由技术进步和效率提高带动的增长模式上来。

与江浙相比，安徽省一直是茧丝原料生产基地，丝绸工业以缫丝等初级加工为主，丝绸工业不发达、规模小、设备差、技术落后。在当前金融危机和丝绸行业的疲软形势下，安徽省缫丝企业应冷静对待，实行"质量和品牌化"战略，调整策略，提升缫丝企业活力，提高产品精深加工水平。

主要措施有：一是增强企业创新能力，积极鼓励企业走出去、引进来，加大招商引资力度，加快引进科技创新人才、先进生产工艺、科学技术装备等，以技术创新实践提高科技开发能力、技术管理能力和行业前沿技术的把握能力。实施品牌经营，推进产品精品化、织造无梭化、品种多样化，创建一批名牌产品，以质量求生存，以品牌占市场，以效益促发展。二是以提高质量、效益为核心，调整产业发展政策。近年国内外丝绸消费都没有持续的热点出现，世界丝绸消费量基本稳定，大幅增加蚕茧生产规模，必然导致价格的下跌。我国蚕茧和生丝产量占世界总产量的70%以上，其产业地位是十分稳固的。因此，蚕丝业应该改变过去重规模、轻效益的发展政策，以提高丝绸业的质量和经济效益为核心，集中资源，保护重点，稳定和巩固主要蚕区，提高规模效益。以高质量蚕茧生产高质量生丝，以高品位生丝生产高档丝绸，加快丝绸家纺、服装等方面的研发和生产，逐渐增大高质量产品份额，进一步扩大高端市场，提高国际和国内市场竞争力。三是积极融入长三角发展规划，实现产业优势互补。充分发挥安徽省区位优势，产业基础好、蚕茧质量好的优势，利用土地成本和劳动力成本优势，主动承接长三角丝纺服装产业梯度转移，通过跨区域的合作，做强做大企业，寻求新的发展空间，提高企业在市场上的抗风险能力。

对发现可能形成的专业化集群要密切观察、及时研究，在研究的基础上，帮助规划，并采取一些辅助政策，引进缺失链条、补强薄弱链条、提升关键链条，促进茧丝绸专业化集群的形成。广德四合乡从事丝织生产的企业有40余家，产值近6亿元，占全省的1/3，专业集群的雏形已现。但是，企业规模普遍较小、产品同质化程度高等问题开始阻碍发展，应帮助其研究，并设法化解发展中遇到的难题。同时，围绕茧丝绸产业，形成产业配套和创新体系，提升集群活力和可持续发展的能力。

6. 推进蚕桑专业合作经济组织建设，并参与茧丝绸产业链管理

在政府提倡和引导、蚕农自愿、自发联合基础上建立各种形式的蚕业合作经济组织，发挥合作经济组织在茧丝绸产业链中对接政府、企业和市场的作用，并积极参与茧丝绸产业链管理，建立利益共享的合理分配机制，促进安徽省茧丝绸产业和产业链的优化升级。

（1）加强政府对蚕业合作经济组织建设的指导、扶持和服务。进一步加强宣传引导，利用各种手段进行宣传，使蚕农认识到发展蚕业合作经济组织是农村市场发展的客观要求和必然趋势。政府部门，包括技术推广部门，应以积极的姿态，引导蚕业合作经济组织的建设。2006年的安徽省农业工作会议明确提出，要大力发展农村合作经济组织，"十一五"期间，实现三个"1/3"，即加入各类农村合作经济组织的农户数和被带动的农户数占总农户的1/3；通过农村合作经济组织经销的农产品占1/3；加入农村合作经济组织的农户比当地同类型农户增加收入1/3。要充分宣传"民办、民营、民受益"的好处，把良好的愿望变成蚕农的自觉行动，引导蚕农积极参加和举办蚕业合作经济组织，成熟一个成立一个，给予典型多关心、多支持。为此，作为政府部门，一是加强宣传，营造有利发展的氛围；二是结合蚕桑产业的特点，积极引导蚕农开展联合和合作；最后是加强业务培训，培养懂得合作经济知识的蚕业合作组织管理人员和基层工作队伍；四是加强协调，帮助基层蚕业合作组织解决发展中的困难和问题；五是加强调查研究，帮助政府制定扶持蚕业合作组织发展的政策和措施。

（2）蚕业合作经济组织发展中应特别重视蚕业合作社的建设。蚕业专业合作社作为蚕业合作经济组织典型形式，其优势是明显的。首先与企业比较，企业的目的是为了盈利，以实现资本的保值升值，本质是交易的联合，而蚕业专业合作社的目的是为社员提供服务。同时，龙头企业也代替不了蚕业专业合作社。一是在目的不同的前提下，两者发生冲突时，企业必然选择利润最大化；二是两者的分工不同，龙头企业必须把精力放在加工和市场开拓上，无法做千家万户的蚕农服务工作，蚕业专业合作社与蚕农更贴近；三是就整个市场而言，某一个龙头企业力量是有限的，只有蚕业专业合作社把千家万户的蚕农组织起来，以集体的力量去参与市场竞争。其次与协会比较，在协会中，蚕农不一定是主体，协会的主要作用是提供技术和信息服务及行业自律，务虚的多，务实的少，蚕业专业合作社的建设是蚕业合作经济组织发展中最理想形式。因此，在蚕业合作经济组织发展中应加大蚕业合作社的建设，对已成立的联合组织、各类协会，应在原有基础上，积极组建蚕业专业合作社，新建的蚕业合作经济组织要做到高起点，即成立规范的蚕业合作社，只有这样才能有新的突破。

（3）扶持能人大户是蚕业合作社发展之关键。从安徽省现有的蚕业合作社来看，能人大户是中坚力量，这不光是因为技术水平高，经营理念强，更主要的是这些户蚕桑生产所占家庭收入比重大，蚕桑的收益直接影响到经济收入，兴办蚕业合作社的积极性更高。譬如，泾县桃花潭新川蚕业合作社、广德月湾蚕业合作社、誓节蚕业合作社均是依靠经营理念强、在群众中威信高的能人带动，入社的蚕农大多是养蚕大户，事实证明，扶持能人大户组建蚕业合作社是一种行之有效的途径。作为职能部门，应从业务的角度，培养、扶持能人，带动大户，组织业务培训，引导组建蚕业合作社。

（4）依法健全组织管理机构，实行合作社的规范运作。贯彻《农民专业合作社法》，依法实行规范运作。一个经济组织的生命率决定于这个组织的规范程度。蚕业合作经济组织的建立，应遵循积极推进、逐步规范、逐渐提高的原则。首先是健全组织管理机构，包括董事会、理事会、监事会等，确保蚕农的主体地位和民主权利，蚕农所占的比例不能低于80%。其次是制定、完善组织内部人事、财务、营销等规章制度，包括分配制度，真正做到利益共享，风险共担。蚕业合作经济组织是经济核算的主体，应实行独立的财务管理和会计核算，按规范财务制度建账和执行，只有这样，才有利于合作组织的发展，有利于财务公开，有利于享受国家的优惠政策。最后是实行积累制度，每年提取一定比例的风险金，以此增强抗御市场风险的能力。

（5）对蚕业合作社放开蚕种、蚕茧经营权。蚕种是蚕农养蚕所必需的，蚕茧是蚕农养蚕的终端产品，目前蚕种、蚕茧经营均采取的是经营资格许可证制度。为鼓励蚕业合作社的发展，应允许其参与蚕种、蚕茧的经营，具体来讲，蚕种实行代销，即蚕业合作社可以代销有经营资格单位经营的蚕种。蚕茧收购经营实行竞争制，本着相对集中、烘力平衡、布局合理的原则竞争。在设备、场地、质量保证前提下，允许蚕业合作社参与蚕茧收购经营，合作社对本社社员生产的蚕茧有优先收购权。事实证明这条对蚕业合作社的建设是相当重要的，目前安徽省已有的10个蚕业合作社，有6个收购蚕茧（主要是在蚕茧收购无序的地方），蚕业合作社社员增收和返利也由此而来。

（6）围绕产业链扩展蚕业合作社的服务范围。蚕桑生产的产业链很长，从栽桑培园开始，到蚕茧收烘，作为农民合作社，为社员服务是前提，在服务中，不能仅仅停留在单项的服务上，更重要的是拓展服务范围，以此来降低生产成本，提高效益，实现社员增收的目的，如在生产资料采购上，合作社可以统一为社员采购蚕需或农需的化肥、农药、器具和材料，方便社员，降低成本，合作社在购销蚕茧的同时开展深加工，延长生产产业链，合作社还可以为社员开展非蚕桑业务，但是涉农的服务。总之，蚕业合作社是为蚕农服务，为蚕农增收服务的。

（7）切实落实国家对合作社的扶持政策。只有组建规范的蚕业合作社，才能充分享受国家的扶持政策，《农民专业合作社法》第七章规定了支持农民专业合作社发展的扶持政策措施，明确了产业政策倾斜、财政扶持、金融支持、税收优惠四种扶持方式，规范的蚕业合作社可以承担国家支持农业和农村经济的建设项目，可以享受财政扶持资金，可以享受金融服务，可以享受税收优惠。目前，一些地方政府在贯彻落实合作社政策方面尚有较大差距，多数蚕业合作社没能充分享受国家的支持政策。

（8）加快合作社的人才队伍建设。总体上，安徽省蚕业合作组织尚处于发展的初期阶段，种养从业人员主要以老人和妇女为主，文化素质较低，这已经成为蚕业合作社发展的一个重要制约因素。为此，各地政府、桑蚕管理部门、相关龙头企业等，应大力促进桑蚕合作经济方面人才的培训工作，加强合作社经济基础知识、合作社法、合作社的设立、治理结构、产权与分配制度、财务管理、民主管理、桑蚕种养技术和经营管理等方面知识的培训，提高蚕农、能人大户以及相关经营管理人才知识水平，为蚕业合作社的快速持续健康发展提供有力支撑。

九、安徽宁国山核桃产业集群[①]

山核桃主要分布在天目山山脉，是著名的干果和木本油料树种，被誉为"干果之王"。宁国市在推进产业化经营中，始终坚持"一村（县）一品"块状农业经济发展战略，即农业产业集群经济发展战略，

---

① 吴志辉. 宁国市山核桃产业发展现状及建议 [J]. 安徽林业，2010，(4-5)：74-75.

注重发挥比较优势，加大山核桃产业化开发力度，扩大基地规模，培育龙头企业，提升加工水平，拓展市场空间，山核桃产业已成为带动农民增收、推动农村经济发展的主导产业之一。

（一）重视基地建设，发挥规模经济优势

宁国是"中国山核桃之乡"，种植面积和产量均居安徽省首位和全国第二位，产业总产值已占宁国市林业总产值的1/3。目前，宁国山核桃栽培面积30多万亩，产业总产值达10多亿元，主产区有13个乡镇，已形成"一村一品"或"多乡一品"的格局。2009年，宁国山核桃年产量首次超过万吨，总产值9.982亿元，其中第一产业产值4.45亿元。宁国市南极、万家、甲路、胡乐等乡镇农民投资2000多万元，建立山核桃基地5万多亩。詹氏公司已培育山核桃基地7000亩，莹辉公司开发山核桃基地3000亩。全市已形成万亩以上的山核桃基地6个，专业村18个，专业户1200多个，成立山核桃产业协会，发展贵农、一品来等12家山核桃专业合作社（其中省级山核桃专业合作社1家）。被誉为"中国山核桃第一村"的南极乡梅村，毗邻浙江省临安市，有山核桃成林面积3万多亩，平均年产量1500吨，村民每年从山核桃产业经营中获得的收入占总收入的90%以上。

（二）重视山核桃加工，大力培育龙头企业

宁国市山核桃加工率达到90%以上，其中精深加工率达到50%以上。宁国山核桃产业，经过多年的发展，现有山核桃加工企业42家，年加工能力可达8000吨。拥有詹氏食品有限公司、山里仁公司、林佳公司等30多家规模以上的加工企业，山核桃加工企业中有省级农业产业化龙头企业3家、省林业产业化龙头企业4家、宣城市及宁国市农业产业化龙头企业12家。

（三）积极开拓市场，畅通产品销售渠道

詹氏公司与江南大学、安徽农业大学等高等院校建立产、学、研合作关系，相继开发出山核桃（仁）系列、山核桃精油系列、山核桃保健软胶囊系列、笋制品系列、山珍野菜系列、食用菌系列、绿茶系列七大类50余种产品，产品销往北京、上海、南京、无锡、合肥、芜湖、杭州、厦门、深圳等大中城市。坚持将苏、浙、沪、京作为核心市场来

开拓，组织企业参加北京、上海农交会和广交会，积极举办"山核桃文化节"活动，加强产销对接。引导龙头企业发展连锁、配送，设立直销点、专卖店，积极开展网络商城交易，实施农产品进超市工程。产品不仅打入了家乐福、麦德龙等大型连锁超市，而且进入了航空食品行列，部分产品还走出国门，远销欧美。

（四）实施品牌战略，提高标准化程度和产品质量

推行山核桃标准化体系建设，强化源头管理，加强检验监测，宁国山核桃被列入国家Ⅰ类标准化示范区。2000年以来，宁国市林业、工商和质监等部门组织科技人员，先后制订了《山核桃种》、《山核桃苗木》、《山核桃优质丰产栽培技术规范》、《山核桃造林技术规范》、《山核桃病虫害防治》和《宁国山核桃》6项地方标准。大力扶持詹氏、山里仁、林佳等重点加工企业，不断提高产品科技含量和附加值，积极开展有机食品、绿色食品认证，争创名牌农产品。相继开发出椒盐、奶油、多味山核桃以及山核桃仁、山核桃油等系列产品，初步形成休闲、保健、旅游三大系列产品。2005年，国家质检总局批准对宁国山核桃实施原产地域保护；詹氏、山里仁和林佳3家山核桃加工企业首批获得"宁国山核桃原产地域产品保护"专用标志使用权。目前，获得有机食品认证的企业15家，获得绿色食品认证的19家25个产品。2008年，"詹氏"商标被农业部授予"中国名牌农产品"，并获得"全国著名品牌"的殊荣。2012年，经中国农产品区域公用品牌价值评估课题组评估，"宁国山核桃"品牌价值为14.08亿元。

（五）坚持政府规划引导和政策扶持

注重规划引导，坚持将山核桃产业化经营作为实现农民增收、促进新农村建设的突破口，编制了山核桃产业发展规划，制定相应的扶持政策。重点从税费和奖励等方面对获得有机食品、绿色食品认证的企业，对获得全国驰名商标和国家级优质农产品企业给予奖励。

通过上述分析可以看出，宁国山核桃借助独特自然优势，以规模化种植为基础，通过龙头企业带动延伸产业链，出现系列化产品和一定的品牌效应，山核桃产业开始进入集群成长中期阶段。基于山核桃果品和产业的特殊性，宁国山核桃产业集群不能强调以规模和产量取胜，而是靠质量和特色发展，要坚持走品牌化、高端化、生态化和可持续发展的道路。

十、宿州国家农业科技示范园区[①]

（一）园区发展概况

宿州农业科技园区始建于1995年，1999年第一批进入安徽省省级农业科技园区行列，以后连续被评为省级农业科技园区，先后被授予"全国农业引智先进集体"、"全国农业引智示范基地"、"全省菜篮子工程示范基地"，是安徽农业大学、安徽省农科院的"科技研发基地"。2002年5月通过国家科技部考核批准为国家农业科技园区（试点）。园区促进了当地农业产业结构调整，提升了农业科技水平，提高了农业的组织化程度，带动了农业标准化生产，取得了显著的经济、社会和生态效益。同时初步形成了自己的特色产业与品牌，品种与技术日趋丰富，在黄淮海地区的知名度也显著提高。一个集粮食、园艺、畜牧、加工于一体，引进、试验、示范、推广、培训相结合，设施设备先进、优良品种丰富、加工形式多样、管理体制科学的农业科技园区已初具规模。

（二）园区综合效益

1. 园区规划完成情况

2002年聘请中国农业科学院设施农业研究中心进行了园区综合规划。规划建设总面积为2.74万公顷，其中核心区面积为733公顷，示范区面积3667公顷，辐射区面积2.3万公顷。主要建设内容包括脱毒种苗繁育示范区、优质农作物良种繁育示范区、优良种畜繁殖示范区、农产品加工区和高新技术产业孵化与管理培训基地、优质果树新品种新技术示范区。

按照"一园多区多基地"的建园模式，并结合宿州市社会主义新农村建设，在宿州市建成了覆盖5个县区、18个乡镇的国家农业科技园区2.76万公顷，其中核心区面积800公顷，示范区3800公顷，辐射区2.3万公顷。在核心区已建成了脱毒种苗繁育与无公害瓜菜生产示范

---

① 2009年8月对安徽宿州国家科技园区进行了实地调研，收集了《安徽宿州国家农业科技园区验收汇报》等相关材料。

区、农作物优质良种繁育示范区、优良种畜繁殖示范区、农业科技孵化中心、农产品精深加工区、优质果树新品种新技术示范区六大功能区。

为发展现代农业，围绕宿州市粮食、水果、畜牧、瓜菜等主导产业，通过核心区筛选出品种和技术，在示范区组织标准化、规模化、产业化生产，并向辐射区开展技术指导与服务，在全市五县区因地制宜建立起了五个优势产业区：在砀山县建立了优质水果优势产业区；在萧县建立了优质粮食优势产业区；在埇桥区建立了优质瓜菜优势产业区；在灵璧县建立了优质畜禽优势产业区；在泗县建立了脱毒甘薯优势产业区。

为带动农民增收，由园区提供种子、种苗和技术，在示范区、辐射区建立优质农产品标准化基地24个，面积达8000余公顷。

2. 核心区面积

安徽宿州国家农业科技园区核心区占地面积800公顷，以津浦铁路为中轴线，铁路西侧主要以国有紫芦湖良种场为中心，北至南外环路，南至埇桥区北杨寨乡紫芦路，西至206国道；铁路东侧北至浍水路，东至东沱河，南至宿州市埇桥区西寺坡镇谷家路。

3. 园区总收入

根据"一园多区多基地"的园区建设格局，分级对园区及其相关企业进行管理。经测算，至2008年年底，园区龙头企业资产总额超过75亿元，完成营销收入105.08亿元，实现利税3.3亿元，分别比建园之初的2002年增长11倍、15.6倍、18.2倍；示范区、辐射区农民合作组织发展到500个左右，比建园之初增长22倍，出口创汇2640万美元（含贴牌出口），是建园之初的6.6倍。

4. 农民人均纯收入

2008年，安徽宿州国家农业科技园区"三区"农民人均纯收入为4660元，比安徽省2008年人均纯收入的4202元多458元，高出11个百分点，比园区所在的宿州市农民人均纯收入3703元多957元，高出26个百分点。

5. 园区企业

通过科技孵化和招商引资等措施，至2008年宿州农业科技园区有企业148家，带动农户50万余户，2.8万农民转移成为工人。园区龙头企业资产总额超过75亿元，完成营销收入105.08亿元，现实利税

3.3 亿元。

(三) 园区能力建设

1. 科技研发和服务机构

园区共有 20 个科技研发和服务机构。其中，园区自办的科技研发和服务机构 4 个，园区企业创办了 16 个。园区 2003 年组建了专家大院，从国内外大专院校科研院所聘请了 18 名（其中国外 8 名）专家作为园区的技术顾问。为了充实专家队伍，2004 年以来，园区又从日本、以色列、中国台湾和中国农业大学、中国科技大学、安徽农业大学、中国农业科学院、安徽省农业科学院等国内外大专院校、科研院所先后聘请了专家教授等 22 人，与原有的 18 名专家教授一道组成了阵容庞大的农业科技园区专家顾问队伍。根据专家的知识结构和当地产业发展的实际需要，建成专家大院 8 个，其中胚胎移植专家大院、植物脱毒专家大院得到了科技部的立项支持。先后开通了农技 110 等技术咨询与服务工作。

2. 农业科技成果转化

2002 年以来，园区从国内外引进、消化、吸收、培育农牧业优良品种 1294 个，科技成果 82 项，采用先进、实用技术进行组装集成的科技成果 46 项。

通过这些品种、技术的引进、消化、吸收和集成应用，大大增强了园区自主开发和创新能力。园区在甘薯脱毒选育与推广、瓜菜育种与栽培研究、果树品种引进选优与栽培、经济作物无公害高效栽培模式、农作物品种选育等方面，先后有 53 项农业科技成果通过了省、市科技成果鉴定，并采取"园区+专业合作社+基地+农户"的模式开展良种繁育和农产品产业化、标准化生产，规模化经营，加速农业科技成果的推广应用。已建立了良种繁育和优质农产品生产基地 24 个，面积 8000 多公顷，其中认证无公害农产品生产基地 3000 多公顷，带动农户 6 万余户。

在国家农业科技园区的"三区"内，农作物良种覆盖率已达 100%，畜禽良种普及率达 90% 以上。园区的农业科技贡献份额已超过 60%，比全市平均水平超过 10 个百分点。科技进步促进了农业增长方式的转变。

3. 企业孵化器及孵化企业

宿州农业科技园区孵化器建筑面积 6000 平方米，科研基地 1200 余亩，孵化各类农业企业 26 家，已毕业企业 12 家。

园区紧紧围绕"品牌、服务、创新"的发展思路和国家农业科技园区的各项工作目标，积极为企业搭建各种专业化实验平台；鼓励创新，组织企业申报各级各类科技计划项目；强化信息交流，开展有效的培训活动；扩大对外交流与合作，为企业拓展市场。

4. 农民专业经济合作组织

2008 年，园区农民专业合作组织发展到 500 多个，带动农户 50 余万户，农民从产业化经营中户均获益 1030 元，同比增长 23%。农民专业合作经济组织在园区的建设与发展过程中发挥了十分重要的作用：一是架起了园区农民通往市场的桥梁；二是降低了农产品交易成本，增加了农民收入；三是促进了园区农业社会化服务体系建设。

5. 农村实用科技人才培训

园区是安徽省农村劳动力转移培训阳光工程项目专业合作社社员培训基地，年培训专业合作社管理人员 800 人。2008 年以来园区开展送科技下乡活动 20 多次，展出科技版面 400 余块（次），发放科技资料 20 万余份，接待咨询群众 12 万余人（次），组织专家到田间地头进行技术指导 56 次，培训农民 5200 余人次。园区的建设为农民素质尤其是科技素质的提高探索出一套全新的模式。

农业科技园区从农业技术和种苗提供、农业企业孵育、技术创新与扩散、农民和合作组织培训、农业示范带动等诸多方面，推动了农业产业集群形成和发展。宿州国家农业科技园区对宿州市及其周边地区的农业产业集群发展具有较大促进作用，如砀山和萧县水果、埇桥区蔬菜、泗县粉丝、固镇西瓜、蚌埠淮上区无公害蔬菜等产业集群形成和发展都在一定程度上受益于宿州国家农业科技示范园区。

第九章

发展战略与政策取向

一、农业产业集群发展战略

许多国家都开始重视集群化战略,并把促进产业集群发展作为提升区域竞争力的一个重要手段。从 1999 年开始,欧美国家大多实行了集群战略(Cluster Initiative,简称"CI",或译为"集群动议"),用组织的方法将区域内的企业、政府和研究共同体结成伙伴。美国竞争力研究所和瑞典创新系统机构联合发表了集群实例调研的绿皮书(Orjan et al., 2003),对所谓"集群动议绩效模式"(Cluster Initiative Performance Model)进行了论证。竞争力研究所又与知识经济和企业发展国际组织(International Organization for Knowledge Economy and Enterprise Development)发表了集群政策白皮书(Andersson et al., 2004)。

政府在已有集群的发展中有着不可或缺的重要性,很多国家政府都在制定集群的相关政策,我国也需要寻求促进集群发展的合理模式并制定相应的政策。国内有关中国产业集群发展战略的研究仍十分薄弱,魏后凯(2009)把依靠培育产业集群来提升区域竞争力称之为基于集群的区域竞争力提升战略,并提出为促进中国产业集群的健康发展,应制定国家产业集群战略与政策。2009 年 4 月 3 日工业和信息化部办公厅发出了《关于请报送产业集群发展情况做好产业集群建设工作的通知》,并明确此项工作是研究实施产业集群相关扶持政策和资金支持的基础。从长远来看,这项统计措施应该制度化和公开化,使这些数据真正起到决策依据的作用,为各级政府、企业投资等提供决策服务参考。

产业集群是当今世界产业发展的总体趋势,也是农业产业化发展的内在要求,以优势农业产业集群为基础的新型农业产业化是中国特色农业现代化建设的必由之路(何平均,2008)。那么,什么是农业产业集群发展战略？笔者认为就是指用集群思想谋划农业发展，用集群理论指导农业发展，用集群指标评价农业产业集群发展，把发展农业产业集群上升到政府战略层面，明确提出农业产业集群是发展现代农业的重要模式，把农业产业集群作为推进"工业化、城镇化和农业现代化"三化协调发展的突破口，把农业产业集群列入国家和地方政府产业或产业集群发展规划，制定不同层次的农业产业集群发展战略和相应政策。

从实施战略必要性角度来看，应把农业产业集群上升到提升区域竞争力的高度，上升到解决我国"三农"问题的高度，上升到加快我国小城镇建设和社会主义新农村建设的高度。从微观角度来看，农业产业集群发展战略是根据集群的内外部环境确定的农业产业集群发展目标、计划和模式等。从制定战略主体的角度来看，农业产业集群发展战略具有层次性，如国家农业产业集群发展战略、省和市级农业产业集群发展战略、县域农业产业集群发展战略。从战略内容来看，基于大农业的概念和对我国农业现实的思考，笔者认为包括农业产业集群区域规划战略、农业产业集群关联产业互动战略、农业产业集群区位品牌发展战略、特色农业产业集群发展战略、农业产业集群产业配套战略、农业产业集群人力资源开发战略、农业园区或示范区发展战略等。

1. 集群区域规划战略

农业产业发展表现出鲜明区域经济和自然资源禀赋特征，国际上成功的农业产业集群也是依托优势农产品产区形成，如美国已经形成了有竞争力的专用小麦、专用玉米和柑橘产业带，法国形成了世界著名的酿酒葡萄优势产区。通过农业区域集群规划战略，开展以现代农业、特色农业、都市农业、生态农业等为主题的区域农业规划，充分发挥比较优势，实施扶优扶强的非均衡发展，重点培育优势农产品和优势产区，构建基于优势区的"农业产业集群大板块"，给予建设投资等方面扶持，是实施农业产业集群战略的重要举措，有利于推进农业结构战略性调整向纵深发展，形成科学合理的农业生产力区域布局和专业分工，有利于提高农业国际竞争力。

2. 集群关联产业互动战略

在一定区域范围内，农业从单一种养殖生产环节，向农业产业链上下游延伸，向关联产业横向拓展，形成农业生产与农产品加工业、农产品流通业、农业生产服务业、农业旅游业的互动发展，这是农业产业集群纵深发展的必要要求。可以说，没有一定的关联产业互动，就没有真正意义上的农业产业集群。农业产业集群发展客观上要求把农业产业集群上升到政府战略层面，从区域经济和整个产业体系出发，统筹第一、第二、第三产业，实施产业互动发展战略，特别是与相关加工业、商贸流通产业和乡村旅游业的互动发展。美国加州葡萄酒业集群就是一个集农业、工业、旅游、教育、出版于一体的综合性产业集群，相互之间形成共生和协作的良性互动系统，增强了产业竞争力。

3. 集群区域（区位）品牌战略

区域品牌已经成为产业集群标志之一。农业区域品牌与农业产业集群呈现互动发展的正向关系，农业产业集群作为农业区域品牌的依托，其发展水平的高低与农业区域品牌发展水平密切相关。实施农业区域（区位）品牌战略，促进农产品品牌走向农业区位品牌是农业产业集群成长的必然选择。一方面由于农业生产地域依赖性比较大，另一方面农业区位品牌是具有共享性的无形资产，既能够促进合作和协作，共享溢出效应，也是约束集群成员行为的一种制度安排，具有明显社会公益性，是"准公共产品"，因此地方政府在培养农业区域品牌上具有不能取代的主导地位，特别是在地理标志品牌建设中作用更加突出。

4. 特色农业产业集群发展战略

特色农业是农业产业集群发展的重点领域，特色农业发展战略就是要按照集群发展思想，以特色农业资源为基础，做大做强特色农业，形成农业特色经济。农业特色经济是在一定时空内以特色为前提，以企业为基础，以产品、质量、品牌、技术、效益、规模为基本要素，在区域内外人们心中所形成的良好印象的综合体。农业特色经济的发展模型是"特色资源（比较优势）—特色能力（竞争能力，核心是技术）—特色产品—特色品牌（竞争优势、企业核心竞争力）—农业特色经济（产品集群、企业集群、产业集群、人才集群）—农业特色经济区（区域核心竞争力）"[①]。可见，发展农业特色经济就是要以特色农业为基础培育农业产业集群，把农业产业集群做大做强。

5. "一村一品、一镇一业"强化战略

"一村一品，一镇一业"是农业产业集群发展的基础或雏形，特别是由"相同大类的不同品种"，具有差别化的众多"一村一品"成片连

---

① 周应堂，韩美贵. 农业特色经济理论问题研究［J］. 农业现代化研究，2006，27（2）：115-118.

接而成的农业产业区。无论是从业种、数量、单体规模上，还是从产业化、组织化、市场化和产品质量等方面，"一村一品，一镇一业"都具有较大发展空间。但是，并不是"一村一品，一镇一业"都是或都能形成农业产业集群，有的可能永远也只是相对稳定的小规模，有的可能衰退甚至消亡。实施"一村一品、一镇一业"强化战略，就是要在加强对"一村一品、一镇一业"支持基础上，重点选择，强化培育有发展潜力的"一村一品"，促进其规模扩大和产业升级。《农业部关于推进"一村一品"强村富民工程的意见》应是各地方政府实施"一村一品、一镇一业"战略，培育农业产业集群的政策基础。

6. 区域农业产业集群产业配套战略

产业集群发展离不开相应的配套支撑体系，如市场服务体系、技术开发体系和政策支持体系等。实施区域农业产业集群产业配套战略，就是围绕区域农业主导产业，延伸和拓宽产业链，形成关联产业配套；加大相关基础投入和建设，形成基础设施支撑配套；加快市场、金融、技术、中介等服务平台建设，形成服务配套。

7. 农业产业集群人力资源开发战略

农业产业集群要求农业生产的专业化和规模化，要求由传统农业向现代农业转变，没有大量农业技术人员支撑显然是不可能的，如美国农业部的40万名工作人员中，绝大多数都是活跃在农业生产第一线的农业技术人员，从而保证了美国以2%的农业从业人员却成为世界第一大农产品出口国。从我国山东、河南等地区发展实践来看，农村能人效应是农业产业集群形成的一个重要因素，农村中有一定经济、技术才能，以从事农业和为农服务为主，在群众中有一定号召力和感召力，能影响和带动部分或全体村民的营销能人、技术能人和产业能人等，已经被证实对农业和农业产业集群具有重要促进作用（施雪梅，2008）。实施农业人力资源开发战略，依托农业产业集群，引进人力资本，开展人力资源培训，把农村人力资源开发作为农业产业集群战略的重要组成部分，把农业企业家、农村能人、新型农民等作为农业产业集群的核心要素，这是农业产业集群持续发展的根本保证。

8. 农业园区或示范区发展战略

农业园区或示范区要么本身就是农业产业集群的典型代表，要么就是农业产业集群的核心结点，以农业园区形式聚集农业中小企业成长已经成为一种促进区域农业经济发展的有效手段，事实上不同特色与形式的农业园区，尤其是农业科技示范园区构成了农业产业化和农业产业集群化发展的重要平台。实施农业园区或示范区发展战略，能够有效推动农业科技成果的转化示范和应用，引进和孵化出大批农业龙头企业，促进周边地区新品种、新技术的普及和设施农业的发展，从而加快农业产业结构的调整和产业的升级步伐。

二、农业产业集群政府行为

相比一般的经济发展过程，产业集群内同类企业和各种机构的邻近也产生各种问题，如存在着明显"市场失灵"和"系统失灵"问题[1]，因此产业集群的发展需要政府的支持。目前地方政府在产业集群发展中的行为方式，主要体现为：作为本地经济的组织者，制定产业发展规划和政策；作为公共产品的提供者，提供本地基础设施和各项服务设施；作为企业利益的代理者；作为产业集群系统的调控者[2]。波特在对多个国家产业实践调查基础上指出，政府产业政策对一国特定产业集聚的形成具有关键性影响，"在滋养和强化产业集群上，政府扮演着重要角色"。但是政府在产业集群发展中也存在误区[3]。

（一）政府在农业产业集群中的作用

农业产业集群是一个地域性的综合性组织，它要求政府各相关部门的联合行动，共同调整与制定经济政策，以促进产业集群的发展。我国农业产业集群处于发展初期和探索阶段，对市场机遇的把握能力较差，在投入要素方面缺乏规模经济的优势，研究与开发的能力有限，无法有效地将一些企业发展的核心环节内部化，常常需要从公共机构获得专业化服务。政府作为公共政策的制定者和公共产品的提供者，它的参与对农业产业集群的发展进程有较大影响。政府的正确定位与合适的角色是农业产业集群发展的催化剂。

---

[1] 刘恒江，陈继祥. 国外产业集群政策研究综述 [J]. 外国经济与管理，2004，26 (11)：36 - 43.
[2] 沈静. 不同类型产业集群发展中地方政府行为的比较研究 [J]. 人文地理，2010，(2)：125 - 129.
[3] 倪鹏飞. 政府促进产业集群的十大陷阱 [J]. 理论参考，2006，(9)：32 - 34.

1. 政府的参与有利于提高农业产业集群参与者的福利

农业生产过程的连续性限制了产业集群的外部经济性、农户行为的两面性限制了与其他产业的关联性、同一区域的同质性和供应时间的集中性使竞争仅仅局限在农户之间、农业关联产业发育不充分及市场服务体系不完善等原因的存在，使得农业产业集群的优势难以发挥。加上农业产业集群对先天禀赋的高度依赖，使得"任何一单位投资的私人净产品，在像农业这样的产业中都低得出奇"①。当社会收益和私人收益存在差异时，政府的干预有可能增加所有投资方的福利。

2. 地方政府在农业产业集群中扮演的角色更加复杂

实践表明，在农业产业集群的初期形成过程中，地方政府发挥着关键性的作用，但地方政府不能控制产业的市场竞争优势，它所能做的是通过微妙的、观念性的政策影响产业的市场竞争优势，因此地方政府角色的正确定位和政策支持至关重要。但是，政府推动必须同市场需求的方向和规模相适应，同地方创业家的生长及知识传播通道的建设有机结合（苗长虹、魏也华，2009）②。笔者认为，地方政府扮演着农业产业集群发展的政策制定者、基础设施等公共产品服务的提供者、集群系统竞争秩序维护者等多种角色。

3. 地方政府在欠发达地区农业产业集群中作用更加突出

无论是江西特色农业产业集群、贵州区域特色农业产业集群，还是湘鄂渝黔边生态农业产业集群发展实践均表明，欠发达地区农业产业集群发展中地方政府作用还没有充分发挥。常常存在主导产业选择雷同或主导产业过多而分散，产业集群发展缺乏合理规划和引导，公共产品投入不足等问题。欠发达中西部地区，市场机制完善程度低，经济和农业发展相对落后，经济发展要素稀缺，特别是资金和人才稀缺，农业产业集群形成可能会多一些采取"自上而下"的方式，从而决定地方政府要从当地农业产业链的特性出发，结合地方经济发展的实际，在合理规划和引导农业产业集群发展等方面发挥更加积极、更加重要的作用。

（二）地方政府的主要功能

1. 提供良好的基础设施

许多国家在农业发展中都一直致力于基础设施的建设和完善，并在

---

① [英] A. C. 庇古. 福利经济学（上卷）[M]. 北京：商务印书馆，2006：207.
② 苗长虹，魏也华. 分工深化、知识创造与产业集群成长 [J]. 地理研究，2009，(4)

客观上促进了农业产业集群的发展。通过交通、水利、市场、仓储以及农田生态环境、道路等基础设施的建设和完善，降低农产品的生产成本、流通成本，促进农业生产进一步向优势区域集中，并使不同区域的资源优势更好地转化为经济优势。

2. 制度设计和政策引导

政府通过进行合理的制度设计，优化集群的制度环境，可以起到增进集群内厂商之间的信任，丰富本地的社会资本，协调厂商之间的共同行动，催生厂商之间良性的竞争与合作格局的作用。同时，由于市场的不完全性、信息的不对称性和农业生产特有的时滞性，农业产业集群不能靠市场指导来进行长期投资，但是长期投资对其持续发展是至关重要的，因此，政府要依据本地的比较优势和竞争优势，通过市场机制来引导企业的长期投资，为集群的可持续发展打下坚实的基础。

3. 提供有效的公共服务

如收集行业的市场与技术信息，制订行业标准，强化本地厂商的产品质量意识与管理，建立公共培训机构，组织联合技术攻关，树立本地的良好形象、创建区域品牌，建设与厂商之间的对话机制、共同制定产业集群发展的远景与战略规划等。例如，为保证玉米杂交种的培育和推广，美国政府采取了一系列措施，包括开展玉米育种的基础理论研究，进行玉米品种资源的搜集、整理、鉴定和研究，制定严格的良种繁育管理制度和良种供应制度等。

4. 提供强有力的市场监管

在农业产业集群发展中的市场行为主体主要是农民或其他自发的农业合作组织，其在产权的自我保护、实施契约和争取平等竞争市场机会等方面比较薄弱，因此需要权威性和普遍约束力的政府监管。首先，政府在产业集群发展中主要应管好市场秩序，维护公平竞争；其次要对市场环境的维护和建设进行管理。政府是建立并维护与秩序有关的产权制度体系、市场法律体系和提供相应司法服务的最合适主体。

三、农业产业集群政策体系

产业集群政策是由政府或其他公共主体制定和实施的，以集群为服务对象的各种政策和措施的总和，是国家或地区为促进产业集群发展，规范产业集群行为而采取的直接或间接政策与措施，主要包括刺激产业集中的政策、改善产业集群环境的政策等①。

农业产业集群政策是政府对农业产业集群发展的公开介入和干预，具体包括有关集群发展的法律、法规、规划、计划、措施以及政府的直接指导等。它是某国或地区产业政策、科技政策、贸易政策和区域发展政策等的综合和延伸，其作用是保持和促进集群的健康发展，并发挥集群对繁荣当地农村经济的牵动效应。

农业产业集群政策具有公共物品的属性，完善的集群政策体系既可以减少或降低集群的外部不经济，也可以促进农业产业的发展。但并不是在任何一个地域内都可以培育出农业产业集群，对于政府而言，只有在宏观上采取一系列自成体系又密切协作的政策体系，才能培育出农业产业集群。因此，完善我国的农业产业集群政策体系，引导资源优化配置，并从制度或政策上保证农业产业集群的发展是我国政府长期面临的问题。

（一）集群政策体系设计的指导性原则

在国外，已经出现以集群政策代替产业政策的趋势。政府制定集群政策的理论基础应该是弥补市场失灵和制度失效，其目的在于加强农业企业之间的知识网络和联系，满足企业的各种需要，重视农业中小企业发展。与传统的产业政策相比较，集群政策要更多地注重农业企业之间、农业企业与外部环境的战略联系，要求更多地向内审视自身的条件，向外加强联系，以在经济全球化的趋势下取得国际竞争优势。

农业产业集群政策应该成为区域经济发展政策的重点。但这并不是意味着彻底抛弃产业政策，而是将集群政策与产业政策结合起来，以产业政策调节农业产业发展的方向，以集群政策来促进农业产业竞争力的提高②。

由于集群类型、集群规划目的、集群参与者等各种因素的影响，各国采用的集群政策有着显著的不同，因此，不同国家中集群的发展存在

---

① 陈继祥，刘恒江. 国外产业集群政策研究综述[J]. 外国经济与管理，2004，26(11)：36-43.

② 聂鸣. 培植竞争力：从产业政策到集群政策[C].//全国"产业集群与中国区域创新发展"研讨会会议资料汇编. 中国软科学研究会，2002：82-85.

明显的"路径依赖"特征,这就决定了不存在一种最佳政策模式①。只有充分考虑农业产业集群所在区域的特征,所制定的集群政策才有可能发挥作用。在农业产业集群政策体系的设计过程中,我们应遵循以下几个指导性原则:

(1) 全面集群政策设计不能忽略不同区域社会背景的差异。农业产业集群具有鲜明的本地根植性,对自然资源的依赖性也较大,在政策体系设计时,应根据各地的实际情况实施不同的政策。

(2) 政府不能刻意创造农业产业集群。在特定社会背景和自然资源条件下,农业产业集群的形成与发展是市场主导行为,政府不可能从零开始在衰退的市场和产业中建设农业产业集群,必须以现有的或者是新兴的集群为前提制定相应政策,刻意创造农业产业集群将会导致高成本、高风险。如果不同的地区追求相同的农业产业集群重点,将会导致重复建设,破坏现有的市场结构和企业的竞争力。

(3) 政府不应直接干预农业产业集群。集群政策设计是各类参与者(理论界、产业界和政府)互动的过程,而政府是集群政策的最后发布者,且政府干预的最优选择是间接干预,而不是主导农业产业集群的发展。

(4) 政策体系设计的目标应该是鼓励集群内农业企业的合作和网络化,提供更好的公共计划和投资。集群政策的重点应放在为需要和有潜在需要服务的农户、农业企业提供尽可能完善的服务,尤其是提供信息,建立交流的渠道和对话的模式等方面。

(二) 集群政策体系的基本框架

针对我国农业发展的现状和趋势,按照"五个统筹"的要求,以科学发展观为指导,把农业产业集群放在国民经济发展的战略高度,探讨如何实施农业产业集群发展战略,如何以集群的方式培育具有竞争优势的特色农业产业,提高农业产业的国际竞争力,已经成为我国农业发展的一项重要任务。因此,迫切需要研究和制定农业产业集群政策。笔者根据集群政策体系设计的指导性原则,提出了我国农业产业集群政策体系的基本框架(见图9-1)。

---

① OECD. Boosting Innovation: The Cluster Approach. Report from the Focus Group on Clusters [C]. Paris: OECD, 1999.

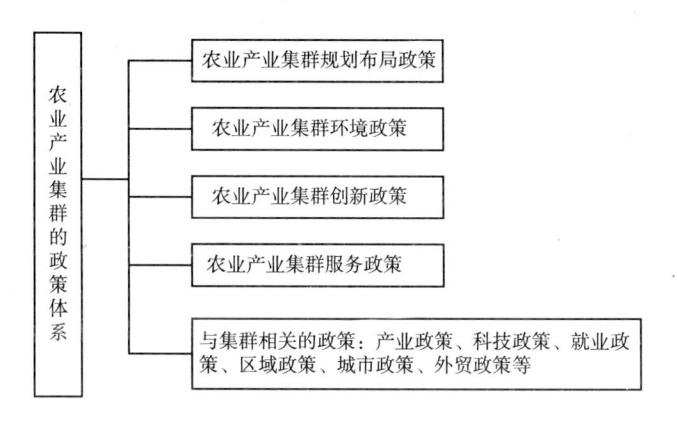

```
农业产业集群的政策体系
├── 农业产业集群规划布局政策
├── 农业产业集群环境政策
├── 农业产业集群创新政策
├── 农业产业集群服务政策
└── 与集群相关的政策：产业政策、科技政策、就业政策、区域政策、城市政策、外贸政策等
```

图 9-1　农业产业集群政策体系的基本框架

1. 农业产业集群规划布局政策

产业集群规划布局的理论基础在于弥补市场失灵和制度失效，与传统的产业布局相比较，农业产业集群规划布局更多地注重农业企业之间以及农业企业与外部环境之间的协同联系。农业产业集群规划布局政策一般是指在集群形成期，政府对农业产业集群的空间分布进行科学规划和合理调整的意图及其相关措施，有国家层次也有地方区域层次。中央政府的政策主要包括地区发展重点的选择和产业集中发展战略的制定，地方政府的着力点在于编制地方农业产业集群发展规划，并将其融入产业政策中，再通过产业政策体现到农业产业集群中的企业和市场行为中。农业产业集群规划布局政策主要是规划性的，同时也包括一定意义上的政府直接干预。

2. 农业产业集群环境政策

主要包括政府营造的适合农业产业集群发展的氛围或环境，即硬环境和软环境。硬环境即物理环境，包括建立产业带、产业园区和基地，并以政府为主导，对集群发展所需的公共物品和准公共物品进行投资，加快交通、电力、通信等基础设施的建设；软环境包括良好的地方制度环境、社会文化环境以及市场环境。从大的方面看，政府加快地方经济的市场化进程、进行体制创新、培育良好的信用环境等对一般企业发挥作用的措施，对集群产业的发展同样是必不可少的重要环境。同时，政府必须把发展循环经济的思想引入集群战略，因此，集群环境政策还包括农业产业集群生存和发展所在的生态环境政策，尤其在有机农业、绿色农业、循环农业等生态农业产业集群中更为重要。

3. 农业产业集群创新政策

创新是产业集群成长和发展的重要条件。处于成熟期的农业产业集群，集群内的企业呈现良好的发展态势，如果缺乏创新，可能导致集群较快进入衰退期，因此，集群的创新升级是其发展重点。农业产业集群创新政策是一种新型的政策系统，它的作用是原有的科技政策无法代替的，它是政府在战略高度上对技术创新进行有效干预以提升农业产业集群的科技能力并发挥其集群优势的政策保障。系统性、连贯性、灵活性、现实性和互补性是其基本特征。创新政策作为一个政策系统，是政府科技、教育、法律、财政、税收政策杠杆作用与创新网络的一个综合体系。因此，农业产业集群创新政策包括创新公共支持体系、科技创新、制度创新、市场创新等方面政策。

4. 农业产业集群服务政策

任何集群的发展都离不开政府的农业产业集群服务政策，集群的任何生命周期阶段也都离不开农业产业集群服务政策。农业产业集群服务政策是指政府制定的一系列为农业产业集群发展提供服务的政策措施。政府对集群支撑机构的扶持是农业产业集群持续发展的基石，政府制定的价格、金融、财税政策将直接影响收入的分配和农民的切身利益，政府促进集群与大学、研究机构之间的合作有利于提高集群的创新能力。

四、农业产业集群的重点政策

通过以上分析，我们不难发现，在农业产业集群的形成发展过程中，真正的主体是众多联系密切的群内农业企业或相关经济组织，政府主要是采取间接的手段，通过积极引导、创造环境、搞好服务，促进农业产业集群的健康持续发展。

（一）加强农业产业集群的统筹规划

2003年农业部发布了《优势农产品区域布局规划》，在全国范围内划定了35个优势区域，重点发展专用小麦、专用玉米、高油大豆、棉花、"双低"油菜、"双高"甘蔗、柑橘、苹果、牛奶、牛羊肉和水产品11种优势农产品。后来又相继颁布了《特色农产品区域布局规划（2006-2015年）》、《全国优势农产品区域布局规划（2008-2015年）》。在地区发展重点的选择上，国家要建立全国性的农业产业集群地理分布图和数据库，制定国家农业产业集群布局战略，规划重点支持发展的地区，指导设计重点发展地区的集群发展模式和基本思路。通过中央政府规划的形式，确立农业产业的集中布局区域，推动农业产业的地区分工，建立农业示范园区，发挥由产业集中所导致的农业集聚经济效益。地方政府应认识到农业产业集群对于促进农村经济发展的重要作用，以集群思想指导优势农产品区域规划和农业产业发展规划，把农业产业集群作为实现农业现代化的有效手段，结合本地区经济资源和发展特点做好当地相关农业规划，引导不同地区发挥各自的比较优势，变资源优势为竞争优势，形成优势特色农业产业集群。

(二) 注重农业产业集群的环境建设

产业集群说到底是产业链、价值链上企业的空间聚集，这种聚集现象的发生必须要有适宜企业生存发展的环境作支撑。

1. 软环境建设

（1）政府要营造适合创业、创新的地方制度环境。农业产业集群实质上是正式制度和非正式制度因素综合作用的结果，政府作为各种法制、产权制度等正式制度的供给者，应不断增强制度供给能力，不断完善符合市场经济发展要求的市场竞争机制、有效率的产权制度、高效的激励制度和组织制度，降低社会各种交易成本，提高整个经济体制的运行效率，为企业和农业产业集群的发展创造一个适宜的制度环境。

（2）塑造信任、合作的社会文化环境。一是政府应运用舆论的力量，大力宣传、引导集群文化的形成。二是政府职能部门与社会中介机构联合，对集群内企业进行公正客观的信誉评级，向集群内外公布，对信誉良好的企业大力推介，对信誉差的则给予警示。三是政府在必要时应介入，运用法律、行政手段等对危及集群整体的败德行为加以干预。四是积极引导和推动企业建立行业自律性社团组织，政府监管与行业自律并举，共同规范市场秩序，制止无序竞争。

（3）政府还要营造维护平等竞争的市场环境。重视加紧健全市场制度建设、法律建设，规范市场的行为准则，消除不利于市场经济发展的各种限制和壁垒，为农业企业的发展创造一个公正、公开、公平的竞争环境，使市场对创新的需求能反馈到企业的经营活动中。另外，政府依据地方民俗制定市场交易规则和吸引外地相关农业企业落户本地集群等办法来促进供应商之间、批发商之间的平等竞争和自我升级。

2. 硬环境建设

（1）政府建立农业产业集群平台（如农业示范园区、农产品生产基地）。在发展农业产业集群过程中，一定要把园区建设作为集群的重要载体，加快示范园区的规划和建设。一方面，要对各地在招商引资过程中形成的各种示范园进行整合，形成企业关联度高的专业产业园区，充分发挥农业产业集群的协同效应，并最大程度地共享基础设施和土地等其他资源。另一方面，要创新园区的运作方式，提高园区建设的集约化程度，尽快形成以园区为载体的农业产业集群。此外，对农产品生产基地建设要以市场为导向，基地建设与龙头企业相结合，加强管理，注重产业化开发，提高运营水平，发挥基地的带动作用，获取最大经济效益。

（2）政府提供农业产业集群发展所必需的公共物品和准公共物品（如交通、电力等基础设施）。长期以来，我国农村地区的公共物品和准公共物品政府投入不足，为了促进农业产业集群的发展，农村地区的公共物品和准公共物品应由政府主导。主要包括：农村交通、电力、水利设施、自来水、通信等设施以及农村公共卫生、社会保障、义务教育等设施。

（三）培育农业产业集群的创新系统

集群创新支持系统的建立有赖于以下两个方面[①]：一是建立畅通的信息交流渠道，这是创新机制有效运转的必要前提；二是促进产学研合作。

1. 加强制度创新和科技创新

制度创新和科技创新既可相互促进又可相互制约。制度创新从根本上讲，就是要适应科技创新的内在要求，为科技创新提供制度基础和动力，对有利于农业产业集群发展的制度，应该大胆地尝试。通过制度创新，加强和落实对科技创新的扶持和引导，有利于调动科技人员积极性和创造性，同时建立健全收入分配的激励机制和约束机制，把按劳分配与按生产要素分配结合起来，鼓励资本、技术等生产要素参与收益分配等。

加大农业科技创新和技术推广的力度，在特色农业产业集群经营各

---

① 窦虎. 基于产业集群发展的政府政策研究 [J]. 东岳论丛，2005，9（5）：80-83.

个环节,进一步普及先进适用技术,使科技进步在发展特色农业产业集群经营中的贡献率有明显提高。龙头企业要通过走产学研相结合的路子或自办研发机构,构建农业科技创新的主体。继续鼓励各级农业技术推广机构和农技人员积极投身到农业产业化经营第一线,通过技术服务、技术承包、技术转让、技术入股等多种形式,与龙头企业和农户开展联合与合作。加强对农民的职业技能培训,提高农民的科技文化素质,使广大农户真正适应农业产业集群发展的需要。与其他产业集群技术创新不同,农业产业集群技术创新目前在我国的实践,还停留在农业科技园区层面。在企业作为农业技术创新主体条件还不成熟的情况下,农业技术创新短期内对政府的依赖性还很强。政府应继续加大对农业技术创新投资的力度,在完善"核心区、示范区、辐射区"的农业科技园区发展模式的基础上,实现农业技术创新的梯度推进,促进农业产业集群创新发展。

2. 建立农业产业集群创新的公共支持体系

在我国农业产业集群发展中,企业创新多以模仿性为主,使得创新陷入"囚徒困境";群内企业的"技术锁定"不利于创新与产业升级。为了避免上述现象,政府应建立集群创新的公共支持体系,促进农业企业间的合作与交流以促进创新的集体效率,并确保这些政策的长期性与稳定性,提高产业创新收益的预期,形成创新的合作博弈;在有条件的地方可以建立创新补偿机制。因为集群内企业对农业科技园区内知识创新的模仿和应用可能会挫伤创新农业企业的积极性,政府对这类问题可通过政策干预,建立完善的知识产权保护体系,还可引入富有竞争力的股权、期权制度,增强农业企业家的创新动力。

3. 从农业产业集群的地域根植性出发,注重培育本地企业家

农业企业的良好发展需要有良好的地域根植性。本地农业企业家获得发展资源比外来同行更具有优势。从这个角度来说,更需要注重对本地农业企业家的培育。如果能够有合适的政策引导农业企业间形成关联,进而形成农业产业集群,则能促进衍生企业的产生和发展。政府在招商引资的同时,还应注重优秀企业家精神和优良企业文化的引进和学习,鼓励企业之间进行交流,努力培育敢于冒险、诚信合作的创新精神与创业文化。

（四）完善农业产业集群的服务体系

发展农业产业集群所需的服务体系主要包括[①]：技术服务和科技人才支持体系、中介服务体系、金融服务体系等。

1. 建立技术服务和科技人才支持体系

技术服务体系的建立和完善，有两个途径可供考虑：一是集群内部设立技术服务中心；二是吸引外部研究机构在集群内部设立产业中心。这两个途径往往是相互结合的。政府一旦把技术服务这根纽带根植于当地农业产业集群中，就可以达到"扶一家，带千家"的扩散效应。

政府可以积极兴办地方性大学或职业技术学院，充分发挥大学对集群企业技术创新的支持作用。政府可以借鉴国外经纪人的政策来实现这一目标，如设立网络经纪人代理机构，将企业、研究机构以及政府有关部门组织到一起，举行一些关于农业产业标准和创意等问题的讲座和座谈会，以增强联系和交流；联合企业、大学开展人才培训项目，为集群提供专业化技术人才；促成集群与大学、研究机构的合作，为当地农业企业提供咨询，解决技术难题，进行技术转让；鼓励科技人员以技术入股或直接创办科技小企业、委托开发等；明确大学、科研机构和科技人员向小企业转让技术的责任及相应的激励机制，促进科研成果向农业中小企业转移。

2. 组建协会等中介服务机构，完善信息与管理服务体系

产业集群的成功经验表明，为企业提供技术、信息等配套服务的中介机构是提高产业集群绩效的关键因素。

中介服务体系主要包括[②]：（1）各种规范的咨询和中介服务机构，如管理、技术、信息、人才、财务、金融、法律等方面的中介服务。（2）完善的创业服务中心，依托大学、科研机构和有实力的企业集团，兴办能够为创业者提供共用技术开发平台的专业技术孵化器，为处于种子和创建阶段的高新技术企业的成长提供孵化器功能。（3）教育培训体系，其职能是提供人才保障。同时根据不同企业的不同发展阶段和不同业务范围，提供相应的服务，为促进农业产业集群提供良好的发展基

[①] 李剑力. 地方政府在产业集群发展中的职能定位及应注意的问题 [J]. 学习论坛, 2006, 22 (1)：43-47.

[②] 宋一淼. 发展广西农业产业集群问题研究 [J]. 桂海论丛, 2005, 21 (3)：41-44.

础。(4) 完善集群中间产品市场体系,强化相关融资网络系统和拓展外销网络。(5) 加强物流和信息服务,独立的物流、信息公司等服务性公司有利于农产品供应链的一体化发展,促进快速市场反应和供应及时性,减少整条链条上的库存成本,提高竞争力。

3. 完善金融服务体系

金融服务体系包括金融机构体系和信贷制度、风险投资制度、资本市场制度等。通过建立多元化金融机构和制度体系,为农业产业集群企业提供全方位的金融服务。从我国农业产业集群发展过程看,中小企业面临的最大困难之一是缺乏金融机构的支持,贷款困难。因此,政府应在金融服务体系的建立和完善上下大力气,努力推动资金向集群企业技术创新活动及合作创新流入,为集群成员企业提供相关金融信息服务。

(1) 推进农业保险,保障农业产业集群顺利发展。首先,要建立专项生产基金和市场风险基金。在特色农产品价格下跌时,采取保护收购、价外补贴等措施,稳定生产,弱化自然风险和市场风险等。其次,推行农业互助保险模式。要正确处理农户、公司和社区管理组织三者之间的利益分配关系,实行多极平抑风险的办法,或者实行低保险费,低赔付,基本保障,即收取少量保险费,只保直接收入的物化成本,使投保人在遭受灾害时得到基本的经济补偿,而又不使农户背上过重的负担。

(2) 建立有利于特色农业产业集群发展的投融资体制。各级政府可出面组织银、企联席会议,就建立专项银行贷款,扩大特色农业产业集群的信贷规模,并采用授信贷款、贴息贷款等方式,直接分配到产业特色明显、发展比较健康的产业集群;积极推动农业产业集群诚信体系建设;对内建立农业产业投资基金,通过发行债券、股票等资本市场筹集资金,把部分城市居民手中分散的资金集中起来,汇小成大,集腋成裘,直接转化为发展农业的资本;积极组织农业产业集群的招商引资工作,通过"请进来"方式拓展集群的规模,招商引资中应引进具有"种子"功能的企业,来带动其他企业衍生。

综上所述,现代农业可以产生集群经济,但诱因不同,成长路径各异。农业产业集群的形成是一个长期的重复博弈过程,具有一定的内生性质,以诱致性形成为主,政府不能刻意创造农业产业集群,但这并不意味着政府在农业产业集群成长中无所作为。以四句话概括政府的职能行为,即从"有为"到"无为":初始阶段"放"一把,从"无为"

到"有为";成长阶段"拉"一把,管理的"有为"与服务的"有为"双管齐下;发展时期"扶"一把,以积极的"有为"促企业的"大为";飞跃阶段"推"一把。政府应根据集群不同的发展阶段和不同的薄弱环节,来准确定位自己的角色以及所提供服务的重点。列宁曾说过:"一个单独的提琴手是自己指挥,一个乐队就需要一个乐队指挥",农业产业集群就好比是一个乐队,需要政府这样一个有效的指挥。通过政府对集群的有效职能作用,促进农业产业集群的形成、发展和当地农村经济的腾飞。

五、安徽农业产业集群发展政策取向

(一)提高认识,把农业产业集群发展上升到安徽经济发展的战略高度

大力宣传,充分认识农业产业集群对提升安徽农业竞争力和区域竞争力、解决安徽"三农"问题、加快安徽小城镇建设和社会主义新农村建设中的作用。把发展农业产业集群与安徽"三化"协调发展相结合[1],把发展农业产业集群作为"三化"协调发展的重要抓手,把发展农业产业集群上升到省级政府战略层面。明确农业产业集群是安徽发展现代农业的重要模式,把发展农业产业集群作为重要政策导向写入安徽农业发展规划,结合"一村一品"和"优势农产品区域"的相关政策,选择性扶持和培育一批特色农业产业集群,打造区域农业产业集群品牌,培育国内外具有较大影响力和竞争力的特色农业产业集群。

(二)做好规划,创造农业产业集群发展的良好环境

根据安徽区域农业资源的实际情况,围绕优势资源和特色农业,制定安徽农业产业集群发展规划,提出明确的整体布局、规模与环境标准等经济持续发展战略,制定农业产业集群规划政策,把有限的农业资源用于最能发展特色农业的企业,进而形成良好的农业产业链条。随着农业产业集群的不断壮大,地方政府还应转变职能,适时地为农业产业集

---

[1] "三化"是指工业化、城镇化和农业现代化,我国国民经济和社会发展第十二个五年规划纲要,已经把"同步推进工业化、城镇化和农业现代化"作为十个重大政策导向之一。

群主体提供各种公共服务。除硬件环境外，政府还应制定引导其发展的法律法规、产权保护、金融、财政等优惠政策，保障人力资源供给，简化办事和审批手续，打破阻碍农业产业集群发展的各种行政壁垒等。另外，地方政府还应根据各地区的自身特点，采取"一群一策"的促进措施，加强农业企业与农户间的协作，促进集群主体与关键要素的协调发展，努力打造区域创新环境，使集群区域充满协作精神和创新氛围，从而形成良性循环的集群发展系统。

（三）建立多元化投资机制，引导投资向农业产业集群倾斜

安徽省农业产业集群资金不足问题严重，集群公共基础设施建设较为薄弱。政府应加大农业投资，特别是"农业公共产品"领域投资，并实行向农业产业集群投资倾斜政策，引导外资、民营等资本投向安徽农业产业集群领域，建立多元化投资机制。根据地区实际情况，由政府牵头组织银、企联席会议，建立专项银行贷款，扩大农业产业集群的信贷规模，并采用授信贷款、贴息贷款等方式，直接分配到农业特色明显、发展比较健康的农业产业集群。生产型农业企业还可采用"公司＋农户"的内源融资和风险外部化机制，以市场交易获得商业信用和内部货币市场，以管理交易使农户投入变异为内源融资。政府应积极推进农业产业集群的诚信体系建设，建立农业企业创业投资引导基金，扩大投融资渠道，加大资金扶持和招商引资力度。同时，交通部门应加强农业交通运输建设投资，强化运输骨架、扩展覆盖面、优化农产品运输网络结构和完善运输系统，推进农产品运输向专业化、集约化乃至现代化物流系统发展。

（四）加强品牌建设，重点选择培育一批优势农业产业集群

加强品牌建设，大力培育农产品品牌和农业龙头企业品牌，促进农产品和农业企业品牌向农业区位品牌发展。农业区位品牌是具有共享性的无形资产，是"准公共产品"，地方政府在培养农业区域品牌上具有不能取代的主导地位。地方政府应积极借鉴原有成功区域品牌（如黄山毛峰、六安瓜片、宁国山核桃等）和地方产业品牌（如亳州中草药集群中的华佗国药、九方制药、济人药业和中药材专业市场等）的成功经验，联合农业龙头企业通过举办展览会、博览会、交易会等多种形式开展农业、农产品品牌促进活动，鼓励农产品深加工产业自主创新，

增强农业区域品牌的知名度和美誉度，打造优势农业区域品牌。

根据安徽农产品的区域优势和"一村一品"集中连片情况，考虑产业基础、集群发展潜力和产业集群对特色农业的偏爱，笔者选择了安徽农业产业集群的十二大重点发展产业领域，即蔬菜产业、中药材产业、棉纺产业、编织产业集群、水果产业、水产养殖产业、茶叶产业、桑蚕丝绸产业、林产加工产业（含苗木花卉）、粮油加工产业、家禽养殖产业、畜产养殖加工产业。结合第七、第八章研究，在此推荐重点培育以下35个农业产业集群：安徽和县蔬菜产业集群、岳西茭白产业集群（高山蔬菜）、临泉县脱水蔬菜产业集群、长丰草莓产业集群；亳州中药材产业集群；望江棉花纺织产业集群、淮北市棉花纺织产业集群、无为棉花纺织产业集群；阜南柳编产业集群、霍邱柳编产业集群；砀山水果产业集群、萧县水果产业集群、宁国山核桃产业集群、巢湖水产养殖产业集群、芜湖水产养殖产业集群、合肥龙虾养殖产业集群、五河水产养殖产业集群；六安茶叶产业集群、黄山茶叶产业集群；六安桑蚕丝绸产业集群、广德桑蚕丝绸产业集群；宣城竹业产业集群、宿州板材加工产业集群、叶集木竹产业集群；芜湖苗木花卉产业集群、肥西苗木花卉产业集群；肥东食品加工产业集群、亳州面粉加工产业集群、怀远粮食加工产业集群、霍邱大米加工产业集群；宣城家禽养殖产业集群、六安裕安羽绒羽毛产业集群、舒城羽绒羽毛产业集群；蒙城县畜牧产业集群、合肥畜牧业产业集群。

（五）加大科技投入，注重园区建设，建立农业创业企业孵育体系

政府要加大科技投入，扶持农业产业集群建设科技信息平台，促进农业企业与农业院校、农技研究机构间的交流与合作，加速农技知识生产与应用的转化过程；加强对农村乡土技术开发利用，激发农村科技创新"能人"的创新热情，形成农业技术创新的良好氛围；推进健全农业产业集群技术成果推广体系，加快现代农业技术扩散和应用；重视食品工业科技开发，以技术进步为驱动，提高农产品的技术含量、差异化程度和附加值，促进农业产业集群向产品多元化、生产标准化、技术现代化的高级化方向发展。

农业科技示范园区是地方政府推动农业技术创新和扩散的重要组织模式，是建立农业创业孵育体系的有效组织载体。宿州国家农业科技园

区有企业148家，带动农户50万余户，2.8万农民转移成为工人，在示范区、辐射区建立24个优质农产品标准化基地，园区孵化器建筑面积达6000平方米，科研基地1200余亩，孵化各类农业企业26家。2010年安徽已经批准75家省级农业科技示范园区，要充分发挥他们在农业创业企业孵育中的作用，在培育农村科技示范户和农民创业方面的示范作用。同时，地方政府应以诱致性制度变迁为基础，建立农业创业企业孵育机制，培养农村专业合作组织、股份合作组织、外资企业、农业协会和科研机构等农业创新组织，促进农业龙头企业成为创新主体，并担当起"孵化器"作用，鼓励农村能人大户、中小农业企业、打工返乡农民在农业生产、农产品流通、农产品加工、乡村旅游等领域创业，培育新的农业经济增长点，促进农业产业集群发展。

（六）重视加工增值，开拓国际市场，培育农产品出口产品基地和深加工产业集群

农产品加工的深度直接决定着农业产业集群产业链延伸的深度。向下游延伸农业产业链，重视农产品加工增值，开拓国际市场，扩大优质农产品和深加工产品出口，是山东、河北和河南等省农业产业集群发展的成功经验，如河南的粮食和肉食品加工、山东的蔬菜加工、山东和河北的加工蔬菜出口。安徽农副产品加工度较低，增值效果不够明显，农产品出口比例相对较小。为此，要选择安徽茶叶、蚕丝、蔬菜、石榴、梨、核桃、淡水鱼等具有潜在竞争力的农产品，大力培育农产品加工基地和优质农产品出口基地，依托像蚌埠丰原集团、阜阳金牛实业和福润肉类加工等一批具有较强实力、知名品牌的农副产品深加工龙头企业，着眼深加工、精加工和个性化，开发优质产品，提高农产品附加值，同时积极开拓农产品国际市场。

（七）加快培育主导企业，创新生产经营方式，强化农业产业集群的网络联系

农业产业集群中多数都存在着主导企业或组织，对皖西茶叶和桑蚕丝绸产业调查研究发现，其产业链上有两个关键主体，即农民合作组织和龙头企业，他们对降低生产成本、保护农民利益、引导农业规模化和标准化生产，促进农业产业集群发展等方面发挥了重大作用。培育和发展农业产业集群，需要按照优先连接机制，以县城或中心镇为基地，以交易市场、龙头企业、农业园区、农村能人大户、合作组织等为主体，通过创新农业生产经营方式，强化农业产业集群的网络联系，形成以契约、产权、技术、信息和服务等为纽带的相对稳定的集群网络关系。为此，发展安徽农业产业集群，一是要大力培养农业产业化龙头企业、农民专业化合作社等集群市场主体，构建以农业龙头企业为核心、以合作经济组织为黏合剂、以中小型农业企业协作配套为基础的农业产业集群网络；二是要创新农业生产经营方式，发展公司＋农户、公司＋合作组织＋农户、超市＋基地＋农户、农业科技园区＋基地＋农户等新型组织模式，采取订单生产、标准化生产、工厂化生产、生态旅游观光等新型生产方式，推进农业电子商务等新型交易方式，实现交易方式多元化，拓宽的市场流通渠道，为农业产业集群奠定更广阔的发展空间。

（八）加强人才队伍建设，建立多层级培训体系，实施农业人力资源开展战略

农村劳动力向城市转移有效解决了农村劳动力富余问题，被认为是解决"三农"问题的重要途径。但是，这种转移也带来许多负面问题，如直接导致农业优质劳动力、农业人力资源或资本的缺失，安徽实地调查发现，多数地区农业产业劳动力主要以"老、弱、病、残和妇女"等为主，显然无法满足农业专业化、规模化、产业化和集群化发展的需要。为此，安徽农业产业集群发展，迫切需要大力加强人才队伍建设，建立多层级农业人次培训体系，实施农村人力资源开发战略。为此建议，一是以地方政府为主导，以农业主管部门牵头组织，以农业及其相关学校、科研单位、中介组织、龙头企业、农民合作社、农村能人大户等为支撑，对农业从业人员、打工返乡农民开展农业生产、农产品流通、农业创业、相关法律法规等方面培训；二是把农业企业家、农村能人、新型农民等作为农业产业集群的核心要素，大力引进人力资本，发展新型农业，兴办农业企业，延长农业产业链，开展加工增值，提高农村劳动力的容纳能力和从业人员收入，吸引农村劳动力从城市"回流"和就地转移，培育一支能够支撑农业产业集群和现代农业发展的新型农业人才队伍。

参 考 文 献

一、英文部分

[1] Barkley, D. L. and Henry, M. S. Rural Industrial Development to Cluster or Not to Cluster? Review of Agricultural Economics, 1997, 19 (2): 308 -325.

[2] Best, Michael H. Cluster Dynamics, Ch. 3 in: the New Competitive Advantage: the Renewal of American Industry [M]. Oxford University Press, 2001.

[3] Cho J. W. Agro-based Enterprise Development-Clustering and Networking of SMEs [EB/OL]. APCAEM at Beijing, April 5 - 7, 2004. http://www. unescap. org/tid/mtg/apcaem_icts6. pdf.

[4] David Zepponi and Rick Fisch. Industry-Driven Leadership is Vital for Rural Communities [J]. Economic Development America, Dec., 2007: 20 -23.

[5] Gibbs, R. M. and Bernat, A. J. Rural Industry Clusters Raise Local Earnings, Rural Development Perspectives, 12 (3): 18 -25, 1997.

[6] Giuliani E. The Selective Nature of Knowledge Networks in Clusters: Evidence from the Wine Industry. Journal of Economic Geography, 2007, (7): 139 168.

[7] Hakansson, H. and Snehota. No Business is in an Island: the Network Concept of Business Strategy [J]. Scandinavian Journal of Management, 1989.

[8] Humphrey, J. and Schmitz, H. How does insertion in global value chains affect upgrading industrial cluster? [J]. Regional Studies, 2002, 36 (9): 1017 -1027.

[9] Korea Rural Economic Institute. Agro-industry Sector and Agro-Enterprise Cluster Development in Selected Transition Economies. Sept., 2005:

1 - 40.

[10] Kulshreshtha S. , Thompson T. Economic Impacts of the Saskatchewan Agriculture and Food Cluster on the Saskatchewan Economy [R]. Saskatoon: Department of Agricultural Economics, University of Saskatchewan, 2005 (7): 1 - 64.

[11] Lee W. Munnich, Margaret M. Bau and Laurie L. Berkwitz. Southeastern and South Central Minnesota Industry Cluster Study [R]. Hubert H. Humphrey Institute of Public Affairs, University of Minnesota, 1996: 1 - 56.

[12] Michael E, Porter. Clusters and the New Economics of Competition [J]. Harvard Business Review, 1998, 76 (6): 77 - 90.

[13] Peter Zashev and Peeter Vahtra. Kazakhstan as a Business Opportunity-Industrial Clusters and Regional Development [R]. Electronic Publications of Pan-European Institute, 2006 (6): 1 - 29.

[14] Romano Aldo, Giuseppina Passiante and Valerio Elia. A Model of Connectivity for Regional Development in the Learning Economy [R]. European Regional Science Association, 2000.

[15] Stephan J. Goetz, Martin Shields and Qiuyan Wang. Agricultural and Food Industry Clusters in the Northeast U. S. : Technical Report [R]. Regional Rural Development Paper, University Park: College of Agricultural Sciences, the Pennsylvania State University, No. 26, Nov. , 2004: 1 - 73.

[16] State of Oklahoma. Agriculture and Food Processing Cluster Analysis [R]. Oklahoma, 2005: 1 - 11.

[17] Suren Kulshreshtha and Wayne Thompson. Economic Impacts of the Saskatchewan Agriculture and Food Cluster on the Saskatchewan Economy [R]. Working paper, Department of Agricultural Economics, University of Saskatchewan, Saskatoon, July, 2005: 1 - 64.

[18] Tichy G. Clusters, less dispensable and more risky than ever [A]. M Steiner Clusters and Regional Specialization [C]. London: Pion Limited, 1998, 226 - 236.

[19] Todd, M. G. Industry Agglomeration and Investment in Rural Businesses, Review of Agricultural Economics, 2005, 27 (1): 89 - 103.

[20] WIA. Pennsylvania's Targeted Industry Clusters: Agriculture and

Food Production [EB/OL]. http://www.paworkstats.state.pa.us/pubs/ic_foo.pdf.

二、中文部分

（一）中文著作

[21] 陈阿兴，武云亮等. 安徽省流通合作经济组织发展研究 [M]. 合肥：合肥工业大学出版社，2008.

[22] 陈阜，王强. 农业科技园区规划理论与实践 [M]. 北京：化学工业出版社，2007.

[23] 陈雪梅等. 中小企业集群的理论与实践 [M]. 北京：经济科学出版社，2003.

[24] 冯德连等. 经济全球化下中小企业集群创新的机制研究 [M]. 北京：经济科学出版社，2006.

[25] 符正平等. 中小企业集群生成机制研究 [M]. 广州：中山大学出版社，2004.

[26] 胡宇辰. 产业集群支撑体系 [M]. 北京：经济管理出版社，2005.

[27] 梁琦. 产业集聚论 [M]. 北京：商务印书馆，2004.

[28] 刘斌. 产业集群竞争优势的经济分析 [M]. 北京：中国发展出版社，2004.

[29] 刘巧绒. 涉农中小企业集群生态化研究 [M]. 北京：经济科学出版社，2011.

[30] 罗必良. 现代农业发展理论——逻辑线索与创新路径 [M]. 北京：中国农业出版社，2009.

[31] [美] 迈克尔·波特. 国家竞争优势 [M]. 李明轩，邱如美. 北京：华夏出版社，2002.

[32] 马增俊等. 中国农产品批发市场行业通鉴（1984 - 2005）[M]. 北京：中国农业科学技术出版社，2007.

[33] 倪鹏飞. 2005 年城市竞争力蓝皮书：中国城市竞争力报告 No.3 [M]. 北京：社会科学文献出版社，2005.

[34] 芮明杰，刘明宇等. 论产业链整合 [M]. 上海：复旦大学出版社 2006.

[35] 陶怀颖. 我国农业产业区域集群形成机制与发展战略研究 [M]. 北京：中国经济出版社，2010.

[36] 王栋. 我国农业产业集聚区形成机理研究 [M]. 北京: 中国传媒大学出版社, 2009.

[37] 王缉慈. 创新的空间: 企业集群与区域发展 [M]. 北京: 北京大学出版社, 2001.

[38] 王凯等. 中国农业产业链管理的理论与实践研究 [M]. 北京: 中国农业出版社, 2004.

[39] 魏后凯等. 中国产业集聚与集群发展战略 [M]. 北京: 经济管理出版社, 2008.

[40] 魏江. 产业集群——创新系统与技术学习 [M]. 北京: 科学出版社 2003.

[41] 吴群. 新时期农业产业化路径选择 [M]. 北京: 中国农业出版社, 2004.

[42] 武云亮, 赵玻等. 中国流通产业理论与政策研究 [M]. 合肥: 合肥工业大学出版社, 2008.

[43] 熊爱华. 农业集群品牌建设模式研究 [M]. 北京: 经济科学出版社, 2010.

[44] 徐旭初. 中国农民专业合作经济组织的制度分析 [M]. 北京: 经济科学出版社, 2005.

[45] 余国扬. 专业镇发展导论 [M]. 中国经济出版社, 2007.

[46] 杨锐, 李萍. 花卉业的全球化和地方集群创新 [M]. 北京: 中国建筑工业出版社, 2010.

[47] 杨顺江. 中国蔬菜产业发展研究 [M]. 北京: 中国农业出版社, 2004.

[48] 张宏升. 中国农业产业集聚研究 [M]. 北京: 中国农业出版社, 2007.

[49] 张明倩. 中国产业集聚现象统计模型及应用研究 [M]. 北京: 中国标准出版社, 2007.

[50] 张学鹏, 卢平. 中国农业产业化组织模式研究 [M]. 北京: 中国社会科学出版社, 2011.

[51] 赵霞, 吴方卫. 农业产业集群的优化升级——供应链管理视角 [M]. 上海: 上海财经大学出版社, 2011.

(二) 硕博论文

[52] 何苗. 基于分形理论的农业产业集群形成机埋研究 [D]. 开

封：河南大学，2009.

[53] 洪艳. 现代农业集群式发展研究——以湖南为例 [D]. 湖南农业大学（博士论文），2009.

[54] 李加明. 基于龙头企业的农业产业集群发展机理研究 [D]. 石河子大学，2008.

[55] 刘建鹏. 寿光蔬菜产业集群对农业结构调整的影响 [D]. 山东理工大学，2008.

[56] 刘晟. 湖南省农业产业集群问题研究 [D]. 湖南农业大学，2008.

[57] 刘中会. 寿光蔬菜产业集群研究 [D]. 东北师范大学（博士论文），2009.

[58] 梅召. 我国县域农业集群问题研究 [D]. 长安大学，2009.

[59] 宋玉兰. 农业产业集群发展研究——新疆棉花产业集群的实证分析 [D]. 新疆农业大学，2005.

[60] 王建国. 我国农业产业集群发展模式研究 [D]. 山东大学，2005.

[61] 王志成. 安徽省产业集群生成机理和发展研究 [D]. 安徽大学，2010.

[62] 王于. 安徽省产业集群战略研究 [D]. 安徽农业大学，2007.

[63] 吴晓斌. 农业产业集群机理研究 [D]. 华中农业大学，2007.

[64] 原国霞. 基于农户经济组织的农业产业集群研究 [D]. 曲阜师范大学，2010.

[65] 朱大伟. 安徽虚拟茶产业集群研究 [D]. 安徽农业大学，2009.

(三) 中文期刊

[66] 包建华，方世建. 安徽茶叶产业集群式发展：基于钻石模型的分析 [J]. 农业经济问题，2006，(6)：65-68.

[67] 陈佳贵，王钦. 中国产业集群可持续发展与公共政策选择 [J]. 中国工业经济，2005，(9)：5-10，33.

[68] 蔡宁，吴结兵等. 产业集群复杂网络的结构与功能分析 [J]. 经济地理，2006，26 (3)：378-382.

[69] 曹丽莉. 产业集群网络结构的比较研究 [J]. 中国工业经济, 2008, (8): 143-152.

[70] 高峰, 杨国强, 王学真. 农业产业集群对农业结构调整的作用及启示——基于寿光蔬菜产业集群的分析 [J]. 经济问题, 2007, (8): 67-69.

[71] 高海水. 世界农业发展趋势与中国特色农业现代化道路的战略选择 [J]. 经济经纬, 2008, (2): 126-128.

[72] 高启杰. 中国农业技术创新模式及其相关制度研究 [J]. 中国农村观察, 2004, (2): 53-60.

[73] 高升, 洪艳. 国外农业产业集群发展的特点与启示——以荷兰、法国和美国为例 [J]. 湖南农业大学学报 (社会科学版), 2010, 11 (2): 66-70.

[74] 高水练等. 关于茶叶专业合作经济组织建设的探讨 [J]. 中国茶叶, 2005, (1): 36-37.

[75] 郝世绵. 亳州中药材企业集群的发展阶段及治理 [J]. 北方经贸, 2006, (10): 124-126.

[76] 何平均. 地方农业产业化发展的财政政策选择——基于产业集群的视角 [J]. 农村经济, 2008, (10): 70-72.

[77] 黄海平, 龚新蜀等. 基于专业化分工的农业产业集群竞争优势研究——以寿光蔬菜产业集群为例 [J]. 农业经济问题, 2010, (4): 64-69.

[78] 黄山松, 黄平芳. 特色农业集群成长中的政府支持 [J]. 改革与战略, 2007, 23 (11): 75-77.

[79] 黄胜忠等. 农民专业合作社治理机制及其绩效实证分析 [J]. 中国农村经济, 2008, (3): 65-73.

[80] 黄祖辉等. 基于能力和关系的合作治理——对浙江省农民专业合作社治理结构的解释 [J]. 浙江社会科学, 2006, (1): 60-66.

[81] 蒋和平, 崔凯. 农业科技园区: 成效、模式与示范重点 [J]. 农业经济问题, 2009, (1): 9-14.

[82] 康胜. 关于企业集群本质及其定义的界定 [J]. 浙江经济, 2003, (13).

[83] 兰肇华. 政府在农业产业集群中的作用 [J]. 宏观经济管理, 2006, (4): 49-50.

[84] 李春海，张文等. 农业产业集群的研究现状及其导向：组织创新视角 [J]. 中国农村经济，2011，(3)：49-58.

[85] 李二玲，李小建. 论产业集群的网络本质 [J]. 经济经纬，2007，(1)：66-70.

[86] 李维生. 我国多元化农业技术推广体系的构建 [J]. 中国科技论坛，2007，(3)：109-113.

[87] 李渝萍. 农业产业集群自构的演化机理及其政策效应 [J]. 求索，2007，(7)：40-42.

[88] 李燕蓉，张华. 农业产业链管理与农民增收——以峨眉山市仙芝竹尖茶叶产业链为例 [J]. 商场现代化，2008，540 (5)：234-235.

[89] 李志刚，汤书昆，梁晓艳. 农村地区产业集群中中介组织发育的现状、问题与对策研究 [J]. 中国科技论坛，2006，(4)：119-123.

[90] 刘春玲. 发展我国农业产业集群的对策研究 [J]. 科技创业，2005，(6)：58-59.

[91] 刘恒江，陈继祥等. 产业集群动力机制研究的最新动态 [J]. 外国经济与管理，2004，(7)：2-7.

[92] 刘俊浩，李加明. 基于"钻石"模型的农业产业集群要素分析——以山东寿光蔬菜产业集群为例 [J]. 农村经济，2008，(1)：47-49.

[93] 刘友金，郭新. 集群式创新形成与演化机理研究 [J]. 中国软科学，2003，(2)：91-95.

[94] 栾敬东. "十二五"期间安徽农业产业发展的路径选择 [J]. 安徽行政学院学报，2010，(1)：98-100.

[95] 米运生，姜百臣，牟小容. 经营模式、组织形式、资本结构的交互影响与农业企业成长：基于温氏集团的实证研究 [J]. 中国工业经济，2008，(8)：132-142.

[96] 苗长虹，魏也华. 分工深化、知识创造与产业集群成长——河南鄢陵县花木产业的案例研究 [J]. 地理研究，2009，28 (4)：853-864.

[97] 聂淼. 农业产业集群生命周期阶段的特征研究 [J]. 调研世界，2008，(07)：24-26.

[98] 潘劲. 对两种类型农产品行业协会的比较研究——以霍山、温州茶叶产业协会为个案 [J]. 调研世界，2004 (5)：20-23.

[99] 钱平凡. 基于产业集群的我国科技创新的战略研究 [J]. 中

[100] 秦夏明, 董沛武等. 产业集群形态演化阶段探讨 [J]. 中国软科学, 2004, (12): 150-154.

[101] 沈静. 不同类型产业集群发展中地方政府行为的比较研究 [J]. 人文地理, 2010, (2): 125-129.

[102] 施雪梅. 基于农业产业集群的能人现象研究 [J]. 2008, (12): 47-49.

[103] 宋一淼. 发展广西农业产业集群问题研究 [J]. 桂海论丛, 2005, (3): 41-44.

[104] 宋玉兰, 陈彤. 农业产业集群的形成机制探析 [J]. 新疆农业科学 (增刊), 2005, (42): 205-208.

[105] 孙中叶. 农业产业化的路径转换: 产业融合与产业集聚 [J]. 经济经纬, 2005, (4): 37-39.

[106] 唐敏, 张廷海. 比较优势与中国农业的国际竞争力 [J]. 农业经济问题, 2003, (11): 36-39.

[107] 王锦旺, 张洪吉, 张现强, 孙俊锋. 内生性农业产业集群演化机理研究 [J]. 农村经济, 2008, (4): 40-42.

[108] 王少武, 赵登权. 加强协会建设促进产业发展——霍山县茶叶协会发展情况 [J]. 茶业通报, 2006, 28 (1): 33-34.

[109] 王阳, 漆雁斌. 农业产业链管理在茶叶产业中的应用 [J]. 茶叶, 2005, 31 (3): 174-177.

[110] 王艳荣. 农业产业集群的发展模式——基于安徽特色农产品的研究 [J]. 安徽农业大学学报 (社会科学版), 2009, 18 (1): 23-26.

[111] 魏后凯. 论中国产业集群发展战略 [J]. 河南大学学报 (社会科学版), 2009, 49 (1): 1-7.

[112] 魏守华. 集群竞争力的动力机制以及实证分析 [J]. 中国工业经济, 2002, (10): 27-34.

[113] 武云亮. 我国茶叶合作经济组织发展探讨——以安徽省为例 [J]. 资源开发与市场, 2009, 25 (1): 34-36, 13.

[114] 武云亮. 农业集群的网络结构与链接模式研究 [J]. 河南大学学报 (社会科学版), 2010, 50 (5): 81-86.

[115] 武云亮, 董秦. 中外农业产业集群研究评述 [J]. 安徽农学通报, 2007, (19): 1-2.

[116] 武云亮, 唐敏. 我国中小商业企业集群创新研究 [J]. 经济管理 (新管理), 2007, 29 (20): 77-82.

[117] 武云亮, 王子民. 我国龙头企业主导型农业集群技术创新模式分析 [J]. 资源开发与市场, 2009, 25 (9): 815-818.

[118] 向会娟, 曹明宏, 潘泽江. 农业产业集群: 农村经济发展的新途径 [J]. 农村经济, 2005, (3): 47-49.

[119] 辛岭. 地方政府在农业产业集群中的作用——以广东省德庆县的调查为例 [J]. 商业研究, 2009, (3): 71-76.

[120] 闫春, 黄燕玲, 罗盛锋. 农业集群与西部地区农村人力资源开发和新农村建设研究 [J]. 经济问题探索, 2007, (10): 34-41.

[121] 杨敬华. 农业科技园区产业带动能力建设研究 [J]. 农村经济与科技, 2008, (2): 12-13.

[122] 杨敬华, 蒋和平. 农业科技园区集群创新的链式发展模式研究 [J]. 科学管理研究, 2005, 23 (3): 83-86.

[123] 杨丽, 王鹏生. 农业产业集聚: 小农经济基础上的规模经济 [J]. 农村经济, 2005, (7): 53-55.

[124] 姚阳, 曾福生. 中国农业产业集群存在的问题与对策 [J]. 安徽农业科技, 2007, (34): 11213-11214, 11234.

[125] 叶依广, 纪漫云. 基于个案的区域农业产业集群成长思考 [J]. 南京农业大学学报, 2006, 29 (1): 121-126.

[126] 尹成杰. 新阶段农业产业集群发展及其思考 [J]. 农业经济问题, 2006, (3): 4-7.

[127] 袁平红, 武云亮. 农业产业集群发展中的地方政府行为——以砀山水果产业集群为例 [J]. 安徽农学通报, 2009, (17): 6-7.

[128] 臧良运. 嫩江流域发展绿色农业产业集群研究 [J]. 北华大学学报 (社会科学版), 2006, (2): 85-88.

[129] 曾凡银. 安徽县域产业集群问题研究 [J]. 理论建设, 2007, (5): 8-11.

[130] 詹岭. 新农村建设中农业科技园的产业带动机制研究 [J]. 农村经济, 2009, (4): 46-49.

[131] 张聪群. 产业集群视角下的农业产业化障碍分析 [J]. 农业经济, 2006, (2): 67-69.

[132] 张小青, 胡莉红. 论欠发达地区农业产业集群的经济效应

及政府行为 [J]. 改革与战略, 2008, (2): 79-81, 44.

[133] 张廷海, 武云亮. 农业产业集群的发展模式与演化机理——以安徽省为例 [J]. 华东经济管理, 2009, 23 (7): 15-18.

[134] 张廷海, 武云亮等. 农民合作经济组织的经济绩效与运作模式——基于安徽省茧丝绸产业的调查研究 [J]. 安徽农业大学学报 (社会科学版), 2010, 19 (4): 1-5.

[135] 赵玻等. 美国新一代合作社: 组织特征、优势及绩效 [J]. 农业集聚问题, 2007, (11): 99-103.

[136] 赵顽石等. 皖北地区农民专业经济组织发展现状及对策——以淮北市为例 [J]. 江淮论坛, 2010, (2): 31-35.

[137] 赵良庆. 发展现代农业是转变农业发展方式的必由之路——基于对安徽农业发展的认识 [J]. 安徽农业大学学报 (社会科学版), 2010, 19 (5): 1-4.

[138] 郑风田, 程郁. 从农业产业化到农业产业区——竞争型农业产业化发展的可行性分析 [J]. 管理世界, 2005, (7): 64-73.

[139] 郑风田, 程郁. 创业家与我国农村产业集群的形成与演进机理——基于云南斗南花卉个案的实证分析 [J]. 中国软科学, 2006, (1): 100-107.

[140] 郑风田, 顾莉萍. 准公共品服务、政府角色定位与中国农业产业簇群的成长——山东省金乡县大蒜个案分析 [J]. 中国农村观察, 2006, (5): 18-25.

[141] 朱玉林, 康文星. 基于农业产业集群的区域品牌需求与供给分析 [J]. 求索, 2006, (7): 35-37.

[142] 周新德. 农业产业集群发展的国际经验及启示 [J]. 调研世界, 2008, (5): 43-45, 13.

[143] 周新德. 基于生命周期阶段的农业产业集群形成和演化机理分析 [J]. 经济地理, 2009, 29 (7): 1134-1138.

[144] 周应恒, 耿献辉. 现代农业内涵、特征及发展趋势 [J]. 中国农学通报, 2007, 23 (10): 33-36.

[145] 周应恒, 卢凌霄等. 中国蔬菜产地变动与广域流通的展开 [J]. 中国流通经济, 2007, (5): 10-13.

[146] 周应堂, 韩美贵. 农业特色经济理论问题研究 [J]. 农业现代化研究, 2006, 27 (2): 115-118.

后　　记

一、研究安徽农业产业集群的缘由

1. 一个课题引起对"集群研究"的兴趣

2002年，我参与冯德连教授主持的国家社会科学基金"经济全球化下中小企业集群的创新机制研究（02BJL027）"项目，开始认识到经济活动在本质上具有空间集聚的特征。从马歇尔（Alfred Marshall）的产业区、韦伯（Alfred Weber）的工业区位、波特（Michael Porter）的钻石模型、克鲁格曼（Paul Krugman）的工业集聚模型等粗略地领会了集群的理论基础；从美国128公路地区和硅谷高科技产业集群、印度班加罗尔软件产业集群、意大利北部和中部的"第三意大利现象"等看到产业集群的魅力；从嵊州的领带、义乌的小商品、宁波的服装业、诸暨大唐袜业、乐清低压电器业、河北清河羊绒业、广东东莞电器业、北京中关村计算机产业等实践案例看到了集群在中国发展的巨大潜力。对集群的初步学习，引起我对"集群研究"的巨大兴趣，开始广泛搜集和检索集群方面的资料，购买集群相关书籍，想在这一新的领域做点研究。

2. 商业集群研究提高了自身的集群研究能力

由于当时主要从事流通经济研究，所以首先选择从商业产业视角研究集群问题，为此承担了上述国家规划办课题的子课题"经济全球化下商业中小企业集群化发展研究"。文献研究发现，工业集群相关文献非常多，而国内关于商业集群的相关研究文献几乎空白，是不是存在真正的商业集群，还是没有引起人们的关注？心里有点凉。从开始怀疑是否存在商业企业集群，到对中小商业企业集群本质的认识和概念的界定；从对商业集群特征和效应的初步认识，到对商业集群发展模式、演化机制和集群创新等方面较深入的研究，形成一些自己的观点，先后发表6篇商业集群论文，也积累较多集群研究素材和一定研究能力。

3. 寻找新的集群研究领域

由于商业集群本身的局限性和数据资料难得性，加之本人理论和方法的不足，觉得进一步深入对商业集群研究有较大困难，为此开始寻找新的集群研究领域。2005年笔者正在参与商务部"十一五"规划课题"农村市场主体培育问题研究"和主持安徽省教育厅"农产品物流组织创新与物流链优化研究"，对安徽、山东等一些地区的农村市场进行了调查，发现在农产品批发市场和龙头加工企业带动下，水果、蔬菜等特色农业领域存在明显的集聚现象。能否用集群理论研究农业这种集聚现象，农业集聚与农业产业化发展之间有何关系，农业产业集群与工业集群有何不同？带着这些问题，开始系统查阅资料，发现农业产业集聚研究十分薄弱。农业如何发展，集群是不是一条有效道路？作为一个农村出身的老师，带着特有的"农字情节"，加之对农村商品流通和产业经济研究具有一定基础，从而决定以此方向准备申报课题。

4. 从怀疑到选择研究"农业产业集群"

首先，是不是什么产业都可以形成集群？在以北京大学王缉慈教授为首专家组支撑的学术性网站"地方产业集群研究网"中，对把什么产业都贴上集群有许多的讨论和争议，多数人反对产业集群的概念泛化，有人质疑煤炭产业集群？有人认为农业具有天然的分散性，不适宜集聚。农业生产对自然环境的依赖程度高，是地理条件决定了农业布局。难道可以说规模化种养殖就是农业产业集群吗？单纯的农业生产、种植不能称为农业产业集群。如果对农产品进行深加工，形成产业化，有可能表现出集群现象，深加工的程度越大，迂回的分工越多，产业化可能就越明显，加工企业间的联系也就越紧密，这时可能集群特征的表现也就越明显。这样又进入到工业集群领域。显然，泛化地提出农业产业集群受到了质疑。

其次，农业产业集群确实客观存在，如美国加州葡萄酒产业集群、荷兰花卉产业集群、寿光蔬菜产业集群、山东苍山和金乡大蒜产业集群、云南斗南花卉产业集群等。在原始和传统农业阶段，农业生产与其他产业联系程度不够紧密，但是在科学技术进步的影响下，农业的产前、产中、产后之间的联系更加紧密，产业链地域集聚也更加明显。现实使我们相信农业产业集群是存在的，许多研究者也认同农业产业集群的存在。但是，农业产业集群与工业集群是有较大差异的，笔者认为农业产业集群是建立在农业产业化基础上的空间集聚。农业向优势产业区集聚，围绕优势产业区形成农业龙头企业集聚和农业生产经营配套服务体系等是农业发展趋势，也是发展现代农业的一个重要方向。这就需要用集群的理念和集群的理论加以指导，所以，没有必要简单争论概念的问题，而需要考察集群这种方式能否有效促进现代农业的发展。如果回答是肯定的，就应对其特征、结构、演化、发展模式和促进政策等方面进行深入研究。

最后，在概念上是用"农业集群、农业企业集群还是农业产业集群"？关于集群的概念，提法很多，如块状经济、企业扎堆、企业群落、企业集群、产业簇群，专业化特色产业区、产业联合体、产业集聚、产业集群等，其中企业集群和产业集群是相对科学的叫法。集群外在表现为扎堆或集聚现象，而本质是集群主体要素内在有机联系，地理临近、分工明确、产业联系和产业配套等是集群的基本条件。按《简明不列颠百科全书》的解释，集群是指个体可能因为环境因素或行为的相互作用而引起集聚而形成的群落。企业集群是指由众多自主独立企业，在某一特定领域内和一定地理位置上，依据某种内在关联因素和外在的环境条件，通过集聚过程形成的具有相互依存性的有机整体，从一般经济交易的视角考察企业间相互关联的共生关系及其演化过程，反映了集群现象的最一般的基本特征（康胜，2003）。产业集群主要考察企业间相互关联的共生关系及其演化过程，是以产业关联属性及内在专业分工联系为主导的企业集聚现象，强调集聚和关联因素的产业链属性，揭示集群产业链中的企业分工和交易的特点及行为。笔者认为，农业产业集群中农业是"大农业"的概念，并不是简单的规模种养殖，也不是简单农业品流通和加工企业的地理扎堆；而是围绕某种农业形成生产经营要素的空间集聚和配套，不仅强调产业化、分工和关联性，而且强调本地产业链的横向拓展和纵向延伸。所以用"农业产业集群"比用"农业集群、农业企业集群或农业产业集聚"更为科学合理，更能反映这类集群的本质特征。

5. 实践调研坚信本研究的意义

自 2005 年以来，我们先后对安徽砀山、萧县、亳州、蚌埠固镇、怀远、五河、六安、霍山、岳西、望江、山东寿光、栖霞、河南漯河等地进行实地调研，收集了第一手资料。几次重点调研如下：

寿光蔬菜产业调研。先后于 2005 年和 2007 年暑假期间，分别对寿光蔬菜产业集群进行了两次调研，收集了一些相关的第一手资料。调研单位主要有寿光市农业局、寿光蔬菜高科技示范园、三元朱村、寿光蔬菜批发市场、秀峰蔬菜生产加工公司、寿光欧亚特菜有限公司、寿光天成宏利食品有限公司等。

栖霞苹果产业调研。2010年暑期，由主持人所带研究生对栖霞苹果产业集群进行了调研，重点从产业链各环节主体的角度调研，收集了栖霞龙头企业、批发市场、龙头企业和果农合作社等有关产业的基本情况。

河南漯河肉食品加工调研。2009年4月，利用做《蚌埠市农字号市场组团规划》横向课题之便，对漯河市商务局、农业局、畜牧局和双汇集团等进行考察，重点了解漯河畜牧业发展与食品加工业集群的基本情况。

皖西茶叶和茧丝绸产业调研。2009年3月，在安徽省商务厅的支持下，借助于为"中国中部地区博览会"的"中德合作农产品（茧丝绸、茶叶）产业链建设高层论坛"准备的素材，由课题组主要成员武云亮负责，张廷海等五位教师参与，对皖西茶叶和桑蚕丝绸产业进行为期一周的调研。首先，在合肥与安徽商务厅、安徽省进出口商会、安徽省桑蚕站、安徽省供销社、安徽省茶叶协会等相关领导进行座谈。然后，对霍山县、太湖县、岳西县、潜山县、六安裕安区等地茶叶和茧丝绸产业进行了实地考察；走访了六安瓜片茶叶有限公司、安徽省茶叶进出口公司、安粮股份公司茶叶部、六安瓜片茶叶有限公司、霍山县茶叶产业协会、岳西县农委茶叶局、霍山源牌丝绸集团、霍山县茧丝绸办公室、太湖县农委、太湖县桑蚕开发公司、岳西县茧丝办以及三个乡镇合作社和能人大户，收集第一手资料，形成两个调研报告和4篇论文。本次调研对本课题有两个大的收获：一是进一步了解了农业产业集群不仅仅要求一定的种植业规模，如果没有产业链上下游配套，农业产业集群发展困难重重。因此，从农业产业链的纵向延伸和横向拓展的角度研究农业产业集群非常重要。二是从实践中明确了龙头企业和合作经济组织是农业产业集群的关键主体，它们在农业产业集群发展中发挥着重要作用。

宿州国家农业科技示范园区调研。2008年8月，对宿州国家农业科技示范园区进行考察，收集了园区发展的较详细的资料，包括园区验收汇报材料等。

从调查实践来看，农业产业集群是一个普遍存在的现象，到处可见农业产业集群的雏形，也不乏许多成功案例。农业产业集群发展方兴未艾，正在成为许多地区农业产业化发展的一种重要形式，对农业和农村经济发展具有很大的推动作用。使笔者更加坚信研究农业产业集群的价值和意义。

但是，我国农业产业集群研究尚处于起始阶段，透过现象看本质，可以说农业产业集群仍是一片待开垦的"黑暗大陆"，是一个值得关注的现实，是一个值得研究新领域。关于农业产业集群，我曾想过一连串的问题：(1) 尽管有许多农业产业集群的成功典范，但是农业是不是一定要走集群化发展道路？我的家乡萧县是水果之乡，尤其是葡萄种植历史长、影响大，但是并未形成真正意义上的产业集群，甚至果农砍树现象时有发生。(2) 什么样的农业、哪些地区可以发展农业产业集群？是不是只有特色农产品才能形成农业产业集群，像小麦、水稻、玉米等大面积种植的粮食作物能否形成产业集群？农业产业集群要求规模化种养殖，如果规模增大，产品同质，竞争将会十分激烈，会不会出现产品卖不出去，导致"谷贱伤农"现象？(3) 农业产业集群基础是种养殖，但加工企业、交易市场等对产业集聚有很大影响，有些地区就是因为有了一个农产品批发市场或龙头加工企业，就带动了当地农业规模化、产业化发展。那么，农业产业集群各不同主体的作用如何？集群形成和发展有无主导要素？集群结构如何？集群如何演化？(4) 安徽是一个农业大省，但不是一个农业强省，农业发展能否采取集群化发展模式，如何协调集群化与农业产业化关系，能否把集群化作为安徽农业产业发展的战略？这促使我选择以安徽为例进行研究。

二、说明与感谢

本书成稿于2011年年底，2012年经我校学术委员会审定同意以专著出版，在交付出版前，作者又对少部分内容进行了补充修改。本书是在安徽省社科规划办项目（AHSKF05 06D38）成果基础上，进一步研究形成的著作。课题组成员袁平红副教授（博士）参与了第八章，张廷海副教授参与了第四章，王子民参与了第六章，董秦参与第五章等部分内容的研究和撰写工作。尽管本研究间断性的花费了几年时间，但是由于多数农业产业集群只是处于发展雏形期，问卷调查实施困难，也只能以案例分析代替定量的实证研究；虽然也取得一点研究成果，但似乎觉得研究刚刚深入，还有许多问题有待进一步研究，如农业产业集群多要素耦合作用机制，多要素耦合的农业产业集群网络结构和发展模式，网络结构优化与农业产业集群升级，农业产业集群发展阶段评价指标设计及其实证检验，农村土地流转与农业产业集群发展促进政策，农业科技园区与农业产业集群互动发展，农业产业集群生产和组织模式创新，农业产业集群市场与流通创新，农业产业集群不同行业、地区和个案比较研究等。

本书写作和研究过程中得到许多专家和教师的帮助，感谢安徽财经大学副校长张庆亮教授、教务处处长陈阿兴教授、铜陵学院副院长冯德连教授给予的鼓励和指导。感谢安徽财经大学原党委书记石秀和教授、副校长陈忠卫教授、科研处处长宋思根教授、副处长徐旭初教授、中国合作社研究院副院长唐敏教授在农业产业链和合作经济组织调查研究方面给予的指导。感谢安徽财经大学工商管理学院李传荣副教授、王丽萍副教授和王唤明老师、国际经贸学院张廷海副教授、刘敏博士以及丁平、蒋云龙、张得银等老师参与调研的辛勤劳动，感谢被调研单位给予的大力支持。

感谢我的研究生袁平红、董秦、王子民、张荔敏、王华红、周韶莎、刘坤、姚淑芬等在资料收集和部分章节研究中所做的贡献。感谢经济科学出版社的张惠敏老师在本书出版编辑方面提出的宝贵建议。感谢妻子杨钧老师的理解和支持。

武云亮
2012 年 10 月于蚌埠安徽财经大学